reverie

Laura Kästner

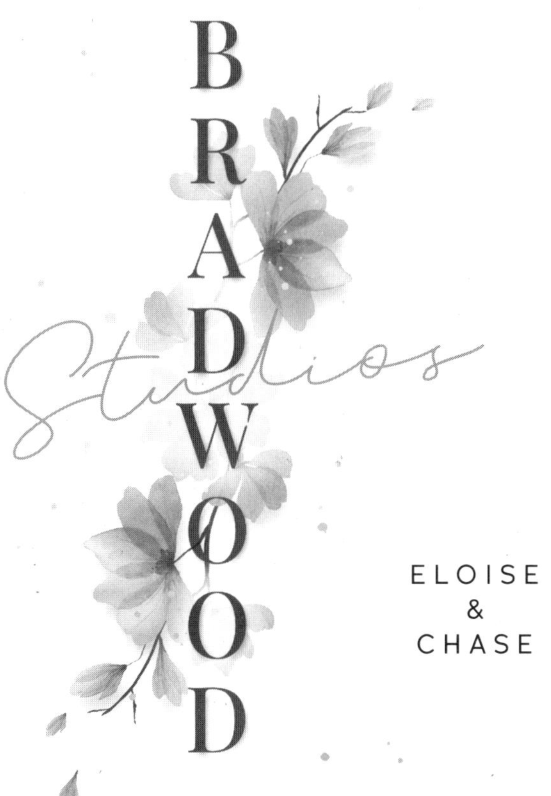

reverie

1. Auflage 2024
Originalausgabe

Gesetzt aus der Stempel Garamond
von GGP Media GmbH, Pößneck
Druck und Bindung von GGP Media GmbH, Pößneck
Printed in Germany
ISBN 978-3-7457-0416-7
www.reverie.de

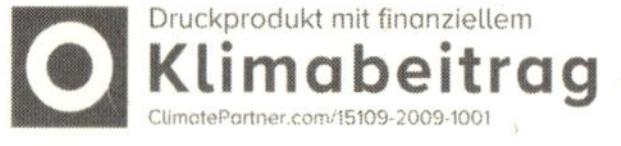

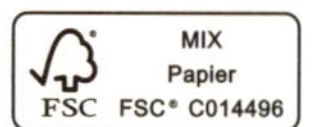

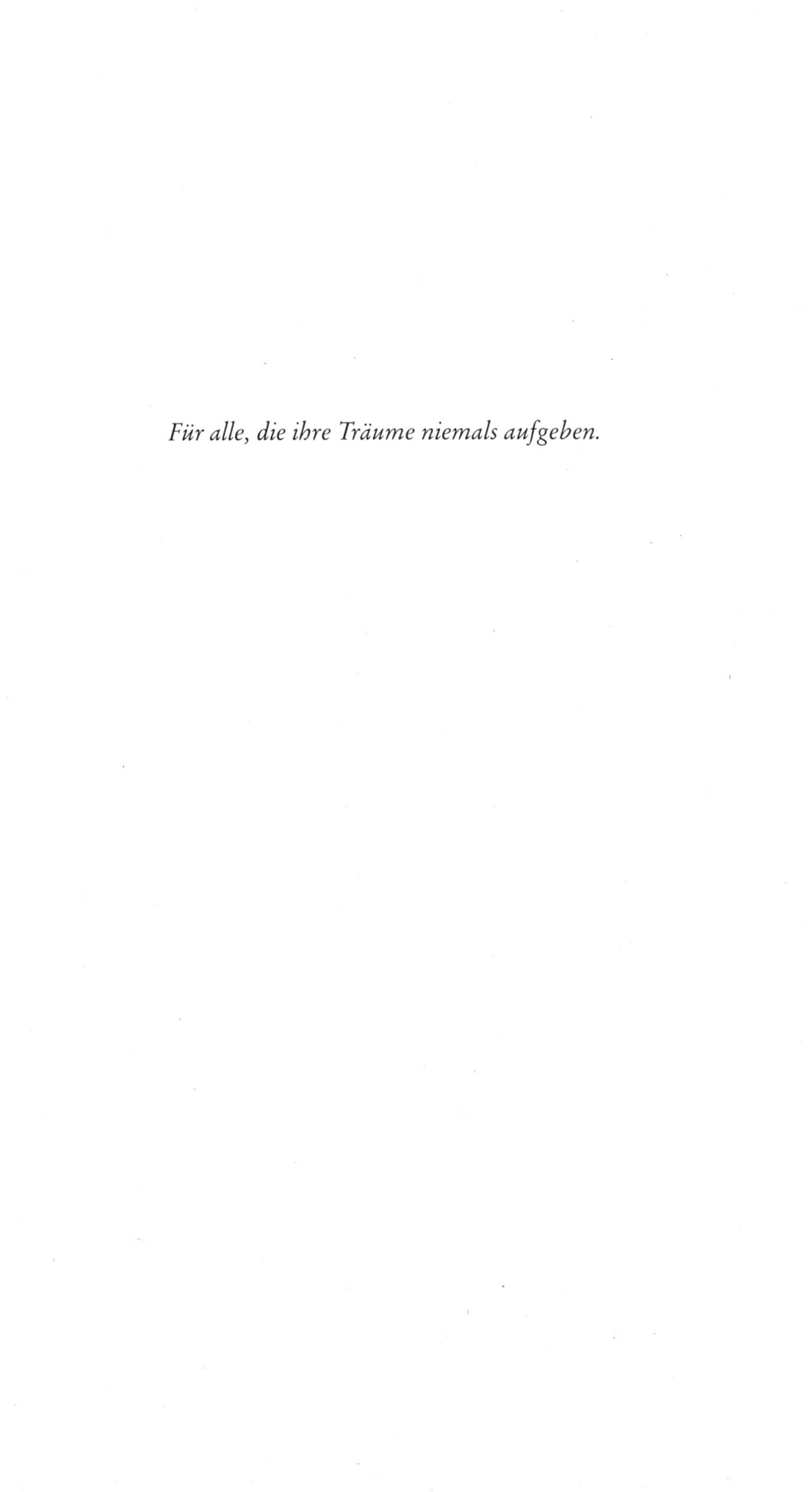

Für alle, die ihre Träume niemals aufgeben.

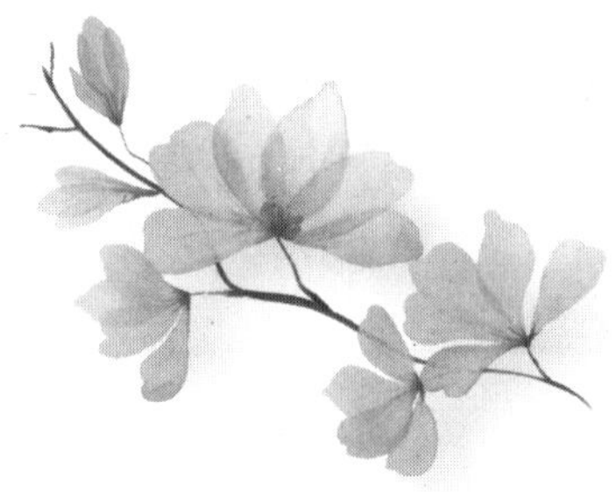

1. Kapitel

Aufbruchsstimmung

Eloise

Sehr geehrte Ms. Stanson,

herzlich willkommen an der Academy der Bradwood Studios!

Hiermit möchten wir Ihnen mitteilen, dass Sie zum Wintersemester für den Studiengang Filmjournalismus zugelassen wurden. Für Ihr Studium ist eine Regelstudienzeit von vier Jahren vorgesehen, die mit dem Abschluss des »Undergraduates«, einer vergleichbaren Qualifikation zum Bachelor, endet. Ihre Kurs-Wahlmöglichkeiten entnehmen Sie bitte den beigelegten Infomaterialien.

Zudem freue ich mich, Ihnen mitzuteilen, dass Ihr Instagram-Account elos_movies einen durchaus professionellen Eindruck hinterlassen hat. Aufgrund Ihres offensichtlich großen Engagements im Hinblick auf Ihre Tätigkeiten in den sozialen Medien möchten wir Ihnen zusätzlich mitteilen, dass Sie für Ihr Studium an den Bradwood Studios das »Monaco Talent«-Stipendium erhalten. Wir gratulieren Ihnen herzlich und freuen uns, Sie an der Academy willkommen zu heißen.

Mit freundlichen Grüßen

Eddison Sinclair, Rektorin und Leiterin des Schulausschusses

Wieder und wieder lese ich die Zeilen auf meinem Zulassungsbescheid. Wie ein Mantra, das mich vor dem Geschehen um mich herum ablenken soll, wiederhole ich die Worte immer- und immerzu.

Ich werde studieren. Alles läuft nach Plan.

Auch wenn dieser beinhaltet, dass ich mich seit beinahe einem Tag ausschließlich in Flugzeugen befinde. Eingedrückt in die Polster meines Sitzes, riskiere ich keinen einzigen Blick durch das kleine Kabinenfenster neben mir. Unser Flug von Atlanta nach London dauerte bereits mehr als acht Stunden, und meine erste Amtshandlung nach dem Start bestand darin, die Rollos runterzuziehen. Und jetzt, da wir auf dem Kurzflug zwischen London und Nizza die letzten Meilen hinter uns lassen, bin ich mehr als froh darüber, wenn unsere Anreise nach Monaco endlich der Vergangenheit angehört. Jetzt richte ich meine gesamte Konzentration darauf, das Stück Papier in meinen Händen zusammenzufalten und in dem Rucksack unter meinem Sitz zu verstauen.

»Ladies and Gentlemen, in wenigen Minuten erreichen wir unser Ziel: Nizza. Bitte bringen Sie Ihre Sitze in eine aufrechte Position …«

Ich höre nicht mehr zu, sondern beschließe, mich auf mein Ziel zu konzentrieren: Ich werde studieren. Nur das zählt. Ich schließe die Augen und versuche, dem Gedanken an die Landung zu entfliehen, so wie ich meinem alten Leben entflohen bin. Wenn ich meine Lider das nächste Mal öffne, bin ich in einem anderen Land, auf einem anderen Kontinent und beinahe in einer anderen Welt. Ich denke an einen weißen Sandstrand vor einem herrlich türkis schimmernden Meer, luftige Kleider, die sich bei einer leichten Brise um meine Beine bauschen, und gleißenden Sonnenschein, der alles beleuchtet wie die Scheinwerfer in einer besonders glamourösen Produktion. Auch wenn ich mich ganz und gar auf mein neues Leben fokussiere, entgeht mir doch nicht, dass sich das Flugzeug leicht nach unten neigt. Je näher wir dem Boden kommen, desto stärker pocht mein Herz.

»Landeanflug vorbereiten«, ertönt die verzerrte Stimme des Piloten. Der Druck in meinen Ohren nimmt zu, und mein Kopf fühlt sich an, als würde jemand mit beiden Händen von links und rechts dagegendrücken.

Einige Minuten später rumpelt es leicht, und mein Herz setzt beinahe ein paar Takte aus. Das leichte Rütteln hallt in meinem Inneren wider wie ein Erdbeben, und ich klammere mich an die Lehnen meines Sitzes, bis meine Finger schmerzen.

Eine gefühlte Ewigkeit später spüre ich einen heftigen Ruck, der mein Herz hinabsacken lässt, und kann gerade noch ein Keuchen unterdrücken. Sobald wir auf dem Asphalt aufsetzen, kann ich nicht umhin, einen erleichterten Seufzer auszustoßen.

Sobald ich die Augen öffne, schaue ich automatisch nach rechts. Der Blick auf die junge Frau neben mir lässt mich entgegen allen Adrenalins in meinem Körper schmunzeln. Man könnte meinen, dass man sich neben jemandem, der mühelos dem Schönheitsideal eines blonden Supermodels entsprechen könnte, irgendwie unsicher fühlt. Zum Glück sind meiner besten Freundin solche Erwartungshaltungen egal. So scheint es sie nicht im Geringsten zu interessieren, dass ihre langen Haare wie ein Nest um ihr sonnengebräuntes Gesicht liegen und dass ihr ein kleiner Sabberfaden am Kinn klebt. Für einen kurzen Augenblick glaube ich, sogar ein leichtes Schnarchen hören zu können. Ich stupse sie leicht mit dem Ellenbogen an.

»Alex, Alex, wach auf! Wir sind gelandet.« Meine beste Freundin zuckt vor Schreck zusammen und gibt einen weniger anmutigen Grunzlaut von sich, ehe sie die Augen öffnet. Kurz wirkt ihr Blick orientierungslos, bis sie begreift, wo wir sind.

»Meine Güte, ich dachte, ich falle von unserem Balkon«, sagt sie im leicht heiseren Flüsterton und schüttelt dabei den Kopf.

»Ist kein Wunder, bei der rumpeligen Landung habe ich auch gedacht, dass wir fallen könnten«, antworte ich ihr und blicke nach vorn, wo die Flugbegleiterin gerade die Tür des Flugzeuges öffnet.

»Aber, hey, immerhin hast du als kleiner Kontrollfreak die Landung gut überstanden. Weißt du noch, als ich dich letztes Jahr nach dem Abschluss für neun Monate zum Work and Travel nach Kanada geschleppt habe? Da war die Landung bei Weitem entspannter. Eigentlich wollte ich deine Hand halten. Ich weiß ja, wie schlimm das hier für dich ist.« Sie deutet auf die Kabine, in der wir uns befinden, und ich winke ab.

»Du hättest doch nicht viel machen können. Ich mag es einfach nicht, mein Leben in die Hände einer anderen Person legen zu müssen – im wahrsten Sinne des Wortes. Schlimmer wird das Ganze einfach nur noch dadurch, dass ich die Person nicht einmal kenne.« Wenn mir im Alltag etwas Unvorhergesehenes passiert, kann ich oft nur mir selbst die Schuld dafür geben, schließlich bin ich auf mich allein gestellt. Beim Fliegen ist das anders. Ich verlasse mich ungern auf andere Menschen.

Mit einem Mal klicken um uns herum etliche Gurte, und die Leute springen auf, als könnten sie es ebenso wenig hier drin aushalten wie ich. Die Fächer über unseren Köpfen werden geöffnet, und die Leute greifen nacheinander nach ihren Gepäckstücken. Manche von ihnen sehen genauso müde aus wie Alex, andere wiederum strahlen bis über beide Ohren, als stünde ihnen ein aufregender Urlaub bevor. Ich frage mich, ob es wenigstens eine andere Person hier drin gibt, die das gleiche Ziel ansteuert wie wir: die Bradwood Studios.

Etwa eine halbe Stunde später haben wir das Flugzeug verlassen und unser Gepäck am Band abgeholt.

»Das ging ja doch schneller als erwartet«, freut sich Alex, als wir die große Eingangshalle des Flughafens in Nizza erreichen.

Vielleicht ist das ja bereits ein erstes Omen für unser bevorstehendes Abenteuer. Vielleicht ist hier alles so viel einfacher und mit mehr Leichtigkeit bestückt als mein bisheriger Alltag in Atlanta.

Ich lasse meinen Blick ein wenig schweifen, und während wir uns auf den Weg zum Ausgang machen, betrachte ich den Flughafen von Nizza. Eine riesige kreisförmige Lobby, komplett in Weiß gestaltet, erwartet uns hier. Allein die gewaltige gläserne Kuppelhalle, an der alle Terminals zusammenlaufen, ist bestimmt so groß wie drei Fußballfelder. Die durchsichtig schimmernden Wände geben den Blick auf all die kleinen Privatjets frei, die auf einem separaten Feld des Flughafens geparkt sind. Im strahlenden Licht der aufgehenden Sonne wirken die Maschinen wie majestätische Vögel, die bereit sind, sich in die Lüfte zu erheben. Voller Aufregung lasse ich meinen Blick durch das Innere des Flughafens gleiten. Hier trifft helle Eleganz auf dunkles Holz: geschwungene Holzbänke, auf denen sich die Menschen für einen Moment ausruhen können, manche mit einem edel aussehenden To-go-Becher, andere mit kabellosen Kopfhörern ausgestattet. Dazu noch die Schalter aus weißbeschichtetem Glas gegenüber den Wartelounges, an denen die Flugreisenden ihr Gepäck aufgeben. Selbst wenn hier nicht von allen Seiten das Licht nur so hineinfließen würde, wäre der Flughafen einer der strahlendsten Orte, die ich je gesehen habe. Die neuwertige Ausstattung des Flughafens, bestehend aus etlichen Flachbildmonitoren und Automaten, an denen man per Touchscreen sein Gepäck scannen kann, können mit unseren in die Jahre gekommenen Terminals in Atlanta nicht mithalten. Und auch die auf Hochglanz polierten Karosserien, die draußen im Sonnenlicht um unsere Aufmerksamkeit buhlen, bieten uns einen mehr als eindrucksvollen Empfang.

Alex und ich schieben unsere Rollkoffer zu der riesigen Drehtür aus Glas. Und das ist gar nicht so einfach, denn abgesehen vom Gewicht und der Menge unseres Gepäcks sind es vor allem die Menschenmassen, die uns das Durchkommen beinahe unmöglich machen. Obwohl es gerade mal kurz vor sechs Uhr morgens ist, herrscht hier am Flughafen bereits ein buntes Treiben. Mein Blick fällt auf eine fünfköpfige Familie, die in der Nähe des Eingangs steht. Während die Mutter wild gestikulierend versucht, ihre beiden Kinder davon abzuhalten, zu wild zu toben, studiert der Vater eifrig die Anzeigetafeln mit den Abflug-Gates. Nur die älteste Tochter in der Runde hat die Ruhe weg und ist mit ihrem Handy beschäftigt. Eine weitere Frau steht neben ihnen und wirft der Familie immer wieder genervte Blicke zu, während sie telefoniert und dabei ihre Kopfhörer im Ohr stecken hat. Ihre dunkel geschminkten Augen verengen sich, als sie meinen Blick bemerkt, und sie dreht sich von mir weg. Ich schaue nach vorn und bahne mir einen Weg vorbei an einem Pärchen, das sich in einer tiefen Umarmung verliert. Nur ein paar Schritte noch, dann sind die sich drehenden Flügel der Glastür zum Greifen nah und verschaffen mir die Freiheit, nach der ich mich bereits so lange sehne.

Eine Frau in knallroten Pumps und mit etlichen goldenen Ringen an den Fingern lässt vor uns einen Mann im schwarzen Anzug neben sich das Gepäck durch die Tür schleppen. Als sie meinen Arm streift, dringt mir ein süßlicher Geruch in die Nase. Es ist einer von dieser Sorte, die ohne Frage eine exquisite Note beinhalten, ohne zu aufdringlich zu wirken. Eine unterschwellige Eleganz, die mir an allen möglichen Details um mich herum auffällt: ein roter ausgerollter Teppich, der von den Wartelounges zum Eingang des Flughafens führt und der sich selbst unter meiner Schuhsohle herrlich weich anfühlt, die Tatsache, dass im Hintergrund des Flughafens überall klassische Musik ertönt. Als die Tür endlich frei wird und Alex vor mir hindurchtritt, nehme ich einen letzten tiefen Atemzug.

Jetzt geht's los!

Auf dem Bürgersteig angekommen, fällt mein Blick auf die erste Sache, die mir bekannt vorkommt: Zahlreiche Taxen stehen dicht an dicht vor dem Eingang und warten auf ihre Kunden. Wann immer eines seinen Platz verlässt, rückt ein anderes nach. Alex, die im Gegensatz zu mir jedes Jahr mehrfach im Urlaub ist, schaut sich mit fachmännischem Blick um. Als ein älteres Ehepaar vor uns in einen der weißen Wagen steigt, deutet meine beste Freundin auf einen, der etwas weiter links von uns steht. Ein schlanker Mann lehnt dagegen. Gekleidet in ein Poloshirt und eine schlichte Jeans, beäugt er die Menge, die aus dem gläsernen Gebäude strömt.

Ich folge seinem Blick über eine weite Grünfläche, die sich am Horizont abzeichnet, und frage mich, ob dahinter wohl irgendwo Monaco liegt. Schließlich weiß ich, dass laut Maps dort das Meer liegen muss.

»Elli? Elli!« Alexandras Stimme reißt mich aus meinen Gedanken. »Nicht einschlafen, Elli. Komm, unser Taxi wartet.«

Obwohl normalerweise ich die Effizientere von uns beiden bin, überlasse ich Alex im Moment liebend gern das Kommando. Unübersichtliche Situationen und Menschenmassen sind nicht unbedingt meine Spezialität – ich mag es geordnet und ruhig –, während Alex sich bedenkenlos in jede noch so große Herausforderung mit einem breiten Grinsen stürzt. Zielsicher deutet sie auf den hageren Mann, den ich eben noch beobachtet habe. Er trägt einen kleinen schwarzen Spitzbart am Kinn und mustert uns mit hochgezogenen Augenbrauen. Er nickt uns freundlich zu, und ein »Bonjour, Mesdemoiselles« verlässt seine Lippen, die sich danach sofort zu einem freundlichen Lächeln verziehen.

»Bonjour«, antworte ich und hänge ein erleichtertes »Merci« dran, als er mir mit fragendem Blick die beiden Koffer abnimmt.

Alex, weiterhin voll fokussiert, deutet auf ihre zwei überdimensionalen Hartschalenkoffer in Hellblau und entschuldigt sich, wahrscheinlich weil sie so schwer sind. Zumindest deutet ihr zerknirschter Gesichtsausdruck darauf hin. Im Gegensatz zu mir klingt ihr Französisch tadellos, was kein Wunder ist, wenn man bedenkt, dass ihre Familie Verwandte in Frankreich und sie bereits mehrere Sommer dort verbracht hat.

Wieder einmal bin ich froh, dass die Unterrichtssprache an der Academy Englisch ist.

Als uns der Mann einzeln die hinteren Beifahrertüren öffnet, schlägt mein Herz wie wild. Ich komme mir vor wie im zweiten Film von *Sex and the City*, wo Carrie, Samantha, Miranda und Charlotte in Abu Dhabi von vier nagelneuen Maybachs zum Hotel gebracht werden und sich in ein ihnen noch unbekanntes und zugleich aufregendes Abenteuer stürzen.

»Ich hätte in der Schule statt Deutsch lieber Französisch als Wahlfach nehmen sollen«, erkläre ich Alex, als ich neben ihr hinten im Auto Platz nehme. Mit einem Mal höre ich ein lautes Poltern, gefolgt von einem Rumpeln und einem, wie ich vermute, Fluchen auf Französisch. Ich schaue hinüber zu meiner besten Freundin, deren hellblondes Haar ihr beim Lachen ins Gesicht fällt.

»Er hat den Koffer als Miststück bezeichnet«, presst sie leise hervor und versucht, ihr Grinsen zu unterdrücken. Doch dann passiert das, was immer geschieht, wenn Alex zu lachen beginnt: Ich stimme mit ein. Und dann lachen wir irgendwann nur noch, weil die jeweils andere sich nicht mehr einkriegt.

Einer der Gründe, wieso Alex meine beste Freundin ist? Weil sie es schafft, mich trotz Müdigkeit, Unsicherheit und Chaos dazu zu bringen, alles um mich herum zu vergessen. Sie ist mein Fels in der Brandung, egal, wie stürmisch es um mich herum mal wird. Sobald wir uns beruhigt haben, drückt sie wortlos meine Hand, als hätte sie meine Gedanken gehört. Der Druck ihrer Finger fühlt sich an wie Sicherheit. Wie zu Hause.

Ein paar Augenblicke später knallt die Kofferraumtür zu, und der Mann setzt sich rasch auf den Fahrersitz.

Auf Französisch erklärt Alex ihm, wo wir hinwollen. Zumindest glaube ich das, denn ich höre das Wort »Monaco« und »Université«. Und dann noch die Worte, auf die mein Herzschlag mit einem wohligen Echo aus Wärme und Aufregung reagiert: Bradwood Studios. Mein ganz persönlicher Neuanfang.

Wie auf Kommando nickt ihr der überfreundliche Fahrer durch den Rückspiegel zu und drückt aufs Gaspedal. Binnen weniger Augenblicke verlassen wir die Stadt, und die hohen Glas- und Steinbauten verwandeln sich langsam in eine grüne Graslandschaft, hin und wieder verziert mit Palmen und orangefarbenen Häusern. Als wir Nizza hinter uns lassen, wechselt der Mann ins Englische und stellt sich uns als Antoine aus Paris vor. Während er auf die Straße vor uns deutet und erklärt, wo genau wir langfahren, werfe ich einen Blick aus dem Fenster. Hinter uns verschwindet so langsam die gewaltige Kulisse des Flughafens von Nizza und verblasst zu einer eindrucksvollen Erinnerung.

»Und ihr beiden studiert jetzt also an den Bradwood Studios?«

»Ja«, antworte ich stolz, und Antoine entweicht ein lautes »Ahhhh. Wie schön! Die Studios und alles drum herum sind wirklich hübsch«.

Während Alex nachfragt, wie groß das Gelände ist, auf dem wir die nächsten vier Jahre verbringen werden, schweifen meine Gedanken bereits ab. Ich stelle mir vor, wie meine beste Freundin und ich unser gemeinsames Zimmer beziehen, abends Filme schauen und uns über unsere Kurse austauschen. Die Academy baut sich nach und nach wie ein riesiges Märchenschloss in meinem Kopf auf, und obwohl ich dank der Bradwood-Website schon weiß, was mich dort erwartet, sieht sie in meiner Fantasie dennoch anders aus.

Ein wenig ist es wie mit Edward aus *Twilight*. Auch wenn ich Robert Pattinson im Film ganz gut fand, so wird die Buchvorlage auf ewig ein wenig davon abweichen, einfach weil meine

Fantasie immer ihre eigenen Wege geht, statt sich an das zu halten, was ihr geboten wird. Ich stelle mir die Academy in genau dem gleichen mediterranen Stil vor, an dem wir jetzt vorbeifahren: orangefarbene Fassaden mit riesigen weißen Fensterrahmen, leicht golden schimmernde Fensterläden und Hauseingänge aus Mahagoni.

Die Bradwood Studios gelten zu den größten Filmproduktionsfirmen überhaupt, und die dazugehörige Academy zählt zu einer der renommiertesten Filmuniversitäten der Welt. Benannt wurde sie nach dem großen Regisseur Nicolas Bradwood, dessen Filmkunst insgesamt sieben Mal für einen Oscar nominiert worden ist. Von ihm stammen Leinwandhits wie *Der letzte Oktober* oder *Just Imagine – Der Traum vom Leben*. Da man bei den Filmstudios junge Nachwuchstalente fördern wollte, schuf man eine Filmakademie, an der es den dazugehörigen Studierenden möglich sein sollte, Castings zu besuchen und Teil der Bradwood-Produktionen zu sein.

»Gleich sind wir auf der Promenade des Anglais«, erklärt uns Antoine, und ich werfe einen Blick aus dem Fenster. Nizza ist wirklich idyllisch, und die sogenannte Promenade der Engländer führt uns direkt an einem mit Palmen gesäumten Fußweg vorbei, der Strand und Straße voneinander trennt. Das kristallklare Wasser schimmert von Weitem im Sonnenlicht wie hellblaue Diamanten und lässt erahnen, was in Monaco sonst noch für wunderbare Orte auf uns warten.

»Wie ihr seht, wird es direkt etwas felsiger, wenn man Nizzas Zentrum den Rücken kehrt.« Ich folge Antoines Blick aus dem linken Fenster. Beinahe, als wäre er in einen riesengroßen, grafitfarbenen Felsen gehauen worden, erhebt sich nach einer Weile der kleine Stadtstaat an der Mittelmeerküste und zeichnet eine Kulisse, die mir den Atem raubt. Es ist in jeder Hinsicht ein Kunstwerk, ein Mosaik aus erhabenen Gebäuden, in Serpentinen angelegten Straßen und fein blühenden Pflanzen, die sich ineinanderfügen wie Puzzleteile, um einander am Rande der Klippe festzuhalten und sich vom strahlend hellen Blau des Himmels als beeindruckende Einheit abzuzeichnen. Während die Wellen gegen die Felsen branden, leuchten die hellen Häuserfassaden im Einklang der langsam aufsteigenden Sonne und bieten eine Farbpalette aus Beige, Gold und Türkis. Auf den grün bewachsenen Klippen wirken die einzelnen Gebäude wie Farbtupfer auf einer großen grünen Tafel.

Je näher wir kommen, desto deutlicher erkenne ich auch die Menschen um uns herum. Während ich eben noch am Flughafen das Gefühl hatte, in eine fremde Welt abzutauchen, kommt mir jetzt alles doch wieder ein wenig gewöhnlicher – und darum beruhigender – vor. Vor einem Haus mit leuchtend gelber Fassade erkenne ich eine ältere Frau, die vor einer Wäscheleine steht und diese mit ihren Kleidern behängt. Der Wind bauscht die einzelnen Stoffe dermaßen auf, dass die Besitzerin unter dem bunten Wirbel fast vollständig untergeht. Sie bei so etwas Alltäglichem zu beobachten, macht mich friedlicher. Es ist beinahe, als hätte dieser kleine Ausschnitt Normalität etwas von dem Glanz abgekratzt, der an meiner Ehrfurcht vor Monaco haftete und mich bisher zwar beeindruckt, gleichzeitig aber auch etwas befangen gemacht hat.

Der Effekt verschwindet wieder, sobald wir uns einer großen Anhöhe nähern. Je weiter wir darauf vorankommen, desto imposanter werden die Gebäude und die Umgebung. Wir fahren vorbei an einem Anwesen, das beinahe ausschließlich aus Glas besteht und wie eine Spiegelfläche den gigantischen Infinity-Pool reflektiert, der in den anliegenden Felsen eingearbeitet ist. Während ich eben noch glaubte, ein Stückchen bekannten Alltags auf meinem Weg zum Studium zu begegnen, fühlt es sich jetzt so an, als würde mich eine riesige Welle der Einschüchterung überschwappen. So was wie dieses Haus hier ist definitiv kein Teil meiner bisherigen Normalität.

Augenblicklich überfällt mich ein Hauch von Angst. Angst, dass ich hier doch nicht dazugehören werde. Der leichte Druck, den ich an meiner linken Hand spüre, lenkt meine Aufmerksamkeit weg von meinen Gedanken zurück in den Moment. Dankbar schaue ich zu meiner besten Freundin. Der Blick, mit dem sie mich ansieht, zeigt deutlich, dass sie genau weiß, wohin ich abgedriftet bin. »Das wird toll.«

Ich nicke und versuche, wieder nach vorn statt zurückzublicken. Die Dankbarkeit darüber, das hier nicht allein durchziehen zu müssen, sammelt sich als dicker, heißer Kloß in meiner Kehle, weshalb ich mich damit begnüge, Alex' Finger zu drücken. Sie weiß auch so, was ich ihr sagen will. Wir sind beste Freundinnen, seit wir damals zusammen im Kindergarten einen Sandkuchen gebaut haben. Sie war immer Teil meines Lebens und die einzige Konstante, als beinahe alles auseinanderbrach. Sie war immer das Licht in meinem Leben, selbst in den dunkelsten Momenten. Dass wir nun gemeinsam hier studieren werden, ist ein Geschenk, das ich immer noch kaum glauben kann.

»Ja, wir werden gemeinsam für unsere Prüfungen lernen und uns auf dem Campus irgendwo ein idyllisches Fleckchen suchen, um unsere Pausen zu genießen«, antworte ich ihr, sobald ich meiner Stimme wieder trauen kann.

Alex drückt meine Finger noch ein wenig fester. »Auf jeden Fall. Das hier haben wir uns verdient.«

Das Husten unseres Taxifahrers reißt meine Aufmerksamkeit wieder nach vorn. Wir folgen einer langen, kurvigen Straße, hinter der sich uns erst das gesamte Antlitz von Monaco offenbart. Am Fuße der Klippen befindet sich ein gewaltiger Hafen, der die Stadt wie eine Art Bilderrahmen an dieser Seite umschließt. Unzählige Jachten treiben auf dem azurblauen Meer und wirken wie kleine Fähnchen in viel zu starkem Wind.

Ohne zu überlegen, zücke ich mein Handy und suche den passenden Winkel, warte auf den perfekten Augenblick, um auf den Auslöser zu drücken. Nachdem ich bestimmt um die zwanzig Aufnahmen gemacht habe, navigiere ich zur Galerie meines Telefons und klicke mich durch die Auswahl. Bei meinen Bildern ist es mir wichtig, ein bestimmtes Gefühl einzufangen. Ich will es konservieren, damit ich mich auch noch nach Jahren hieran erinnern kann, an meine ganz persönlichen Erinnerungen. Vielleicht ist das ja der Grund, wieso elos_movies bisher so erfolgreich war: Auf meinem Instagram-Account geht es nicht nur um Ästhetik und einen ansprechenden Feed, sondern vielmehr um die rohen, ehrlichen Momente. Es geht um die kleinen Details, die einen nicht mehr loslassen, obwohl sie auf den ersten Blick ganz alltäglich erscheinen. Genauso fühle ich, wenn es um die Filme geht, die ich bespreche. Wenn ich in eine Leinwand eintauche, will ich die eine, unscheinbare Nuance finden, die aus ein paar Schnitten und Perspektiven ein Meisterwerk macht. Ich will zeigen, mit welchen einfachen Handgriffen man es schaffen kann, kaum greifbare Emotionen direkt in die Herzen der Zuschauer zu transportieren und damit einen Kinobesuch zu einem wahren Erlebnis zu machen.

»Mein Abenteuer in Monaco beginnt«, lauten die Worte, die ich unter das Bild setze, für das ich mich letztendlich entscheide. Es ist ein wenig unscharf, dennoch strahlt es in den schillerndsten Farben. Vielleicht finde ich es deshalb so passend: weil es zu diesem Moment passt und weil die Zukunft, in die ich unterwegs bin, selbst noch ein wenig nebelhaft erscheint.

»Erinnerst du dich noch daran, als ich dir in der sechsten Klasse meine neuen teuren Sneaker von Adidas gezeigt habe und meinte, dass die bei Weitem das Schönste sind, was ich jemals zu Gesicht bekommen habe? Ich korrigiere: DAS ist das Schönste, was ich jemals gesehen habe«, sagt Alex, während sie mit dem Zeigefinger ehrfürchtig auf das Panorama direkt vor uns deutet.

Mittlerweile kleben wir wie Welse in einem Aquarium an unseren Scheiben, und dabei nehme ich nur im Augenwinkel wahr, dass der Taxifahrer uns mit einem belustigten Blick aus dem Rückspiegel zusieht. Ich frage mich, wie lange er hier schon lebt und ob ihm bewusst ist, vor was für einer Kulisse sein Leben stattfindet. Gewöhnt man sich je an so etwas Wunderschönes? Ich hoffe, nicht.

Unser Weg führt uns vorbei am Palastplatz, der Kathedrale Notre-Dame-Immaculée und dem bekannten Fürstenpalast. Je länger wir durch die Altstadt Monacos fahren, desto mehr beschleicht mich das Gefühl, mich kleiner machen zu müssen. Als würden die unzähligen Ferraris, Louis Vuittons, Chanels und Pradas sämtlichen Glanz für sich beanspruchen und alles Gewöhnliche beiseiteschieben. Jeder einzelne dieser Namen hat Bedeutung und steht für Glamour, Luxus, Wohlstand und Erfolg, während meiner nur so viel ist: gewöhnlich und nichtssagend. Sosehr ich mich auch darum bemühe, noch kann ich mir nicht vorstellen, dass jemand wie ich wirklich in diese Welt hineinpasst. Wie bei Cinderella, die durch das Probieren des gläsernen Schuhs zur Prinzessin wird. Dabei komme ich mir eher vor wie eine ihrer Stiefschwestern. Obwohl ich versuche, meinen Fuß in diese Welt zu setzen, erscheint sie einfach zu groß für mich, um hineinzupassen und nicht direkt wieder rauszufallen.

Wir folgen dem Boulevard de Larvotto, der uns durch den gleichnamigen Tunnel am großen Casino der Stadt vorbeiführt und uns am großen Hafen Port Hercule wieder in die Freiheit entlässt. Die Namen habe ich mir eingeprägt, weil ich schon oft mit meinem Handy die einzelnen Straßen gegoogelt habe.

Ich streife über meinen nackten Arm und fühle die Gänsehaut, die sich über meinen Körper zieht. Jetzt all die Orte hautnah zu erleben, die ich seit Wochen immer wieder auf Bildern anschaue, lässt mich verstehen, dass heute ein riesiger Traum wahr wird. Einer, der zwischenzeitig so weit weg erschien, dass jegliche Vorstellung an eine solche Zukunft von einem ungläubigen Schnauben und einem belächelnden »Mach dir nichts vor,

Schatz« begleitet wurde. Es ist schwer zu glauben, dass man etwas wirklich verdient hat, wenn einem sein halbes Leben lang eingetrichtert worden ist, dass man nicht gut genug sei.

Mit einem entschiedenen Kopfschütteln verbiete ich mir selbst, weiter darüber nachzudenken. Stattdessen konzentriere ich mich auf die prunkvollen Flaniermeilen, deren Schaufenster im Sonnenlicht glänzen, die strahlend weißen Boote, die gerade im Hafen anlegen, und die unzähligen Restaurants, die sich entlang der Promenade aufreihen und deren weiße Sonnenschirme kleine Oasen für die Gäste bereithalten.

»Wie viele Schiffe das wohl sein mögen?«, frage ich Alex, die ebenfalls staunend aus dem Fenster blickt und die vielen Jachten im Hafen begutachtet.

»Ich weiß nicht. Fünfzig? Auf jeden Fall liegt da unten ein gewaltiges Vermögen an.«

Weitere zwanzig Minuten später wird die Straße vor uns schmaler und kurviger. Entlang zahlreicher steiler Klippen folgen wir dem sich windenden Weg, nur knapp unter uns ein schwindelerregender Abgrund. Instinktiv rutsche ich ein Stück näher an Alex heran, die ungewöhnlich ruhig geworden ist. Ich weiß nicht, wie lange wir auf den asphaltierten Schlangenlinien fahren, aber als wir schließlich ankommen, merke ich, dass ich anscheinend die Luft angehalten habe. Mit einem erleichterten Seufzer lasse ich mich zurück in die Polster fallen und traue mich, wieder nach draußen zu schauen – und wieder einmal in Staunen zu geraten.

In langsamem Tempo nähern wir uns einem gewaltigen weißen Gebäude. Es erinnert an einen großen, prunkvollen Bau aus der Zeit des Klassizismus, mit imposanten Säulen und einem großen Vorbau, wie man es vom Weißen Haus in Washington kennt. Daneben ragt ein Hochhaus in die Luft, das mich direkt an ein Hotel erinnert. Während das große Hauptgebäude in einem klassischen, fast schon königlichen Chic erstrahlt, wirkt das

Hochhaus daneben modern, ausgestattet mit mehreren Fenstern und zahlreichen Balkonen. Das Geländer aus weißem Stein ist schwungvoll um die Fassade drapiert worden und verleiht dem Mauerwerk etwas Erhabenes und Elegantes.

»Wow, kneif mich«, fordere ich Alex auf, was sie auch tut. Doch bis auf den leichten Schmerz ändert sich nichts. Die Bauwerke sind nach wie vor da, als wir vor ihnen auf dem von gigantischen Eichenbäumen gesäumten Weg zum Stehen kommen. Bereits ein erster Blick auf die paar Menschen vor dem Hauptgebäude zeigt mir, dass wir an keiner gewöhnlichen Akademie sind. Zumindest kann ich mir nicht vorstellen, dass Porsches, Limousinen und Designerklamotten zur alltäglichen Ausstattung eines jeden Studierenden gehören.

Ich frage mich, wer die jungen Frauen sind, die sich hinter ihren großen Sonnenbrillen, engen, teuer aussehenden Kleidern und hohen Schuhen verbergen, und ob die jungen Männer, die in Hemden und Krawatten neben ihnen stehen, so rumlaufen, weil sie es wollen oder weil es von ihnen verlangt wird. Ein paar von ihnen beäugen uns, als würden sie spüren, dass wir nicht aus Monaco stammen. Vielleicht ist all der Prunk und die Pracht für sie so gewöhnlich, dass es sofort auffällt, wenn jemand von den schwindelerregenden Standards abweicht.

Als ein knallroter Porsche neben uns seinen Motor aufheulen lässt, macht es klick!, und ich begreife: Wir sind die Einzigen, die nicht mit einem schicken Wagen hergefahren sind. Von McLaren über Mercedes bis hin zu Lexus und Bentley ist beinahe jede teurere Automarke vertreten. Die Autos geben meine Gefühlslage genau wieder: Ich fühle mich wie das Taxi unter den Luxuskarossen.

»Wow«, haucht Alex neben mir, nachdem wir aus dem Wagen gestiegen sind. Während der Taxifahrer unser Gepäck auslädt, gehe ich ein paar Schritte auf das Hauptgebäude zu, kann jedoch nicht umhin, an meiner Kleidung zu zupfen. Mein graues, etwas zu großes Oberteil fällt locker an mir herab und lässt mich jeden Windzug darunter spüren. Doch Jeans, Sneaker und T-Shirt erschienen mir als bequemste Wahl für eine so lange Reise, wenn auch nicht unbedingt passend für eine so luxuriöse Umgebung, wie sie hier an den Bradwood Studios zu finden ist. Um möglichen Blicken zu entkommen, schaue ich mich weiter um. Eine grüne Wiese mit etlichen gelben Blumen auf länglichen Beeten links und rechts von mir säumen einen steinernen Weg zum Eingang. Dort prangt in riesigen goldenen Lettern die Aufschrift:

BRADWOOD FILM ACADEMY –
THIS IS WHERE STARS WILL BE BORN

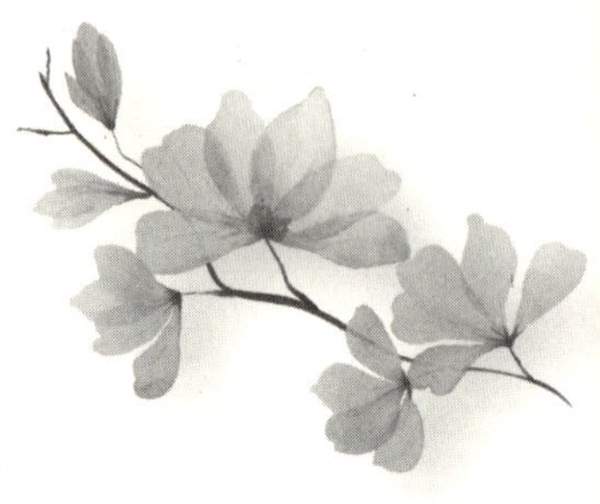

2. Kapitel

Aller Anfang ist schwer

Chase

»Na, das nenne ich mal einen Auftritt«, rufe ich Stuart über das Dröhnen der Maschine zu. Mein bester Freund, extravagant wie immer, hat beschlossen, mit dem Helikopter seines Vaters anzureisen, und steigt mit einem Filmstargrinsen durch die kleine Luke aus dem Inneren des noch immer lärmenden Metallgehäuses. Abgeschirmt durch den Krach des Propellers, bedeutet Stuart mir mit den Händen, dass er meine Worte nicht verstanden hat.

Ich winke ab und sehe stattdessen zu, dass ich mich von dem Wind des Helis entferne, der gerade auf dem Privatflugplatz in der Nähe der Stadt gelandet ist.

Stuart nimmt die Kopfhörer ab und reicht sie dem Piloten, dann stürmt er auf mich zu und umarmt mich. Er ist einen halben Kopf kleiner als ich, dafür allerdings von genau der gleichen, sportlichen Statur. Er hat breite Schultern und ziemlich große Hände, die er selbst immer scherzhaft als Pranken bezeichnet.

»Du hast ja keine Ahnung, wie langweilig einem in drei Wochen in St. Tropez werden kann.« Im Gegensatz zu mir ist er der typische Umarmer und gewährt beinahe jedem das Privileg einer solchen, wie er es ausdrücken würde. Ich hingegen akzeptiere das nur bei den Leuten, die ich wirklich mag.

Grinsend klopfe ich meinem besten Freund auf die Schulter und führe ihn vom Platz. Der Monaco Heliport befindet sich ein Stück fernab auf einem kleinen Hügel. Inmitten zahlreicher grüner Wiesen- und grauer Felsenlandschaften sieht man von hier aus in einiger Entfernung die steile Küste Monacos hervorblitzen. Hinter uns befindet sich ein gewaltiger grauer Stahlbau, ein Hangar, in dem die vielen Helikopter gewartet und untergebracht werden.

Ich werfe noch einen letzten Blick darauf, ehe ich mich wieder Stuart widme. »Schweres Schicksal, das dir da aufgebürdet wurde, mein Freund. Wo ist deine Schwester?«, erkundige ich mich. Gina ist Stuarts ältere Schwester, die ebenfalls an den Bradwood Studios studiert. Zumindest dann, wenn sie nicht gerade als bekannte monegassische Influencerin in der Welt herumfliegt und Kooperationen mit Modeunternehmen eingeht. Sie studiert im siebten Semester Kostümdesign und ist dementsprechend beinahe fertig mit ihrem Studium.

»Ach, die gönnt sich gerade mit ihren Mädels und unserer Mutter Wellness irgendwo in Florida. Die Amis haben da so einen Wellnesstempel in Miami eröffnet, und sie wurde eingeladen, eine der Ersten zu sein, die darüber berichten. Als Influencerin gilt ja immer: Job comes first. Auch wenn sie gerade eigentlich anfangen sollte, ihre Kostüme für die Abschlussprüfungen zu fertigen. Aber wie ich sie kenne, wird sie das auf den letzten Drücker machen und trotzdem die Bestnote bekommen. Mann, die Talente in meiner Familie sind echt unfair verteilt«, entgegnet er und strubbelt dabei durch seine kurzen roten Haare.

Ich schenke ihm ein mitfühlendes Lächeln, ehe er vor mir stehen bleibt und sich in den Gläsern meiner schwarzen Sonnenbrille begutachtet. Sein neongelbes Hemd weht ihm so stark um den Körper, dass ich jeden Knopf anschaue, aus Sorge, sie könnten abreißen. Stu fummelt an einem der vielen Ringe an seinen Fingern herum, und ich frage mich, wie der Heli bei dem Gewicht an Silber überhaupt abheben konnte. Mein bester Freund ist in jeglicher Hinsicht extravagant, sowohl was sein Aussehen als auch seine Einstellung dem Leben gegenüber betrifft. Er gibt sich gern als ausgefallener und auffallender Paradiesvogel, der für jeden Spaß zu haben und immer der Präsenteste im Raum ist. Dabei wissen nur wenige, dass er einer der ausgeglichensten und loyalsten Menschen ist, die ich kenne.

»Und jetzt sag mir: Was hab ich verpasst? Dreht dein Dad einen neuen Film? Hast du wieder einer Lady das Herz gebrochen? Und konntest du Angela endlich überzeugen, dass sie mir mal wieder ihre leckere Paella kocht?« Angela ist unsere Haushälterin. Stu hat nach einer Party vor ein paar Monaten einen gewaltigen Kater gehabt, den nur ihre Paella wieder auf Vordermann bringen konnte. Wenn er also von der Paella spricht, kann das nur eines bedeuten.

»Also hast du gestern wieder einen draufgemacht?« Meine Frage scheint ihn zu verwundern, denn für einen Augenblick hört er auf, sich in meiner Brille zu mustern. »Natürlich. Der dritte Abend in Folge. Aber da die Uni jetzt wieder losgeht, muss ich wenigstens kurz Pause machen. Ich hab meiner Mom versprochen, dass ich in diesem Jahr einen guten Eindruck hinterlasse. Sie muss ja nicht wissen, wie intensiv meine Bemühungen sein werden, oder eben auch nicht sein werden. Also, wie steht es um die Paella?«

Kopfschüttelnd wende ich mich ab, Stu holt direkt auf und läuft neben mir her. Wir nähern uns seinem schwarzen Ferrari, der gerade von einem der Flugplatzmitarbeiter vorgefahren wird. »Nein zu allem. Du hast nichts verpasst, mein Dad dreht keinen Film, und das einzig gebrochene Herz hier wird deins sein, wenn ich dir sage, dass Angela die Paella nur zu besonderen Anlässen kocht.«

Stuart öffnet die Fahrertür seines Wagens und nimmt dem Mitarbeiter den Schlüssel ab. »Danke«, sagt er mit einem knappen Nicken, ehe er sich wieder mir zuwendet. »Also, wenn die Rückkehr deines verschollenen besten Freundes nicht Anlass genug ist, dann weiß ich auch nicht.«

Ich schüttele lachend den Kopf und steige auf der Beifahrerseite ein. Unser Fahrer hat mich vorhin hier am Heliport abgesetzt, doch mit Stu hatte ich schon vorab besprochen, dass ich auf dem Rückweg bei ihm mitfahren werde. »Bescheiden wie eh und je.«

Ich lasse mich in die weichen, hellbraunen Sitze seines Wagens sinken. Es riecht nach Leder und Neuheit. Nicht nur daran, sondern auch an den kaum abgefahrenen Reifen des Wagens kann man sehen, dass das gute Stück erst vor Kurzem aus der Fabrik kam.

»Also, mein hübscher Freund, wie waren deine Ferien?«, fragt Stuart und startet den Motor.

»Ach, das Übliche. War oft im Country Club und hab Tennis gespielt.«

»Gezeichnet?«, hakt er nach.

»Ja, ein wenig. Wenn der Freiraum es hergegeben hat.«

Stuart nickt verständnisvoll. »Ist dein alter Herr nicht oft unterwegs gewesen?«

»Nicht oft genug.«

Mein bester Kumpel klopft mir auf die Schulter, sein Blick ist nach wie vor auf die breite asphaltierte Fläche vor uns gerichtet. »Du weißt ja, wenn du mal Freiraum brauchst: Wir haben noch ein Gästehaus.«

»Du weißt, wenn ich könnte, wäre ich bereits seit Jahren euer Hausgast.« Mein Vater ist ein Kontrollfreak, vor allem, was mein Leben und die Pläne darin angeht. Man könnte meinen, er wäre nur Regisseur geworden, um das Leben seines Sohnes zu skripten.

Stu verzieht missbilligend den Mund. »Das Angebot steht, egal wann.«

»Danke, Mann.« Mehr bringe ich nicht raus. Ich bin nicht gut mit so was, Stu ist der deutlich Reifere von uns beiden, wenn es um Gefühle und Nähe und so einen Kram geht. Schätze, das kommt davon, wenn man von zu Hause nie mitbekommt, wie gesunde zwischenmenschliche Beziehungen funktionieren.

»Also, deine Zeichnungen«, wechselt Stu das Thema. »Immer noch die für den Animationsfilm?«

»Ja, ich war mit den alten nicht zufrieden und hab neu angefangen.«

Ihm entwischt ein kurzes Lachen. »Deine Geduld hätte ich gern. Wobei, nein, eigentlich gefällt mir mein impulsives und unruhiges Ich ganz gut. Darf ich sie mal sehen?«

»Klar.« Ich zucke mit den Schultern, als wäre nichts dabei, dass jemand meine Zeichnungen sieht, dabei wissen wir beide, dass es für mich nicht nichts ist. Es bedeutet mir alles, das Zeichnen, die Möglichkeit, der Realität zu entfliehen und mich in die Linien auf meinem Papier zu flüchten. Für einen Moment zu vergessen, dass mein Leben nicht bereits vorgezeichnet ist, und zwar in den dunkelsten Farben.

»Übrigens hab ich online geschaut, und wir haben bis auf einen Kurs alle Fächer in diesem Semester zusammen«, erkläre ich Stu und wechsle das Thema.

Mein Freund grinst. »Das klingt doch gut. Ich brauche seelischen Beistand, wenn Ms. LaCroix dieses Jahr wieder einen Kurs leitet. Sie hasst mich.« Stuart rauscht mit dem Auto vom Gelände und biegt auf die Straße Richtung Innenstadt ab.

Es ist früh am Morgen, und die Straßen sind überfüllt. Nicht nur unzählige Autos sind bereits unterwegs, sondern auch in den Geschäften um uns herum drängen die Leute dicht an dicht. Ich beobachte dieses Treiben jedes Mal mit einem inneren Seufzen. Die Urlaubssaison hat begonnen, und viele Touristen strömen nach Monaco, um ein wenig den Luxus und die Exklusivität zu schnuppern, während sie versuchen, selbst welchen zu verströmen. Dabei fällt ihnen gar nicht auf, wie austauschbar sie sind. Alle tragen sie die gleichen Marken, haben den gleichen Stil und das gleiche Geld, das sie auf die gleiche sinnlose Weise verschleudern. Indem sie sich Statussymbole kaufen, die im Endeffekt nichts darüber aussagen, wer man eigentlich ist.

Wir rauschen an den Läden vorbei, bis wir den Stadtteil Monte-Carlo erreichen, wo wir am großen Casino der Stadt vorbeifahren. Der beigefarbene Prachtbau erhebt sich aus der leicht mediterranen Kulisse der Stadt wie eine Art Palast. Eine riesige grüne Glaskuppel, Türme mit Spitzdächern und ein imposanter Eingangsbereich, bestehend aus drei braunen Flügeltüren, lassen das Gebäude alles um sich herum in den Schatten stellen. Auf dem mit leuchtend grünem Gras und Blumenbeeten in den verschiedensten Farbtönen verzierten Platz vor dem Casino erhebt sich ein prunkvoller Springbrunnen, der zahlreiche Wasserfontänen gen Himmel schießt.

»Sie hasst nicht dich, sondern deine Arbeitseinstellung. Und wenn du mich fragst, hat sie damit nicht ganz unrecht. Nur wenige kommen erst zwei Tage vor Uni-Beginn hier an und haben noch nicht mal ihre Bücher. Ich könnte mir so was nicht erlauben. Der Ärger, den ich mir dafür von meinem Vater einhandeln würde, wäre definitiv schlimmer als alle schlechten Noten dieser Welt.«

»Tja, mein Freund, du bist auch bei Weitem nicht so charmant wie ich«, scherzt Stuart und bringt mich damit erneut zum Lachen. *Er hat recht, das bin ich sicher nicht.*

Stu dreht das Radio auf und bewegt den Kopf im Takt der Musik. Wir beide haben nicht unbedingt viele Gemeinsamkeiten, was Musik anbelangt. Doch wenn Eminem läuft, bewegen wir beide zu seinen Songs die Lippen.

»Wieso sollte ich denn eher zurückkommen?«, fragt Stu und

greift das Thema noch einmal auf. »Nur damit ich mir die ganzen Erstis anschauen kann, die sich heute beim Willkommenstag auf die Füße treten? Nein danke. Und da du so lieb warst, nachzufragen: Meine Bücher sind unterwegs. Die kommen heute noch per Expresslieferung. Wie sieht's bei dir aus? Freust du dich, deinem Abschluss in Regie wieder ein Stück näher zu kommen?« Stuart verzieht die Lippen zu einem mitfühlenden Lächeln. Er weiß, dass dieses Studium nicht meine erste Wahl gewesen ist, doch er weiß nicht, wie schwer es für mich ist, jeden Tag die dazugehörigen Kurse zu besuchen. Einen Augenblick halte ich inne und werfe ihm von der Seite einen schuldbewussten Blick zu. Weder mein bester Freund noch sonst jemand weiß es, doch mit jedem Semester, dass ich in Richtung Regie gehe, komme ich meinem Albtraum immer näher.

Eloise

»Dann schauen wir mal, wo wir genau hinmüssen«, sagt Alex entschlossen und deutet auf eine Karte an einer Pinnwand im Hauptgebäude. Marmorfliesen und riesige Kronleuchter lassen die Uni im Inneren wie einen Palast aussehen. Und während ich mich beinahe in der traumhaften Kulisse verliere, fällt mir der Lärm aller Studierenden um uns herum fast nicht auf. Wie auf einem überfüllten Schulhof drängen die Leute dicht an dicht an uns vorbei. Wenn es bei uns in Atlanta so voll auf den Gängen der Schule war, hatte man das Gefühl, keine Luft mehr zu bekommen, doch das gilt erstaunlicherweise nicht für die Bradwood Academy. Mit jedem Menschen, der an mir vorbeistürmt, dringt ein anderer Geruch in meine Nase. Mal der nach einem fruchtigen Parfum, mal der eines sehr würzigen, aber exquisiten Aftershaves.

»Ich würde ja sagen, dass ich geflasht bin, aber das wäre wohl die Untertreibung des Jahrhunderts«, erklärt Alex. Sie hat recht. Dass Reichtum das Eins-a-Kriterium dieser Academy ist, wird an jeder Ecke deutlich. Prunk und Pracht an den weißen Wänden, wo Gemälde berühmter Schauspielgrößen wie Meryl Streep, Alan Rickman und Brad Pitt in goldenen Rahmen hängen und von golden schimmernden Kronleuchtern angestrahlt werden. Selbst die Menschen hier erscheinen irgendwie golden: Mit all ihrem glänzenden Schmuck und blitzendem Zahnpastalächeln wirken sie wie aus einem besonders wertvollen Ei gepellt.

Das Licht fällt von oben auf uns herab und erinnert mich an ein riesiges Filmset. Gleich rechts am Eingang erhebt sich ein gläserner Tresen. Erst jetzt bemerke ich den roten Teppich auf dem Boden, der genau zu diesem Empfang führt. *Wow, als ob man bereits auf dem Red Carpet unterwegs wäre. Fehlt nur noch das Blitzlichtgewitter.*

Als wir dem Tresen näher kommen, erkenne ich, dass er an der Front mit verschiedensten Filmzitaten verziert ist. »Houston, wir haben ein Problem« aus *Apollo 13*, »Ich bin der König der Welt« aus *Titanic*, »Mein Baby gehört zu mir« aus *Dirty Dancing* und zahlreiche andere Zitate stehen dort in unterschiedlichen Farben und Schriftgrößen geschrieben. Ich muss wohl nicht erwähnen, dass ich mich fühle, als sei ich im Himmel.

»Guten Tag, wir möchten uns gern anmelden«, sagt Alex zu der etwas älteren Dame am Empfang. Ihre violetten Haare stechen vor der weißen Wand hinter ihr so richtig hervor, und mit ihrer roten Satinbluse schimmert sie wie der rote Vorhang einer Theaterbühne. Der Schmuck an ihrem Hals und ihrem Handgelenk funkelt beinahe so stark wie der Kronleuchter, und so langsam beschleicht mich das Gefühl, dass das auch so sein soll. Der perfekte erste Eindruck scheint hier enorm wichtig zu sein.

Hinter ihren halbrunden Brillengläsern schaut die Frau hoch. »Haben Sie Ihre Zulassungsbescheide?«, fragt sie beinahe desinteressiert. Wahrscheinlich macht sie das schon seit Tagen.

Meine beste Freundin, ganz die Organisation in Person, sucht kurz in ihrer Tasche und holt schließlich eine Papiermappe hervor, die sie der Frau reicht. »Hier, bitte sehr.« Alex klingt selbstbewusst und erwachsen – beides Dinge, von denen ich behaupten würde, weit davon entfernt zu sein.

»Eloise Stanson und Alexandra Clark, ja?«, fragt sie uns. Wir beide nicken gleichzeitig.

Sie wendet sich von uns ab und öffnet einen Aktenschrank, der in die Marmorwand hinter ihr eingelassen ist. Nach einem kurzen Augenblick holt sie zwei strahlend weiße, hauchdünne Ordner hervor.

»Zu den Kursen …«

»Die haben wir bereits online angegeben«, unterbricht Alex sie eifrig.

»Schön, dass Sie sich beide bereits vorbereitet haben. Lassen Sie mich Ihnen aber noch einige wichtige Fakten erklären: Zunächst einmal müssen Sie wissen, dass die Wahl Ihrer Kurse verbindlich ist. Ein Wechsel funktioniert nur mit Genehmigung der Rektorin. Eddison Sinclair ist jedoch sehr streng bei solchen Anträgen.« Der Blick der Frau wechselt eindringlich zwischen uns hin und her, und Alex und ich nicken.

Wir haben uns stundenlang über die einzelnen Fächer unterhalten, informiert und für uns die besten herausgesucht. Was ich hier anfange, beende ich auch. Eine Gelegenheit wie diese bekommt man nur einmal. Und ich muss diese Chance nutzen, aus so vielen Gründen.

»Außerdem«, fährt sie fort, nachdem sie etwas in ihre Tastatur eingetippt hat, »wurden Sie beide bereits einem Zimmer zugeteilt. Der Unterricht beginnt am Montag, und die Bibliothek sowie das Theater und der Produktionsraum sind rund um die Uhr geöffnet. Sie sollten die jeweiligen Zeiten für diese Räume vorab buchen. Alle Studierenden müssen die Möglichkeit erhalten, dort an ihren Projekten zu arbeiten.« *Wow.* An unserer alten

Schule gab es einen Arbeitsraum, den man für Projektarbeiten wie große Vorträge nutzen konnte. Doch er war beinahe immer ausgebucht. Hier hingegen bieten sich den Studierenden so viele Möglichkeiten. Allein der Gedanke daran, wie hart hier vermutlich gearbeitet wird, erfüllt mich mit Stolz und lässt meine Brust ein wenig anschwellen. Ich darf hier sein, unter all diesen talentierten Menschen.

»Das Haus, in dem Sie Ihr Zimmer beziehen, hat die Nummer 26 und heißt Twilight. Sie haben sicher bei Ihrer Ankunft das Gebäude nebenan gesehen.« Die Frau deutet auf die zwei Flügeltüren an der Wand hinter uns, durch die man laut Plan aus der großen Halle in den Hinterhof gelangt. »Dort befinden sich die vier Wohnhäuser unseres Campus. Twilight, Titanic, Gladiator und Mulan. Ihres liegt noch ein Stück weiter hinten auf dem Gelände, dort, wo der Abhang etwas steiler wird. Sie können es gar nicht verfehlen. Es ist das letzte Wohnhaus am Ende eines kleinen Pfades. Ihre Zimmergenossin hat sich dort auch bereits einquartiert. Haben Sie noch Fragen?«

Alex und ich schauen uns kopfschüttelnd an. »Nein, aktuell nicht«, antworte ich ein wenig atemlos. Ich brauche einen Moment, bis mein filmliebendes Herz begriffen hat, dass die Wohnhäuser nach bekannten Filmen benannt sind.

Unser Gegenüber lächelt freundlich, streicht sich eine der kurzen violett gefärbten Haarsträhnen hinters Ohr und überreicht uns jeweils einen Lageplan und eine Broschüre mit den wichtigsten Infos zur Bradwood Academy sowie unsere Schlüssel. »Herzlich willkommen, meine Lieben«, begrüßt sie uns mit einem Lächeln, das wie aufgeklebt wirkt.

Ich nehme die Broschüre entgegen und streiche sofort über das Perlenglanzcover. Möglichst unauffällig schnuppere ich am Papier – hier drin verbirgt sich meine Zukunft. Schon seit Ewigkeiten bin ich in vielerlei Hinsicht auf mich allein gestellt, kann nicht wie Alex auf die Hilfe meiner Familie zählen. Die Filmbranche und das, was ich mir bereits mit Instagram aufgebaut habe, sind die einzige Möglichkeit für mich, je einen Fuß in die Berufswelt meiner Wahl setzen zu können. Zumindest ohne mich für den Rest meines Lebens zu verschulden. Dieses Studium ist meine einzige Chance. Ich blättere durch die einzelnen Seiten, die sich um die Geschichte der Academy drehen und die Hausregeln der Wohngebäude beinhalten. Dann lese ich etwas, das mir gefällt:

Cafeteria Bread *ist rund um die Uhr geöffnet.*

Bei dem Wortspiel muss ich schmunzeln. *Ich bin wirklich im Himmel angekommen.*

Alex und ich verlassen das Gebäude zum Innenhof heraus, wo ein gigantischer Springbrunnen feine Wasserfontänen in die Luft pustet, die von einer Seite zur anderen tanzen und als Sprühregen die Wasseroberfläche benetzen. Ich bin wie gebannt von der Anmut, Eleganz und Leichtigkeit, mit der die Wassertropfen ein eigenes Kunstwerk erschaffen, und frage mich abermals, wie ich in diese Welt hineinpasse.

»Also laut Broschüre müssen wir am Brunnen vorbei, und dann zweigen sich dahinter drei Wege ab«, unterbricht Alex abermals meine Grübeleien und deutet vor uns, ehe sie links und rechts zu ihren Koffern greift und anfängt, beide hinter sich her zu ziehen. Ich greife mir mein Gepäck: einen ebenso großen Hartschalenkoffer, den ich als Abschiedsgeschenk von Alex' Mom bekommen habe, und eine alte Reisetasche, die mal meiner Mutter gehört hat – ein letztes Überbleibsel meines alten Lebens und die einzige Sentimentalität, die ich mir erlaube.

»Einer führt zum Schulhaus, einer zu Wohnhaus 25, also Titanic, und der linke führt zu Haus 26, also Twilight«, erkläre ich ihr und deute auf einen Punkt auf der Karte, woraufhin sie nickt.

Ich lasse meinen Blick über den Campus schweifen und erkenne von Weitem ein Gebäude, das durchaus als Schiff durchgehen könnte, zumindest in seiner Form und seinem Äußeren. Dunkles Holz verkleidet die Außenwände, und die geschwungenen Wände lassen das gesamte Konstrukt wirken, als würde es sanft durch die Wellen des im Wind wehenden Grases segeln. »Das muss Haus Titanic sein.«

Beim Gedanken daran, dass die Wohnhäuser dem jeweiligen Filmtitel ähneln, frage ich mich, wie wohl Haus Gladiator aussehen mag. Während wir dem von Palmen gesäumten Weg eine Weile folgen, stöbere ich noch weiter in der Broschüre, und meine Frage wird direkt beantwortet. Haus Gladiator und Haus Mulan sind auf den ersten Doppelseiten der Broschüre, abgebildet. Die Detailverliebtheit sorgt für ein wohlig warmes Gefühl in meinem Inneren. Das Haus 24, das dem Film mit Russell Crowe nachempfunden ist, hat die Form eines Kolosseums. Steinerne Mauern, Rundbögen und ein kreisförmiges Gebäude. Haus 23 heißt Mulan, und auf den Bildern der Broschüre erkenne ich ein Gebäude, das ganz im Stil antiker chinesischer Baukunst gestaltet ist. Bilder der Hunnen, einem alten asiatischen Reitervolk, zieren die Wände. Auf dem Boden ist edles Holz verlegt, das in feinen Linien eine riesige Landkarte von China zeigt. Augenblicklich will ich die Seite umblättern, um Haus Twilight zu sehen, doch ich kann mich gerade noch zurückhalten. Ich möchte es mit eigenen Augen sehen. Ich überspringe ein paar Seiten, während wir einem mit hellen Steinen gepflasterten Weg folgen.

»An der Bradwood Academy bilden wir die Elite der Filmbranche aus. Unsere Nachwuchstalente zählen zu den Besten auf ihrem jeweiligen Fachgebiet. Und da wir davon überzeugt sind, dass Talent keine Frage des Vermögens ist, vergibt die Universität jedes Semester ein Stipendium an jene, die sich das Studium zwar nicht finanzieren können, jedoch eine große Begabung aufweisen und einen Gewinn für die Zukunft der Filmindustrie darstellen. Chancengleichheit liegt uns besonders am Herzen«, lese ich in einem der Einführungstexte.

Während wir langsam auf den grünen Hügel zusteuern, auf dem sich unser Wohnhaus befindet, beginnt mein Herz immer mehr zu rasen. Nicht wegen der körperlichen Anstrengung, obwohl auch das kein Wunder wäre, so unsportlich, wie ich bin. Vielmehr, weil ich in diesem Semester diejenige bin, die das Stipendium bekam. Ich, Eloise Stanson, zwanzig Jahre, aus Atlanta. Ein Grund mehr, weshalb ich all das hier nicht auf die leichte Schulter nehmen darf. Erstens habe ich keine andere Wahl, denn nur mit einem Stipendium kann ich überhaupt studieren. Zweitens ist mir bewusst, dass viele andere auch gerne diesen Traum leben würden. Es wäre eine Schande, wenn ich mir dessen nicht bewusst wäre.

»Ich glaube, wir sind da«, murmelt Alex, sobald wir vor einem riesigen weißen Hochhaus zum Stehen kommen. Zunächst wirkt die Außenfassade sehr clean. Sogar fast ein wenig steril. Erste Enttäuschung macht sich in mir breit. Das einzig Auffällige ist die fliederfarbene Flügeltür, die den Eingang zum Wohnhaus bildet. In farblich passenden, geschwungenen Lettern steht »Twilight« darübergeschrieben. An uns stürmen Studierende vorbei, bewaffnet mit Koffern und Büchern, gekleidet in schicke Blazer, Kleider und Hemden. Ich beobachte, wie sie zielstrebig ins Haus eilen, miteinander plaudern und lachen. In welchen Semestern sie wohl alle sind? Und was sie studieren? Am liebsten würde ich jeden von ihnen anhalten und ausfragen.

»Na, dann los«, fordere ich Alex stattdessen auf, und wir treten gemeinsam durch die riesige Flügeltür. Obwohl ich gedacht habe, eine genaue Vorstellung vom Inneren zu haben, werde ich wieder überrascht. Statt steriler Ausstattung bietet das Gebäude das, was sich jeder wünscht, der weit weg von Familie und Freunden ist: Es wirkt wie ein Zuhause. Ein riesiger Kronleuchter taucht die Eingangshalle in sanftes fliederfarbenes Licht. An der linken Ecke stehen sechs Sofas in der gleichen Farbe, auf denen unzählige Kissen verteilt liegen. Dazwischen haben es sich einige Mädels gemütlich gemacht. Sie laden dort ihre Handys auf oder lesen Bücher. Vereinzelt stehen ein paar rosafarbene Ohrensessel herum, die so bequem aussehen, dass ich mich am liebsten reinfallen lassen würde. Neben der ausladenden Sofa-Ecke steht ein eindrucksvoller Flügel, der dem der Familie Cullen aus *Twilight* ähnelt.

Zu unserer rechten Seite befindet sich ein gläserner Fahrstuhl, und die Wände sind mit wunderschönen Bildern geschmückt, die einige bekannte Szenen aus dem gleichnamigen Film zeigen. Der legendäre Tanz von Edward und Bella beim Ball und Edward, der in der Sonne glitzert. All die Gemälde sind in den gleichen pastelligen Farbtönen gehalten und ergeben mit all der Einrichtung ein harmonisches Gesamtbild. Statt cleanem Chic erhält diese Eingangshalle dadurch so viel Persönlichkeit und Heimgefühl, wie ich es selten erlebt habe.

Weiter hinten im Gebäude erkenne ich kleine Computerecken, in denen schicke neue Bildschirme stehen. Ein paar Vorhänge aus violettem Samt an den bodentiefen Fenstern verleihen dem Raum ein Gefühl von Wärme und Geborgenheit. Für einen kurzen Augenblick möchte ich mich in den weichen Stoff einhüllen.

Das ist er, der Ort, an dem ich die nächsten Jahre meinen Traum verfolgen werde. Mein neuer Zufluchtsort. Mein neues Zuhause. Und zum ersten Mal überhaupt fühlt es sich auch wie eins an. Auf einmal spüre ich eine warme Hand an meinem Arm, die mich sanft an sich heranzieht. Meine Schläfe findet die von Alex, und in dieser halben Umarmung bleiben wir einen Augenblick nebeneinanderstehen.

»Jetzt geht's los. Ich freu mich auf unser neues Leben«, flüstert sie mir dabei zu und entlockt mir damit ein kleines Lächeln.

»Welches Zimmer hatten wir noch mal?«, fragt Alex, nachdem sie sich von mir gelöst hat, und drückt auf den Fahrstuhlknopf, der sich prompt für uns öffnet. Wie in einem noblen Hotel ertönt ein leises *Pling*, als sich die Fahrstuhltür öffnet, und sofort steigt mir ein sanfter Geruch in die Nase. Es duftet leicht nach Vanille. *Himmlisch!*

Ich muss einen Augenblick überlegen. »Wir hatten 3B, also dritter Stock«, sage ich und deute auf die kleine Drei in einer Reihe von Ziffern, die bis zehn gehen und für ebenso viele Stockwerke stehen. »Die Wohnräume werden von links nach rechts gezählt – von A bis S, so steht es in der Broschüre«, erkläre ich Alex und deute auf das Heft in meiner Hand.

Je höher wir fahren, desto deutlicher höre ich meinen eigenen Herzschlag. Sobald die Türen mit einem leisen *Pling* aufgleiten, weiß ich kaum noch, wie man atmet. Gleich werde ich mit eigenen Augen sehen, welches Zimmer wir in den kommenden vier Jahren unser Zuhause nennen dürfen. Der Flur ist voller Menschen, die wild durcheinanderlaufen, sich miteinander unterhalten, lachen, umarmen. Manche stehen in Grüppchen vor den einzelnen Türen und plaudern miteinander. Kurze Gesprächsfetzen wie »Hab dich vermisst« oder »Wie war dein Sommer?« schwirren zu mir herüber und machen deutlich, dass deren Besitzer sich nicht erst seit heute kennen. Vielleicht könnten Alex und ich im Laufe des Jahres zu ihnen gehören. An je mehr Zimmern wir vorbeilaufen, desto heimischer fühle ich mich. An den Wänden stehen abwechselnd Holztische mit bunten Vasen, goldene Spiegel zieren die Wände. Ganz am Ende des Flurs, kurz bevor wir unser Zimmer erreichen, ist ein hellgrauer Plüschteppich ausgerollt. Auch wenn ich noch meine Schuhe trage, fühlt es sich so an, als spürte ich den weichen Stoff direkt unter meinen Zehen. Obwohl ich mit jedem Detail, das ich entdecke, denke: »Ich liebe es hier«, spüre ich auch eine Aufregung, die sich mit einer freudigen Erwartungshaltung vermischt. Wie wohl der Raum aussehen wird, in dem Alex und ich uns einrichten werden?

Ich spähe beim Vorbeigehen in die einzelnen Räume und kann hin und wieder ein paar Poster an den Wänden erkennen. Lady

Gaga, George Clooney ... Müsste ich ein Poster aufhängen, wäre es ganz sicher von Ralph Fiennes. Ich liebe diesen Mann nicht erst, seit er Voldemort gespielt hat.

Am Ende des linken Ganges erreichen wir schließlich die 3B. Ich freue mich so, dass Alex und ich zusammenwohnen werden. Diesen Tag habe ich mir schon so oft ausgemalt. Abends schauen wir gemeinsam einen Film und gönnen uns dabei Nachos mit viel Käsesauce. Am nächsten Morgen machen wir uns fertig, und während tagsüber jede ihren Kursen nachgeht, widmen wir uns nachmittags unseren Hobbys. Ich drehe Videos für Instagram, und Alex lernt Texte für ihren Schauspielkurs.

Wir erreichen unsere Zimmertür, doch diese steht bereits einen Spaltbreit offen. Eine große Drei prangt auf dem grauen Holz der Tür, daneben angebracht ist ein geschwungenes B. Alex schaut erst mich, dann den lilafarbenen Zimmerschlüssel in ihrer Hand an.

»Tja, den brauchen wir wohl nicht«, meint sie und drückt schulterzuckend gegen das Türblatt.

Als wir das Zimmer betreten, staune ich nicht schlecht, denn es könnte glatt zu einem noblen Hotel gehören. Die weißen Wände sind mit goldenen und noch ungefüllten Bilderrahmen bestückt, ein kleiner heller Balkon spendet Licht. In Gedanken platziere ich auf dem hellbraunen Laminat in ein paar Ecken Pflanzen und auf den Regalbrettern ein paar Duftkerzen.

»Das ist ja wirklich süß hier«, murmelt Alex, und ich nicke.

»Mit ein bisschen Deko wird das ganz wunderbar«, antworte ich und erkenne mich dabei fast selbst nicht wieder. Denn bisher habe ich nie groß den Drang verspürt, mein Zimmer zu Hause mit hübscher Deko aufzupeppen. Es hätte schließlich nichts daran geändert, wo ich aufgewachsen bin: in einem Haus, das mit Desinteresse und Abwesenheit gefüllt war, dessen Wände nur Kälte und verpasste Chancen ausgestrahlt haben.

Während meine beste Freundin kritisch mit dem Finger über

einen der Tische wischt, kann ich mich kaum sattsehen. An der einzigen Wand, die nicht mit einem Bett und einem Schreibtisch bestückt ist, ist ein kleiner, begehbarer Kleiderschrank eingelassen. Schon immer habe ich mir so etwas auch für mein Zimmer gewünscht. Doch immer fehlte es an Geld und natürlich auch an Platz, um das zu verwirklichen. Beinahe gleichzeitig fällt unser Blick auf ein breites Bett in der linken, hinteren Ecke. Daneben stehen ein roter Koffer und eine grüne Reisetasche, doch von der Besitzerin fehlt jede Spur.

»Hmm, wenn das schon besetzt ist, nehme ich das am Balkon. Danke dafür, Elli«, ruft Alex und zieht das »Danke« dabei in die Länge. Ich kann sie verstehen, es ist der schönste Platz, von dem aus man beim Aufwachen direkt aufs Meer blicken kann. Ich lasse mich auf ihr Bett fallen und schaue von dort aus zum Fenster hinaus. Die Wellen, die an die Klippen branden, fühlen sich nach Freiheit an. Der Anblick lässt mein Herz höherschlagen und meine Mundwinkel nach oben wandern.

»Alex?«, frage ich mit Blick auf die malerische Kulisse vor uns.

»Hm?«

»Wir sind hier.« Ich drehe den Kopf und schaue zu meiner besten Freundin. »Kannst du das glauben? Wir haben es geschafft.«

Alex' Blick wird weicher, sie kommt auf mich zu und nimmt neben mir Platz. Wie von selbst lehne ich meinen Kopf gegen ihre Schulter, und wir blicken wieder raus. »Hab nie dran gezweifelt.«

»Ich weiß.« Alex ist eine Optimistin. Alles, was sie nicht kontrollieren kann, manifestiert sie quasi mit reinem Wunschdenken. Ich habe ihre Willensstärke schon immer bewundert.

»Und dass du es rocken wirst und sie dich mit Kusshand nehmen, war ohnehin nie eine Frage. Du bist super.«

Die Wärme, die ihre Worte in mir auslösen, hört man auch in meiner Stimme. »Wir sind super. Ein super Team.«

Alex erhebt sich und öffnet die Schiebetür zum Balkon. Sofort saust mir eine angenehm warme Meeresbrise um die Ohren, und das Rauschen der Wellen ist bis hierhin zu hören.

»Eins, das hier abends Bücher lesen oder am Laptop einen Film schauen kann. Wir haben sogar eine kleine Sitzgelegenheit«, sagt sie und deutet auf die beiden schwarzen Metallstühle, die links und rechts neben dem Eingang platziert worden sind.

»Dann kann ich das Bett hier nehmen, ja?«, fragt sie mich, nachdem sie wieder ins Zimmer gekommen ist. Ich zucke mit der Schulter. Alex etwas abzuschlagen, klappt ohnehin nur in den seltensten Fällen. Da kann ich mir die Energie auch sparen. Ich wende mich nach links und beäuge das Bett im hinteren Bereich des Zimmers. Mir passt mein Bett gut. Dank zahlreicher Horrorfilme und Krimis habe ich mir angewöhnt, immer und überall dort zu schlafen, wo man möglichst weit vom Eingang entfernt ist. So wird man nie zuerst ermordet.

»Klar, dafür hab ich hier mehr als genug Platz für all die Blu-Rays, die ich mitgebracht habe.«

Alex, die gerade ihren Koffer von der Tür zum Bett gerollt hat, schüttelt lachend den Kopf. »Du meinst *Stolz und Vorurteil* und *Avengers* und das ganze Zeug?«

Allein für die Bezeichnung »Zeug« müsste ich ihr eines mit der Bratpfanne überziehen. Doch da ich weiß, dass Alex mehr auf Streaming und Online-Videobibliotheken steht, ignoriere ich diese Bemerkung. Ich bin da altmodisch. Wie jemand, der Bücher über alles liebt. Die meisten stellen sich doch lieber die gedruckten Exemplare ins Regal, damit sie sie bewundern können. Dabei ignoriert man gerne die Tatsache, wie schwer dieses »Zeug« im Koffer schon mal sein kann. Für mich gilt dasselbe. Ich liebe es, mir all meine Filme in den Regalen anschauen zu können. So habe ich sie immer bei mir. Auch wenn die meisten Blu-Rays noch immer in Atlanta liegen, musste ich die wichtigsten mitnehmen. Die einzige Familie, die ich kenne.

»Ach, dann seid ihr wohl meine Mitbewohnerinnen«, ertönt eine fremde Stimme von der Zimmertür. Als ich mich umdrehe, sehe ich eine schwarzhaarige junge Frau mit knallroten Strähnen im Haar und schwarzem Lippenstift. Sie ist schlank und trägt ein schwarzes Sommerkleid, dazu schwarze Armstulpen aus dichtem Netzstoff. Sie zwinkert mir zu und mustert dann das gesamte Zimmer, als wolle sie schauen, ob wir etwas umgeräumt haben. Dann tritt sie ein Stück näher und lehnt sich lässig gegen die Wand neben dem Kleiderschrank. Irgendwie ist sie mir sofort sympathisch. Inmitten all der Menschen, die mit ihren farbenfrohen Designerklamotten herumlaufen, sticht sie in ihrer dunklen Kleidung und den kniehohen Netzstrümpfen völlig heraus. Genau wie bei mir, würde man auch von ihr denken, dass sie hier auf den ersten Blick nicht hineinpasst.

»Sieht ganz danach aus«, sage ich.

Mit einem Lächeln gehe ich auf sie zu und reiche ihr meine Hand. »Mein Name ist Eloise.«

Sie erwidert meine Geste. »Sophie Allistor. Freut mich, euch kennenzulernen.« Ihr Blick aus braunen Augen richtet sich fragend auf meine beste Freundin.

»Hi, ich bin Alex.« Mit einem großen Schritt ist meine beste Freundin an mir vorbei und zieht eine ziemlich überraschte Sophie in eine Umarmung. Sie war schon immer die Aufgeschlossenere von uns beiden. »Ich hab jetzt schon ein gutes Gefühl bei uns dreien«, sagt sie, nachdem sie sich von unserer neuen Mitbewohnerin gelöst hat, und macht eine Geste, die uns alle miteinschließt. »Also Sophie, erzähl uns alles über dich.«

»Ich studiere Filmproduktion«, sagt diese. »Ihr seid auch im ersten Semester, richtig?«

Ich nicke. »Ja, wir sind schon total aufgeregt. Alle hier sind so attraktiv und wirken jetzt schon, als wären sie Superstars.« Mich spornt die Entschlossenheit anderer immer wahnsinnig an, und trotzdem muss ich zugeben, dass mir die Umgebung und all die

Erwartungen, die in ihr herumwabern, gewaltigen Respekt einflößen. Was auch immer alle hier studieren, es kommt mir vor, als wären sie schon genau dort angelangt, von dem ich immer ein fester Teil sein wollte: der Filmwelt.

»Ja, ich weiß, was du meinst. Wahrscheinlich denken sie, dass sie die nächsten Sam Richmans, Denise Walters' und Juliette Johnsons sind.« Ihre Aufzählung sorgt nicht gerade dafür, die Erwartungshaltung niedrig zu halten. Alle drei waren als Schauspieler tätig, Denise Walters danach als erfolgreiche Regisseurin, die für einen Oscar nominiert wurde. Der Film *Ein Tag nach Mitternacht* war ihr Durchbruch und zählt zu meinen absoluten Lieblingsfilmen.

Alex lächelt uns zu. »Verrückt, oder? Jetzt sind wir da, wo sie alle einmal waren.«

»Meine Schwester war vor einigen Jahren hier und ist heute Drehbuchautorin für Theaterstücke. Sie bleibt gerne im Hintergrund und auf den kleinen Bühnen dieser Welt. Aber sie hat ihre Erfahrungen hier gemacht und mir etliche Sachen erzählt. Durch die Hallen dieser Academy geistern verdammt aufregende, romantische, aber auch traurige Geschichten.«

»Erzähl uns alles«, sagt Alex mit leuchtenden Augen, und auch ich muss sagen, dass ich es kaum erwarten kann, in diese eigene Welt abseits der realen abzutauchen. Irgendwas sagt mir, dass wir dabei sind, unsere ganz eigenen Skripte zu schreiben.

Wenig später haben wir unser gesamtes Gepäck in den Schränken und Regalen verstaut. Ich selbst habe mich auch schon etwas eingerichtet: Die Blu-Rays sind nach Genres geordnet ins Regal eingeräumt, und ein Foto von Alex, ihrer Mom und mir bei unserem Abschlussball ziert meinen Nachttisch.

Nachdem sich jede von uns im Gemeinschaftsbad noch etwas frisch gemacht hat, hat Alex vorgeschlagen, dass wir uns am »Welcome to Bradwood-Day«, dem typischen Willkommenstag am Freitag vor dem Semesterbeginn, umsehen. Nur mit Taschen und Zimmerschlüssel bewaffnet, schlendern wir an all den Ständen im linken Flügel des Campus vorbei und werden mit Rufen von allen Seiten fast erdrückt. Ich bin mir nicht sicher, aber ich habe das Gefühl, es wird langsam zur Gewohnheit, dass ich alles hier unglaublich eindrucksvoll finde. Zwischen Palmen und Pflastersteinen sind etliche Stände aufgebaut, die dem jeweiligen Club entsprechend dekoriert sind: Der Jachtclub der Academy hat ein gigantisches Segel zu einer riesigen Fahne umfunktioniert, die im milden Wind Monacos vor sich hin weht. Die Mitglieder des Fahrradclubs tragen alle ihre Helme, und die Universität hat sogar einen eigenen Verein für Kostümbildner. Jeder von ihnen trägt ein anderes, selbst geschneidertes Kostüm, was mich irgendwie an Karneval erinnert. Als wir an dem Stand vorbeigehen, erkenne ich eine Elsa, einen Jack Sparrow und eine Marilyn Monroe. Überall hängen bunte Plakate, geben Auskunft über die einzelnen Gruppen, irgendwo weiter hinten höre ich eine Band spielen, und an jedem dritten Stopp gibt es etwas zu essen.

Obwohl wir erst seit ungefähr einer halben Stunde hier sind, ist mein Magen jetzt schon gut gefüllt. Eine Studentin des unieigenen Koch- und Backclubs hat typisch monegassische Spezialitäten verteilt: kleine Kürbispasteten und das sogenannte Fougasse – da konnte ich natürlich nicht Nein sagen. Dieses Brot gibt es in den verschiedensten Varianten, mit Oliven, Speck oder auch getrockneten Tomaten. Der Geschmack ähnelt dem von Foccachia, und ich könnte Hunderte davon verdrücken.

Mit je zwei Variationen in den Händen drängen wir uns weiter über das Campusgelände. Menschen über Menschen tummeln sich hier. Die Vorfreude, die ich aus ihren Gesprächsfetzen heraushöre, und das viele Gelächter an den Ständen verbreiten eine Aufregung, die ich nur zu gerne mit ihnen allen teile. Von

»Wann treffen sich die Clubmitglieder immer?« bis hin zu »Welche Aufnahmebedingungen gibt es?« höre ich hier unzählige Fragen, die darauf abzielen, irgendwo dazuzugehören.

Einem Club beizutreten, das klingt auch für mich spannend. Wie gerne würde ich ein Teil einer solchen Gruppe sein. Während wir noch zur Schule gegangen sind, habe ich meine erste Chance auf eine Mitgliedschaft nicht nutzen können, denn ich hatte schlichtweg keine Zeit. Schließlich musste ich mit Nebenjobs Geld in die Haushaltskasse spülen.

Jetzt, ein paar Jahre später, wäre das die Gelegenheit für mich, doch dank meines Instagram-Kanals habe ich nach wie vor kaum Zeit. Einmal in der Woche poste ich eine Videokritik, und an den anderen Tagen versorge ich meine Follower mit News aus der Film- und Fernsehwelt. Die Infos schnappe ich selbst oft über andere Medien auf oder bekomme sie von Kooperationspartnern per Mail zugeschickt. Das Gute an meiner Arbeit auf Instagram ist, dass ich damit auch etwas Geld verdiene. Auch wenn ich mich selbst nicht so sehe, muss ich wohl doch zugeben, dass ich eine dieser typischen Influencerinnen bin, die regelmäßig mit den neuesten Markttrends versorgt werden und diese vor die Kamera halten. Auch wenn ich viel lieber ausschließlich über meine Liebe zu Filmen sprechen würde, brauche ich diese Kooperationen, um mir meinen Alltag zu finanzieren. Alex bekommt das Geld von ihrer Mom, ich habe keine, auf die ich in dieser Hinsicht zählen könnte – oder in irgendeiner, wenn wir schon dabei sind.

»Haltet mal Ausschau nach Clubs, die etwas zum Thema Schauspiel anbieten«, bittet uns Alex, während sie auf Zehenspitzen und mit gerecktem Hals versucht, sich einen Überblick zu verschaffen.

Mein Blick fällt hinab an meiner besten Freundin, die, nachdem sie sich dreimal im Zimmer umgezogen hat, weil ihr kein Outfit wirklich gefiel, am Ende für eine beige Leinenbluse und einen hellbrauen Lederrock entschieden hat. An ihrem Arm klimpern zwei goldene Armreife hin und her, und ihre blonden Haare hat sie mit einem goldenen Haarreif nach hinten gebunden. Mir fällt erst jetzt auf, dass Alex im Vergleich zu mir, mit meinen leichten Augenringen überhaupt nicht so aussieht, als wäre sie um die halbe Welt gereist. Vielmehr reiht sie sich ein in die Riege der perfekt gestylten Studierenden um uns herum. Während ich, nachdem ich lediglich mein graues T-Shirt durch eine rote Bluse ersetzt habe, nur noch aufgrund des Adrenalins in meinem Körper wachgehalten werde.

Sophie bindet sich ihr langes dunkles Haar zu einem Zopf zusammen und blickt sich um. »Davon wird es sicherlich einige geben. Ich hab gehört, es gibt teilweise Gruppen, die untereinander konkurrieren. Die Aufnahme in eine von ihnen ist hart umkämpft und schwer, weil sie nur die Besten bei sich aufnehmen. Die Clubs versuchen, sie auf ihre Seite zu ziehen, um eine elitäre Clique daraus zu machen«, erklärt sie uns.

»Du kennst dich ziemlich gut aus, was?«, frage ich in ihre Richtung und beiße von meiner Fougasse ab. Eine Geschmacksexplosion, bestehend aus Olive und Rosmarin, breitet sich auf meiner Zunge aus und lässt mich aufstöhnen.

»Meine Schwester eben. Ich war bereits zu ihrer Zeit hier begeistert von Film und Fernsehen und hab sie zu allen Details über diesen Ort ausgefragt.« Ein kleines Lächeln stiehlt sich auf ihre Lippen. »Bei jedem ihrer Besuche bei uns zu Hause habe ich sie quasi gekidnappt und regelrecht ausgequetscht.«

Erst jetzt bemerke ich, dass ich Sophie anstarre. Es ist beinahe traurig, wie sehr mich das Miteinander zwischen Sophie und ihrer Schwester berührt. Es erinnert mich an die Abende, an denen ich bei Alex und ihrer Familie saß und einfach nur zugesehen habe, wie sie miteinander umgegangen sind. Ich habe es geliebt, sie lachen, durcheinanderreden und sich zanken zu sehen, einfach weil es bei uns so furchtbar still war. Ich hatte immer nur

Alex und ihre Familie. Und wenn man es so betrachtet, ist sie die Schwester, die ich nie hatte.

»Ihr habt mich gehört, ja? Ich darf auf keinen Fall einen der Clubs auslassen.«

Ich verdrehe die Augen, kann mir aber gleichzeitig ein Grinsen nicht verkneifen. *Die Schwester, die ich liebe und deren Kontrollzwang manchmal wahnsinnig anstrengend sein kann.* »Du hast in den letzten fünfzehn Jahren aber schon bemerkt, dass ich ein Zwerg und nicht gerade groß gewachsen bin? Wie soll ich denn bei all den Menschen etwas erkennen?« Mit meinen eins sechzig bin ich in Menschenmassen deutlich im Nachteil, weshalb eigentlich Alex immer diejenige ist, die für uns die Lage sondiert, seien es Konzerte oder Jahrmärkte, die wir in der Vergangenheit zusammen besucht haben. Sie kundschaftet aus, wo Notausgänge oder Toiletten zu finden sind, und lotst uns dann dorthin.

»Und eine Blindschleiche noch dazu. Würdest du mal über den Schatten deiner Eitelkeit springen und deine Brille aufsetzen, könnten wir mehr auf dich zählen.«

»Dann bleibe ich doch lieber blind.« Ich weiß, wie blöd und kindisch ich klinge, aber es ist eine alte Brille, mit dicken Gläsern, die ich noch in der Unterstufe getragen habe. Sie erinnert mich an Zeiten, über die ich lieber nicht nachdenken will.

»Schreibclub?«, höre ich plötzlich jemanden rufen. Ich kann die Person kaum sehen, dafür aber das Schild, das über der Menge leicht geschwungen wird. *Bradwood Schreibclub* steht dort in großen Lettern geschrieben. Daneben ein paar Zitate von weltbekannten Autoren, Schauspielern und Filmkritikern. »Filmkritiker haben die wichtige Aufgabe, dem Publikum zu erklären, warum sie einen Film niemals verstehen werden«, lese ich vor, sobald wir näher gekommen sind.

»Von wem ist das?«, fragt Alex.

»René Clair.«

»Und der war noch mal …?«

Ich muss schmunzeln, denn eigentlich haben wir erst vor ein paar Wochen seinen Film *Der Pakt mit dem Teufel* geschaut. Unter Filmemachern ist René Clair eine große Hausnummer. »Er war ein berühmter Regisseur und Filmkritiker im 20. Jahrhundert. Ich habe etliche Male über ihn gelesen.«

Auf einmal legt Alex ihren Arm um mich. »Weißt du, du bist zwar ein Zwerg, dafür aber randvoll mit Wissen und Talent gefüllt.« Sie zwinkert mir zu und drückt mich von der Seite.

Ich weiß auch nicht, woran es genau liegt, aber ich sauge jegliches Wissen über Filme und alles, was dazugehört, eben förmlich auf. *Eloise, der Schwamm.*

»Wo sie recht hat, hat sie recht! Du solltest dir den Club mal anschauen, Eloise.«

»Ich weiß nicht, eigentlich hab ich dafür keine Zeit. Nicht, wenn ich meinen Account nicht vernachlässigen will.«

Sophie mustert mich interessiert. »Du hast einen eigenen Blog?«

Ich nicke ihr zu. »Einen Instagram-Account. Ich hab nur deshalb das Stipendium hier bekommen.«

»Und was machst du da?«

»Hauptsächlich Filmkritiken. Irgendwann möchte ich das hauptberuflich machen, damit ich wirklich von all den Einnahmen über Instagram und Co. leben kann. Das Studium soll mir dabei helfen, noch mehr in die Materie einzutauchen.«

»Das ist cool. Vielleicht drehe ich ja irgendwann einen Film, den du dann bewertest und einschätzen kannst.«

Jetzt bin ich diejenige, die Sophie neugierig mustert. »Sag mal, wieso möchtest du eigentlich Produzentin werden?«

Sofort benetzt ein leichtes Leuchten ihre Augen, das mich an Scheinwerferlicht und Filmpremieren erinnert. »Es hat ein wenig gedauert, bis ich genau wusste, dass ich Produzentin werden möchte. Filme fand ich schon immer spannend, und als ich vor ein paar Jahren die Verfilmung von *Mord im Orient Express* mit Johnny Depp gesehen habe, fand ich den Gedanken, als Produzentin aus einem Buch einen Film zu machen, total inspirierend. Vor dem Studium habe ich dann etliche Praktika absolviert. Eines bei Disney, wo ich aber nur über die Empfehlung meiner Schwester reingekommen bin. Und dann bei ein paar kleinen Produktionsfirmen, die Independent-Filme drehen. Da war für mich schnell klar, dass ich unbedingt mal auf der großen Leinwand als Produzentin genannt werden und ein Buch verfilmen möchte. Ich hätte Lust auf eine Neuverfilmung von *Die Bestimmung* oder *Chroniken der Unterwelt*. Aber mal schauen, was die Zukunft bringt.«

Ich nicke ihr anerkennend zu. »Das klingt beeindruckend.«

»Oh, guckt mal, da ist ein Theaterclub! Das sehe ich mir an!«, platzt Alex dazwischen. Ehe ich was sagen kann, macht sie sich von mir los und verschwindet aus unserem Blickfeld. Aus Erfahrung weiß ich, dass ich sie jetzt erst mal eine ganze Weile dort lassen kann. In ihrem Kopf hat sie sicherlich schon ein kleines Bewerbungsschreiben aufgesetzt, das sie dort vorträgt.

Mit einem Mal überkommt mich ein Gedanke, wobei es mehr ein Gefühl ist, das in meinem Kopf einen Satz hinterlässt: Hier wird es ihr gut gehen. Uns beiden wird es das. Die seltsame Leere, die ich seit Monaten mit mir herumschleppe …, so langsam füllt sich mein Herz wieder, und zwar mit dem Glauben, dass die Bradwood Studios der Ort sind, wo alles besser wird. Mit dem Glauben, dass mein Leben an den Bradwood Studios endlich in die richtige Richtung läuft.

»Na, hast du Interesse, unserem Club beizutreten?«, fragt mich ein groß gewachsener, etwas hagerer Kerl. Seine längeren, leicht gewellten Haare schüttelt er sich mit einer schwunghaften Bewegung seines Kopfes aus dem Gesicht. Anschließend drückt er mir einen Flyer in die Hand. Mit seinen buschigen Augenbrauen erinnert er mich an einen Teddybären, was ihn mir direkt sympathisch macht.

»Bradwood Schreibclub – Hier wachsen die größten Filmgeschichten heran« steht auf der Vorderseite. Okay, Bescheidenheit ist anscheinend genau deren Ding. Trotzdem beginnt mein Herz direkt lauter zu schlagen, ich spüre diesen leichten Druck auf der Brust, der sonst immer da ist, wenn ich eine neue DVD in den Player schiebe.

»Das klingt gut«, entgegne ich, wenn auch ein wenig widerwillig. »Nur fürchte ich, dass ich dafür keine Zeit haben werde.«

»Was studierst du?«, hakt er nach und lächelt. Dabei kommen zwei kleine Grübchen zum Vorschein, die ihm etwas Jungenhaftes, fast schon Spitzbübisches verleihen.

»Filmjournalismus, im ersten Semester.«

Er legt den Flyerstapel sorgsam auf dem Tisch hinter sich ab, ehe er sich räuspert und mit vor der Brust verschränkten Armen wieder auf mich konzentriert. »Dann wirst du mit Sicherheit Kurse wie Kreatives Schreiben und auch Marketing belegen müssen. Überleg es dir noch mal, ob du nicht bei uns mitmachen möchtest. Wir unterstützen uns bei allen Aufgaben, die auch nur ansatzweise mit dem Schreiben zu tun haben. Und in den genannten Kursen wird das früher oder später auf dich zukommen. Darüber hinaus bekommst du für deine Teilnahme an außerschulischen Aktivitäten Extrapunkte. Ich bin übrigens im dritten Semester und studiere Regie.« *Oh, ein künftiger Regisseur.* Augenblicklich schwirren Hunderte Fragen durch meinen Kopf, die ich ihm am liebsten sofort stellen würde. Offenbar habe ich ihn angestarrt, denn er lacht ein wenig.

»Ich bin David, freut mich, dich kennenzulernen.« Lächelnd reicht er mir seine Hand, die ich ohne zu zögern ergreife. Wenn alle Mitglieder des Clubs so sind, will ich sofort mitmachen. Und wenn es mir auch noch bei meinem Studium hilft, bleibt mir eigentlich keine andere Wahl. Eigentlich.

»Ich bin Eloise.«

»Schön, dich kennenzulernen, Eloise.« Er deutet auf den Flyer in meinen Händen. »Mittwochs und freitags treffen wir uns immer gegen 15 Uhr in der Bibliothek. Wir haben da einen eigenen Raum für diese Zeiten gemietet. Schau vorbei.«

»Ich werd's mir überlegen«, sage ich und verabschiede mich mit einem Lächeln.

»Also, Sophie, jetzt, da wir Mitbewohnerinnen sind, musst du uns noch einiges über dich erzählen. Ich meine, ich kenne Eloise gefühlt mein ganzes Leben und würde behaupten, dass ich alles über sie weiß, aber wie steht es um dich? Woher kommst du?«, fragt Alex neugierig, als wir uns an den noch letzten freien Tisch genau in der Mitte der Mensa setzen. Nachdem wir den halben Tag damit verbracht haben, uns all die bunt geschmückten Stände auf dem Campus anzuschauen, konnten auch die kleinen Leckereien dort den Hunger nicht lange stillen. Deswegen haben wir uns kurzerhand dazu entschlossen, der Uni-Mensa einen Besuch abzustatten. Die Cafeteria Breadwood ist beinahe so groß wie ein Fußballfeld und wirkt auf mich eher wie der Empfangssaal bei einem schicken Bankett. Weißer Granitstein ziert den Boden, als läge dort eine dicke Schicht aus Schnee, und die Decke aus feinstem Mahagoni wird durch golden schimmernde Kronleuchter erhellt. Würden hier jetzt noch ein paar Kerzen umherschweben, hätte all das auch was von einem modernen Hogwarts.

»Tja, was gibt es da zu sagen? Ich bin in Arizona geboren. Und bevor ihr diese Vampir-Witze macht – ja, ich bin dafür eigentlich viel zu blass. Meine Mom kommt ursprünglich aus Island und hat das Blass-Gen praktisch erfunden. Mein Dad hat einen kleinen Kiosk, und meine Mom ist Erzieherin. Sie haben sich die Gebühren für dieses Collage von ihrem Ersparten abgezwackt. Wenn also mal das Dach kaputtgeht oder sie einen Rohrbruch haben, dann könnte ich entweder nicht mehr studieren oder meine Eltern müssten wahrscheinlich ausziehen.«

Ich nicke verständnisvoll. Im Grunde genommen geht es ihr also wie mir. Für uns beide steht viel auf dem Spiel.

Nach dem Abendessen gehen wir gemeinsam die Liste unserer Wahlfächer durch, für die wir uns angemeldet haben. Von Medienrecht über Dramaturgie bis hin zu Einführung in die Kunstgeschichte und Kreatives Schreiben ist alles dabei. Zu den Kursen von Alex gehören Einführungen in Mimik und Gestik, und sie hat sogar einen einzelnen Kurs, der sich nur mit dem Einstudieren von Texten beschäftigt. Sie hat auch gemeinsame Kurse mit denen, die Drehbücher schreiben.

»Oh, montags habe ich direkt Einführung in die *Geschichte der Schauspielerei.* Das wird sicherlich spannend.«

»Es ist super, dass sie hier so vielfältige Kurse haben«, entgegne ich und schaue auf meine eigene Liste. Marketing, Kameraführung, Filmgeschichte und Medienrecht stehen für mich auf dem Plan. Ich hätte bis zu fünf Kurse für dieses Semester auswählen können, doch wenn ich ehrlich bin, bin ich mit vieren schon sehr gut dabei. Schließlich muss ich neben all der Lernerei auch noch genügend Zeit für Instagram haben … genau deshalb habe ich mich auch gegen den Schreibclub entschieden. Es wäre eine tolle Erweiterung gewesen, aber ich muss mich auf das konzentrieren, was wirklich wichtig ist.

Als Filmliebhaberin freue ich mich natürlich besonders auf die Filmgeschichte. Medienrecht hingegen stehe ich noch ein wenig kritisch gegenüber. Zwar bin ich sehr gut im Lernen, bin mir jedoch noch nicht sicher, wie trocken dieses Fach sein wird. Kameraführung ist einer der Kurse aus dem überfachlichen Bereich, den wir angehenden Filmjournalisten nicht auf unserem regulären Plan haben. Doch alle Studierenden müssen einen Kurs aus einem anderen Studienfach belegen, und da ich mich schon immer für Perspektiven interessiert habe, kam mir dieser Kurs sehr gelegen.

»Und was ist mit dir? Welche Kurse hast du am Montag?«, fragt Sophie in meine Richtung.

»Marketing und Kameraführung.« Vor dem Marketing-Aspekt habe ich riesigen Respekt. Es gehört einiges dazu, einen Film so zu bewerben, dass die Leute im Kino Lust haben, ihn anzuschauen oder auf Online-Plattformen zu streamen. Wenn die Präsenz nicht stimmt, kommt auch kein Erfolg. Das gilt nicht nur für Schauspieler und Co., sondern auch für die Vermarktung einer Produktion. Wenn ein Multi-Millionen-Dollar-Projekt in den Sand gesetzt wird, nur weil man knauserig war, was die Werbung angeht, kann das fatale Auswirkungen haben.

»Na, das ist doch cool, dann sehen wir uns! Den Marketingkurs habe ich ebenfalls«, sagt Sophie von ihrer Bettseite aus begeistert und klatscht einmal in die Hände. Wir kennen uns zwar erst kurz, aber je mehr Zeit wir miteinander verbringen, desto stärker wird mein Gefühl, dass sie zu uns passt. Sie stammt aus ähnlichen Verhältnissen wie ich, und mir gefällt die Art, wie sie vom Studium schwärmt. Ihr ist es genauso wichtig wie mir, und das könnte etwas sein, das uns verbindet.

Dennoch sind da auch die offensichtlichen Unterschiede: Alex' Mom bezahlt ihr das Studium, und Sophie hat erzählt, dass ihre Eltern schon seit ihrer Geburt für die Ausbildung ihres Kindes gespart haben. Ich wünschte, das wäre auch bei mir der Fall, aber im Leben bekommt man bekanntlich nur selten das, was man sich wirklich wünscht. Und Mom hat vor langer Zeit ihre Prioritäten auf sich selbst gelegt. Ich lehne mich ans Kopfende meines Bettes und starre an die Decke, verliere mich ein bisschen in den Gedanken an eine Zeit, als noch alles gut war. Als Mom, Dad und ich zusammen ins Kino gegangen sind und Superhelden-Filme geschaut haben. Nachdem Dad uns verlassen hat, waren dann nur noch Mom und ich im Kino. Und irgendwann nur noch ich. Kein Dad, der mir das Popcorn hinten in den Pulli gesteckt hat, um mich zum Kichern zu bringen. Keine Mom, die mir liebevoll über die Haare gestrichen hat, wenn ich mich an sie gekuschelt habe. Als sie und ich kurz nach der Trennung in den Universal Studios in Hollywood waren, hatte ich es wieder, dieses Gefühl von Unbekümmertheit. Damals war sie noch nicht so verändert, und es war eines der letzten Male, dass ich wirklich Spaß hatte, während wir mit den Achterbahnen gefahren sind und bei der Studio-Tour fleißig Fotos von den Filmsets geknipst haben. Meine schönsten Momente im Leben habe ich immer dann erlebt, wenn sie mit Filmen zusammenhingen.

Ein kleiner nasser Tropfen rinnt an meiner Wange hinab. Ich habe schon lange nicht mehr weinen müssen, aber vielleicht war es längst überfällig.

Alex' Gähnen reißt mich aus meinen Gedanken. Schmunzelnd wische ich mir die Träne von der Wange und schaue erst zu ihr und dann hinüber zu Sophie, die bereits eingeschlafen zu sein scheint. Ich wünschte, auch ich könnte das.

»Schläfst du gleich, oder folgt wieder dein allabendliches Ritual?« Ich muss lächeln, denn sie kennt mich zu gut. Es gibt eine Sache, die ich beinahe jeden Abend mache. Sonst habe ich das Gefühl, mein Kopf würde platzen. Als bräuchte ich ein Ventil, um den Knubbel aus Emotionen, Ängsten und Wünschen zu entwirren und sie einzeln und fein säuberlich zusammengefaltet in die verschiedenen Gedankenschubladen einzusortieren.

Ich werfe einen Blick auf den Schreibtisch am Fußende meines Bettes, wo meine Stifte sorgfältig aufgereiht sind. Manche halten es sicher für verrückt, aber ich habe eine Stifte-Sucht. Grün, blau, schwarz-weiß gestreift oder in Matt. Normal ist das vielleicht nicht, aber jeder Mensch hat einen Vogel. *Und ich habe halt Stifte.* Vor Ewigkeiten habe ich dazu außerdem den Tick entwickelt, dass sie alle in der Reihenfolge eines Regenbogens liegen müssen. An Tagen, die mich innerlich aufwühlen oder an denen viel passiert, gibt mir das eine Form von Sicherheit. Ich mag das Gefühl, die Kontrolle behalten zu können, denn das hat man im Alltag nicht allzu oft.

Heute Abend habe ich Lust auf meinen schwarzen Kugelschreiber. Den habe ich noch aus der Highschool. Grandma Trudy hat ihn mir aus Amsterdam mitgebracht. Ich stehe auf und greife nach dem blauen Tagebuch, ehe ich mich wieder unter die samtweiche Daunenbettdecke kuschle.

»Gute Nacht, Elli. Hab dich lieb«, murmelt Alex mit einem hörbaren Lächeln in ihr Kissen hinein.

Ich werfe ihr einen Kussmund zu. »Ich dich auch, Knorki.«

»Ich hasse diesen Namen!«

»Ich weiß«, entgegne ich lachend. Ihr Bruder hat sie früher immer so genannt. Als Kinder haben wir beide mit Walkie-Talkies gespielt. Da waren wir fünf oder so. Und sie hat ständig »Knorki-Talkie« gesagt. »Vielleicht sollten wir ja beide anfangen, uns bei unseren richtigen Namen zu nennen?«

»Komm schon, Elli ist doch eine hübsche Abkürzung?« Ich kann ihr Augenrollen förmlich hören. »Knorki ist einfach nur gemein. Aber von mir aus: schlaf gut, *Eloise*.«

Alex, ja sogar ihre ganze Familie – ihre Mom und ihr Bruder Eddie – nennen mich so. Ursprünglich hatte Mom mir diesen Spitznamen verpasst. Ganz früher, als ich in ihrem Kleiderschrank gewühlt und mich als Fünfjährige mit einem viel zu großen Kleid von ihr als Prinzessin verkleiden wollte. Der halbe Kleiderschrank lag auf dem Boden verteilt herum, und nur mein Gesicht lugte aus dem rot-weiß gepunkteten Kleid hervor. Da fiel dieser Spitzname zum ersten Mal. Früher habe ich es geliebt, Elli genannt zu werden. Doch jetzt, da Mom nicht einmal mehr weiß, dass sie mich jemals so genannt hat, ist dieser Name nicht mehr als eine Erinnerung an alles, was ich verloren habe. Da Alex mich schon mein halbes Leben so nennt, würde ich ihr niemals vorschreiben, es jetzt zu lassen. Aber ab und zu erinnere ich sie daran, dass hinter jedem Namen eine eigene Geschichte steckt.

Noch halb in Gedanken versunken, lasse ich den Kugelschreiber klicken. Bevor ich zu schreiben beginne, lese ich die Seite davor. Ich liebe es, die Gefühle vom Vortag noch einmal zu durchleben. Es ist wie ein Film, der einen beim ersten Mal schon berührt hat und es beim zweiten Mal erneut schafft.

Liebes Tagebuch,

morgen ist es endlich so weit. Ich kann es immer noch nicht ganz begreifen, aber ich habe es tatsächlich geschafft. Wenn ich mich morgen in den Flieger setze, bedeutet es, dass ich meinem alten Leben endlich den Rücken kehren kann. Vorbei ist die Zeit, in der ich hoffnungsvoll darauf warte, dass Mom sich doch noch mal blicken lässt. Schon seit ich denken kann, wollte ich etwas studieren, das mit Film und Fernsehen zu tun hat. Ich wollte das Einzige, das mir je Halt gegeben hat, weiterführen, zu meinem Lebensinhalt machen, und die Bradwood Studios haben den Ruf, dafür die beste Academy der Welt zu sein. Dass es nun mit dem Stipendium geklappt hat, bedeutet für mich, dass ich zwei Fliegen mit einer Klappe schlage. Ich bin so weit weg von den Erinnerungen an mein altes Leben und starte mit den bestmöglichen Voraussetzungen in ein neues. Und dafür bin ich so was von bereit!

Als ich die Zeilen lese, wächst meine Entschlossenheit zu einem schnellen Herzschlag heran. In mir beginnt es zu kochen, zu brodeln, und ich habe das Gefühl, die Energie platzt nur so aus mir heraus. Ich freue mich so sehr auf die kommende Zeit und die Gewissheit, dass nichts mich aufhalten wird, und das zaubert erneut Tränen in meine Augen, die diesmal nicht mit Traurigkeit, sondern mit Zuversicht zusammenhängen. Und zwar einer, die ich schon lange nicht mehr empfunden habe. Mit einem siegessicheren Grinsen auf den Lippen widme ich mich meinem Eintrag für den heutigen Tag.

Liebes Tagebuch,

ich bin kaputt. Wirklich kaputt – aber im positiven Sinne. Der erste Tag an der Academy ist bereits vorüber, und ich werde sicherlich noch einige Zeit brauchen, um allein die vielen Eindrücke von heute so richtig zu verarbeiten. Wenngleich ich vielleicht durch mein Stipendium aus der Masse heraussteche, so habe ich trotzdem die Hoffnung, bald dazuzugehören. Jeder versucht sich hier auf seine Weise einzubringen, und ich habe auf jeden Fall dasselbe vor.

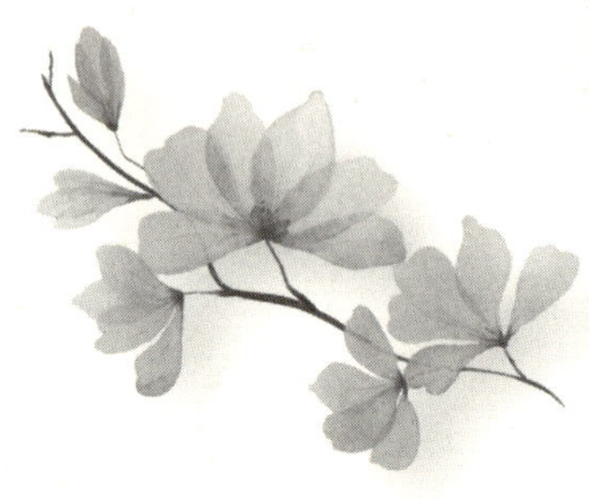

3. Kapitel

Unerwartete Begegnung

Eloise

»Ach komm schon, Elli, das wird cool! Wir müssen unseren Start als waschechte Bradwood-Studentinnen gebührend feiern!« Alex stupst mich von der Seite an, während ich am Laptop sitze und mir Notizen für Ideen zu potenziellen Instagram-Beiträgen mache. Einer davon dreht sich um Wissenswertes zu dem Schauspieler Andrew Lincoln alias Rick Grimes in *The Walking Dead*. Er ist einer meiner liebsten Darsteller und feiert nächsten Monat Geburtstag, weswegen ich einen Beitrag mit fünf Fakten zu ihm plane. Ein anderer Post dreht sich um ein Rätsel für meine Follower. Ich werde in einer Slide-Show in meinem Feed mehrere Fakten über einen Film posten, und sie sollen in den Kommentaren raten, um welchen es sich handelt.

Erst jetzt, da Alex mich aus meinen Gedanken gerissen hat, fällt mir auf, dass die Sonne bereits untergegangen ist. Ihre warmen Strahlen haben sich verzogen und wurden durch die Schatten der einbrechenden Dämmerung vertrieben. Von unserem Fenster aus kann ich die Jachten im Hafen von Monaco erkennen, die in der Abendsonne schimmern wie bunte Fähnchen. Den halben Samstag habe ich damit zugebracht, auszupacken und mich hier häuslich einzurichten. All meine Kleider sind verstaut, mein Bett bezogen, und jetzt war ich sogar für Instagram produktiv und könnte wirklich eine Pause vertragen.

»Alex hat vollkommen recht. Seit heute Mittag sitzt du da und schreibst. Dabei fängt die Uni erst am Montag an. Selbst ich habe vorhin meine Bücher beiseitegelegt. Das heißt, du musst heute weder studieren noch den ganzen Abend im Zimmer hocken. Es gibt da eine offizielle Willkommensparty, und die halbe Academy wird da sein. Auch einige Dozenten. Selbst die lassen das Semester voller Spaß beginnen, also gib dir einen Ruck und geh mit uns hin«, versucht Sophie mich zu überreden.

Sie haben ja recht. Ich bin schon so tief in alldem drin, dass ich total vergesse, ein wenig die Zeit auszukosten, um andere Sachen zu machen.

»Und es sind so viele Leute auf dieser Party, mit denen du früher oder später mit Sicherheit zusammenarbeiten musst. Du solltest hingehen und Kontakte knüpfen«, schaltet sich nun auch Alex wieder ein.

»Schon gut«, sage ich lachend und hebe kapitulierend die Hände. »Ich komme ja mit.« Wir beide wissen, dass Alex nur aufhören wird, wenn ich mitgehe oder plötzlich tot umfalle. Zudem kann es wirklich nicht schaden, ein paar Leute kennenzulernen.

Nur knapp eine Stunde später sind wir am riesigen Festsaal der Academy angekommen. Bei uns in Atlanta fanden Schulbälle und andere große Veranstaltungen stets in unserer Sporthalle statt, und danach sah es dann eben auch aus. Zwischen bunten Spielfeldlinien auf dem Boden und den Tribünen an der Seite kam nie wirklich richtige Partystimmung auf.

Dagegen ist das hier ein ganz anderes Kaliber. Die Schlange vor dem Eingang ist riesig, dennoch versuche ich trotz meiner Größe einen Blick in die Halle zu werfen. Ich schaue an all den edel gekleideten Leuten vorbei und erhasche einen Blick auf den

Spalt in der golden lackierten Flügeltür. Parkett aus dunklem Holz ziert den Boden, während an den Wänden eine weinrote Tapete mit goldenen Verzierungen für ein fürstliches Feeling sorgt. Ich erkenne unzählige Studierende, die sich ordentlich in Schale geschmissen haben: Viele kurze Kleider, hohe Schuhe, edle Hemden und Krawatten verleihen ihren Trägern vor und im Saal eine ordentliche Portion Glamour. Die Frauen haben die Haare hochgesteckt oder tragen andere aufwändige Frisuren mit Haarreifen. Die Männer hingegen strahlen mit ihren blank polierten Anzugschuhen um die Wette.

Am goldenen Eingang zur Halle, über dem in verschnörkelten Lettern die Worte »Bradwood Hall of Eternity« prangen, müssen alle ihre Studentenausweise vorzeigen. Sie wurden uns direkt nach der Online-Anmeldung und Immatrikulation per Post zugeschickt. Links und rechts neben der großen Flügeltür sind gewaltige Scheinwerfer aufgestellt, die jeden in ein gleißendes Licht tauchen, der die Halle betritt. Ein ganz persönlicher, großer Auftritt, wenn man so will.

Das edle Silber schimmert in meinen Händen, als es den sanft leuchtenden Vollmond, der durch eine Glaskuppel in der Vorhalle über uns hineinscheint, reflektiert. Das Bild, das mir darauf entgegenblickt, sieht für mich auch nach zwei Wochen noch fehl am Platz aus. Als hätte man einen edlen Stoff mit einem Flicken versehen. Ich schätze, das ist genau die Art, wie ich mich fühle: nicht zugehörig, zu unauffällig und eben deshalb erschreckend auffällig.

Automatisch habe ich Alex' Stimme im Ohr: »Die können sich glücklich schätzen, dich zu haben. Du bist super, wir beide sind das. Und schon bald können wir das allen anderen zeigen.« Vielleicht hilft mir ja diese Party, um ihre Worte zu verinnerlichen.

Nach knapp zehn Minuten in der Schlange erreichen wir einen Mann, der unsere Ausweise kontrolliert. Auch unter seinem fein geschnittenen Anzug kann man erkennen, wie gut gebaut und aussehend er ist. Mit dem leicht gewellten schwarzen Haar und den schneeweißen Zähnen könnte er glatt einem Werbespot entsprungen sein. Alex scheint den gleichen Gedanken zu haben, denn sie beugt sich zu mir vor und flüstert kichernd: »Ob gutes Aussehen hier ein Anstellungskriterium ist?«

Ich muss grinsen und spüre direkt ein wenig Hitze auf meinen Wangen, als ich meine Hand ausstrecke, um dem Typen meinen Ausweis zu zeigen. Er scheint davon nichts zu bemerken, sondern nickt lediglich und tritt zur Seite, um uns hineinzulassen.

Als wir schließlich durch die beiden geöffneten Flügeltüren treten, halte ich den Atem an. Ich zupfe nervös an meinem schwarzen engen Kleid. In meinem Sammelsurium an Kleidung, das ich mitgenommen habe, waren genau zwei Stücke dabei, die etwas schicker waren: dieses und ein leichtes Blumenkleid. Im Nachhinein bin ich mehr als froh, mich für einen doch deutlich eleganteren Look entschieden zu haben. Das hohle Klackern meiner Absätze auf dem glänzenden, mahagonifarbenen Parkettboden vermischt sich mit den aufgeregten Stimmen um uns herum, während wir als Pulk aus Tüll, glitzernden Pailletten und teurem Parfum den länglichen Festsaal passieren. Am anderen Ende ist eine große Bühne aufgebaut, deren Podest sorgsam hinter einem rötlich schimmernden Vorhang verborgen liegt, der mich von Weitem an einen samtenen Stoff erinnert. Auf der Bühne ist bereits ein Mikrofon platziert, und ich frage mich, ob es heute Abend einen besonderen Musik-Act gibt oder ob jemand eine Rede halten wird. Im Hintergrund ist ein DJ-Pult aufgestellt, und ein goldener Vorhang verhindert, dass wir einen Blick hinter die Kulissen werfen können. Ich lasse meinen Blick hinaufgleiten und erkenne an der Decke unzählige Kronleuchter, von denen einer ungefähr meine Größe haben dürfte. Mit gläsernen Verzierungen, die sich wie kleine Ketten um das goldene Metall winden, wirken sie, als wären sie mit teurem

Schmuck behangen. Während im Vorraum eine kleine gläserne Kuppel dem Mond eine Möglichkeit gab, sich uns zu präsentieren, bietet auch dieser Saal einen solchen Ausblick an. An den Wänden sind vereinzelt große Lautsprecher in die Mauern eingelassen. Aus ihnen strömen die melodischen Klänge von bekannten Popsongs. Doch die Gespräche der Studierenden um uns herum können auch Hits von Dua Lipa oder Taylor Swift nicht übertönen.

Ich schaue mich immer noch um, während Alex mich weiter in die Mitte des Raums zieht. An den rot verzierten Wänden sind Gemälde berühmter Persönlichkeiten angebracht. Ich erkenne sie sofort – nicht nur, weil ich sie schon in unzähligen Filmen gesehen habe, sondern weil Bruce Willis, Elizabeth Olsen und auch Marilyn Monroe hier ihren Abschluss gemacht haben. Es sind keine Fotografien von ihnen, sondern handgemalte Bilder, die von den Seitenwänden des Saals auf uns alle hinabschauen, als wollten sie nach dem Rechten sehen. In den Ecken des Saals befinden sich große Ecksofas mit Glastischen davor, auf denen bereits einige Cocktailgläser platziert worden sind. Auf den Sitzgelegenheiten haben es sich schon einige Partygäste gemütlich gemacht und lachen, knutschen oder beobachten wie ich das bunte Treiben hier im Saal.

Ich komme nicht drum herum, noch ein weiteres Mal die Kleidung der anderen zu bestaunen. Während ich vorhin im Zimmer noch dachte, in meinem kleinen Schwarzen ein wenig overdressed zu sein, hat sich dieser Gedanke jetzt schnell erledigt. Mein Blick fällt auf eine junge Frau auf dem Sofa links von uns, die in einem Traum aus lilafarbenem Tüll beinahe drei oder vier Sitzplätze vereinnahmt. Der junge blonde Mann neben ihr wirkt in seinem weißen Smoking wie das perfekte Gegenstück zu ihr, und das soll offensichtlich auch so sein, denn kurz darauf treffen sich die Lippen der beiden. Kurz bevor wir die Bühne erreichen, fällt mir auf, dass um uns herum bereits einige Leute sanft im

Takt der Musik wippen. Der Duft verschiedener Parfums strömt mir in die Nase, während Alex und ich uns einen Platz in der Menschentraube suchen, wo ich nervös an meinem Kleid zupfe.

An mir hängt keine teure Halskette von Tiffany's oder eine Handtasche von Prada. Stattdessen habe ich mir einfach meine kleine silberne Clutch umgehängt, die in meinen Augen Glamour genug war.

»Hör auf, daran rumzufummeln. Du siehst wunderschön und sexy aus.« Alex boxt mir leicht in die Seite und hakt sich bei mir unter, um mich auf die Tanzfläche zu ziehen. Ihr bodenlanges rotes Kleid gibt durch einen tiefen Schlitz den Blick auf ihre endlos langen schlanken Beine frei und schimmert mit ihren blonden Haaren um die Wette. Wenn ich sie mir so anschaue, mit ihren roten Lippen, hat sie etwas von Scarlett Johansson. Ich trage zwar ebenfalls roten Lippenstift und schwarze High Heels, laufe darin jedoch nicht ansatzweise so aufrecht und erhaben wie meine beste Freundin. Man erkennt eindeutig, wer von uns Übung hat und wer nicht.

»Ich bin nur mal kurz da hinten, ja? Das sind Bekannte meiner Schwester. Geht ihr schon mal zur Bar«, ruft Sophie zu uns herüber und dreht sich in Richtung einer Gruppe rechts neben dem Eingang. In ihrem ärmellosen dunkelblauen Etuikleid und den dunklen gelockten Haaren, die beim Laufen hinter ihr herschwingen, wirkt sie wie ein Superstar, der alle Blicke auf sich zieht.

Ich streiche mir meine frisch geglätteten Haare hinters Ohr und atme einmal tief durch, ehe Alex und ich uns in Bewegung setzen. Als wären wir in einem kitschigen Highschool-Film, setzt auf einmal *Starboy* von The Weeknd ein, als wir endlich die Tanzfläche erreichen. Um uns herum halten alle edle Champagner- oder Cocktailgläser in den Händen, bewegen sich im Rhythmus der schneller werdenden Musik, lachen und liegen sich schon bald gegenseitig in den Armen. Ein paar Lieder vergehen, und auch ich schaffe es, mich zu entspannen und den Klängen der Musik hinzugeben. Von Rita Ora mit *Your Song* bis hin zu Katy Perry mit *Hot n Cold* tanzen wir im Takt der Musik miteinander, bewegen unsere Hüften und lachen uns über unsere Moves hin und wieder schlapp.

Doch nach einigen Songs merke ich, dass der Durst sich mit einem leichten Kratzen in der Kehle bemerkbar macht. Ich versuche, zwischen all den Menschen die Bar ausfindig zu machen, und erkenne sie schließlich an der Wand rechts vom Eingang. Eine riesige Theke aus dunklem Holz ist dort aufgestellt. Die Frontseite ist mit Platten aus milchigem Glas verziert, hinter dem bunte LED-Spots abwechselnd verschiedene Lichtmuster ausstrahlen. Sie erinnert mich an diese Tanzflächen, deren Bodenplatten beim Auftreten immer in anderen Farben leuchten. Eine Glasplatte liegt auf der Theke, und ich sehe, wie ein Barkeeper die Fläche gerade abwischt.

Als wäre sie meinem Blick gefolgt, zieht Alex mich ohne Umschweife zur Bar. Sie lenkt uns durch Grüppchen von Menschen, die alle in ihre Gespräche vertieft sind. Ab und zu bleibt einer ihrer Blicke an uns hängen, zieht dann jedoch ohne zu zögern weiter. Manche wären vielleicht gekränkt, dass man ihnen keine besondere Aufmerksamkeit schenkt, bei mir ist das anders. Ich freue mich, scheinbar mit der Gruppe zu verschmelzen und Teil hiervon zu sein.

»Ich weiß, du trinkst nichts. Aber wie wäre es, wenn wir ausnahmsweise einmal gemeinsam anstoßen? Auf dein Stipendium und die Tatsache, dass du dich endlich mal wieder unter Menschen begibst.«

»Ja, okay, einen. Aber nur einen!«, setze ich hinterher und schaue sie mit erhobenem Zeigefinger eindringlich an. Ich vertrage nicht viel Alkohol. Schon ein paar Kurze reichen, um böse Auswirkungen auf mein Urteilsvermögen zu haben. Deshalb trinke ich nur selten etwas.

Alex klatscht begeistert in die Hände und quietscht einmal auf, ehe sie mich weiter zur Bar zieht. Hinter der großen Theke ist ein ganzes Regal mit verschiedensten Alkoholsorten und Mixgetränken angebracht: Wodka, Cola, Rum, Fanta, Gin, Sprite und Co. sind abwechselnd nebeneinander aufgereiht. Wir schieben uns vor bis zum Barkeeper, der, ganz einer Filmakademie entsprechend, wie aus einem Schwarz-Weiß-Streifen aus den 20ern in weißem Hemd und schwarzer Weste Gläser poliert.

»Ladies, was darf's sein?«, fragt er mit einem charmanten Lächeln. Die Menschen hier scheinen wirklich alle zu schön, um wahr zu sein.

»Was willst du trinken?«, fragt meine beste Freundin. Ich überlege einen Augenblick. Mein koffeinliebendes Herz schreit fast schon nach einem Gemisch mit Cola, doch noch viel mehr als Cola liebe ich Erdbeeren. Nach kurzem Zögern ist die Entscheidung also gefallen. »Ähm, ich nehme einen Erdbeer-Mojito.«

Alex scheint überrascht, kann sich ein kleines Lächeln jedoch nicht verkneifen. »Das zum Thema *ich trinke nichts Hartes.*« Dann wendet sie sich wieder zum Barkeeper. Alex mustert ihn von oben bis unten, und auch sein Blick klebt förmlich an ihr.

»Okay, meine Freundin bekommt den Mojito, aber ich bin mir noch nicht sicher«, sagt sie. Doch an ihrem schelmischen Grinsen erkenne ich, dass sie ganz genau weiß, was sie gerne trinken möchte. Das hier tut sie immer, wenn sie ein Auge auf jemanden geworfen hat. Sie streift ihre blonden Haare sanft nach hinten und schaut dem jungen Mann direkt in die Augen. »Hmm, vielleicht hat unser Barkeeper eine Empfehlung für mich. Welcher Drink passt wohl zu mir?«

Er lehnt sich lässig über die Theke, und auf einmal sind sich ihre Gesichter ein wenig näher. »Ich würde sagen, etwas Auffälliges. Ein farbenfroher Drink, der ordentlich Eindruck macht.«

Mit einem breiten Grinsen im Gesicht nickt sie. »*Auffällig und eindrucksvoll* liebe ich. Gerne den, bitte.«

»Kommt sofort«, entgegnet er mit einem anzüglichen Lächeln, das sich in seinem leichten Bartschatten versteckt. Fachmännisch zieht er einzelne Flaschen und Gläser aus den Schränken hinter und unter sich hervor und beginnt unsere Getränke zu mixen. »Dich habe ich hier noch gar nicht gesehen«, sagt er interessiert.

Sie zwinkert ihm zu, ganz die entzückende Alex. »Tja, dann ist dir in den letzten zwanzig Minuten schon etwas entgangen«, erwidert sie und lockt damit ein anerkennendes Grinsen bei ihrem Gegenüber hervor.

»Das glaube ich sofort.«

Nur wenige Augenblicke später stoßen wir an. Alex mit einem rotorangefarbenen Sex on the Beach und ich mit meinem Erdbeer-Mojito.

»Auf uns, weil wir unsere lang ersehnten Studienplätze ergattert haben.« Alex beugt sich zu mir vor, damit ich sie über die lauten Bässe um uns herum verstehen kann. Mit einem warmen Gefühl im Bauch stoße ich mit ihr an und nehme einen Schluck. Drei Jahre ist es her, dass ich das letzte Mal etwas getrunken habe, aber heute, da mein neues Leben an der Academy beginnt, lasse ich mich auf diese Versuchung ein und nehme einen tiefen Schluck. Ein fruchtiges Prickeln legt sich auf meine Zunge, und der Geschmack von süßer Erdbeere verschmilzt mit der frischen Minznote.

Nach Wochen voller Vorbereitungen, Aufregung, Ängsten und Unsicherheit macht sich ein warmes Gefühl in mir breit, und ich spüre, wie die alte Eloise langsam loslässt. Ich trinke noch einen Schluck und fahre mir mit der Zunge sanft über die Lippen, um den Geschmack der Erdbeere einzufangen, ehe ich noch einen nehme.

»Du verträgst nicht so viel, Elli. Trink langsamer«, ermahnt mich meine beste Freundin und deutet auf das Glas in meiner Hand.

Alex hat recht. Ich war noch nie sonderlich trinkfest, und die paar Schlucke reichen für gewöhnlich bereits aus, um ein verlockendes Wattegefühl über mein Inneres zu legen. Zu verlockend. Andererseits habe ich mir diesen Augenblick verdient. Den Moment, in dem ich mein altes Ich hinter mir lasse.

»Ich pass schon auf«, beruhige ich Alex und nehme noch einen Schluck, wenn auch einen kleineren diesmal.

Mein Blick bleibt auf der Wand gegenüber der Tanzfläche hängen. Die blau-weißen Lichter der Scheinwerfer brechen sich in den bodentiefen Fenstern, die auf eine mit Feuerschalen beleuchtete Terrasse führen. Im Festsaal wird es allmählich dunkler, und die goldstichigen Kronleuchter werden von den bunten Lichtern der bunten Scheinwerfer vertrieben. Ich schaue zur Terrasse hinaus, auf der weitere Grüppchen stehen und sich im Takt der Melodie wiegen. Direkt dahinter befinden sich unzählige Sterne, die sich sicherlich im darunterliegenden, dunklen Meer spiegeln. Mein Blick kehrt zurück zu den Lichtern zu meinen Füßen, verliert sich darin und blendet alles andere aus. Das gefällt mir.

»Komm, lass uns tanzen.« Kurz entschlossen hake ich mich bei Alex unter und ziehe sie auf die Tanzfläche.

Alex lacht begeistert auf. »So gefällt mir das!«, ruft sie mir über die Melodie von *Dance Again* zu, und wir beginnen, uns im Takt der Musik zu bewegen.

Wir beide tanzen eine ganze Weile – ich bemerke gar nicht, wie viele Lieder vergehen, so frei und gedankenlos bewege ich mich. Die Arme über dem Kopf und die Hüfte passend zur Musik hin und her wiegend vergesse ich alles um mich herum. Ich atme die langsam immer heißer werdende Luft hier drinnen ein und fühle plötzlich kleine Schweißperlen auf meiner Stirn. Erst jetzt bemerke ich, wie warm mir eigentlich ist und dass ich dringend an die frische Luft muss.

Als *Crazy in Love* von Beyoncé aus den Lautsprechern ertönt, sehe ich, wie sich die Terrasse ein wenig leert und die Gäste wieder in den Saal hereinkommen. Das ist meine Gelegenheit für einen ruhigen Moment.

»Ich mach eine kurze Pause. Kommst du mit?«, rufe ich Alex zu. Mit geschlossenen Augen schüttelt sie den Kopf und tanzt weiter. Ich schaue mich um, ob Sophie irgendwo zu sehen ist, kann sie jedoch nirgends entdecken. Mein Blick fällt auf den Becher in meiner Hand. Ein Großteil des Cocktails ist schon fast wieder weg, weshalb ich beschließe, mir noch einen weiteren Drink zu gönnen, bevor ich rausgehe. Die Bar ist dieses Mal etwas gefüllter als vorhin, und es dauert einige Minuten länger, bis ich meinen zweiten Mojito ergattert habe.

Anschließend bahne ich mir den Weg durch die mir entgegenströmenden Menschen und erreiche nach wenigen Minuten die Terrasse. Eine leichte Sommernachtsbrise empfängt mich hier draußen. Die kühle Luft schmeckt leicht salzig und fühlt sich dermaßen wohltuend auf meiner überhitzten Haut an, dass ich beinahe aufstöhne.

Ich schaue mich um, und das erste Mal seit meiner Ankunft hier bin ich wieder allein. Ein paar Glastische wurden aufgestellt und einige Stühle aus weiß lackiertem Metall in einem großen Durcheinander drum herum verteilt. Leere Gläser stehen noch auf den Tischen, und als die Flügeltür der Terrasse hinter mir zufällt, wird es plötzlich ein wenig ruhiger um mich herum. Ich nehme einen Schluck von meinem neuen Drink und versuche, dieses warme Gefühl in meiner Magengegend zu erhalten. Ich will nicht, dass diese Leichtigkeit aufhört. Ich will daran festhalten, dass alles so einfach sein kann, und zumindest heute Abend fühlt es sich so an, als könnte ich alles schaffen. Eine kleine Hügellandschaft trennt mich von dem im Mondlicht beleuchteten Meer. Von hier aus kann ich sogar den Hafen Monacos erkennen, dessen Lichter wie kleine Glühwürmchen in der Dunkelheit tanzen.

»Na, bist du eine der Neuen an der Academy?« Ich drehe

mich um und sehe einen jungen Mann, ein oder zwei Jahre älter als ich. Seine hellen blonden Haare stehen in kurzen Locken von seinem Kopf ab. Seine vollen Lippen sind zu einem schelmischen Lächeln verzogen und seine buschigen Augenbrauen fragend hochgezogen. Trüge er nicht einen dunkelblauen Anzug und ein weißes Hemd dazu, würde man glauben, er wäre gerade erst aufgestanden.

»Sieht man mir das so sehr an?«

»Es liegt am Blick. Du schaust noch nicht drein, als würde dir der Laden gehören«, meint er mit einem wissenden Lächeln.

Auch meine Mundwinkel wandern nach oben. »Ach, passiert das irgendwann?«

Er rückt ein Stück näher. Dabei steigt mir der Geruch seines Aftershaves in die Nase. Es ist kein strenger, sondern ein frischer Duft, der mich an ein bekanntes Parfum erinnert. Ich mag es, wenn Menschen einen guten Geruch versprühen. Dann sind sie mir automatisch viel sympathischer.

Er beugt sich zu mir vor, als würde er mir ein Geheimnis verraten wollen. »Das passiert allen irgendwann. Was nicht bedeutet, dass das gut ist. Bei dir ist es etwas anderes. Ich bin mir nicht sicher, ob du so bist wie alle.« Sein Lächeln verzieht sich zu einem breiten Grinsen. Flirtet der mit mir? Ich kann ein Schmunzeln nicht unterdrücken.

»Ich bin Sebastian. Drittes Semester, Filmproduktion.« Er reicht mir seine Hand, ich ergreife sie.

»Cool, das studiert meine Mitbewohnerin auch. Ich bin Eloise«, gebe ich zurück, lasse los und trinke einen Schluck.

»Ja? In welche Filmrichtung will sie denn gehen?« Lässig lehnt er sich gegen die Steinbalustrade in seinem Rücken. Die Hände vergräbt er in den Hosentaschen, der Blick aus seinen braunen Augen wirkt ehrlich interessiert, wenn auch leicht belustigt.

»Ich glaube, das hält sie sich offen. Sie will erst einmal herausfinden, was ihr am besten zusagt.«

»Und du, Eloise? Was sind deine Träume und Wünsche? Wieso bist du hier?«, fragt er mit einem leicht belustigten Unterton. Er wirkt wie einer dieser Menschen, die das Leben generell nicht zu ernst nehmen. Er ist das komplette Gegenteil von mir, und irgendwie finde ich das ziemlich erfrischend.

»Ich will einfach meinen Weg gehen und erfolgreiche Filmkritikerin sein. Ich möchte mir im Leben keine Sorgen machen müssen und einfach das weitermachen, was ich liebe.«

»So, so, eine angehende Kritikerin also. Dann sollte ich mich lieber früh genug gut mit dir stellen, was?«, fragt er mit einem Zwinkern.

»Wenn du gute Filme machst, wird das nicht nötig sein«, sage ich und versuche mich an einem verschwörerischen Grinsen. Der Alkohol muss mir allmählich zu Kopf steigen, dennoch nehme ich einen weiteren Schluck.

Sebastians Blick bleibt an meinen Lippen hängen. »Sag mal, was trinkst du da, Eloise?«

Ich beäuge meinen Drink, die Konturen des Glases sind mittlerweile nicht mehr so scharf wie noch vor wenigen Minuten. »Einen Erdbeer-Mojito. Die sind schön süß und klebrig.« Lalle ich etwa?

Sebastians belustigtem Blick nach zu urteilen, ja. Meine Wangen werden warm. Mein Bauch auch, als ich noch einen Schluck nehme. »Du solltest nicht so viel von dem billigen Zeug trinken. Das beschert einem nur einen Filmriss und einen dicken Schädel.«

»Ach ja? Und was trinkt der feine Herr?« Mit einem Grinsen deute ich auf das Glas in seiner Hand. Die bernsteinfarbene Flüssigkeit darin schwappt leicht an den Rändern hoch, sobald er sich von der Balustrade abstößt und mir seinen freien Arm hinhält.

»Wo gehen wir hin?« Ehe die Frage ganz raus ist, habe ich mich schon bei ihm untergehakt. Ich muss langsam wirklich betrunken sein. Und trotzdem ist es mir gerade herrlich egal.

»Wir besorgen dir was Vernünftiges zu trinken und nicht so einen Saft da.«

Sebastian lacht mich an, und ich werfe einen kurzen, kritischen Blick auf meinen Drink. Ohne die Eiswürfel und die frische Minze könnte man das Ganze tatsächlich einfach nur für einen Saft halten. Ich breche in ein amüsiertes Gelächter aus.

»Mag ja sein, dass das ganz süß schmeckt, aber hier an der Bradwood wissen wir guten Geschmack zu schätzen.«

»Ach, ist das so, ja? Nach dem Motto ›Nur die Harten kommen in den Garten‹, oder was?« Augenblicklich bereue ich meine Wortwahl, denn Sebastian wirft mir einen fragenden Blick zu.

»Sagt man das so, da, wo du herkommst? Und wo ist das überhaupt?«

»Atlanta, Georgia. Ich komme aus den USA«, erkläre ich ihm.

»Puh, das erklärt deine klägliche Getränkewahl. Na los, lass uns reingehen«, fordert er mich auf und öffnet die Flügeltür. Der Sound eines Songs von Lady Gaga dröhnt sofort nach draußen, während Sebastian eintritt und mir die Tür aufhält. Ich folge ihm ins Innere des Festsaals, wo die Luft mittlerweile noch stickiger ist als vor ein paar Minuten. Ich versuche von Weitem, Alex oder Sophie auf der Tanzfläche auszumachen, doch zwischen all den Menschen kann ich sie nirgendwo erkennen. Ich beschließe, Sebastian erst mal zu folgen und weiterhin Ausschau nach den Mädels zu halten.

Als wir die Bar erreichen, dauert es nur wenige Augenblicke, bis mein neuer Begleiter an der Reihe ist. Der Barkeeper, der bei Alex noch so flirty unterwegs war, sortiert gerade einige der Flaschen in das Regal hinter sich, doch als er Sebastian sieht, reagiert er sofort mit einem ernsten Blick und nimmt geschäftsmäßig seine Bestellung entgegen. Irgendwie verleiht die Situation Sebastian eine gewisse Autorität, und ich weiß nicht, wie ich das finde.

Nur wenige Augenblicke später steht meine neue Bekanntschaft wieder vor mir und reicht mir ein Glas, dessen Form mich an eine Art Trichter erinnert, nur mit einem Schaft daran. Eine Olive steckt auf einem rosafarbenen Spieß und dient als Deko. Er selbst hält ebenfalls ein solches Getränk in der Hand und prostet mir damit zu.

»Das, liebe Eloise aus Atlanta, trinkt man an den Bradwood Studios. Das ist ein Martini, und ich bin mir sicher, er wird dir schmecken.«

Ich nippe an dem Cocktailglas und spüre, wie die klare Flüssigkeit meine Lippen benetzt.

»Also, was sagst du? Das schmeckt besser als diese typischen Getränke von der Stange, oder?« Sebastian mustert mich eindringlich, als ich noch einen Schluck von dem Martini nehme. Er hat recht. So etwas habe ich noch nie getrunken. Der herbe Geschmack des Gins breitet sich in meinem Mund aus, und augenblicklich realisiere ich, dass dieser Drink deutlich stärker ist als mein Erdbeer-Mojito, der mich den Alkohol kaum schmecken ließ. Ich will mir nichts anmerken lassen, deshalb schnappe ich mir die Olive und schiebe sie mir rasch in den Mund, um den starken Geschmack zu übertünchen.

»Es schmeckt auf jeden Fall … anders«, antworte ich und versuche, dabei möglichst diplomatisch zu sein. Der Drink ist nicht ganz so meins, aber es war sehr nett von ihm, mir den zu holen.

»Also, ich nehme an, du hast noch nicht allzu viele Leute hier kennengelernt?«, erkundigt er sich, und seine blonden Locken schwingen beim Gehen leicht auf und ab.

»Nein, bis auf meine Mitbewohnerin, nicht.«

Als hätte er nur auf diese Antwort gewartet, greift Sebastian nach meinem Ellenbogen und zieht mich leicht zur Seite. Erst jetzt bemerke ich, dass wir gar nicht auf dem Weg zur Tanzfläche sind. Obwohl ich glaubte, vorhin schon ausgiebig jede Ecke des Festsaals ausgekundschaftet zu haben, fällt mir erst jetzt ein Bereich auf, der hinter einem Durchgang neben der

Bar liegt. Nur ein schmaler Türbogen trennt uns von einer Art Separee. Eine weinrote Couch steht dort in einer Ecke, und ein riesiger vergoldeter Couchtisch ist davor platziert. Unzählige Martini-Gläser, manche von ihnen noch voll, stehen darauf. Die Wände sind in einem dunkelgrauen Ton gehalten und mit goldenen Bordüren verziert. An der Decke sind kleine Lichtspots platziert, die den Raum in ein sanftes und gleichzeitig indirektes Licht tauchen.

Sebastian durchschreitet mit mir am Arm den Türbogen, und jetzt realisiere ich auch, dass hier eine ganz andere Atmosphäre herrscht. Zwar kann ich noch immer die dumpfen Klänge der Partysongs aus dem Festsaal hören, doch hier drinnen erklingt andere, weniger basslastige Musik. Einen Moment lang hört es sich für mich sogar wie Klassik an, dabei ist es nur eine kurze Passage in dem Remix eines Songs von David Guetta.

»Das hier, Eloise aus Atlanta, sind einige meiner Kommilitonen. Manche studieren Filmproduktion wie ich, andere Regie und Schauspiel. Der hier vorne ist Stuart, und neben ihm sitzen Abigail und Francis.« Er deutet auf eine kleine Gruppe unverschämt gut aussehender Menschen. Der Reihe nach begutachte ich sie mit einem etwas zu konzentrierten Blick. Ein rothaariger Kerl mit grün-gelb geblümtem Hemd und vielen Ketten sitzt ganz außen auf dem samtig roten Sofa. Er scheint der extrovertierteste von ihnen zu sein, zumindest erzählt er lautstark etwas und bricht dann selbst in schallendes Gelächter aus. Neben ihm erkenne ich eine junge Blondine, die ihre Hände auf seinen Beinen platziert hat. Sie hört zwar zu, wirkt aber eher genervt von dem Gesagten, denn sie verdreht die Augen. Neben ihr sitzt ein Kerl mit einer Zigarre im Mund. Er nimmt einen Zug davon und betrachtet mich durch den Rauch hindurch. Dann bleibt mein Blick bei zwei Menschen hängen, die es sich ganz hinten in der Ecke des Sofas gemütlich gemacht haben. Eine Frau mit wunderschöner, braun gebrannter Haut und pechschwarzen Haaren sitzt dort gemeinsam mit einem jungen Mann. Er mustert mich von oben bis unten und grinst, als sie ihm etwas ins Ohr flüstert.

Ich muss die beiden einfach anstarren, denn sie sind mit Abstand die beiden schönsten Menschen, die mir bisher hier begegnet sind. In dem gedimmten Licht des Separees glänzen die schulterlangen goldenen Ohrringe der Frau leicht auf. Sie trägt ein ausladendes grünes Kleid, das mich irgendwie an einen Tannenbaum erinnert. Ihr Sitznachbar hingegen ist schlicht in Schwarz-Weiß gekleidet. Er trägt ein weißes Hemd und eine schwarze Anzughose, und seine dunklen Haare hat er lässig nach hinten gestylt. Er könnte sogar fast als Elvis-Doppelgänger durchgehen. Ich weiß nicht, wieso, doch seine stechend blauen Augen ziehen mich sofort in ihren Bann. Die eisblaue Farbe darin hat etwas Kaltes und Distanziertes, während seine Gesichtszüge weich und beinahe mild wirken.

»Und das sind Chase und Gabriella«, erklärt Sebastian und deutet auf die beiden. »Leute, das ist Eloise aus Atlanta. Sie ist im ersten Semester und studiert Filmjournalismus«, stellt Sebastian mich mit einem Lächeln vor und schiebt mich sanft an der Hüfte etwas näher an den Tisch heran.

»Eloise, na, alles cool?«, fragt der Rothaarige, der seine amüsante Anekdote unterbricht. Die Blonde neben ihm winkt mir kurz zu und lächelt, doch von den beiden neben ihr kommt kaum eine Reaktion.

Ich hebe etwas unbeholfen die Hand und werfe ihnen allen ein Lächeln zu. »Ja, alles super. Ihr scheint ja hier ordentlich Spaß zu haben«, gebe ich möglichst locker zurück und deute auf die vielen Gläser auf dem Tisch.

Der Kerl mit den roten Haaren lacht laut auf. »Das? Das ist doch noch gar nichts. Du solltest sehen, was wir trinken, wenn wir uns nicht gerade auf einer *Offiziellen* befinden«, entgegnet er, wobei er beim Wort »offiziell« vielsagend die Augenbrauen hebt.

Die Gruppe lacht, und Sebastian deutet auf den leeren Platz neben dem schwarzhaarigen jungen Mann, Chase. »Komm, setz dich.«

»Aber nur kurz, ich bin mit meinen beiden Mitbewohnerinnen hier«, sage ich und nehme Platz. Dann stelle ich mein Glas auf den Tisch, und Sebastian lässt sich neben mir auf die Couch fallen.

»Ja, ganz in Ruhe. Es ist doch erst ... wie spät? Ah, kurz nach zwölf«, antwortet er mit einem Blick auf die große, silberne Uhr an seinem Handgelenk. Mit Sicherheit hat alleine die mehr gekostet als mein gesamtes bisheriges Leben.

»Und wie gefällt es dir bisher so an unserer illustren Academy?« Sebastians Blick gleitet interessiert an mir hinab, ein wenig zu interessiert vielleicht.

Plötzlich etwas unsicher, schnappe ich mir mein Glas und nippe noch einmal daran. Der Geschmack ist nach wie vor streng, doch mit jedem weiteren Schluck gewöhne ich mich an das Getränk. »Es ist unglaublich. Alles hier ist so prachtvoll, und für mich ist das fast wie eine andere Welt.«

»Du bist ja süß«, wirft Gabriella neben mir ein und trinkt ihr halb volles Glas in einem langen Zug aus. Wow, na, die ist ja gut in Fahrt. Auch mein Martini-Glas leert sich langsam, und ich bin unsicher, ob ich froh oder traurig darüber sein soll. Auch wenn ich schon bessere Drinks hatte, kann ich nicht bestreiten, dass die Wirkung von diesem hier gut ist.

»Wie ist das so für euch, hier zu sein? Ich meine, offensichtlich genießt ihr die Zeit hier sehr, was?« In meiner Frage liegt nichts Vorwurfsvolles. Ich bin einfach begeistert von all dem Prunk, der mich hier umgibt – und so was von betrunken, weshalb ich nicht aufhören kann, zu quasseln. »Und was ist das hier für ein abgetrennter Bereich? Kann man den mieten oder so?«

Neben mir erklingt ein Lachen. Es klingt leicht höhnisch, sodass ich mich umdrehe. Es ist Gabriella.

»Habe ich was Falsches gesagt?« Die Frage ist direkt an sie gerichtet, dennoch antwortet Sebastian, indem er den Kopf schüttelt.

»Nein, du musst Gabriella entschuldigen. Sie tut sich schwer damit, zu verstehen, dass nicht jeder diesen *Standard* gewöhnt ist.« Er wirft ihr einen mahnenden Blick zu, und sie schnalzt neben mir hörbar mit der Zunge. Irgendwas verrät mir, dass die beiden keinen allzu guten Draht zueinander haben. »Aber zu deiner Frage: Der Raum ist nur für die Leute mit Beziehungen. Sagen wir es mal so. Und da der gute Chase neben dir auch der Sohn eines Mitglieds aus unserem Aufsichtsrat ist, können wir hier etwas ungestörter sein. Und wie du siehst, hat man hier trotzdem alles gut im Blick.« Sebastian deutet auf den Türbogen, durch den wir gekommen sind. Von hier aus kann ich gut auf die Tanzfläche und die Bühne schauen.

Es scheint, als würde dort gerade alles für einen DJ-Auftritt vorbereitet, denn ich erkenne auf der Bühne ein Pult mit Controller, Kopfhörern und Co. Daneben steht ein Stativ mit dem passenden Mikrofon.

Ich widme mich dem schwarzhaarigen Mann neben Gabriella – Chase. »Wow, das muss echt cool sein, wenn dein Dad im Aufsichtsrat der Academy ist. Bestimmt musst du nur Bescheid geben, wenn dich irgendwas stört, und dein Vater kann sich dann dafür einsetzen, oder? Vermutlich führst du das entspannteste Leben.« Ich werfe ihm einen interessierten Blick zu und nippe wieder an meinem Drink.

Den Blick, mit dem er mich aus seinen eisblauen Augen ansieht, kann ich nicht ganz deuten. Er ist zu nichtssagend und eben dadurch erst recht faszinierend – ich weiß nicht, wieso, aber mit einem Mal verspüre ich den Drang, zu erfahren, was er denkt.

Ohne wegzuschauen, nippt er an seinem Glas, in dem eine bernsteinfarbene Flüssigkeit herumschwappt. »Ja, es ist ein Traum«, erwidert er nach einigen Sekunden. Während seine

Züge weiterhin nichtssagend bleiben, könnte seine Stimme nicht abschätziger klingen.

»Hey, ich meinte das nicht böse.« Ich stelle mein Glas auf dem Tisch vor mir ab, ehe ich mich wieder auf ihn fokussiere. Oder es zumindest versuche. »Es ist nur, ich komme nicht aus so einer luxuriösen und eindrucksvollen Welt. Hier wirkt alles so strukturiert und geplant und organisiert, das finde ich ehrlich gesagt ... beneidenswert.« Ich versuche es mit einem versöhnlichen Lächeln, doch er bleibt weiterhin undurchdringlich.

Ein betretenes Schweigen legt sich über unsere kleine Runde. Lediglich Stuart und Francis scheinen nichts von der plötzlichen Anspannung mitzubekommen und unterhalten sich.

»Glaub mir, du hast keine Ahnung, was du da sagst«, höre ich Chase neben mir plötzlich sagen. In seiner Stimme liegt eine Kälte, die dem Eisblau seiner Augen gleichkommt.

»Alter, reg dich ab«, sagt Sebastian, nun etwas ernster und irritierter zugleich.

»Ich stehe nicht auf dieses oberflächliche Gebrabbel. Sie hat keine Ahnung, wie es in unserer Welt zugeht.« Mit einem leichten Heben des Kinns deutet er auf mich, obwohl offensichtlich ist, dass er *über mich* und nicht *mit mir* spricht. Wenn ich etwas mehr als alles auf der Welt hasse, ist es, von oben herab behandelt zu werden.

»Da hast du recht. Ich hab keine Ahnung von eurer Welt.« Mit einer Geste deute ich auf den ganzen Raum um uns herum. »Ohne mein Stipendium könnte ich gar nicht hier sein. Ich wollte dich nicht beleidigen oder so. Sondern nur verstehen, wie das hier so läuft.«

Auf einmal richtet Chase sich auf. Er ist so nah an die Sitzkante gerutscht, dass unsere Gesichter nur wenige Zentimeter voneinander entfernt sind. »Hör mal, offensichtlich kannst du was, sonst hättest du es nicht her geschafft. Trotzdem bedeutet das nicht, dass du automatisch eine von uns bist. Daran wird auch kein Abend mit ein paar reichen und verwöhnten Sprösslingen der Filmindustrie genügen. Wenn du dazugehören willst, geschieht das entweder durch das Geld deiner Familie oder indem du dich beweist.«

Seine Worte versetzen mir einen unerwarteten Stich. Nicht dazuzugehören – das ist genau die Angst, die mich geplagt hat, seit ich auf dem Weg nach Monaco war. Normalerweise würde ich mich gar nicht aufregen, denn es ist offensichtlich, dass dieser Kerl keinen guten Tag hat. Doch der Alkohol in meinem Blut erschwert es mir, einen kühlen Kopf zu bewahren. »Was meinst du mit ›beweisen‹?«, frage ich herausfordernd. Allein die Tatsache, dass ich mich gegen Hunderte von Bewerbern durchsetzen konnte, ist bereits eine Leistung für sich. Was nimmt dieser Schnösel sich raus, mich zu beurteilen.

Nur am Rande nehme ich wahr, wie Gabriella beiläufig zweimal mit den Fingern schnippt. Als hätte er nur darauf gewartet, taucht vor uns ein junger Mann auf und schaut mit erwartungsvollem Blick in die Runde.

»Ich nehme noch einen Champagner«, sagt sie, was mit einem höflichen Nicken und sich eilig entfernenden Schritten kommentiert wird. Kein »Bitte« oder »Danke«, lediglich eine selbstverständliche Beiläufigkeit.

»Damit meine ich, dass dein Stipendium lange nicht ausreicht, um ein Teil dieser Welt zu sein. Dir wurde hier eine große Chance ermöglicht, aber das bedeutet nicht, dass dir jetzt von allein alle Türen offen stehen. Sie öffnen musst du schon selbst. Da reicht es nicht, dich irgendwo einzuschleimen und auf Almosen zu hoffen.«

Ich spüre die Wut in mir aufsteigen wie flammenden Rauch in einem Vulkan. Ich habe all die Türen in meinem Leben selbst öffnen müssen, hatte nicht mal jemanden dabei, der mir den Schlüssel gereicht hat. Er kennt mich überhaupt nicht, und die Art, wie er mit mir redet, weckt Erinnerungen.

Ich weiß nicht, ob du wirklich so talentiert bist, wie du denkst. Aber so oder so spielt es keine Rolle. Die Türen, die sich für dich öffnen müssten, damit du erfolgreich bist, öffnen sich nie Leuten wie dir und mir. Das wirst du schon noch lernen, hallen die Worte meiner Mutter immer wieder in meinem Kopf, als hätte sie es erst gestern gesagt. Dabei ist diese Bemerkung schon zwei Jahre her, und sie war betrunken, als sie mir das um die Ohren geknallt hat. Doch Chase und seine arrogante Art kramen genau diese gut versteckte Erinnerung wieder hervor. Ein eiskalter Schauer zieht sich quer über meinen Rücken bei dem Gedanken, dass sie beide recht haben. Wird mir der Erfolg verwehrt, weil ich nicht dazugehöre?

»Das habe ich. Glaub mir«, gebe ich zurück, und meine Stimme wird dabei etwas lauter. Die Wut sprudelt förmlich nur so aus mir heraus, wie bei einem Wasserfall. »Ich hab genauso das Zeug dazu, mich gegen alle anderen durchzusetzen wie du. Und das, ohne mit den Geldscheinen zu wedeln, nur damit ich nicht in einer Menge aus falschem Glanz und Missgunst untergehe.« Sein Gesichtsausdruck verändert sich kaum merklich, doch ich meine, ein Zucken an seinem Mundwinkel zu erkennen. Dieser Kerl ist so eisig wie seine Augen: Er will mich vermutlich einfach nicht verstehen.

»Ist das so, ja? Dann sieh dich mal um. Einige der Dozierenden sind auch hier. Ich wette mit dir um hundert Euro, dass du dich nicht traust, dort auf die Bühne zu gehen und dafür zu sorgen, dich wirklich aus der Masse hervorzuheben.«

Ehe ich weiter darüber nachdenken kann, erhebe ich mich. Es ist wie ein Impuls, und zwar einer, der auf purem Trotz basiert. Ich bin nicht hergekommen, um mich vor irgendjemand Fremdem beweisen zu müssen. Das habe ich bereits zur Genüge getan, in einem Leben, das ich hinter mir lassen wollte. Ich richte meinen Blick auf Chase, der sich nach wie vor nicht gerührt hat. »Mag sein, dass das bei dir funktioniert, aber ich muss mich nicht wie ein verzogenes Gör benehmen, um meinen Willen zu kriegen. Denn im Gegensatz zu dir habe ich wirklich etwas zu bieten.« Okay, der letzte Satz war gemein, ich kenne ihn nicht und weiß überhaupt nicht, ob meine Behauptung zutrifft. Dennoch nehme ich sie nicht zurück, aus dem einfachen Grund, dass das meinen – wenn auch zugegebenermaßen etwas wackeligen – Standpunkt schwächen würde und ich auf keinen Fall so erscheinen will: schwach und unsicher.

Chase' linker Mundwinkel zuckt, das Eisblau in seinen Augen auch. »Klingt ja fast so, als wärst du nicht besonders überzeugt davon, wenn du es uns nicht präsentierst.«

Seine Worte sind purer Spott und Herausforderung zugleich, dennoch kann mein vernebeltes und mit Stolz getränktes Hirn nicht anders, als abfällig zu schnauben. Schon im nächsten Moment mache ich auf dem Absatz kehrt und setze mich in Bewegung. Als ich schwanke, kann ich mich rechtzeitig an Sebastians Schulter festhalten. Dieser schaut mit einem leicht belustigten, wenn auch zweifelnden Blick zu mir hoch.

»Bist du dir sicher, dass das eine gute Idee ist?«, fragt er, doch da schiebe ich mich bereits an ihm vorbei. Ich gebe mir Mühe, trotz des Alkohols, der mich mehr und mehr vereinnahmt, ernst zu bleiben, obwohl mein Inneres kurz davor ist, in schallendes Gelächter auszubrechen. Was mache ich da eigentlich? Tief drin weiß ich, dass das hier keine gute Idee ist. Doch meine Beine und mein angeknackstes Ego tragen mich vorwärts. Bruchstückhaft realisiere ich nur noch, wie ich den DJ frage, ob alles angeschlossen ist. Sekunden später stehe ich auf der Bühne und halte meine Rede.

»Herzlich willkommen zur Studienanfangsparty der Bradwood Studios!«, brülle ich ins Mikro, und die Menge antwortet mit einem teils begeisterten, teils verwirrt-belustigten Jubel. Ich fühle mich unbesiegbar. »Mein Name ist Eloise, aber ihr könnt mich Elli nennen. Oder auch nicht, ist mir egal.« *Eloise, stop it!*

Mein Kopf begreift, dass das hier ganz großer Mist ist, dennoch kann ich nicht aufhören. »Wisst ihr, ich bin so dankbar, dass ich hier studieren darf. Ich meine, ich weiß, viele von euch stammen aus seeehr gut situierten Familien«, und ziehe das »sehr« ewig lang, »aber für Leute wie mich, die auf Stipendien angewiesen sind, ist das hier die einzige Möglichkeit, sich durchzusetzen. Denn auch wenn ich nicht so viel Kohle haben mag wie ihr, hab ich dennoch jede Menge zu bieten! Ich hab was im Kopf, bin kreativ und, was das Wichtigste ist: Ich bin nicht auf die Geldbörse oder sonst irgendwas von anderen angewiesen. Ich bin ein Macher, der bestens allein klarkommt und keine Almosen braucht. Und falls es Menschen gibt, die mir oder euch nicht zutrauen, das zu tun, was ihr liebt«, fahre ich fort und starre dabei direkt in Chase' Gesicht, der mir anscheinend Richtung Bühne gefolgt ist und leicht mit dem Kopf schüttelt und die Augen rollt, »zeigt ihnen den Finger und macht das, was ihr verdammt noch mal wollt!« Und noch während ich den Satz beende, hebe ich den Mittelfinger.

Für einen Augenblick ist es im Saal totenstill. Keiner rührt sich, niemand scheint sich auch nur einen Millimeter zu bewegen. Es kommt mir vor, als würden sie alle jeden Moment tot umfallen, da ich nicht einmal erkennen kann, ob irgendjemand von ihnen noch atmet.

»Meine Güte, Elli, bist du bescheuert?«, höre ich plötzlich neben mir die vertraute Stimme von Alex aus der peinlichen Stille hindurchbrechen. Sie zieht mich mit sich von der Bühne und schleppt mich zu einer entgeistert starrenden Sophie, die genau am Aufgang zur Bühne auf uns wartet. Noch während ich von den beiden durch die Menschenmenge heraus aus dem Saal bugsiert werde, erkenne ich das Blitzen zahlreicher Handys, das sich mit kichernden Lauten und abfälligen Blicken vermischt. *Scheiße, das war nicht gut.*

Als ich am nächsten Morgen aufwache, spüre ich ein gewaltiges Pochen in den Schläfen. Als würde der Bass der letzten Nacht immer noch in meinem Kopf dröhnen und hätte es als konstantes *Bumm Bumm* auf meinen Magen abgesehen. Ich kann mich nicht erinnern, wann ich mich das letzte Mal so unwohl gefühlt habe. Generell kann ich mich nicht an sehr viel erinnern. Da ist bloß dieser eklige, pelzige Geschmack auf meiner Zunge, der eine ebenso bittere Note auf meinen Gedanken hinterlässt. Ganz langsam strecke ich meine müden Glieder, verwerfe das Vorhaben jedoch sofort wieder. Alles dreht sich, und ich stöhne in mein Kopfkissen.

»Wow, das nenne ich mal einen stattlichen Kater«, höre ich Sophies Stimme wie durch Watte.

»Allerdings«, bestätigt Alex. Ich kann ihr Kopfschütteln förmlich sehen, und das, obwohl ich all meine Kraft darauf verwende, meine Lider gegen die aufgehende Sonne zuzukneifen.

»Leute, ich kann euch hören.« Jedes Wort der beiden bringt meinen Kopf und meinen Mageninhalt nur noch mehr zum Wanken.

»Oh, gut, gut. Ein Zeichen dafür, dass deine Vitalfunktionen noch intakt sind«, entgegnet Alex. Ihr spöttischer Ton ist unüberhörbar.

Langsam versuche ich zu blinzeln. Schemenhaft erkenne ich die riesigen Köpfe meiner Mitbewohnerinnen genau vor meinem Gesicht.

»Wow, du riechst, als hättest du immer noch eine gehörige Portion Alkohol intus.«

Ich stöhne und schließe die Augen wieder. »Geht weg.«

»Ich fürchte, das wird nichts«, lautet Alex' Antwort. »Wir müssen uns unterhalten.«

Irritiert drehe ich den Kopf in ihre Richtung, zu schnell, denn ich werde prompt mit einem stechenden Schmerz in meiner linken Schläfe belohnt. Ich versuche, die Augen zu öffnen und diesmal auch offen zu halten. Kann nicht einer wenigstens die Vorhänge zuziehen? »Worüber denn? Ich hab mich abgeschossen, ja und? Passiert dir regelmäßig.« Ich klinge total zickig, aber in dem Zustand brauche ich all meine Konzentration, um mich nicht hier und jetzt zu übergeben.

»Sie kann sich wirklich nicht erinnern, was?«, höre ich Sophie murmeln, während Alex deutlich lauter sagt: »Wenigstens hab ich nicht auf der großen Bühne gestanden und hitzige Reden geschwungen.«

Obwohl ich ihrer Stimme anhören kann, dass sie aufgebracht ist, bleibe ich aus irgendeinem Grund an deren Inhalt hängen. Schlagartig fällt es mir wieder ein: Sebastian, der Martini, *Chase*. Ich. Auf der Bühne. Mit einem Mikro in der Hand ... *Oh Gott.*

»Ja, jetzt erinnert sie sich«, kommentiert Sophie meinen wahrscheinlich panischen Blick. Sie selbst sieht aus, als hätte sie in eine Zitrone gebissen.

»Jetzt steh erst mal auf und trink einen Tee. Und dann bequatschen wir alles«, schaltet sich Alex wieder ein, diesmal deutlich versöhnlicher.

Sobald ich mich auf meine Ellenbogen gestützt habe, würde ich mich am liebsten wieder nach hinten fallen lassen. Zurück in die weichen Kissen hinter mir und die schützende Ahnungslosigkeit der Ohnmacht. Was würde ich jetzt dafür geben, einfach umzukippen. Je weiter ich mich aufsetze, desto stärker wird das Gefühl, von einem riesigen Lastwagen überrollt worden zu sein. Einfach alles tut weh: Arme, Beine, Gedanken.

»Wie um alles in der Welt konnte das denn passieren?« Meine Stimme gleicht mehr einem Brummen als einer ernst zu nehmenden Frage.

Sophie und Alex schauen einander an, bis Letztere mir schließlich behutsam die Hand tätschelt. »Tja, Martini mit Olive, würde ich sagen.« Sie schürzt ihre Lippen mit einem leisen Zischen, und der Blick, den sie mir zuwirft, ist der mitleidigste, den ich seit Langem von ihr kassiert habe.

»Oh Gott, ist das furchtbar. Könnte sich bitte ein riesiger Graben auftun und mich verschlingen?«

Mir ist kotzübel, und ich weiß nicht, ob vom Alkohol oder von dem, was ich da gestern von mir gegeben habe. Vor meinem geistigen Auge blitzen schemenhaft all die gleichermaßen schockierten wie belustigten Gesichter der Gäste auf.

»Bitte sagt mir wenigstens, dass gestern so ziemlich jeder da betrunken war und meinen Auftritt vergessen hat«, flehe ich meine Mitbewohnerinnen an.

Der Blick, den die beiden austauschen, lässt den dicken Knoten in meinem Bauch noch stärker brodeln. »Okay, was ist los?«, hake ich nach, doch Alex weicht aus und schaut stattdessen zu Boden. Ich starre die beiden an, bis Sophie mir schließlich ihr Handy reicht. Darauf zu sehen bin ich. Auf Instagram.

»*bradwoods_wild_stories* ist der Klatsch- und Tratsch-Account der Uni. Ist ein bisschen wie bei Gossip Girl. Es soll wohl etliche Leute geben, die Zugriff auf das Konto haben.« Sophie schaut mich abwartend an, doch als ich nicht reagiere, setzt sie betont fröhlich hinterher: »Aber mach dir keinen Kopf, in ein paar Tagen steht da schon ein anderer Name!« Sie macht eine wegwerfende Handbewegung, während ich nichts machen kann, außer zu starren.

Ich befinde mich in einer Art Schockstarre und kann nicht anders, als das flimmernde Video auf dem Bildschirm zu fokussieren. Ich wusste, dass ich gestern übertrieben habe, aber dass es so peinlich gewesen ist, hätte ich nie gedacht. Ich erkenne eine völlig neben sich stehende Eloise, mit leicht verwuschelten Haaren und einem glasigen Blick. Ich klammere mich an das Mikrofon, weil ich dank des Alkohols schon etwas am Torkeln bin. Ich erinnere mich nicht an vieles von dem Abend, doch ich weiß, dass ich nicht gedacht habe, dass man mir meinen Alkoholpegel ansehen kann. Und wie man das konnte. Ich war voll wie ein Eimer Wasser.

»Schau dir das nicht weiter an.« Entschieden nimmt Sophie mir das Handy aus der Hand und steckt es zurück in die Tasche ihres dunkelgrünen Cardigans.

»Jeder von uns hat schon mal angetrunken etwas gemacht, worauf er nicht stolz ist.« Alex kommt mit einem vorsichtigen Lächeln auf mich zu, setzt sich zu mir auf die Bettkante.

»Ich hab mal bei meiner Oma angerufen und sie gefragt, ob sie mich vom Feiern abholen kann. Leider hab ich ihr aber den falschen Club genannt, und sie ist um drei Uhr nachts über fünfzig Meilen umsonst gefahren«, erklärt Sophie beschwichtigend und zuckt dabei mit den Schultern.

»Du hast aber keine Wutrede vor der halben Academy gehalten«, gibt Alex zu bedenken. In ihrer Stimme liegt zwar Verständnis, aber auch ein Hauch von Anklage. Schließlich ist sie eine von den Glücklichen, die ich in meiner gestrigen Rede an den Pranger gestellt habe: Auch sie kommt aus wohlhabenden Kreisen.

Ich halte mir die Hand vor den Kopf und verdecke meine Augen. Ich will nichts mehr sehen und die Welt einfach ausblenden.

»Nun komm schon, dann ist es eben passiert. Was ich aber nicht verstehe: Wieso hast du das gemacht?«, fragt Alex verwirrt.

Wie zur Antwort blitzt ein bestimmtes Gesicht in meinen Gedanken auf. Eines, das hohe Wangenknochen und eisblaue Augen hat. Ein Gesicht, dessen ernste Züge sich mir unangenehm eingebrannt haben und das zu einem Kerl gehört, der mich gestern zur Weißglut gebracht hat: Chase. Sicher, ich bin erwachsen und hätte ihn einfach ignorieren können. Aber seine Art mir gegenüber war abschätzig, arrogant und ignorant. Er hat mich herausgefordert und von oben herab behandelt, weil ich nicht Teil seiner Welt bin. Und ich hohle Nuss hatte nichts Besseres im Sinn, als auf seine lächerliche Wette einzugehen. Seine

Überheblichkeit hat etwas in mir getriggert, eine Unsicherheit, die ohnehin mein ständiger Begleiter ist. Ich wollte ihm beweisen, wie sehr ich das alles verdient habe. Vielleicht, um mir einzureden, dass dieser einzige Weg, den ich gehen kann, auch der richtige ist. Es hat mich getroffen, dass er ausgerechnet das infrage gestellt hat, was ich als Einziges kann. Zu reflektieren, kritisieren und mich objektiv mit verschiedenen Sachverhalten auseinanderzusetzen ist eine Stärke, auf die ich bisher immer sehr stolz gewesen bin. Was für ein kolossaler Witz ist es da, dass ich gestern alles davon vergessen habe?

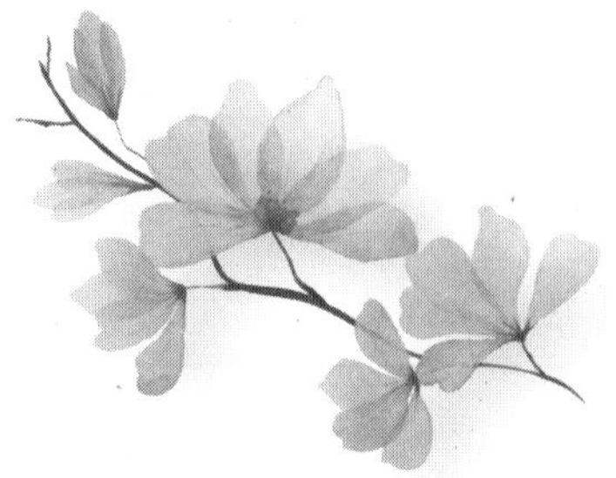

4. Kapitel

Perfektion

Eloise

»Was guckst du so?«, höre ich Alex neben mir einen Typen ankeifen, der mich mit einem amüsierten Kopfschütteln beäugt. Alle starren mich an, als wir am Montagmorgen auf dem Weg zu unseren Kursen sind. Man kennt diese Situation eigentlich nur aus Filmen, wenn irgendein Skandal die Runde macht und die betroffene Person in die Schule kommt und von allen angeglotzt wird. So wie in *Einfach zu haben*, als Emma Stone extra in Korsage und mit einem aufgenähten »A« in der Schule erscheint, um zu provozieren. Hätte ich genug Selbstbewusstsein, hätte ich es vielleicht auch versucht. Anscheinend haben alle fünfhundert Studierenden hier das Video gesehen – auch die, die nicht auf der Party waren.

Ich versuche, die Blicke und das Getuschel der anderen so gut es geht auszublenden. Sobald die nächste Sensation um die Ecke kommt, kräht kein Hahn mehr nach meinem Fauxpas, trotzdem fühlt es sich fürchterlich an. Ich war so froh, mein Studium hier ohne Altlasten von zu Hause beginnen zu können. Und jetzt baue ich schon nach nicht einmal zwei Tagen so großen Mist, dass ich mir kaum vorstellen kann, mich auf meine heutigen Kurse zu konzentrieren. Dabei wollte ich nie mehr als das: mir beweisen, dass ich es schaffen kann, dass ich gut genug hierfür bin. Was sagt es über mich aus, wenn ich nicht einmal einen Tag überstehe? Mir wird speiübel, wenn ich nur daran denke. Schon wieder.

Unser Weg führt uns quer über das Campusgelände. Vorbei an Palmen und der wunderbaren Aussicht aufs Meer.

Über gepflasterte Wege gehen wir zum riesigen Springbrunnen, der eine Art Kreuzung auf dem Campusgelände bildet. Von hier aus zweigen die Pfade zu den Wohnhäusern, zum Haupt- und zum Lehrgebäude ab. Um uns herum sitzen einige Studierende auf den weißen Bänken und lesen, manche sitzen auf den grünen Wiesen und genießen die strahlende Morgensonne. Und manch andere sind, wie wir, gerade unterwegs zum Unterricht. Alex muss zu ihrem ersten Kurs *Einführung in die Geschichte der Schauspielerei*, und für mich geht es heute zum *Marketing*, wo ich auch Sophie treffen werde. Sie hatte vorher bereits einen Kurs. Die Tatsache, dass Alex eigentlich noch nicht aufbrechen musste, es meinetwegen aber dennoch getan hat, katapultiert einen weiteren heißen Klumpen aus Unwohlsein und Schuld in meinen Bauch.

»Danke, dass du mitkommst«, sage ich an meine beste Freundin gerichtet, als wir uns den Weg durch die Massen an Studierenden bahnen.

Mit einem betont fröhlichen Lächeln hakt sie sich bei mir unter und legt ihren Kopf auf meine Schulter. Für sie muss das ziemlich anstrengend sein, so gekrümmt zu gehen, schließlich ist sie um einiges größer als ich.

»Na, ist doch klar! Ich lasse dich doch nicht allein in dieses Haifischbecken. Wenn ich sehe, wie alle gaffen, pulsiert direkt meine Halsschlagader stärker. Als ob keiner von denen je etwas gemacht hätte, was sie am liebsten vergessen würden.« Sie verdreht die Augen und wirft einer Studentin einen ernsten Blick zu, als auch sie uns – oder genauer gesagt mich – offensichtlich anstarrt. Ich mag mir gar nicht vorstellen, wie es gleich sein wird.

Als künftige Journalistin muss ich eigentlich nicht viel Energie ins Marketing stecken, würde man meinen. Aber auch ich muss mich und meine Artikel gut verkaufen, muss zeigen, was ich kann. Deshalb sind mir diese Inhalte mindestens genauso wichtig wie alles andere. Wer weiß, was ich auch für meine Instagram-Seite dort herausziehen und nutzen kann. Ich habe gehört, der Dozent soll eine richtige Koryphäe auf seinem Gebiet sein. Deshalb bin ich wahnsinnig gespannt auf den Kurs. Trotzdem dreht sich mir auch der Magen um, wenn ich daran denke, mit dieser gaffenden Meute in einem Raum zu sitzen und für neunzig Minuten keinen Ausweg zu haben.

Ich krame mein Handy aus der Hosentasche und werfe einen Blick auf meine To-do-Liste für heute. Nicht, weil ich mich nicht mehr daran erinnere, was ich vorhabe. Sondern vielmehr, weil ich die stechenden Blicke um mich herum kaum ertragen kann. Hat denn niemand eine Zeitmaschine, mit der ich alles rückgängig machen kann? Ich halte mein Handy wie einen Schutzschild vor mein Gesicht. Neben dem Uni-Kurs steht auch noch meine Kritik für den Film auf dem Plan, den ich auf dem Flug hierher angeschaut habe. Doch egal, wie sehr ich versuche, mir im Kopf die passenden Worte dafür zurechtzulegen – meine Gedanken schweifen immer wieder ab zur Party. Dieser Moment, in dem Chase so nah vor mir saß, dass sein Parfum meine Nase kitzelte: ein Hauch Zitrusfrucht mit einer leicht holzigen Note dazu, die mir anscheinend komplett das Hirn vernebelt hat. Dieser Moment, in dem er mich herausgefordert hat. Dieser Moment, in dem ich entschieden habe, mich völlig zu blamieren. Wie in Endlosschleife laufen die Szenen vor meinem inneren Auge ab und sind beinahe noch schlimmer als die Blicke der Leute um uns herum.

»Meine Güte, dieses Gelände ist dermaßen groß, dass man doch niemals wirklich pünktlich von einem Kurs zum nächsten kommt. Ich bin Schauspielerin und werde an meinem ersten Tag total verschwitzt sein. Und das, obwohl ich jetzt noch massig Zeit habe«, stöhnt Alex neben mir genervt.

»Dass du verschwitzt ankommst, kann ich mir vorstellen. Es ist Ende August, Alex!«, entgegne ich mit einem Blick auf ihren dicken schwarzen Rollkragenpullover. Monaco zeigt sich heute von seiner sommerlichen Seite: ein wolkenloser blauer Himmel, der zwischen den üppigen grünen Baumkronen über uns hindurchscheint und goldene Sonnenstrahlen auf uns hinabregnen lässt. All die Gebäude der Uni funkeln im hellen Licht der Sonne wie riesige Gebilde aus Gold, ganz so, als wären wir in El Dorado.

Bereits beim Blick aus unserem Wohnheimzimmerfenster habe ich mich für ein knielanges, lockeres Kleid mit schwarzen und roten Blumen entschieden. Darunter eine einfache schwarze Strumpfhose und Ballerinas. Und auch mir wird ganz schön warm. Alex und ich tragen zwar nur unsere Handtaschen mit den Büchern mit uns herum, aber sie hat recht: Die Wege sind lang. Von unserem Wohnhaus müssen wir heute zunächst zum Hauptgebäude, wo wir uns angemeldet haben. Und das liegt direkt am Eingang zum Campus und damit fast am anderen Ende. Direkt dahinter befindet sich laut Lageplan das Haus *Movie Makers*. Dort finden alle Kurse zum Filmjournalismus, aber auch zu den Studiengängen Regie, Filmproduktion und Animation statt. Für Alex, die Schauspiel studiert, und jene, die Kostümbild, Bühnenbild und Kameraführung gewählt haben, gibt es genau gegenüber noch ein weiteres Gebäude: *Starlight*.

Ich wünschte, ich könnte meine Umgebung mehr genießen, aber der konstante Gedanke an Samstagabend legt sich über meine Laune wie eine dunkle Regenwolke, die meine Sicht auf alles mit einem dunklen und tristen Schatten belegt. Als wir nach knapp fünfzehn Minuten an unserem Ziel ankommen, prangt vor uns ein gigantisches Schild, das sich in goldenen Lettern von der weißen Außenfassade abzeichnet:

BRADWOOD ACADEMY CENTRE 1 –
MOVIE MAKERS

»Na, das klingt doch vielversprechend«, sage ich zu Alex, die meinem Blick folgt.

»Allerdings. Für nichts anderes bin ich hier«, entgegnet sie entschlossen. Wir nicken uns zu und betreten das Gebäude. Schon beim ersten Blick schlägt mein Herz höher. Ich dachte, das Hauptgebäude würde großartig aussehen, doch das hier übertrifft wirklich alles. »Wow, jetzt weiß ich, wohin unsere Studiengelder fließen«, höre ich meine beste Freundin neben mir murmeln, und sie hat vollkommen recht. Man würde meinen, wir wären bei den Oscars. Vom Eingang aus ist ein riesiger roter Teppich ausgerollt, der einem den Weg ins Innere weist. An den Decken sind goldene Stuck-Applikationen angebracht, und etliche Kronleuchter erhellen die Eingangshalle. Weißer Marmor dient als Fußboden, und die Wände sind aus hellem Eichenholz gefertigt. In der Mitte führt eine große Treppe in das obere Stockwerk, wo sich die einzelnen Kursräume befinden. Direkt neben der Treppe wurde ein goldenes Schild mit einem Lageplan aufgestellt.

»Also, im unteren Stockwerk hinter der Treppe ist wohl der große Theatersaal. Direkt daneben der Kursraum für Schauspielerei«, erklärt Alex. Sie deutet auf ein großes Rechteck, das auf dem Lageplan eingezeichnet ist und mit Sitzplätzen sowie einer großen Bühne bestückt ist. »Ich geh mir gleich noch einen Kaffee holen, hab draußen einen dieser hübschen Kaffeewagen gesehen. So viel Zeit muss sein.«

»Okay, und wo ist die 302? Da ist mein Marketingkurs.« Ich fahre mit dem Finger über den abgebildeten Grundriss. Als ich über die Abbildung des dritten Stocks streiche, erkenne ich weiter hinten auf der linken Seite mein Ziel. »Alles klar, gefunden.«

»Na gut, dann sehen wir uns nachher, ja? Und lass dich nicht weiter blöd angucken, geschweige denn blöd von der Seite anmachen. Möge die Macht mit dir sein!«, sagt sie und zitiert damit Obi-Wan Kenobi aus *Star Wars*. Ihre roten Lippen öffnen sich zu einem so breiten und aufmunternden Lächeln, dass ich ihre strahlend weißen Zähne sehen kann.

»Du kennst mich. Ich übersteh das schon«, gebe ich zurück und beobachte, wie Alex wieder nach draußen durch die mit Palmen gesäumte Allee eilt. Schnell rücke ich meine schwarze Tasche auf der Schulter zurecht und wende mich zur Treppe.

Im ersten Stock angekommen, fällt mein Blick auf zwei weitere Treppen links und rechts, die zu weiteren Ebenen führen. An der Wand, die mich im nächsten Stockwerk empfängt, prangen Bilder von ehemaligen Schulräten, Dozenten und der aktuellen Rektorin. Ich trete näher. Ms. Eddison Sinclair war einst selbst eine bekannte Schauspielerin und hat hier studiert. Irgendwann hat sie dem Rampenlicht den Rücken gekehrt und ist in die Lehre gegangen. Wieso, weiß ich nicht, doch vielleicht hat sie sich über all die Jahre einfach verändert.

Ich verweile einen Moment vor dem Gemälde. Ihr freundlicher Gesichtsausdruck wirkt aus irgendeinem Grund wie eine liebevolle Umarmung. Ich bin dieser Frau noch nie begegnet, trotzdem spüre ich beim Anblick ihres Lächelns eine angenehme Wärme in mir aufsteigen, und das gibt mir irrationalerweise Hoffnung für den Tag. Sie kam ebenfalls aus einfachen Verhältnissen, hat es jedoch allen gezeigt und sich bewiesen. Ich muss wohl nicht erwähnen, in wievielerlei Hinsicht mich das inspiriert.

Mit neu entdeckter Zuversicht wende ich mich ab und laufe auf die hochsteigenden Treppenstufen zu. Ich bin im wahrsten Sinne bereit, mir den Weg nach oben zu bahnen, egal, wie sehr ich mich dafür anstrengen muss. Oben angekommen, wende ich mich nach links und folge den wachsenden Nummern auf den kleinen Messingschildern, die die Eingänge zu den einzelnen Lehrräumen zieren. Vor der 302 steht eine Gruppe von drei jungen Frauen, die sich angeregt unterhalten. Sie scheinen meine Anwesenheit nicht bemerkt zu haben, und das ist mir nur recht.

»Er hat letztes Jahr eine große Kampagne für diesen Alien-Film gestartet, erinnert ihr euch? Die haben fast eine Milliarde Dollar eingespielt«, höre ich die Studentin mit den blau gefärbten kurzen Haaren sagen. Sie hat mir den Rücken zugewandt. »Gut so. Allein das Marketing hat ja auch schon fast fünfzig Millionen gekostet. Jetzt rechne da mal noch die weiteren Produktionskosten und auch die Gagen für die Schauspieler mit ein. Der Film musste ein Erfolg werden, sonst wäre das echt traurig. Aber ist doch gut, dass sie Mr. Saltman beauftragt haben. Ich hab gehört, er ist nur alle zwei Jahre als Dozent hier, weil er die restliche Zeit über Aufträge im Marketing annimmt«, antwortet die hellblonde Studentin neben ihr und wendet sich zur Tür, um diese zu öffnen. Dabei lächelt sie, und ihr mit Sommersprossen verziertes Gesicht wirkt sofort sympathisch auf mich.

Kurz überlege ich, in ihr Gespräch einzusteigen und mich vorzustellen – im Normalfall wäre das der perfekte Einstieg für eine neue Bekanntschaft gewesen –, verwerfe den Gedanken jedoch sofort wieder. Mein Selbstbewusstsein ist ohnehin angeknackst, da brauche ich keine direkte Konfrontation darüber, was für ein Freak ich für alle hier bin.

Die drei verschwinden, und ich bin gerade noch schnell genug, um die Türklinke zu fassen zu bekommen. Nachdem ich einen letzten, tiefen Atemzug genommen habe, ziehe ich daran und trete über die Schwelle.

Vor mir öffnet sich ein Hörsaal. Insgesamt werden an der Bradwood Academy jedes Jahr nur hundertfünfzig Studierende zugelassen. Ziemlich wenig im Vergleich zu den großen staatlichen Universitäten. Doch ich muss immer wieder an einen der Sätze in der Broschüre der Bradwood Studios denken: »Wir bilden die Besten der Besten aus.« Der Fokus liegt also darauf, jedem der Talente die bestmögliche Förderung zuteilwerden zu lassen. Weshalb die meisten Räume ebendarauf zugeschnitten sind: persönliche Förderung und eine enge Zusammenarbeit zwischen Lehrenden und Lernenden.

Drei moderne Wände aus weißem Holz und eine große Glasfront auf der gegenüberliegenden Seite der Tür rahmen die etwa fünfzig mit roten Samt bezogenen Sitzplätze ein. Beinahe könnte man meinen, es handle sich um einen Kinosaal, nur dass statt einer Leinwand ein riesiges Whiteboard sowie ein Pult aus schimmerndem Messing den vorderen Bereich des Raums dominieren.

Von Mr. Saltman hingegen fehlt jede Spur, und auch Sophie kann ich noch nirgends entdecken. Dafür jedoch zahlreiche andere Menschen um mich herum. Ich entscheide mich dafür, mich erst mal weiter oben hinzusetzen, auch weil Sophie mich dann direkt sieht, wenn sie den Raum betritt. In der Schule habe ich es geliebt, vorne zu sitzen, vor allem, weil man dann den Blicken anderer wortwörtlich den Rücken zukehren kann. Doch angesichts des vergangenen Wochenendes erscheint es mir ratsamer, gar nicht erst irgendeine Art von Aufmerksamkeit zu erzeugen und im Hintergrund zu bleiben.

Ich suche mir einen Sitz in der vorletzten Reihe aus und nehme Platz. Nachdem die meisten noch umhergelaufen sind, um sich mit Freunden und Bekannten zu unterhalten, kehren auch sie zu ihren eigentlichen Plätzen zurück und setzen sich nach und nach. Ich zähle schnell durch: Zwei Minuten vor Unterrichtsbeginn sind wir insgesamt fünfundvierzig Studierende. Sechsundvierzig, denn in diesem Moment eilt eine völlig verschwitzte Sophie durch die Tür direkt auf mich zu. »Mei-ne Güteeee«, keucht sie, als sie ihre Tasche neben mir auf den Tisch fallen lässt. Völlig außer Atem pustet sie sich eine rote Strähne aus dem Gesicht. Da ihr dunkelblaues T-Shirt und ihre kurze Shorts nicht danach aussehen, als wäre sie unpassend für das Wetter angezogen, muss sie fürchterlich gerannt sein. »Meine Dozentin hat einfach eiskalt zehn Minuten überzogen.«

»Hier hast du jedenfalls nichts verpasst. Mr. Saltman ist noch nicht da.« Ich deute mit einem Kopfnicken nach vorn.

»Zum Glück! Ich hätte keine Lust gehabt, direkt am ersten Tag reinzuplatzen und alle Aufmerksamkeit auf mich zu ziehen.« Wem sagt sie das.

Bevor es losgeht, schnappe ich mir einen meiner Lieblingskugelschreiber aus meiner Tasche. Schnell lege ich noch meinen Schreibblock raus, dann bin ich bereit.

»Guten Morgen alle miteinander«, höre ich auf einmal jemanden von der Tür hinter uns sagen. Es ist ein kleiner, glatzköpfiger schlanker Mann mit Brille. Hätte er dunkle Locken auf dem Kopf, könnte er glatt als Doppelgänger von Jack Black in *School of Rock* durchgehen. Noch während er uns begrüßt, eilt er die Treppenstufen hinab, einen Stapel Arbeitsblätter in der Hand.

»Mit ziemlicher Wahrscheinlichkeit kennen Sie das Sprichwort *Der frühe Vogel fängt den Wurm*. Dieses ist auf so gut wie jeden Bereich des Lebens anwendbar, im Marketing jedoch überlebensentscheidend.«

Aus dem Augenwinkel sehe ich, wie Sophie sich zu mir vorbeugt. »Na, der fackelt ja nicht lange, was?«

Ich persönlich mag die direkte Art, mit der wir ins kalte Wasser geworfen werden. Keine Floskeln, kein Herumgerede, bloß Fakten.

»Die goldene Regel lautet: Wenn Sie gut im Marketing sein wollen, müssen Sie schnell sein. Innovation, Risiko und ein gutes Gespür für das Verlangen der Menschen sind die wichtigsten Grundlagen für eine erfolgreiche Vermarktung. Dabei ist es egal, ob sie Filme noch vor der Premiere bewerben, eine Serie auf Netflix promoten oder eine kleine Independent-Produktion ganz groß machen wollen. Deshalb fangen wir am besten direkt an.« Mr. Saltman legt den Papierstapel aufs Pult, direkt neben seine braune Ledertasche. Dann wirft er einen Blick in die Runde und schreibt anschließend seinen Namen an die Tafel.

»Aber kurz zu mir, damit Sie wissen, mit wem Sie es überhaupt zu tun haben. Ich bin Samuel Saltman und seit fünfzehn Jahren Leiter der Marketing-Direktion von Jafferson Media, einer der größten Produktionsfirmen der USA. Für Filme wie *Harry Potter*, aber auch die *Doctor-Strange*-Reihe haben wir das Marketing geplant und durchgeführt. Sollten Sie Ihr Studium wirklich bestehen und anschließend tatsächlich die Muße haben, in der Filmbranche weiterzuarbeiten, kann es sein, dass wir uns noch mal über den Weg laufen.« Er schenkt uns ein kleines, eher beiläufiges Lächeln, ehe er den Papierstapel vor sich betrachtet. »Das würde mich natürlich sehr freuen. Bis dahin erwarte ich von Ihnen allen, dass Sie lernen, lernen, lernen und Ihr Bestes geben.«

Fasziniert hänge ich an seinen Lippen. Einer solchen Koryphäe zu begegnen und die Gelegenheit zu haben, in einem relativ intimen Umfeld von ihr zu lernen, ist … Ich kann mir nicht vorstellen, noch mehr Glück zu haben. Vergessen sind Alkohol, Samstagnacht und Chase. Das hier ist es, worauf ich all meine Energie aufwenden will. Nichts anderes.

»Als Einstieg für unseren Kurs habe ich eine Frage für Sie alle: Was denken Sie, in welcher Höhe das durchschnittliche Marketingbudget für Blockbuster liegt, also die richtigen Filmkracher?«

Ich sehe zwei, drei Arme in die Höhe schnellen, und auch ich melde mich.

»Jawoll, zeig's ihnen«, flüstert Sophie neben mir.

Mr. Saltman blickt durch die Reihen, ehe sein Blick an mir haften bleibt. »Ja, bitte«, sagt er in meine Richtung.

»Nun ja, ich schätze, das geht bis in den dreistelligen Millionenbetrag. Wenn man sich Blockbuster wie *Avatar* oder etliche Superhelden-Filme à la *Marvel* oder *DC* anschaut, kommen die ohne Marketingkosten unter hundert Millionen US-Dollar gar nicht zurecht.«

Mr. Saltman nickt bestätigend und zeigt auf mich. »Korrekt! Ms. …?«

»Stanson, Eloise«, antworte ich. Nicht wenige Köpfe drehen sich ruckartig in meine Richtung, auf ihren Gesichtern spiegeln sich Neugierde, Belustigung und Überraschung. Ihre Blicke brennen förmlich auf meiner Haut wie ein ganz furchtbarer, juckender Sonnenbrand, doch etwas in mir rührt sich und fordert mich auf, standhaft zu bleiben und nach vorne zu schauen. In mir steckt mehr als diese Skandalnudel, für die mich alle halten.

»Wie Ms. Stanson angedeutet hat, gibt es bei den Marketingkosten für Film und Fernsehen mittlerweile kaum noch Grenzen. Dessen sind sich die Produktionsfirmen auch durchaus bewusst. Wenn Filmstudios also von Produktionskosten sprechen, können Sie getrost davon ausgehen, dass darin die Marketingkosten bereits enthalten sind. Man würde meinen, dass gerade bei großen Blockbustern, auf die schon eine große Zuschauerschaft wartet …«

Plötzlich klopft es an der Tür, und das nicht gerade leise. Der gesamte Saal wendet sich in Richtung des Geräuschs, diesmal jedoch ausschließlich mit Neugierde in den Gesichtern. Es ist eine kleine schwarzhaarige Frau mit Hornbrille, die den Raum betritt. Sie wirkt zierlich und ist höchstens Anfang dreißig. Mit einem sorgenvollen Blick schaut sie hinüber zu Mr. Saltman und kann sich nur mit Mühe ein Lächeln abringen.

»Ah, Ms. Jackson, was kann ich für Sie tun? Liebe Studierende, falls Ihnen dieses Gesicht noch unbekannt ist: Das ist Sally Jackson, die Sekretärin unserer Rektorin.« Professor Saltman deutet auf die junge Frau, die auf ihn zugelaufen ist und nun direkt neben dem Pult zum Stehen kommt.

Sie nickt freundlich und sucht mit ihrem Blick die Menge ab. Sie wirkt konzentriert und … ernst. »Ist hier eine Ms. Stanson?«, ruft sie fragend.

Mein Herz begreift, ehe mein Kopf die Gelegenheit hat, ihre Worte zu verarbeiten. Es bleibt stehen, ebenso wie die Zeit. Zwar nur für eine Sekunde, aber die reicht aus, um alles gestochen scharf wahrzunehmen: all die Blicke, die nun erneut auf mir zum Liegen kommen, die mich mustern, verurteilen und begutachten. Ich sehe Professor Saltmans fragende Miene, das leise Gemurmel zwei Reihen unter mir, das höhnische Gekicher weiter vorne.

Eloise, atmen nicht vergessen.

Ich weiß nicht, wie, aber irgendwie schaffe ich es, meine Hand zu heben.

»Würden Sie mich bitte begleiten? Die Rektorin möchte mit Ihnen sprechen.«

Am liebsten würde ich fragen: »Jetzt? Während des Kurses?«, doch die Worte bleiben mir im Halse stecken. Sie verklumpen und lassen keinen Ton mehr raus, auch nicht, als Sophie besorgt meinen Namen flüstert. Ich hake nicht nach, frage nicht, wieso sie will, dass ich mitkomme. Denn wenn ich ehrlich bin, weiß ich die Antwort längst.

»Ah, Ms. Stanson, kommen Sie doch bitte herein«, bittet mich Rektorin Sinclair, als ich in ihr Büro trete.

Der Raum ist riesig. Die rechte Wand wird von einem einzigen hellgrauen Bücherregal dominiert, die Bücher darin sind farblich sortiert. Mein Blick fällt fast augenblicklich auf das große, bodentiefe Fenster, das sich gegenüber der Tür befindet und den Raum für ein atemberaubendes Panorama öffnet. Halb Monaco liegt diesem Büro zu Füßen. Sogar den Fürstenpalast kann ich von hier aus erkennen. Die Klippen, an die das Meer brandet, die prachtvollen Hochhäuser und Villen auf einigen anderen Hügeln machen die Aussicht perfekt. Alles wirkt, als hätte jemand die Stadt vom Himmel aus auf eine Leinwand gemalt und sie an die Wand der Rektorin gehängt.

Vor dieser Kulisse steht ein massiver Schreibtisch aus Glas. Rektorin Eddison Sinclair lehnt rücklings an der Kante, die Arme vor der Brust verschränkt. Sie hat schulterlange, glatte, weinrot gefärbte Haare, die fantastisch mit ihrem dunkelgrünen Hosenanzug harmonieren. Ich bewundere sie jetzt schon, allein für ihr Modebewusstsein, das ganz zu dem Glanz einer ehemaligen Schauspielerin passt. Sie hat ein schmales Gesicht und an den Wangen und der Stirn ganz leichte Falten. Ich schätze sie höchstens auf um die vierzig. Abgerundet wird ihr Look mit einer schlichten weißen Bluse und schwarzen High Heels, die aufgrund der roten Sohlen ihre ganz eigene Aufmerksamkeit verlangen.

Ms. Sinclair scheint eine sympathische Frau zu sein, ganz wie schon auf dem Gemälde im Schulgebäude. Doch obwohl sie weiche, feine Gesichtszüge hat, wirkt der Blick aus ihren dunkelbraunen Augen streng. Die Überforderung mit dieser Situation zeigt mein Körper deutlich: Meine Atmung ist unruhig, schon beinahe hektisch. Mein Herzschlag fühlt sich an, als hämmere jemand permanent auf meinen Brustkorb, und meine Hände sind schwitzig.

»Setzen Sie sich, Ms. Stanson«, fordert sie mich auf, sobald ich ein paar wenige, mehr oder weniger wackelige Schritte zustande gebracht habe. Sie deutet mit der Hand auf einen der zwei dunkelblauen Sessel, die zum Schreibtisch gerichtet sind.

Sobald ich weit genug in den Raum trete, erkenne ich in der linken hinteren Ecke einen Mann. Lässig nach hinten gelehnt und mit überschlagenen Beinen thront er in einem weiteren samtblauen Sessel.

Erst als unsere Blicke sich treffen, erhebt er sich langsam und kommt auf mich zu. Seine hellblauen Augen sind kühl und geben nur wenig von seiner Stimmung preis, als wären die Emotionen darin eingefroren. Er trägt einen teuer aussehenden, schwarzen Anzug mit dunkelgrauer Krawatte, die perfekt zu seinem grau melierten, welligen Haar passt, das er, durch einen sauberen Seitenscheitel getrennt, perfekt geföhnt zu haben scheint. Er ist groß, bestimmt eins neunzig, hat breite Schultern und gestochen scharfe Wangenknochen, bei denen es ganz leise in meinem Inneren klingelt. Irgendwie erinnert er mich an jemanden.

Der Mann tritt noch ein Stück näher, so nah, dass sein beißendes Eau de Cologne mir beinahe Tränen in die Augen jagt. Wobei es auch mit der Situation an sich zusammenhängen kann, meine Nerven liegen dermaßen blank, dass das durchaus möglich wäre.

Nach einer eingehenden Musterung meines Gesichts reicht er mir die Hand. »Ich bin Michael Edwards, Mitglied im Aufsichtsrat der Bradwood Studios«, erklärt er. Seine Stimme ist tief und rau, wie die eines typischen Bondbösewichts. Ich kann den Unterton darin nicht deuten. Ist es gespielte Höflichkeit oder kalte Verachtung? Ich möchte ihm antworten, doch meine Atmung wird holprig, und die Laute aus meinem Mund klingen brüchig und zu leise, um wirklich gehört zu werden.

Als auch Mr. Edwards mir mit einer Hand bedeutet, Platz zu nehmen, setze ich mich mit wackeligen Knien auf den Sessel links neben mir. Rektorin Sinclair und er bleiben stehen.

»Nun, Ms. Stanson, Sie werden sich fragen, weshalb ich Sie habe ausrufen lassen, nicht wahr?« Ich nicke zögerlich, auch wenn der heiße Klumpen in meinem Magen mit einer ziemlich genauen Vorahnung zusammenhängt.

»Zunächst einmal möchte ich Ihnen zu Ihrem Stipendium gratulieren. Wir waren von Ihrer Arbeit ganz angetan und finden es großartig, wie viel Engagement und Begeisterung Sie in Ihr Essay und Ihren Kanal investieren.« Ihre dünnen Lippen verziehen sich zu einem schmalen Lächeln.

Ich bin verwirrt. Mit Sicherheit hat sie mich nicht hierherrufen lassen, um mich zu loben. Sie macht ein paar Schritte auf ihren Bürostuhl zu. Das Klackern ihrer Absätze auf dem glänzenden Holzboden klingt ebenso hohl wie mein eigener Herzschlag. Am liebsten würde ich eine Hand drauflegen, weil ich Sorge habe, dass es mir gleich aus der Brust springt, rühre mich jedoch keinen Millimeter. Wie eine Gazelle, die von zwei Löwen ins Visier genommen wurde, versuche auch ich, mich unsichtbar zu machen.

»Wissen Sie, wir prüfen genau, wem wir unser Stipendium anbieten. Dabei ist uns wichtig, uns darauf verlassen zu können, dass diese Studierenden die Universität in bestmöglichem Maße repräsentieren und außerordentliche Leistungen in ihrem Studium erbringen.«

Erneut nicke ich.

Nun ergreift auch Michael Edwards das Wort. »Was Ms. Sinclair sagen möchte, ist, dass wir uns nicht sicher sind, ob Sie sich Ihrer Pflichten als Stipendiatin wirklich bewusst sind, junge Frau. Auch wenn die Academy in vielerlei Hinsicht ein modernes Haus ist, so blickt es dennoch auf eine lange Tradition zurück.« Sein erwartungsvoller Blick macht deutlich, dass er nun eine Reaktion von mir erwartet.

Ich schlucke, ehe ich hervorpresse: »Das verstehe ich absolut, deshalb bin ich auch so froh, dass ich hier sein darf.«

Die beiden schauen sich an, ehe Mr. Edwards sich gegen den Schreibtisch von Ms. Sinclair lehnt und die Hände in seinem Schoß verschränkt. Ich erkenne einen Siegelring, der mattgolden im einbrechenden Sonnenlicht schimmert.

»Ist das so, ja?« Er legt eine kurze Pause ein. Eine, die nicht echt ist und die keine Antwort meinerseits verlangt. Es ist eher eine kunstvolle Unterbrechung, die Raum lässt für all die Autorität, die er ausstrahlt. Dennoch habe ich den Drang, mich zu verteidigen. Auch wenn noch keine Anklage gefallen ist.

Als ich den Mund öffne und mit einem leisen »Ich« ansetze, unterbricht er mich harsch.

»Wenn dem so ist, haben Sie eine sehr merkwürdige Art, dies zu zeigen. Ich kann mich nicht erinnern, dass wir jemals eine solch …« – er überlegt kurz, ehe er fortfährt – »*eindrucksvolle* Rede einer angehenden Studentin gehört haben. Eine Rede, die wir von den gängigen Instagram-Seiten löschen mussten, um den Schaden, den sie anrichten könnte, zu vermindern.« Bei dem Wort »eindrucksvoll« höre ich gleich eine ganze Lkw-Ladung Sarkasmus heraus.

»Was Mr. Edwards zu sagen versucht, Ms. Stanson«, schaltet sich nun auch Rektorin Sinclair ein, »dieses Video, das da mit Ihnen als Hauptdarstellerin kursierte, wirft kein gutes Licht auf die Studierenden. Uns ist durchaus bewusst, dass Partys gefeiert werden, Alkohol fließt und zweifelhafte Entscheidungen getroffen werden – wir waren schließlich auch mal jung.« Beim letzten Satz wendet sie sich mit einem Lächeln an den Mann neben ihr, der keine Miene verzieht. Sein Gesichtsausdruck wirkt ebenso wie seine ganze Haltung: hart und unnachgiebig.

Ms. Sinclair wendet sich wieder an mich. »Aber in Zeiten von Social Media und Co. reichen die kleinsten Verfehlungen, um sofort die Runde zu machen. Die Bradwood Studios und deren Akademie genießen weltweit einen angesehenen Ruf. Unsere Stipendiaten sind handverlesen, ebenso wie die Wahl unserer regulären jungen Talente. Man könnte sagen, die Bradwood Studios sind wie ein Gütesiegel. Da dürfen wir uns natürlich nicht mit Skandalen oder sonstigen Peinlichkeiten kleiden.«

Mir wird schlecht. Was habe ich für große Töne gespuckt. Ich, dieses kleine Mädchen aus der Vorstadt, das mit seinem Instagram-Kanal ein Stipendium ergattert hat. Ich schlucke schwer und höre, wie mein Herz in viele kleine Teile zerbricht. Alles, was ich wollte, war, einen Weg zu finden, in der Filmbranche Fuß zu fassen, in meinem Leben Fuß zu fassen. Endlich etwas zu haben, an dem ich festhalten kann. Dabei wollte ich all das so sehr, dass ich vollkommen übers Ziel hinausgeschossen bin. Ich überlege fieberhaft, was ich jetzt entgegnen könnte. Denn ich will nicht, dass meine Zeit hier vorbei ist, ehe sie überhaupt begonnen hat. Ich kann und will nicht wieder zurück nach Atlanta.

»Diese Uni lebt von Perfektion«, schaltet sich nun auch wieder Mr. Edwards ein. Er lehnt sich zu mir vor, wodurch ich mir noch mickriger vorkomme. »Jeder junge Mensch hier ist sich des Privilegs eines Studiums sehr bewusst. Und wenn ich mir Ihr Verhalten anschaue, hege ich große Zweifel, ob dies auch auf Sie zutrifft.« In seinem Blick liegt so viel Härte, dass ich das Gefühl habe, vor einer Mauer zu stehen, die mir den Weg in die Zukunft versperrt. Ich will sie sprengen, ich muss unbedingt etwas sagen, um mich zu verteidigen und um mich zu erklären.

Ich mache einen tiefen, zittrigen Atemzug. »Das Video und auch die Situation, die dazu geführt hat, tun mir sehr leid. Sie wissen, wie hart ich für dieses Studium gearbeitet habe und wie sehr ich bereit bin, es weiterhin zu tun. Ich habe dieses Stipendium nicht umsonst bekommen.« Mit jedem Wort richte ich mich ein Stück mehr auf, packe jedes Fünkchen Überzeugung in meine Stimme und meine Haltung. »Dass die Academy von Perfektion lebt, mag zwar stimmen, jedoch gehört in meinen Augen noch viel mehr dazu: Talent, Ehrgeiz und das Verwirklichen von Träumen – das verbinde ich mit den Bradwood Studios. Und es stimmt, dass ich dieses Privileg für einen Moment aus den Augen verloren habe, jedoch können Sie sich zu einhundert Prozent sicher sein, dass dies ein einmaliges Vorkommnis war und mein Fokus schärfer denn je auf meine Pflichten und Ziele als Stipendiatin gerichtet ist.«

Eine gefühlte Ewigkeit herrscht Stille, zu hören ist einzig mein aufgepeitschter Atem. Es waren nur wenige Sätze, dennoch bin ich jetzt dermaßen erschöpft, dass ich mich am liebsten auf dem Boden vor mir zusammenkauern und weinen möchte. Doch ich bleibe in meiner aufrechten Haltung und schaue den beiden entschlossen entgegen.

Da klingelt plötzlich ein Handy. Es ist das von Mr. Edwards. Er schaut auf den Bildschirm, nimmt jedoch nicht ab. Eine feine Falte zwischen seinen Brauen ist die einzige und erste Reaktion, die er vor uns zeigt. Dann schaut er zu mir, mustert mich mit einem abschätzigen Blick. »Ich behalte Sie im Auge, Ms. Stanson.« Er nickt der Rektorin zu und verlässt in Windeseile den Raum.

Ms. Sinclair streicht sich eine rote Strähne hinters Ohr und dreht sich zum Fenster. Die Spannung im Raum ähnelt der eines Starkstromzauns und mein Herzschlag dem Tempo eines Rennwagens. Mit jeder Sekunde, die vergeht, schaudert mich die Vorstellung immer mehr, dass dies mein letzter Moment an der Academy gewesen sein könnte. In diesem Augenblick entscheidet sich meine Zukunft an den Bradwood Studios. Auch wenn im Raum eine Totenstille herrscht, kommt es mir vor, als hörte ich die ganze Zeit ein Ticken. Das Ticken einer Uhr. Und ich warte nur darauf, dass Ms. Sinclair diese stoppt und mich nach Hause schickt. Ich versuche, die letzten Minuten, die mir hier noch bleiben, auszukosten und wünsche mir verzweifelt, jemand würde die Zeit anhalten, damit ich für immer hierbleiben kann. Doch nichts passiert.

Als sie schließlich zu sprechen beginnt, falle ich in mich zusammen. Ich habe verloren. »Wie unser verehrter Vorstand vielleicht nicht ganz richtig rübergebracht hat, werde ich Ihnen das Stipendium nicht aberkennen. Ich habe Ihre Arbeit verfolgt und bin mir sicher, dass Sie ein toller Dazugewinn für uns sind und sein werden. Ich möchte Sie aber darauf hinweisen, dass sich ein solcher Vorfall nicht wiederholen darf. Denn dann liegt es vermutlich nicht mehr in meiner Hand, eine Exmatrikulation abzuwenden. Dieses Mal kann ich die Vorstandsmitglieder noch überzeugen, Sie hierzubehalten. Aber Mr. Edwards hat auf seine Kollegen und Kolleginnen viel Einfluss. Ein weiterer Fehltritt reicht schon aus, und Sie müssen uns verlassen.«

Die Erleichterung, die jeden meiner Muskeln flutet, ist überwältigend und führt beinahe dazu, dass die Dämme hinter meinen Augen endgültig bersten. *Ich. Werde. Nicht. Gehen.* Und ich werde alles dafür tun, dass das auch so bleibt.

Chase

»Kannst du mir erklären, was das hier ist?«, fragt mein Vater mit hochgezogener Augenbraue. In seinem Blick liegt eine Eiseskälte, die sich, wie jedes Mal, verlässlich als Gänsehaut in mein Inneres frisst. Manche Eltern sind nicht wütend, sondern enttäuscht – die Wahlemotion meines Vaters ist Scham.

»Das ist ein Schreiben von Mr. Rodriguez, dass ich Medienrecht in diesem Semester wiederhole.« Ich schaue ihm direkt in die Augen. Mein Vater hasst es, wenn ich das tue. Weil es zeigt, dass ich keine Angst vor ihm habe. Und wenn es nach meinem Vater ginge, würde jeder aus Angst vor ihm den Schwanz einziehen. Bei mir ist es weniger die Angst als vielmehr die fehlende Lust auf eine Diskussion.

Mit einem verächtlichen Schnauben lässt er das Papier auf seinen Schreibtisch fallen, das jedoch sein Ziel verfehlt und auf den Boden gleitet.

Wie passend.

Wenn mein Vater eine seiner größten Verfehlungen im Leben nennen müsste, müsste er nicht lange überlegen. »Seit wann ist mein eigener Sohn nicht mal in der Lage, eine läppische Klausur zu bestehen? Und wieso erfahre ich davon erst jetzt? Muss ich denn wirklich jedes halbe Jahr deine Noten kontrollieren? Da wäre locker eine Eins drin gewesen, Chase. Was denkst du, wirft das für ein Licht auf ein Vorstandsmitglied, wenn das eigene Kind dermaßen unfähig ist?«

Obwohl er lauter Fragen stellt, weiß ich aus Erfahrung, dass er keine Antwort erwartet. Und genau das ist der Knackpunkt: Erwartungen. In unserer Familie ein Leitwort, das man mit der Muttermilch einsaugt, doch leider etwas, in dem ich immer wieder enttäusche.

»Das ist jetzt der zweite Versuch für dich bei Mr. Rodriguez. Da drin steht«, er deutet auf das Schreiben, »du hättest im letzten Semester den Kurs eiskalt in den Sand gesetzt. Wir haben einen Ruf zu verlieren!« Seinen letzten Satz brüllt er beinahe. Und damit wären wir auch schon beim eigentlichen Kern des Problems: die Außendarstellung seiner Familie im Allgemeinen und seiner Person im Speziellen. Denn wenn er mal ganz ehrlich wäre, geht es hier nicht um meine Zukunft oder mein Wohlergehen. Es geht einzig und allein darum, wie er am Ende dasteht. Sein Sohn ist ihm vollkommen egal, solange er sich seinen Anforderungen entsprechend verhält.

»Ich hab dir doch schon so oft gesagt …«, setze ich an, komme jedoch nicht weiter.

»Was du zu sagen hast, interessiert mich einen Dreck! Ausschließlich meinetwegen bist du an dieser Academy, also tust du gefälligst auch das, was ich dir sage. Und anstatt deinen alten Herrn wenigstens einmal stolz zu machen, beschäftigst du dich mit … was, Partys? Deinem Kumpel, der nichts als schlechten Einfluss auf dich ausübt?«

»Du weißt genau, dass es nicht daran liegt.«

Mein Vater ignoriert mich. Es ist wie immer, als hätte ich nichts gesagt. »Du hast all die Mittel, um jemand Großes und Bedeutendes zu werden. Stattdessen sehe ich ein mickriges Subjekt, das vor Durchschnittlichkeit nur so trieft.« In seinem Blick liegt nichts als absolute Selbstgefälligkeit.

Er weiß genau, was er sagen muss, um mich zu provozieren. Ich schätze mal, das ist das Problem, wenn man einander zu lange kennt. Man weiß um die Schwachpunkte, die man mit einfachen

Handgriffen, oder in diesem Fall Wortgriffen, triggern kann. »Ich kann in deinen Augen also nur jemand werden, wenn ich alles so mache, wie du es willst. Wenn ich große Filme produziere und Preise gewinne«, stelle ich das Offensichtliche fest. Auch ich brauche keine Antworten mehr von ihm, dafür haben wir dieses Skript zu häufig durchgespielt. Es ist wie eine ermüdende Probe eines Stücks, das man nicht mehr sehen kann und von der man dennoch immer wieder gezwungen wird, es zu wiederholen.

Er rückt seine Krawatte zurecht. Ein schlechtes Zeichen. »Ohne mich wirst du auch ein Niemand bleiben, wenn du solche Noten schreibst.«

»Wer hat mich denn damals für dieses Studium angemeldet? Vielleicht lässt du mich mal meine eigenen Entscheidungen treffen, dann sehen wir ja, ob es wirklich an mir liegt.« Meine Stimme wird lauter, ohne dass ich es beabsichtige. Ich werde hier mal wieder in Fußstapfen gedrängt, die mir nicht passen, und das ist nicht nur unbequem, sondern führt mich auch noch in die falsche Richtung.

Mit einem resignierten Seufzen wendet er sich ab, schaut auf das Bild auf seinem Schreibtisch, das mich an meinem ersten Schultag zeigt. Meine Mom und ich strahlen in die Kamera, während mein Vater mit stolzem Gesichtsausdruck und einer Hand auf meiner Schulter geradeaus stiert. Damals hatten wir noch dasselbe Ziel, heute reicht es nicht einmal mehr für ein gemeinsames Gespräch. Die Schultüte in meinem Arm erinnert an eine Zeit, die schon längst vergangen ist. Eine Fotografie, die für mich die Welt bedeutet, während sie für ihn nur eine weitere Requisite in seinem ach so perfekten Leben darstellt. »Ich will nur das Beste für dich, mein Sohn. Du kannst so viel mehr erreichen, wenn du den richtigen Weg gehst.«

Mir entfährt ein sarkastisches Schnauben. »Den richtigen oder deinen? Ach stimmt, ich vergaß. Da gibt es keinen Unterschied«, sage ich provokant.

Mein Vater tritt näher an mich heran, so nah, dass seine eisblauen Augen auf einer Höhe mit meinen sind. Die einzige Gemeinsamkeit, die wir noch haben. Mit einem Kopfnicken deutet er auf das Blatt zu unseren Füßen. »Sieh zu, dass deine Noten besser werden. Mr. Rodriguez mag es nicht, wenn seine Studenten in Medienrecht durchfallen. Und ich mag es nicht, wenn ich diese Studenten rausschmeißen muss.« In seinem Blick liegt keine väterliche Besorgnis. Nur Härte.

»Ist das eine Drohung?«, frage ich belustigt. »Und was wird dann aus deinem ach so tollen, für mich vorbestimmten Weg?«

Er wendet sich wieder ab und geht zum Fenster, von wo aus er aufs Meer schaut. Ich verdrehe die Augen angesichts seines übertriebenen Hangs zur Dramatik. »Dann gibt es für dich weder hier noch an einer anderen Institution eine Zukunft in der Filmbranche.«

»Du willst mir wegen einer einzigen Note meine Zukunft verbauen? Wenn du mich lassen würdest …«

»Eine Eins. Das verlange ich. Schreib eine Eins in diesem Kurs. Wenn du ihn erfolgreich beendest, lasse ich mir deinen Wunsch durch den Kopf gehen.«

Damit erwischt er mich eiskalt. Für einen kurzen Moment weiß ich nicht, was ich sagen soll. Woher der Sinneswandel, wieso jetzt? »Was veranlasst dich dazu, mir jetzt doch entgegenzukommen? Dass ich Animation studieren will, hat dich nie interessiert.«

Mein Vater wendet sich mir halb zu, legt die Stirn in Falten und schürzt die Lippen. »Wenn du es nicht annehmen willst, dann eben nicht.« Der Unterton in seiner Stimme klingt gleichgültig, doch wenn das der Strohhalm ist, an den ich mich klammern muss, werde ich es tun. Ich will nichts mehr, als Animation zu studieren, und das könnte meine einzige Chance sein.

»Dann darf ich ab dem nächsten Semester wechseln?«

Diesmal wendet er sich wieder vollends zu mir um und richtet erneut seine Krawatte. Die Message ist klar: Perfektion ist das A und O. »Ich sagte, ich werde es mir durch den Kopf gehen lassen. Doch zuerst will ich Leistung sehen.«

Eloise

Als ich die Tür zum Büro von Rektorin Sinclair schließe, sacke ich erleichtert gegen das kalte Holz hinter mir. Immer noch leicht zitternd, schließe ich die Augen und versuche, mich wieder zu sammeln, meinen Herzschlag zu beruhigen und zu realisieren, wie haarscharf ich davongekommen bin.

Beim Geräusch einer zufallenden Tür öffne ich die Lider, schaue mich um. Und wünschte, ich hätte es nicht getan. »Was willst du denn hier?«, frage ich resigniert. Das kann doch nur ein dummer Scherz sein.

Chase schaut ebenso überrascht drein, die eisblauen Augen geweitet. Anscheinend hat auch er nicht mit mir gerechnet.

»Musste was klären. Du?«

»Auch«, antworte ich ebenso kurz angebunden. Von meiner Position aus kann ich zwar nicht erkennen, vor wessen Tür er steht, aber das ist auch egal. Einfach weil er mir egal ist. Seine schwarzen, perfekt gestylten Haare, die eisblauen Augen und die hohen Wangenknochen, all das eingepackt in ein weißes Hemd, eine dunkelblaue, perfekt geschnittene Jeans, lässige Sneaker und ein riesiges Ego – das alles könnte mir nicht gleichgültiger sein.

Ich schließe wieder die Lider und hoffe, dass er einfach verschwindet und ich so richtig durchatmen kann. Der Schock über das Gespräch von eben sitzt noch tief. Ich kann jetzt keine weitere Erinnerung an mein gigantisches Versagen gebrauchen.

Mir ist auch so bewusst, was für ein Glück ich habe, noch eine Chance erhalten zu haben.

»War es schlimm?«, höre ich ihn auf einmal fragen. Ich öffne erneut die Augen und blicke zu ihm. Tatsächlich schaut er mich fragend an und deutet dann mit dem Kopf zur Tür, vor der ich stehe. »Dein Gespräch mit Sinclair, meine ich.«

Ich bemühe mich, mich vor ihm nicht noch mehr zum Deppen zu machen, und zucke mit den Schultern. »Ist gerade noch mal gut gegangen«, antworte ich knapp. »Wieso fragst du? Ist ja nicht so, als wäre ich irgendwie von Interesse, so klein und unbedeutend, wie ich in deiner Welt doch bin.« Der Sarkasmus in meiner Stimme ist kaum zu überhören, und das ist auch gut so.

Über seine schmalen Lippen huscht ein verschmitztes Lächeln. Es ist das erste Mal, dass ich es an ihm sehe. »Denkst du, du bist die Erste, die sich von der Rektorin eine Moralpredigt angehört hat? Wir haben alle schon mal Mist gebaut und durften ihr dann Rede und Antwort stehen. Aber um auf deine Frage einzugehen: Du hast gezeigt, dass du den Laden hier ordentlich aufmischen kannst. Klein und unbedeutend bist du ganz sicher nicht.«

»Und was ist daran so lustig?«

Chase zuckt mit den Schultern. »Ich bin nicht belustigt, eher beeindruckt. Du hast, wenn auch auf eine nicht ganz konventionelle Art, gezeigt, dass du dich nicht unterkriegen lässt. In dieser Welt bedeutet das mehr, als du dir vorstellen kannst.« Chase schaut nachdenklich zu Boden und wirkt damit nicht so, als wäre er mit den Gedanken wirklich bei der Party. Doch er hat recht. Dennoch bin nicht sicher, ob mich das aufmuntern soll. Am liebsten würde ich ihm alles Mögliche an den Kopf werfen, habe aber schlichtweg keine Energie.

»Die Sache am Samstag ist blöd gelaufen«, erklärt Chase mit einem Mal, und ich schaue erneut zu ihm.

»Warte, ist das etwa eine Entschuldigung?«, frage ich und stoße mich von der Tür ab.

Chase hebt beschwichtigend die Hände. »Moment, ich bin nicht schuld daran, dass du auf der Bühne die Rede deines Lebens gehalten hast.« Der Schatten eines Lächelns huscht über seine Lippen, irgendwie triggert mich das nur noch mehr. »Wenn du an diesem Ort bestehen willst, musst du lernen, mit so was umzugehen. Du wirst noch häufiger solche Sprüche wie die von mir kassieren. Allein schon deshalb, weil du eben dank deines Stipendiums hier bist. Es gibt viele, die das als Anlass nehmen würden, dich deshalb herabzuwürdigen. Also lass dir ein dickeres Fell wachsen und geh auf solche Kommentare gar nicht erst ein. Sei nicht so emotional und wahre lieber mehr Distanz zu den Leuten.«

Seine belehrende Art weckt in mir den Wunsch, ihm eine reinzuhauen. Oder ihn zumindest ordentlich zu schubsen. Möglichst selbstbewusst gehe ich ein Stück auf ihn zu. So weit, bis ich beinahe seinen warmen Atem an meiner Stirn spüren kann. Ich schaue zu ihm hinauf, und mein Blick bleibt ernst. Er verzieht keine Miene, nur seine Augenbrauen heben sich leicht. »Gut. Danke für den Ratschlag. Dann fange ich am besten bei dir an«, entgegne ich und trete wieder einen Schritt zurück. Wieder huscht ein Lächeln über sein Gesicht.

Gerade als ich glaube, dass Chase noch etwas erwidern möchte, öffnet sich die Tür hinter ihm. Sofort beginnt mein Herz höherzuschlagen, als ich erkenne, wessen Büro sich dort verbirgt. Vorstandsmitglied Michael Edwards steht im Türrahmen und beäugt Chase mit einem ernsten Blick.

»Was machst du noch hier, mein Junge? Willst du mich noch mehr ärgern, indem du deinen nächsten Kurs verpasst?« Dann entdeckt er mich, und ich zähle eins und eins zusammen. Wenn ich nicht langsam sicher wäre, dass der gesamte Restalkohol aus meinem Blut verschwunden ist, würde ich ernsthaft daran zweifeln, dass das hier gerade passiert. Hatte Sebastian auf der Party nicht gesagt, dass Chase' Dad Mitglied im Aufsichtsrat ist? Das darf doch nicht … Geschockt schaue ich zwischen den beiden hin und her. Aber natürlich! Die schwarzen Haare, die eisblauen Augen, ja sogar die große und sportliche Statur. Die beiden gleichen einander wie ein Ei dem anderen.

Ich bemühe mich, Fassung zu bewahren, doch das fällt mir so schwer. Der Mensch, der mich jederzeit rausschmeißen könnte, ist der Vater von dem Kerl, der mir diesen ganzen Schlamassel überhaupt erst eingebrockt hat.

»Ms. Stanson, sollten Sie nicht auch im Unterricht sein?«, fragt mich Mr. Edwards mit einem warnenden Blick. Ein letztes Mal schaue ich zu Chase herüber. Sein Lächeln ist gänzlich verschwunden. Stattdessen hat er einen ernsten, fast schon arroganten Gesichtsausdruck aufgesetzt, einen, den ich bisher noch nicht an ihm gesehen hab. Ich nicke lediglich, dann drehe ich mich um und sehe zu, dass ich verschwinde.

Chase

Wenige Minuten nach meinem Zusammenprall mit der Neuen und meinem Vater erreiche ich den Kursraum für Kameraführung. Vor der Tür im Erdgeschoss stehen bereits einige andere Leute. Die meisten von ihnen kenne ich, weil sie entweder in meiner Clique sind oder ich bereits mehrere Kurse mit ihnen zusammen hatte. Gabriella, Stu und Francis schauen in meine Richtung, als ich auf sie zukomme. Stu fällt mit seinem blaugrünen Hawaiihemd von Gucci und den vielen Ringen an seinen Fingern wieder besonders auf. Er mag der Extrovertiertere von uns beiden sein, aber das schätze ich so an ihm. Denn in seiner Gegenwart achten die Leute meist deutlich mehr auf ihn als auf mich. Und ich bin ein großer Fan davon, in der Masse unterzugehen. Wer nicht auffällt, hat meist auch keine Probleme.

»Na du, wo bist du gewesen?«, fragt Gabriella und umarmt mich zur Begrüßung ein wenig länger, als dies normal gewesen wäre. Ich drücke mich leicht von ihr weg.

»Ich war bei Michael.«

»Stress mit dem Alten, erzähl mir was Neues«, kommentiert Francis trocken und zieht an seiner Vape, obwohl er genau weiß, dass Rauchen innerhalb der Schulgebäude nicht erlaubt ist. Sein Vater hat mit meinem Dad zusammen den Abschluss an der Academy gemacht, und er ist wohl derjenige aus unserer Gruppe, der mit mir die besten Noten schreibt.

Er pustet den Rauch zielsicher in mein Gesicht. Er weiß, dass ich das hasse, was bedeutet, dass er es umso lieber tut. Francis liebt es, die Menschen um ihn herum zu ärgern und zu provozieren. Was wohl auch daran liegt, dass er weiß, dass ihm niemand etwas anhaben kann. Schließlich reicht es, wenn sein Dad das Checkbuch zückt. Würde ich ständig Mist bauen, würde mein Vater wahrscheinlich nicht zögern, mich von der Klippe zu schubsen, um bloß keinen Ballast von Sohn mehr ertragen zu müssen. Francis' Dad hingegen hält ihm immer den Rücken frei. Mag sein, dass die Beziehung der beiden verkorkst ist – mir wäre sie lieber als die nicht existente, die mein Leben bestimmt.

»Aber jetzt ist alles wieder gut?«, fragt Gabriella und hakt sich bei mir unter.

Einen Augenblick lasse ich sie gewähren, dann ziehe ich meine Hand zurück. Mit demselben Arm winke ich ab. »Klar, alles gut«, antworte ich, obwohl ich mir da nicht so sicher bin. Mein Dad hat mir einen Ausweg aus der Situation geboten. Ich könnte endlich studieren, was ich möchte, wenn ich diesen verdammten Medienrechtskurs bei Mr. Rodriguez bestehe. Im letzten Semester bin ich eiskalt durchgefallen, aber wenn mein Vater es wirklich ernst meint, dann muss ich mir etwas einfallen lassen, wie ich in diesem Halbjahr eine bessere Note schreibe. Wieder und wieder spulen sich die Worte von vorhin in meinem Kopf ab, wie in Dauerschleife.

»Was hattet ihr eigentlich gerade?«, erkundige ich mich bei Gabriella und Francis, um das Thema zu wechseln.

»Ich war drüben im Schauspielkurs«, antwortet Gabriella direkt. Sie ist die Einzige in der Clique, die etwas studiert, das sie im Laufe ihrer Karriere vor die Kamera bringen wird. Francis hingegen ist mit mir in Regie.

»Ich hatte 'ne Freistunde. Hab mich dazu entschieden, in diesem Semester mal etwas langsamer zu machen, und habe mich nur für Kameraführung eingetragen.«

»War wahrscheinlich auch gut so, wenn man bedenkt, wie streng die LaCroix immer ist. Ich kann so was gerade echt nicht gebrauchen. Der Kurs zum Filmschnitt macht mich echt richtig fertig, und ich habe jetzt schon keine Lust mehr drauf. Mrs. Cortez ist der Horror. Woher soll ich direkt am ersten Tag wissen, was Continuity bedeutet?«, fragt Stuart und lehnt sich an die Wand neben dem Eingang zum Kursraum, als hätte dieser erste Kurs ihn bereits all seine Kraft gekostet.

Ich muss schmunzeln. Stuart ist unverbesserlich. Seit meinem ersten Tag hier verstehen wir uns super. Mein Dad akzeptiert ihn jedoch nur als »Freund«, weil sein Vater Henry ein bekannter Fernsehmoderator ist und sie sich kennen. Ginge man nur nach Stuarts Leistungen, dürfte ich nicht mal in seine Nähe.

»Das könntest du wissen, wenn du wenigstens einmal in das neue Buch reingeschaut hättest. Bei der Continuity geht es darum, Anschlussfehler zwischen zwei verschiedenen Einstellungen zu vermeiden. Kontinuität, verstehst du? Da wird drauf geachtet, dass Schauspieler A in Szene X auch noch die gleiche Kleidung trägt wie in Szene Y, wenn beide Einstellungen zusammenhängen.«

Stuart klopft mir müde auf die Schulter. »Danke, Mann. Kannst du mir das schriftlich geben?«

Ich muss lachen und schüttle den Kopf. »Das kriegst du schön allein hin. Wolltest du dich dieses Semester nicht mehr reinhängen?«

»Ja, aber da wusste ich noch nicht, wie *anstrengend* das sein würde.« Stus Leidensmiene bringt uns alle zum Grinsen.

»Na, das ist ja eine spaßige Runde«, ertönt eine weibliche Stimme hinter mir. Wir wenden uns ihr zu und erkennen Ms. LaCroix, unsere Dozentin. Mit vollem Namen heißt sie Monique Chanel LaCroix, und würde man nur danach gehen, könnte sie Pornodarstellerin sein. Stattdessen ist sie angeblich eine der coolsten Dozentinnen hier an der Academy. Sie trägt einen lilafarbenen Turban auf dem Kopf, unter dem sie ihre grauen Haare versteckt. An ihrem Hals hängen drei gefühlt endlos lange Silberketten, bestückt mit bunten Edelsteinen, und ihr Kleid wirkt, als hätte sie versucht, es selbst zu färben. Lila, Braun, Schwarz und Grün verlaufen darauf ganz wirr ineinander. »Guten Morgen, ihr Nachwuchsfilmemacher«, sagt sie und schließt uns den Raum auf.

Das Kamerastudio, wie der kleine Saal eigentlich heißt, ist nichts anderes als ein einfacher Kursraum, an dessen einem Ende aber eine Art Filmset aufgebaut ist. Ganz rechts sind etliche Scheinwerfer aufgestellt, die nach Belieben im Raum verschoben werden können. Am hellen Eichenholzboden verlaufen einige kleine Schienen, mit denen wir Kamerafahrten üben sollen. Und die Wand, an der in anderen Unterrichtsräumen Tafeln oder Whiteboards hängen, lässt sich durch etliche Setbilder zu den unterschiedlichsten Szenenbildern umbauen. Durch eine Tür am anderen Ende gelangt man in ein angrenzendes Zimmer, in dem die ganzen Kameras, Scheinwerfer, Requisiten und Co. lagern. Es ist durch drei Schlösser und ein PIN-Pad gesichert, dessen Code nur die Dozierenden kennen. Nachdem im letzten Semester Milly Dickson und Jacques Diron dort ihren Film mit besonderen Vorzügen drehen wollten und etliche Kameras und

Objektive zu Bruch gegangen sind, hat Ms. Sinclair diese Sicherheitsvorkehrungen in die Wege geleitet.

Stu und ich setzen uns ganz hinten hin, Gabriella und Francis vor uns. Da der Raum durch die viele Technik ziemlich voll gestellt ist, gibt es nur drei Stuhlreihen mit je fünf Plätzen. Genau aus diesem Grund unterrichtet Ms. LaCroix den Kurs auch mehrfach in der Woche, zumindest konnte man es so online bei der Kursbelegung nachlesen. Wer also heute nicht mehr reingepasst hat, muss auf Mittwoch oder Freitag umschwenken.

Ich lasse mich in den weichen Lederstuhl fallen und beobachte die Leute, die den Raum betreten. Eine junge Erstsemesterin mit zwei geflochtenen Zöpfen betritt den Raum und nimmt neben Francis Platz. Mit ihren Sommersprossen und dem gelben Sommerkleid könnte sie fast als Pippi Langstrumpf durchgehen – fehlen nur noch die roten Haare.

Nach ihr folgt ein muskulöser Kerl, der rein von der Statur aussieht wie einer der amerikanischen Quarterbacks. Nach und nach sucht sich jeder seinen Platz, und Ms. LaCroix holt mit zwei Leuten Kameras aus dem Nebenzimmer. Sie schieben sie an verschiedene Positionen am Set, eine links im Raum, eine rechts und eine dritte hinter all den Stuhlreihen. So kann jede der Kameras bestimmte Bereiche und Blickwinkel festhalten.

Ich hole ein paar Stifte aus meinem Rucksack und lege meinen Schreibblock auf den kleinen Tisch vor mir. Dann wühle ich in einem der Fächer meines Rucksacks nach einem Kaugummi. Als ich mir das bonbonartige Gebilde in den Mund schiebe, breitet sich schon nach dem ersten Bissen der intensive Geschmack von Pfefferminz auf meiner Zunge aus. Wenig motiviert stehe ich auf und laufe zu dem Mülleimer an der Eingangstür des Raumes und schmeiße das Papier weg.

Als ich mich zur Tür drehe, bleibt mir beinahe der Kaugummi wie ein dicker Stein im Rachen stecken. Das kann doch nicht wahr sein! Ich huste leise und ringe kurz nach Luft. Vor mir steht wieder Eloise. In ihren Händen hält sie den ausgeklappten Lageplan des Campusgeländes.

»Was machst du denn hier?«, entwischt es mir, zusammen mit einem leichten Hustenanfall.

Eloise' Augen weiten sich vor Überraschung, ehe sie sich schnell wieder fängt. Beinahe emotionslos betrachtet sie mein sicherlich rot angelaufenes Gesicht. »Nett.« Dann dreht sie sich um und marschiert auf einen der letzten freien Plätze zu.

»Sag mal, verfolgst du mich?«, entfährt es mir plötzlich, und ich ignoriere den Gedanken, dass ich fast an einem Stück Kaugummi hätte draufgehen können.

Über ihr Gesicht huscht ein fieses Lächeln. »Oh ja, du bist doch der Grund, weshalb ich überhaupt an dieser Academy bin, Baby«, gibt sie mit einem Augenrollen von sich. »Außerdem könnte ich dich dasselbe fragen. Wieso belegst du diesen Kurs? Ich dachte, der ist eher etwas fürs Erstsemester, oder nicht?«

»Nicht denken. Wissen«, gebe ich mit einem Zwinkern zurück und überlege, ob sie die Anspielung versteht.

»Wow, ein Zitat aus *Matrix*?« Ihr Blick ist beinahe anerkennend. »Wenn du nicht so ein Kotzbrocken wärst, wäre ich jetzt beeindruckt. Also, was machst du hier, Mr. High Class?«, antwortet sie frech. Mr. High Class? Ihr Ernst? Ich nicke und bemühe mich darum, mir nicht anmerken zu lassen, wie furchtbar ich diesen Spitznamen finde.

»Nett«, zitiere ich sie trocken, ehe ich fortfahre. »Ich hab in den vergangenen Semestern keine Lust auf diesen Kurs gehabt. Jetzt denke ich mir auch, ich hätte ihn vielleicht schon eher belegen sollen. Dann wäre mir bestimmt manches erspart geblieben.« Ich hoffe, dass mein Blick, den ich auf sie gerichtet habe, vielsagend genug ist.

Mit einem Schulterzucken geht sie an mir vorbei. Der Geruch eines süßlichen Parfums strömt mir dabei in die Nase – eine Mischung aus Jasmin- und Rosenduft.

Ich folge Eloise und sehe, wie sie ihre Tasche auf den Stuhl neben meinem fallen lässt. War ja klar.

»So, da ihr alle nicht jünger werdet und ich sowieso nicht, fangen wir am besten direkt an«, höre ich Ms. LaCroix sagen, noch ehe ich mich an Eloise wenden kann, um ihr zu sagen, dass sie da nicht sitzen kann. Doch sie ist bereits dabei, einen Stift und einen Schreibblock herauszukramen.

»Ähm, darf ich mal?«, frage ich sie, damit ich zu meinem Platz gehen kann. Mit einem übertrieben freundlichen Lächeln überschlägt sie die Beine und zieht sie an sich heran, um mir Platz zu machen.

»Danke.«

»Ich werde euch hier nicht groß erzählen, was ich alles bisher beruflich gemacht habe, das ist nebensächlich. Alles, was zählt, seid ihr.« Ms. LaCroix steht neben einer der Kameras am anderen Ende des Raums und fährt mit ihrem eigenen Blick durch unsere Reihen. »Und weil ich ein Fan von Learning by Doing bin, habe ich mir für dieses Semester etwas Schönes überlegt. Es wird eine Partnerarbeit geben, die ihr in der ersten Hälfte des Semesters absolvieren müsst. Das Ergebnis wird als Zwischennote in eure Endnote einfließen.«

Ein Seufzen zieht sich durch den ganzen Raum, mich eingeschlossen. Sich auf andere zu verlassen, bedeutet auch immer, Fehlerquellen zuzulassen. Wenn ich selbst alles erledige, weiß ich wenigstens, dass etwas gemacht wurde, und vor allem, dass es *richtig* gemacht wurde.

»Na, wer wird denn da schon murren? Sie haben das Beste ja noch gar nicht gehört!« Begeistert klatscht unsere Dozentin in die Hände. »Da ich kein Fan davon bin, wenn sich immer die besten Freunde zusammentun, wird das Los entscheiden, wer mit wem zusammenarbeitet. So lernen Sie einander besser kennen, was vor allem für unsere Erstsemester wichtig ist. Ich war also so frei und habe anhand der Anmeldungen für diesen

Kurs alle Namen auf Zettel geschrieben. Diese werde ich jetzt paarweise ziehen – die Person, die ich mit ihrem Namen aus diesem Beutel hier herausfische«, erklärt sie und nimmt ein großes Säckchen aus samtig rotem Stoff aus ihrer Ledertasche, »wird Ihr Partner für das Projekt sein.«

In der Reihe vor uns schnellt ein Arm in die Höhe. Es ist der des Mädchens mit den beiden Zöpfen.

»Ja?« Ms. LaCroix wirft ihr einen freundlichen Blick zu.

»Was für ein Projekt wird das sein?«

Doch auf die Frage hin schüttelt unsere Dozentin nur den Kopf. »Ein Schritt nach dem anderen, bitte.« Sie hält das Samtsäckchen in ihren Händen und holt die ersten beiden Zettel heraus. »Gabriella Marquez«, ruft sie Gabis Namen auf.

Ich sehe, wie sie in der Reihe vor mir den Arm hebt und nervös auf ihrem Stuhl hin- und her rutscht.

»Sie arbeiten zusammen mit …«, fährt die Dozentin fort und greift nach dem zweiten Zettel, »… Ricky Harlow.«

Ich schaue mich um und sehe, wie sich der muskulöse Typ in der ersten Reihe meldet. Gabriella nickt ihm lächelnd zu, und sogar von hier hinten wird deutlich, wie sich seine Wangen purpurrot färben. Gabriella ist hübsch, ich kann verstehen, wieso Männer bei ihr Schlange stehen, auch wenn es mir schwerfällt, mehr als eine kleine Schwester in ihr zu sehen.

»Weißt du, mir erklärt sich gerade so einiges«, flüstert Eloise in meine Richtung, während Ms. LaCroix weitere Namen vorliest. Ihr Blick ist nach vorn gerichtet.

»Aha, und was?«

»Was ich auf der Party gesagt habe. Ich hatte vielleicht nicht ganz recht, als ich meinte, dass es einige Vorteile hat, reiche Eltern zu haben. Aber wenn der eigene Dad im Vorstand ist …, nun, da sehen die Dinge doch direkt ganz anders aus, oder? Ich wette, dass du nicht mal eine offizielle Bewerbung schreiben musstest.« In ihrem Ton liegt kein Vorurteil, sondern eher eine leichte Belustigung.

»Und was wäre, wenn dem so ist?«, entgegne ich ruhig.

Sie zuckt mit den Schultern und schaut weiterhin zu Ms. LaCroix. »Nun, dann solltest du nicht so abschätzig über andere reden. In meinen Augen sollte man zwar generell nicht hochnäsig sein, aber wenn, dann nur, wenn man selbst schon etwas geschafft hat.«

Ich unterdrücke den Drang, eine bissige Antwort zu geben. Denn sie weiß nicht, dass ich nie die Möglichkeit bekommen habe, eine Bewerbung zu schreiben. Sie weiß nicht, *wie* gern ich das sogar getan hätte.

»Ich hab's dir auf der Party schon gesagt. Du weißt nichts.«

»Mag sein. Aber das gilt genauso für dich, wenn es um mein Leben geht.«

»Eloise Stanson«, ruft Ms. LaCroix ihren Namen, und meine Sitznachbarin hebt den Arm. Verdammt, wer wurde denn jetzt alles schon zugeteilt?

»Chase Edwards.« Alle Blicke im Raum richten sich auf mich und das Mädchen neben mir. Sie alle haben mit Sicherheit das Video gesehen, und ich würde mein Auto darauf verwetten, dass sie mich nur deshalb dermaßen erwartungsvoll anschauen, weil sie ein abfälliges Schnauben oder ein Augenverdrehen erwarten. Doch ich gebe ihnen nichts davon. Stattdessen hebe ich den Arm.

»Gut, dann haben wir jetzt alle Paare zugeteilt. Falls es nicht schon der Fall ist, setzen Sie sich bitte mit Ihrem Partner oder Ihrer Partnerin zusammen.«

Augenblicklich bricht Hektik im Raum aus. Stuart setzt sich hinüber zu einem anderen Typen mit buschigen Augenbrauen und leichten Geheimratsecken. Gabriella und der Quarterback sitzen nebeneinander, und Frankie hat das Mädchen mit den Zöpfen erwischt.

Eloise und ich bleiben sitzen. Mein Blick fällt auf das Buch, das zur Hälfte aus ihrer Handtasche am Boden herausschaut.

»Marketing bei Mr. Saltman? Gut für dich. Du solltest dringend lernen, dich besser zu verkaufen. Noch so eine Performance wie auf der Party, und ich wette, du wirst nie in der Lage sein, angemessenen Journalismus über Film und Fernsehen zu betreiben.«

»Wie nett, danke für den Ratschlag. Apropos Wette: Du schuldest mir noch hundert Dollar«, gibt sie mit bissiger Freundlichkeit zurück.

»Gut, da Sie sich jetzt alle in Ihren Gruppen befinden, lassen Sie mich erklären, was Ihre Aufgabe sein wird. Ich möchte, dass Sie Ihren Partner oder Ihre Partnerin mit der Kamera einfangen. Dafür haben Sie einige Unterrichtsstunden Zeit, und Sie sollten sich auch nach dem Unterricht treffen und daran arbeiten. Ich möchte, dass Sie mit den Aufnahmen zeigen, dass jeder Mensch von uns die verschiedensten Facetten hat. Ich erwarte, dass Sie verstehen, dass genau das das Wichtige an der Kameraarbeit ist. Es geht darum, Eindrücke einzufangen und sie so wiederzugeben, dass die Zuschauer mitfühlen und verstehen, was gemeint ist. Zeigen Sie die Person neben sich in den verschiedensten Perspektiven. Ihrer Kreativität sind dabei keine Grenzen gesetzt. Ich gebe weder die Drehorte vor noch, ob Sie einen richtigen Film drehen oder kurze Szenen einfach aneinanderschneiden. Am Ende werten wir alles aus, und ich werde schauen, wie gut Sie Sinn und Zweck der Kameraführung verstanden haben.«

»Tja, ich würde sagen, dann müssen wir uns jetzt wohl kennenlernen«, sagt Eloise. Der Seufzer am Ende ihres Satzes verrät mir, dass sie darauf genauso wenig Lust hat wie ich.

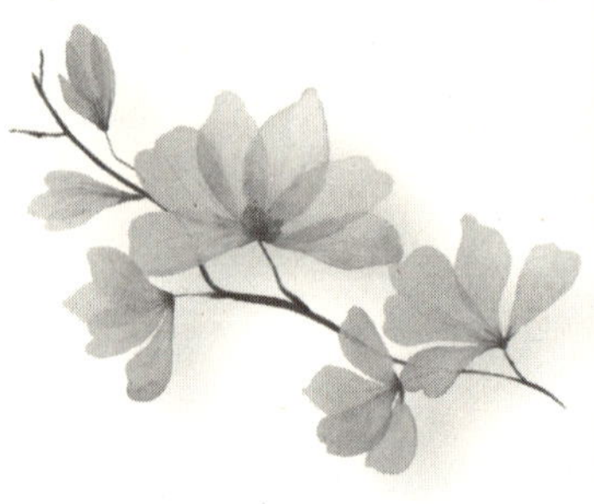

5. Kapitel

Veränderung

Eloise

Der nächste Morgen fühlt sich an, als wäre ich aus einem bösen, langen Albtraum erwacht. Bis mir einfällt, dass es die bittere Realität ist: Chase Edwards ist mein Projektpartner. Müde und innerlich aufstöhnend ziehe ich mir die Bettdecke über den Kopf, in der Hoffnung, diese Tatsache umgehen zu können, wenn ich nur lange genug liegen bleibe. Als auch nach zehn langen Minuten nichts geschieht, schlage ich die Decke zurück und setze mich auf.

Auf ihrem Bett mir gegenüber sitzt eine sehr ausgeschlafene Sophie, die sich in einem kleinen Taschenspiegel betrachtet. Ihre Augenlider sind bereits schwarz geschminkt, und die Lippen hat sie in einem dunklen Weinrot bemalt.

»So, dann schieß mal los«, sagt sie und klappt mit einem Ruck den Spiegel zusammen.

»Was meinst du?«, frage ich und blicke mich nach Alex um, doch von ihr fehlt jede Spur.

»Alex ist duschen«, kommentiert Sophie meine Suche. »Da ich gestern Abend eingeschlafen bin, als wir gerade angefangen haben, über unseren Tag zu reden, habe ich nur noch mitbekommen, wie Leonardo und Kate Sex auf der Titanic hatten. Aber nicht, warum du gestern so schlecht drauf warst.«

Ich nicke, schlage die Bettdecke beiseite und stehe auf. Als ich zum Kleiderschrank gehe und mir eine schlichte Jeans und eine schulterfreie weiße Bluse heraussuche, zucke ich mit den Schultern. »Nichts Wichtiges, ich muss mit Chase Edwards, dem Sohn des Vorstandsmitglieds, zusammen ein Projekt absolvieren. In Kameraführung.« Ich sage es möglichst nüchtern, als wäre nichts dabei. Und das, obwohl ich am liebsten frustriert losschreien würde. »Wir sollen einander in verschiedenen Perspektiven einfangen.«

»Chase Edwards? Der Typ von der Party?« Sophie zieht die Augenbrauen hoch.

»Genau.«

In diesem Moment spaziert eine frisch geduschte Alex in ihrem pinken Bademantel ins Zimmer. »Guten Morgen«, zwitschert sie vergnügt, ehe sie die angespannte Stimmung zwischen uns bemerkt und an ihrem Kleiderschrank innehält. »Worüber redet ihr?«

»Über Chase Edwards«, antwortet Sophie für mich, und Alex verdreht die Augen.

»Ja, was soll man da sagen? Was hast du jetzt eigentlich vor wegen des Projekts? Fragst du die Dozentin, ob du tauschen kannst?«

Der Gedanke kam mir gestern Abend auch schon. »Klingt verlockend. Oder ich gehe ihm einfach möglichst aus dem Weg – die Größe des Campus verspricht schon mal so einige Verstecke dafür. Aber nein. Mal abgesehen davon, dass ich mich nicht vor dieser Sache drücken will, kann ich mir im Moment nicht erlauben, noch mehr aufzufallen. Erst die Blamage auf der Party und dann möchte ich unbedingt einen neuen Partner? Ich will einfach dieses Projekt absolvieren und mich in Ruhe auf mein Studium konzentrieren. Deshalb werde ich diese Pille schlucken müssen, ob ich will oder nicht.« Mit etwas mehr Kraft als beabsichtigt ziehe ich mir die Bluse über und beobachte aus dem

Augenwinkel, wie Alex eine Jeans, ein weißes Top und einen roten Blazer herauskramt.

Sie lehnt sich gegen den hölzernen Türrahmen. »Na ja, das klingt sehr erwachsen von dir und du weißt, ich stehe immer hinter dir. Aber er hat dich, ob mit Absicht oder nicht, auf der Party eiskalt auflaufen lassen, und dafür würde ich immer noch gern Dinge mit ihm anstellen, die mich in große Schwierigkeiten bringen würden.« Alex ist noch impulsiver als ich, und in solchen Momenten spüre ich das am meisten. Immer dann, wenn ich mal in Schwierigkeiten stecke, kann sie ihren Beschützerinstinkt kaum verstecken.

Ich pruste los. »Will ich wissen, was für Dinge das wären?«

Alex streicht sich lässig eine Haarsträhne über die Schulter und fängt an, in ihre Hose zu schlüpfen. »Nein, du wärst eine Mitwisserin, dabei ist dein Schlamassel bereits tief genug.«

»Alles klar«, gibt Sophie gedehnt von sich und schaut verwirrt und belustigt zugleich zwischen uns hin und her. »Aber vielleicht solltest du den Dingen erst mal ihren Lauf lassen«, gibt sie in meine Richtung zu bedenken.

Meine beste Freundin wirft ihr einen fragenden Blick zu. »Sie soll mit ihm zusammenarbeiten?« Alex verschränkt die Arme vor der Brust und schaut dann zu mir, als wolle sie hören, dass mir doch noch eine Ausrede einfällt.

»Ich denke, dieses Projekt könnte eine Chance für Eloise sein. Wenn der Vater von Chase mitbekommt, dass sein Sohn dank deiner Hilfe eine gute Note bekommen hat, könnte das für dich von Vorteil sein«, erwidert Sophie an mich gewandt.

Alex nimmt an ihrem Schreibtisch Platz und sucht aus einem der Schubfächer einen großen silbernen Schminkspiegel heraus. Nach und nach holt sie Puder, Foundation und Mascara aus ihrer Kosmetiktasche und beginnt, sich zu schminken. »Also ich weiß nicht. Aber ehrlicherweise habe ich keine bessere Idee, daher hat Sophie vielleicht recht. Wenn du dann merkst, dass er sich querstellt und keine Lust hat, kannst du ja immer noch das Gespräch mit der Dozentin suchen.«

»Mal schauen. Auf jeden Fall werde ich es probieren. Ich hoffe nur, dass er mir keinen Grund gibt, über einen Partnertausch nachzudenken. Denn ich bin mir nicht sicher, ob sein Vater dann nicht wieder einen Grund hätte, mich zur Rektorin zu zitieren.«

»Ja, das mag sein. Lass dich auf jeden Fall nicht unterkriegen, Elli«, murmelt Alex und zieht ihren Lidstrich nach. Ich beobachte sie dabei und spüre einen Anflug von Neid in mir aufsteigen. Wenn ich versuche, einen Lidstrich zu ziehen, sehe ich danach aus wie ein Panda.

»Wie sieht es bei dir aus, Alex, bist du aufgeregt wegen des Vorsprechens heute?«, erkundigt sich Sophie und zieht bereits ihre schwarzen Stiefeletten an. Darunter trägt sie ein paar grobmaschige Netzstrümpfe.

Alex dreht sich zu uns um und hält ihre Hand nach oben, um zu zeigen, dass sie ein wenig zittert.

»Okay, das ist eindeutig«, sage ich, und Sophie nickt zustimmend.

»Wir sollten erst mal was essen gehen, diese schweren Gespräche am Morgen verlangen nach Zucker und Kohlenhydraten«, werfe ich ein, und das laute Knurren meines Magens ist das letzte Zeichen, dass wir gebraucht haben, um uns wenige Minuten später auf den Weg zu machen.

»Welchen Kurs hast du jetzt noch mal? Filmgeschichte oder Medienrecht?«, fragt Sophie, als wir die Cafeteria verlassen.

»Filmgeschichte bei Mr. Riggs«, gebe ich zurück. »Medienrecht habe ich erst morgen.« Medienrecht bei Mr. Rodriguez ist genau der Kurs, auf den ich mich extrem freue. Denn ich bin gespannt, was ich für mich und meine Arbeit als Kritikerin und Journalistin später daraus ziehen kann.

Sophie und ich schlendern noch ein wenig gemütlich über den

Campus, vorbei an dem großen Brunnen und einigen anderen Wohnheimhäusern. Obwohl es noch früh am Morgen ist, steht die Spätsommersonne schon ziemlich hoch. Die milde Brise des Meeres saust zwischen den Palmen hindurch und wiegt die daran hängenden Kokosnüsse sanft hin und her. Noch ist der Himmel in einen hellen rosa Ton gefärbt, doch weit hinten am Horizont wartet bereits ein strahlend helles Blau darauf, es abzulösen. Keine einzige Wolke ist zu erkennen, und für einen Augenblick beschleicht mich der Gedanke, dass wir einen fantastischen Tag vor uns haben werden.

Sophie und ich haben uns dieses Mal für einen kleinen Umweg zum *Movie-Makers*-Gebäude entschieden, weil wir noch einiges an Zeit haben. Alex ist nach dem Frühstück direkt aufs Zimmer verschwunden, um sich auf ihr bevorstehendes Casting vorzubereiten.

Wir folgen dem mit großen Steinen gepflasterten Weg bis zum Wohnhaus Gladiator und bestaunen erneut den kolosseumartigen Bau.

»Das ist schon ein krasses Haus«, schwärmt Sophie. »Im Vergleich dazu ist unseres ja wirklich das unauffälligste, würde ich sagen.«

Ich deute auf die Steinsäulen, zwischen denen sich kleine Bogenfenster durch das Gestein ziehen. »Dafür steht dieses hier nicht so nah am Wasser wie unseres. Ich vermute, dass wir dafür eine bessere Aussicht haben«, entgegne ich.

Wir laufen weiter und stoßen auf einen Springbrunnen, der etwas kleiner ist als jener in der Nähe der Hauptgebäude. Eine filigrane Delfinfigur ragt in der Mitte hervor. Aus seiner winzigen Schnauze spritzt immer mal wieder ein feiner Wasserstrahl. Direkt hinter dem Brunnen deutet ein Schild mit der Aufschrift »Schulgebäude 1: Movie Makers« nach links.

»Viele Wege führen nach Rom«, murmelt Sophie, und ich kann mir ein Lachen nicht verkneifen.

In ihrer und der Gegenwart von Alex fällt es mir leichter, nicht daran zu denken, was in den letzten Tagen so alles vorgefallen ist. Ich vergesse, wie sehr ich mich blamiert habe, und auch das Gespräch mit der Rektorin und Michael Edwards rückt in den Hintergrund. Nur die Blicke der anderen kann ich noch nicht ausblenden. Als wir den Brunnen hinter uns lassen, kreuzt eine Vierergruppe Männer unseren Weg. Ich bin nicht sicher, ob ich es mir nur einbilde, doch jeder Einzelne von ihnen mustert mich von oben bis unten. Als wäre das nicht genug, tuscheln zwei von ihnen ziemlich auffällig.

Ignoriere sie, ermahne ich mich innerlich. Sophie greift nach meiner Hand, als würde sie spüren, was in mir vorgeht. Wir laufen so lange weiter, bis wir wieder vor der Tür des Haupthauses stehen.

»Na dann, viel Spaß im Kurs. Sehen wir uns nachher beim Casting?«, fragt Sophie und streicht sich eine rote Strähne hinters Ohr.

Ich nicke und gehe weiter. »Um 15 Uhr, ja?«, rufe ich ihr noch fragend über die Schulter zu.

Sie reckt einen Daumen nach oben und lächelt mir zu, ehe ich im Gebäude verschwinde.

Als ich ein Vibirieren in meiner Umhängetasche spüre, greife ich hinein und krame mein Handy heraus. Wenn alles geklappt hat, ist soeben die Filmkritik online gegangen, und die ersten Reaktionen trudeln ein. Und tatsächlich: Als ich auf das Display schaue, werden mir einige neue Kommentare angezeigt – dieses Mal zu einem Actionfilm, den ich leider eher mittelmäßig fand. Ich weiß, niemand kann das Rad neu erfinden, und gerade in der Filmbranche hat man doch das Gefühl, alles irgendwie schon einmal gesehen zu haben. Genau das war es auch, was ich an der Produktion so schlecht fand. Es wirkte wie ein schlechter Mix aus *Indiana Jones* und *Mission: Impossible*.

Ich bin zwar neugierig zu erfahren, was meine Follower dazu

sagen, verstaue das Telefon aber vorerst wieder in meiner Handtasche und widme mich der Suche nach dem Raum zu meinem nächsten Kurs.

Ich werfe einen Blick auf den Lageplan am Fuß der Treppe. Laut des aufgezeichneten Grundrisses muss ich ins oberste der vier Stockwerke.

»So, so, welcher Kurs darfs denn heute sein?«, höre ich hinter mir auf einmal eine wohlbekannte Stimme. Chase.

Ich drehe mich langsam um und starre in seine eisblauen Augen, die heute perfekt zu dem gleichfarbigen Poloshirt passen, das er trägt.

»So viel zu der Frage, ob ICH dich verfolge, was?« Ich verschränke die Arme vor der Brust und ziehe die Augenbrauen hoch.

Bis auf ein schmales Lächeln verzieht er keine Miene. »Der Punkt geht an dich. Nur verfolge ich dich nicht. Ich will lediglich wissen, wie wir das mit dem Projekt für Kameraführung machen. Ich bin schließlich viel unterwegs und muss genau planen, wann ich mir mal Zeit für uns freischaufeln kann.«

Uns? Einen Moment schlucke ich schwer, fange mich jedoch schnell wieder. »Hör mal, wenn du so viel zu tun hast, können wir das auch irgendwie anders lösen. Ich weiß zwar noch nicht, wie, aber vielleicht kriegen wir das ja hin, ohne uns ständig zu treffen. Dein Kalender scheint ja auch so schon voll zu sein, mit all den Galas und schicken Essen, die du sicherlich besuchen musst.« Ich weiß nicht, wieso ich in seiner Gegenwart immer so gereizt reagiere. Ich hole einmal tief Luft. »Tut mir leid, ich hab keine Ahnung von deinem Alltag, das war unfair.«

»Das verstehst du falsch.« Mit jeder Person, die das Gebäude betritt, fällt es mir schwerer, Chase' Stimme zu verstehen. Um uns herum plaudern die anderen, lachen laut, schließen oder öffnen Türen und poltern mit ihren hohen Absätzen über den Boden. Ich trete ein paar Schritte zu ihm heran.

»Ich habe nur auch andere Kurse und bin häufig unterwegs. Im Gegensatz zu dir wohne ich nicht auf dem Campus, sondern bei meinem Vater. Dementsprechend muss ich immer etwas Fahrzeit einplanen.«

Bei seiner Antwort fühle ich mich noch mieser. »Verstehe. Also, an welchen Tagen passt es dir denn?«

Chase überlegt gerade, als ihn ein Typ mit schulterlangen, hellblonden Haaren und ordentlich Muskelmasse aus seinen Überlegungen reißt.

»Na, Kumpel, lange nicht gesehen«, sagt er, und die beiden begrüßen sich mit einem Handschlag.

»Stellan, cool, dich zu sehen«, entgegnet Chase.

»Sehen wir uns demnächst im Country Club?«, fragt sein Gegenüber, und Chase nickt. Mit gerecktem Daumen geht er Richtung Treppe und verschwindet nach oben.

»Nach dem Kurs zur Kameraführung hab ich immer frei. Wir könnten direkt danach unsere ersten Schritte planen und dann auch drehen.«

»Ja, ich denke, das passt gut.« Ich muss zugeben, dass ich überrascht bin. Aus irgendeinem Grund hatte ich ihm nicht zugetraut, dass ihm das Projekt wichtig genug wäre, als dass er seine Freizeit dafür opfern und Termine mit mir absprechen würde. Wieder so ein unfairer Gedanke von mir.

Chase überlegt. »Wollen wir uns heute Nachmittag in der Cafeteria treffen?«

Eigentlich findet heute Alex' Casting statt, und das will ich ungern verpassen. Also greife ich in meine Tasche und hole mein Handy heraus. »Gib mir eine Sekunde«, entgegne ich, doch anscheinend hat sich das Problem bereits von allein erledigt, denn ich sehe eine Nachricht von meiner besten Freundin auf dem Bildschirm.

Das Casting wurde verschoben. Die Kursleiterin ist krank.

Ich beschließe, ihr später zu antworten. Obwohl ich mich

darauf gefreut habe, sie auf der Bühne zu sehen, bin ich auch froh, dass ich mein Treffen mit Chase direkt abhaken kann. Ich bin kein Fan von Prokrastination und erledige unangenehme Dinge lieber gleich, als sie unnötig aufzuschieben.

»Ja, das klingt gut.«

»Ich denke, wir sollten erst mal ein paar Ideen sammeln. Jeder von uns könnte sich bis nachher ja Gedanken machen. Dann setzen wir uns zusammen und sprechen darüber. Den Rest entscheiden wir dann. Ist das okay?«

Wieder nicke ich. Mir bleibt fast die Spucke weg, so überrascht bin ich von der durchdachten Art und Weise, mit der er über das Projekt spricht.

»Gut, dann sehen wir uns gleich«, sagt Chase, dessen Stimme angesichts des Lärms um uns herum ebenfalls lauter geworden ist.

»Cool«, gebe ich zurück, doch da ist er schon fast in der Menschenmenge verschwunden.

Der Kurs für Filmgeschichte ist etwas, auf das ich mich schon seit dem Moment meiner Zulassung an der Academy gefreut habe. Als Studieninhalte zählen hier nicht nur monumentale Ereignisse wie der Bau des ersten Kinos oder die Erfindung des Farbfilms, sondern auch Meilensteine in der Filmindustrie wie *Titanic* oder *Star Wars*, *Vom Winde verweht* oder auch *Der Herr der Ringe* werden wohl Thema sein.

Oben angekommen, schaue ich noch mal auf einen der Lagepläne an den Wänden. 4.06 ist die Raumnummer. Als ich einen Blick auf den rechten Gang abseits der Treppe werfe, erkenne ich bereits eine Traube von Menschen, die vor einer der Türen steht und wartet. Anscheinend ist Mr. Riggs noch nicht da.

Auf beiden Seiten des Ganges säumen farbenfrohe Fotografien verschiedener Abschlussklassen die Wände. Von 1980 über 1999 und 2003 bis 2023. Dazwischen sind immer auch Bilder der jeweils jahrgangsbesten Studierenden. Als ich vor dem Bild des besten Schülers von 1999 stehen bleibe, erkenne ich ihn sofort. Er hat stechend blaue Augen und schwarzes Haar. Für einen kurzen Moment meine ich, Chase zu erkennen, doch beim Blick auf die Beschriftung des Bildes wird mir klar, wer es wirklich ist.

Michael Edwards, 24 Jahre. Absolvent des Studiengangs Regie an der Bradwood Academy. Notendurchschnitt 1,0.

Auf dem Bild erkenne ich einen stolzen jungen Mann, damals schon mit leichten Geheimratsecken, der einmal ein erfolgreicher Regisseur sein würde. Vollkommene Selbstsicherheit und ein stechender Blick, mit dem er die Zukunft anvisiert, fallen mir sofort auf. Sein Lächeln auf dem Bild wirkt, als hätte er all das damals schon gewusst.

Genervt verdrehe ich die Augen. Für den Hauch eines Augenblicks empfinde ich so etwas wie Mitleid für Chase. Der Druck auf seinen Schultern muss immens sein, wenn man solch einen Vater hat.

Als ich die Menschentraube vor Raum 4.06 erreiche, erkenne ich ein paar Gesichter von meinem ersten Kurs wieder und sie mich anscheinend auch. Einige von ihnen werfen mir musternde Blicke zu, sagen jedoch nichts.

Ich fokussiere mich auf den Ausblick aus einem der Fenster des Flurs und versuche, sie zu ignorieren. Wieder spüre ich dieses Brennen auf der Haut, was ich schon hatte, als Alex mich zu meinem ersten Kurs begleitet hat. Wie kleine Nadelstiche piken mich die Blicke der anderen von allen Seiten.

Ich denke mich raus, abseits der Wände, und konzentriere mich auf das Bild vor mir. Von vielen Gängen aus hat man eine tolle Sicht aufs Wasser, so auch von hier. Da sich der Campus auf einer großen Anhöhe befindet, kann ich von hier oben einen fantastischen Blick auf Monaco erhaschen. Der Fürstenpalast ragt inmitten all der kleinen und großen Wohnhäuser hervor und wird untermalt von einem Mosaik aus Blau und Türkis, das in der Sonne schimmert wie ein tiefblauer Diamant.

»Entschuldigen Sie, möchten Sie reinkommen?«, ertönt eine tiefe Stimme hinter mir. Ich war so darauf fokussiert, mich auf das da draußen zu konzentrieren, dass ich all das hier drinnen völlig ausgeblendet habe. Als ich aufschaue, erkenne ich einen korpulenten Mann, ungefähr Mitte vierzig, mit grauen, lockigen Haaren und Geheimratsecken. Eine kleine Locke hängt ihm auf der hohen Stirn, auf der ich ein paar kleine Fältchen erkennen kann. Er trägt ein beigefarbenes Jackett und zu seiner hellblauen Jeans ein paar teure Anzugschuhe in Schwarz. An seiner schwarzen Krawatte schimmert leicht eine goldene Krawattennadel.

»Oh, ja natürlich«, murmele ich verlegen. So viel zu unauffällig. Ich betrete den Hörsaal und suche mir wieder einen Platz in einer der hinteren Ecken. Der Mann, bei dem es sich offensichtlich um meinen Dozenten Mr. Riggs handelt, betritt nach mir den Raum und schließt die Tür. Ich nutze den kurzen Moment, in dem alle in gemurmelte Gespräche vertieft sind, um mich umzuschauen: Links und rechts erkenne ich Szenenbilder aus verschiedensten Filmen wie *Schindlers Liste*, *Harry Potter* oder *Im Westen nichts Neues.* Darüber und darunter zieren lauter verschiedene Filmzitate die Wände, alle in schwarzen filigranen Lettern, die ebenso wie die dazugehörigen Filme ein Gefühl der Nostalgie in mir hervorrufen. Ich stoße auf eines, das ich besonders liebe: »Haben Sie den Mut, Ihren eigenen Weg zu suchen« aus *Der Club der toten Dichter.* Darüber prangt ein Bild, das Robin Williams als den Lehrer John Keating zeigt, wie er seinen Schülern etwas vorliest. Ich liebe diesen Film sehr und das Zitat fast noch mehr. Es gibt mir Mut für mein Studium, wenn ich an den Lehrer aus dem Film denke und wie er seine Schüler ermutigt, sie selbst zu sein und das eigene Leben in die Hand zu nehmen.

Nachdem ich Block und Kugelschreiber aus meiner Schultertasche gefischt und auf dem kleinen Tisch vor mir abgelegt habe, beginnt Mr. Riggs.

»Guten Morgen, meine Lieben. Ich finde es großartig, dass Sie alle Ihren Weg zu diesem Kurs gefunden haben. Ich würde gerne eine Rede darüber halten, wie froh ich bin, dass jeder von Ihnen dieses Fach gewählt hat, aber in Anbetracht der Tatsache, dass dies eine Pflichtveranstaltung ist, wäre dies vergebliche Liebesmüh. So viel sei noch gesagt: Wir tauchen hier in die tiefsten Tiefen der Filmhistorie ein. Sie alle haben auf Ihre Weise sicher einen speziellen Bezug zum Film oder einen Grund, weshalb Sie diese so lieben, doch vertrauen Sie mir: Aktuell sind Sie noch ahnungslos. Erst nach dem Abschluss dieses Kurses werden Sie die wahre Bedeutung des Filmemachens verstehen.« Der Stolz und die Dramatik, die in seinen Worten mitschwingen, fühlen sich keinesfalls übertrieben an. Sie ziehen mich in ihren Bann, auf die schönste aller Weisen. Ich fühle mich bereits, als wäre ich selbst mitten in einem dieser gigantischen Streifen, von denen unser Dozent da spricht.

Als ich anderthalb Stunden später den Saal verlasse, bin ich völlig überladen mit Informationen und kann nicht anders, als übers ganze Gesicht zu grinsen. Wir haben im Kurs über die Anfänge der Filmgeschichte gesprochen, beginnend mit dem Kurzfilm *Roundhay Garden Scene*, der 1888 von Louis Le Prince gefertigt wurde. Diese Szene, in der Aufnahmen eines gehenden Mannes zu sehen sind, gilt als der älteste Film der Welt. Mr. Riggs hatte völlig recht. Schon nach diesem einen Exkurs wird einem bewusst, welche Meilensteine die Filmindustrie durchlebt hat, dabei haben wir heute erst begonnen, uns mit der Materie auseinanderzusetzen.

»Ich freue mich auf die nächste Stunde! Bis dahin können Sie sich noch einmal Gedanken über den Facettenreichtum und die Errungenschaften der Filmwelt machen«, ruft unser Dozent zwei Mädels zu, die während des Kurses viel miteinander getuschelt haben.

Auch wenn seine Worte nicht mir gelten, muss ich bei den Facetten plötzlich an Chase denken, den ich gleich in der Cafeteria sehe. Mal ist er der arroganteste Kerl, der mir je begegnet ist, mal höflich und dann wieder zielorientiert und fokussiert. Ich frage mich, welche dieser Seiten seine wahre Persönlichkeit mehr repräsentiert. Augenblicklich breitet sich ein mulmiges Gefühl in meiner Magengegend aus. Ist es wirklich eine gute Idee, mit ihm zusammenzuarbeiten? Bisher haben mich all unsere Treffen, die eher unfreiwillig waren, irgendwie in Schwierigkeiten gebracht oder mir zumindest ungebetene Aufmerksamkeit beschert. Daher bin ich mir nicht sicher, ob ich wissen will, was ein mehr oder weniger freiwillig beschlossenes Treffen für Folgen haben wird.

Als ich wenig später den Speisesaal betrete, erblicke ich zahlreiche Grüppchen, die alle bereits ihr Abendessen genießen. Suchend blicke ich mich nach Chase um, doch zwischen den vielen Menschen in der Halle kann ich ihn nirgends erkennen.

Kurzerhand beschließe ich, mir ein Sandwich zu holen. Den ganzen Tag über habe ich lediglich einen Bagel gegessen, was für meine Verhältnisse beinahe verheerend ist. Ich esse viel, und ich esse gern, und auch wenn man es mir vielleicht nicht unbedingt ansieht, könnte ich manchmal wie Obelix ein ganzes Schwein verdrücken.

Ich stelle mich an der kurzen Schlange vor der Theke an und schaue auf mein Handy, um zu checken, wie viel Zeit mir noch bleibt. Wer weiß, vielleicht hat Chase es sich ja anders überlegt und kommt nicht. Ich muss zugeben, dass der Gedanke im ersten Moment etwas Verlockendes hat, auch wenn er im zweiten einen bitten Nachgeschmack hinter sich herzieht. Wenn Chase nicht auftaucht, muss ich zwar keine Zeit mit ihm verbringen, aber dann bedeutet es auch, dass ich allein an einem Projekt arbeiten muss, das ganz klar für zwei ausgelegt ist.

»Nimmst du das mit Salami, Schinken oder das vegetarische?«, höre ich hinter mir auf einmal eine sehr bekannte Stimme. Chase steht so nah hinter mir, dass ich seinen warmen Atem auf meinem Nacken spüren kann. Reflexartig drehe ich mich um und mache einen Schritt rückwärts.

»Hat dir noch nie jemand gesagt, dass das aufdringlich ist?«, frage ich und deute auf den immerhin etwas größeren, wenn auch noch nicht ansatzweise ausreichenden Abstand zwischen uns.

»Ach komm schon, Eloise. Ist es so furchtbar, die gleiche Luft zu atmen wie ich? Ich hab mir auch die Zähne geputzt, ich schwöre.«

In seiner Frage liegt eine gehörige Portion Belustigung, doch ich schüttele den Kopf. »Ich atme generell nicht gern die Ausdünstungen anderer Leute ein. Aber auch da kommt es immer drauf an, wem ich gegenüberstehe.«

»Was darf es für Sie sein?«, fragt mich die junge Frau hinter der Theke. Ich zeige ihr meinen Studierendenausweis und deute auf das Sandwich mit Salami. Sie nickt und greift mit einer kurzen Zange nach dem halb verpackten Essen.

»Für mich das Gleiche, danke«, sagt Chase.

Nachdem wir beide unser Essen haben, gehe ich schnurstracks zu einem der freien Tische am Ende des Saals. Auch ohne mich umzusehen, weiß ich, dass er mir folgt. Ich spüre seinen stechenden Blick an meinem Hinterkopf und höre seinen gleichmäßigen Gang auf dem Boden. Doch vor allem die neugierigen Blicke der anderen um uns herum sind es, die mir verraten, dass Chase sich direkt hinter mir befindet. Sie drehen sich zu uns um oder tuscheln einander etwas zu. Es wundert mich nicht im Geringsten, dass Chase anscheinend zu so etwas wie den Coolen an der Academy gehört, zu denjenigen, die stets begafft und von Weitem beneidet werden. Dennoch wäre es mir um ein Tausendfaches lieber, mit einem Niemand hier zu sein, wie ich einer bin.

Ich verlasse die Cafeteria und betrete eine Terrasse aus weißen

Steinplatten mit braunen Maserungen, auf der links und rechts etliche Bänke aus weißem Holz mit dazugehörigen Tischen aufgestellt sind.

Da nur noch eine im Halbschatten unter einer Palme frei ist, steuere ich sie sofort an und setze mich. »Also, womit fangen wir an?«, frage ich, nachdem auch Chase Platz genommen hat.

Ich hab noch nie gesehen, dass jemand sich so selbstsicher und langsam zugleich bewegt. Vielleicht kommt es auch nur mir so vor, weil ich dieses Treffen so schnell wie möglich hinter mich bringen will.

»Du verschwendest keine Zeit, was?«, entgegnet er und legt seine Stirn in Falten, als wüsste er nicht, wie er mein Verhalten interpretieren sollte.

»Ich wüsste nicht, wozu wir das hier künstlich in die Länge ziehen sollten.« Genervt hole ich mein Sandwich aus der Papierhülle. Aus dem Augenwinkel erkenne ich, wie er etwas auf den Tisch zwischen uns legt. Es sind hundert Euro.

»Das bin ich dir noch schuldig.«

Mit einem Schnauben schüttele ich den Kopf und schiebe den Schein zurück zu ihm. »Das war ein Scherz. Ich will dein blödes Geld nicht.«

»Wie du meinst«, erwidert er schulterzuckend und steckt es wieder ein.

Ich krame aus meiner Handtasche mein Notizheft heraus und öffne die Seite mit den kleinen Anmerkungen, die ich mir kurz nach dem Ende meines letzten Kurses gemacht habe. »Also gut, zum Projekt. Da das Ganze ja möglichst facettenreich sein soll, könnten wir jedes Mal etwas anderes machen. Das zeigt uns in verschiedenen Situationen. Alternativ können wir auch in einen der Arbeitsräume gehen, die in den Wohnhäusern und der Bibliothek zur Verfügung stehen, aber da hätten wir jedes Mal dieselbe Kulisse, und wenn die Umgebung Monacos so schöne Bilder liefert, warum sollten wir das dann nicht ausnutzen?« Ich verschränke die Arme vor der Brust und bin eigentlich ziemlich stolz auf meine Idee.

Doch Chase schüttelt den Kopf. »Deine Idee ist gut und Monaco wunderschön, keine Frage. Aber wenn wir ein paar schöne Clips drehen wollen, brauchen wir dafür eine richtige Kamera. Und die Dinger sind so schwer, dass ich sie ungern durch die halbe Stadt schleppen würde. Zudem brauchst du auch Scheinwerfer, um je nach Situation alles auszuleuchten. Wenn du nicht gerade vorhast, mit zehn Leuten irgendwo aufzuschlagen, dann sollten wir deine Idee ein wenig abwandeln.«

Ich kann nicht leugnen, dass mir seine Worte einen kleinen Stich versetzen. Ich hatte geglaubt, jeden Aspekt bedacht zu haben, und dass ausgerechnet Mr.-Ich-hab-den-Durchblick ein paar stichhaltige Argumente hat, nervt mich.

Er nimmt einen Bissen von seinem Salami-Sandwich und holt kauend etwas aus seinem Rucksack: einen fein säuberlich zusammengestellten Hefter in Dunkelblau, in dem etliche Papiere in Klarsichtfolien sortiert sind. »Also«, beginnt Chase, sobald er zu Ende gekaut hat, »ich habe mir mal die Mühe gemacht und Ms. LaCroix gefragt, wann unser Raum belegt ist. Sie hat mir diesen Belegungsplan ausgehändigt.« Chase öffnet den Ordner und holt aus einer der Hüllen ein Blatt heraus, auf dem eine Art Stundenplan aufgedruckt ist. Er dreht ihn so, dass ich alles darauf erkennen kann. Der Raum scheint ständig gebucht zu sein.

»Wie du siehst, ist am Montag immer direkt nach dem Kurs noch etwas frei. Ich war so vorausschauend und habe Ms. LaCroix gebeten, diesen Slot frei zu halten. Wenn wir den Raum für unser Projekt nutzen, schlagen wir zwei Fliegen mit einer Klappe. Wir müssen das Equipment nur aus dem Raum nebenan holen und können an der Wand immer wieder verschiedene Kulissen anbringen. Ein paar Requisiten finden wir ja eh im Technikraum, und wenn etwas Dringendes fehlt, könnten wir sicher auch einen der Theaterclubs fragen. Dein Vorschlag, was

Monaco angeht, finde ich aber auch ganz gut. Wenn es sich ergibt, dann können wir vielleicht eine kleinere Kamera ausleihen und irgendwo unterwegs drehen. Dann haben wir wirklich alle Möglichkeiten genutzt, die sich uns bieten.« Dieses Mal ist er es, der die Arme vor der Brust verschränkt. Ein siegessicheres Lächeln breitet sich auf seinen Lippen aus. Ich kann nicht verhindern, dass sich meine Augen vor Ungläubigkeit weiten. Niemals hätte ich gedacht, dass er die Sache ernst nehmen würde, und noch viel weniger, dass der Plan auch noch so gut ist. Es kommt mir vor, als wären der Chase von der Party und der, der mir gegenübersitzt, zwei völlig unterschiedliche Menschen. Als gäbe es den richtigen Chase und den Doppelgänger – nur dass ich noch nicht sicher bin, wer von beiden wer sein soll.

»Erstaunlich«, erwidere ich und starre in Chase' eisblaue Augen. Wie zwei kleine Kugeln aus frostigem Eis schimmern sie im Sonnenlicht. »Ich hätte nie gedacht, dass du dich so einbringst«, gestehe ich und nicke anerkennend.

Unbeeindruckt nimmt er noch einen Bissen von seinem Sandwich, und ich tue es ihm gleich. »Tja, da wären wir wieder beim Thema: Du kennst mich nicht.« So langsam, aber sicher glaube ich, zu vorschnell über ihn geurteilt zu haben. Doch er hat mich genauso bewertet, obwohl er mich nicht kannte. Genau aus diesem Grund halte ich einen Moment lang inne, ehe ich ihm antworte.

»Und du mich ebenfalls nicht. Und da wir das schon wieder feststellen konnten, sollten wir uns auf unser Projekt konzentrieren«, antworte ich.

Gerade, als er etwas erwidern möchte, klingelt sein Telefon. Er nimmt den Anruf entgegen, und über einen Großteil des Telefonats höre ich nur »Hmm«, »Ja«, »Okay« oder »Mir egal«.

Wenn ich an die Telefonate denke, die ich hin und wieder mit Alex führe, dann liegen da Welten zwischen. Ich beobachte Chase, während ich die Gelegenheit nutze, mein Sandwich aufzuessen. Hin und wieder erkenne ich, wie er leicht die Augen verdreht oder ein genervtes Seufzen ausstößt. Es ist offensichtlich, dass das Gespräch nicht zu seinen liebsten gehört.

Gerade als ich den letzten Bissen meines Essens runtergeschluckt habe, legt er auf und schmeißt sein Handy mit etwas mehr Schwung als nötig auf den Tisch.

Chase schüttelt den Kopf, und wir versinken in Schweigen, eines, das irgendwie unangenehm ist, weil er offensichtlich bedrückt ist und ich nicht weiß, was ich sagen soll. Ich bin keine Expertin, wenn es um Small Talk geht, entsprechend holprig wird mein Versuch, die Situation aufzulockern.

»Puh, da scheint ja dein Lieblingsmensch dran gewesen zu sein«, murmele ich und setze ein gut gemeintes Lächeln auf.

Chase fährt sich mit einer Hand durch die pechschwarzen Haare und schnalzt mit der Zunge. »So weit würde ich nicht gehen. Das war mein Vater.«

Ich runzele die Stirn, denn obwohl ich Mr. Edwards bereits begegnet bin, hätte ich nicht gedacht, dass das Verhältnis zwischen den beiden so schlecht ist.

»Oh, na ja, das Vergnügen hatte ich auch schon, wie du weißt«, antworte ich mit einem unbeholfenen Lächeln.

»Immerhin nur kurz vor seinem Büro, und du hattest nicht das Privileg eines ganzen Gesprächs. Glaub mir, mehr als diesen Vorgeschmack willst du nicht.« Chase senkt den Blick, seine Worte klingen bitter.

Ich schüttele den Kopf. »Na ja, nicht ganz. Erinnerst du dich an mein Gespräch mit Ms. Sinclair? Er war auch dabei.«

Chase schaut hoch, sein Blick eine Mischung aus Überraschung und Mitleid. »Oh. Das wusste ich nicht. Tut mir leid, das war sicherlich alles andere als angenehm.« Erstmals höre ich so etwas wie Sorge in seiner Stimme mitschwingen.

»Nein, das war es nicht. Die beiden hätten super in einem Polizeifilm als guter und böser Cop mitspielen können.« Ich versuche mich an einem kleinen Lachen, auf das Chase nicht eingeht. Immer noch mustert er mich, die Stirnfalte zwischen seinen Brauen eine kleine Schlucht, in der seine Gedanken versinken.

Ich greife mir meine Serviette und beginne an ihr zu rupfen. »Ich nehme es Ms. Sinclair nicht übel, aber dein Vater hat seine Rolle ein bisschen *zu gut* gespielt.« Als ich ein leichtes Schnauben höre, schaue ich hoch. »Ich dachte, er hätte dir von dem Gespräch erzählt.«

Doch mein Gegenüber schüttelt lediglich den Kopf. »Es ist nicht so, dass mein Dad und ich wahnsinnig viel miteinander reden. Genauer gesagt verbringen wir auch sonst nicht wirklich Zeit miteinander. Er ist nicht ganz einfach und – das wirst du während des Gesprächs bestimmt gemerkt haben – hat genaue Vorstellungen davon, wie etwas zu sein hat. Hohe Erwartungen bedingen, dass man tief fallen kann, sag ich da nur.«

»Dann ist er also immer so … streng?«, frage ich vorsichtig nach.

»Ja, schon. Er will alles wissen und hält regelmäßig Rücksprache mit den Lehrkräften. Vielleicht sollte ich mir einfach eine Bodycam umhängen, damit er mich den ganzen Tag beobachten kann. Das wäre nicht ganz so anstrengend.«

Widerwillig muss ich an meine Eltern denken, die das komplette Gegenteil sind. Mein Dad weiß nicht mal, dass ich studiere, und obwohl ich meiner Mom geschrieben habe, dass ich hier angenommen wurde, glaube ich nicht, dass sie gemerkt hat, auf welchem Kontinent ihr einziges Kind jetzt lebt. Wüsste ich nicht, dass Chase' Dad so ein unangenehmer Zeitgenosse ist, wäre ich sogar fast ein wenig neidisch.

»Na ja, immerhin interessiert er sich für dich, wenn vielleicht auch aus den falschen Gründen.« Plötzlich habe ich einen Kloß im Hals und räuspere mich kurz. »Das ist immer noch besser als gar nichts.« Ich versuche mich an einem Lächeln, von dem ich hoffe, dass es aufmunternd ist.

»Ich glaube, mein Vater wünscht sich einfach nur einen Sohn, der ihm in allem zu einhundert Prozent ähnelt, und das bin ich nicht. Für ihn ist alles, was nicht seiner Idealvorstellung entspricht, ein Makel. Es ist schwer zu verstehen, dass jemand Fehler hat, wenn man selbst glaubt, perfekt zu sein.« Die Schatten, die dabei seine Züge verdunkeln, erinnern mich an viele kleine Schluchten, in die irgendwann all die schweren Erlebnisse und Erinnerungen gesickert sind. Weshalb, kann ich nicht sagen. Doch ich hoffe, dass am Ende nicht jemand Unschuldiges in den Abgrund zwischen diesen beiden Männern gerät.

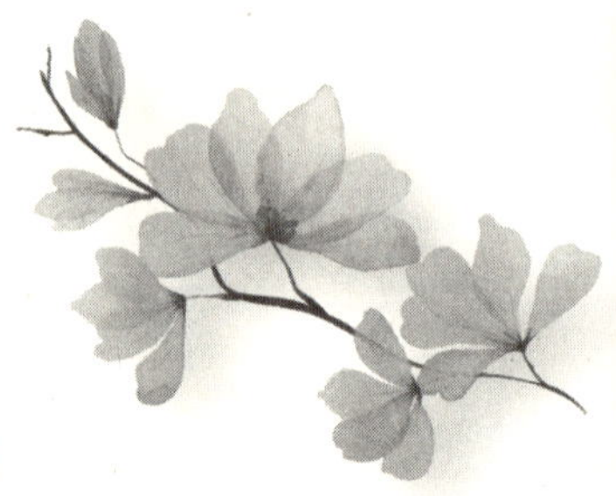

6. Kapitel

Nachhilfe

Eloise

Gähnend krame ich in meinem Rucksack nach meinem Etui. Ich entscheide mich für drei Stifte – Rot, ein Pastellblau und ein zartes Grün – und lege sie ordentlich mit einem Zentimeter Abstand vor mir auf den Tisch. Dann hole ich mein Handy aus der Jackentasche und sehe auf dem aufleuchtenden Display eine Nachricht von Alex.

Das Vorsprechen ist erst mal auf unbestimmte Zeit abgesagt, und es gibt noch keinen neuen Termin, weil keiner weiß, wie lange die Kursleiterin krank sein wird. Und ich hatte gehofft, es würde sich nur um ein oder zwei Tage verschieben.

Ein Hauch von Mitleid macht sich in mir breit. Ich hätte es Alex so gegönnt, allen zu zeigen, wie sehr sie auf die Bühne gehört. Vor allem, nachdem sie die vergangenen Nächte ihren Text geübt und mich damit wach gehalten hat. Deshalb hat es heute Morgen in der Cafeteria gleich zwei Kaffees gebraucht, damit ich halbwegs wach wurde. Einen, den ich direkt beim Frühstück getrunken habe, und einen weiteren to go, der nun neben meinem Etui auf dem Tisch steht. Ich nippe daran und verziehe das Gesicht, als die dunkle Flüssigkeit meine Lippen benetzt und sich ein strenger Geschmack über meine Zunge legt. Normalerweise trinke ich meinen Kaffee immer mit Milch. Es sei denn, ich bin so todsterbensmüde wie heute. Dann muss er komplett schwarz sein, auch wenn das eine Qual für meine Geschmacksnerven ist.

»Was machst du denn für ein Gesicht? Ich sitze ja noch gar nicht neben dir«, höre ich plötzlich, als auf dem Platz neben mir ein Rucksack abgelegt wird.

Ich schaue hinauf und bleibe sofort an diesem leichten Grinsen hängen, das mir mittlerweile vertrauter ist, als mir lieb wäre. Chase' glatte schwarze Haare stehen in alle möglichen Richtungen ab, als wäre er selbst gerade erst aufgewacht. Er trägt ein dunkelblaues Poloshirt unter seiner schwarzen Sweatjacke. Alles Dinge, die ich innerhalb weniger Sekunden registriere, ebenso wie das Parfum, das er trägt: Es riecht ein wenig herb, und ich könnte schwören, eine leichte Note von Orange darin erkennen zu können, die mich kurz an Weihnachten erinnert.

»Ich konnte förmlich spüren, wie sich dein riesiges Ego durch die Tür gequetscht hat. Da war das Thema für mich durch«, murmele ich vor mich hin und schenke ihm ein übertrieben süßes Lächeln. Dann krame ich erneut in meinem Rucksack. Dieses Mal hole ich meinen Block heraus. »Gibt es eigentlich einen Grund, wieso du dich ausgerechnet neben mich setzt? Der Saal ist riesig, und es gibt etliche freie Plätze.« Ich mache eine Geste, die den ganzen Raum einfangen soll.

»Wow, da hat jemand aber gute Laune heute Morgen«, kommentiert Chase schmunzelnd. »Hier hinten sitzt es sich eigentlich ganz gut. Außerdem muss ich dich besser kennenlernen, wenn ich einen Film über dich drehen soll, oder?«

Ich seufze. »Tut mir leid, ich hab kaum geschlafen. Keine guten Voraussetzungen, wenn man ohnehin kein Morgenmensch ist.« Ich halte meinen Becher in die Luft, als würde ich ihm damit zuprosten. »Ich kann dir einen Steckbrief von mir geben, das würde die Sache vereinfachen«, sage ich und beobachte, wie er sich neben mir in den Sitz fallen lässt. Ich hatte gehofft, nur das Nötigste an Zeit mit Chase Edwards verbringen zu müssen, doch anscheinend läuft er mir mittlerweile überall über den Weg.

Mein neuer Tischnachbar grinst mich an und schüttelt den Kopf. »Das wäre aber auch nur halb so spannend.«

Ich rücke ein kleines Stück von ihm weg, um etwas mehr Distanz zwischen ihn und mich zu bringen. In seiner Nähe fällt es mir schwer, ruhig zu bleiben. Normalerweise braucht es einiges, bis ich mich aufrege, und noch viel mehr, bis ich so richtig aus der Haut fahre. Doch sobald Chase Edwards um mich herum ist, fehlt von der ausgeglichenen, entspannten Eloise jegliche Spur. Ich schiebe es auf seine leicht hochnäsige Art, die er zwischendurch durchblicken lässt, und hoffe, dass ich im Laufe der Zeit einen Weg finde, damit umzugehen. Denn ich selbst gefalle mir auch nicht wirklich, wenn ich in seiner Nähe bin, und daran muss sich etwas ändern.

Hoch konzentriert schaue ich nach vorne, wo Mr. Rodriguez gerade den Raum betritt.

»Guten Morgen! Ich freue mich, dass sich so viele von Ihnen dafür entschieden haben, sich mit den zugegebenermaßen nicht ganz einfachen Inhalten in diesem Kurs auseinanderzusetzen. Sie werden allerdings sehen, dass, egal ob Sie mal Journalisten oder Schauspieler werden wollen, die Medien immer auch auf bestimmten Rechtsgrundlagen beruhen. Manche von Ihnen werden im Social-Media-Bereich großer Produktionsfirmen Fuß fassen, und wiederum andere werden Regisseure oder Produzenten. So unterschiedlich Ihre Berufswünsche also auch alle sein mögen, basieren sie doch alle auf einem Rechtssystem. Wir werden uns mit dem Datenschutz auseinandersetzen, aber auch dem Jugendschutz und dem Recht am eigenen Bild. Außerdem sprechen wir über Presse-, Kunst- und Meinungsfreiheit. Ich gebe Ihnen deshalb einen Tipp: Fangen Sie frühzeitig an zu lernen. Das hier ist ein Marathon, kein Sprint.« Der Blick aus seinen dunklen Augen wandert durch die Reihen, bleibt an jedem Einzelnen von uns haften, ehe er zum Nächsten übergeht.

Kurz glaube ich, dass er auf Chase besonders lange verweilt, ehe er mich ansieht. Dann fährt er fort: »Beginnen wir mit einem Beispiel. Ich nehme an, einige von Ihnen konsumieren häufig das eine oder andere Klatschmagazin. Heutzutage werden generell kaum noch Fotos genutzt, auf denen jemand *nicht* in ganzer Pracht zu sehen ist.« Mr. Rodriguez macht eine Pause, als die Leute mit leisem Gelächter reagieren, »doch kommt es hin und wieder vor, dass Sie in Zeitschriften Bilder von Promis und deren Kindern sehen. Da Minderjährige als Schutzbefohlene gelten, besteht die Pflicht zur Unkenntlichmachung. Kann mir jemand von Ihnen eine Variante aufzählen, wie dies im Zuge der Produktion umgesetzt werden kann?«

Augenblicklich schnellt meine Hand in die Höhe, doch Mr. Rodriguez zeigt auf einen jungen Mann in der ersten Reihe. »Durch den schwarzen Balken vorm Gesicht?«

Meine Hand bleibt oben, ich strecke mich noch ein Stückchen mehr. Chase' Blick neben mir bohrt sich in meine Seite, doch ich ignoriere ihn.

Mr. Rodriguez schüttelt den Kopf. »Das war tatsächlich früher der Fall, wird heutzutage jedoch nicht mehr genutzt. Kann jemand erklären, wieso?«

Meine Hand bleibt nach wie vor oben – langsam komme ich mir vor wie Hermine Granger. Als sein Blick endlich auf mir zum Liegen kommt und von einem kurzen Nicken begleitet wird, atme ich auf. »Bei Kriminalfällen beispielsweise gilt immer noch die Unschuldsvermutung, doch Nachrichtensender und Zeitschriften wollen den mutmaßlichen Täter ja abbilden und nutzten dafür den schwarzen Balken. Das Problem ist nur, dass die vermeintlich unkenntlich gemachten Personen gerade von Verwandten, Bekannten und Freunden wiedererkannt werden konnten. Somit konnte das fatale Folgen für die Angeklagten haben. Da ein schwarzer Balken also nie ein Gesicht komplett unkenntlich macht, wird er nicht mehr genutzt. Stattdessen werden Bilder oft verpixelt dargestellt.«

Mr. Rodriguez schenkt mir ein unbeeindrucktes Daumenhoch. »Sehr gut, Ms …?«

»Eloise Stanson.« Er nickt mir zu, ehe er sich dem nächsten Thema zuwendet. »Kann mir jemand verraten, was es mit dem Begriff *Schmähkritik* auf sich hat?«, fragt der Dozent und wendet seinen Blick von mir ab.

Wieder schnellt mein Arm in die Höhe. Dieses Mal jedoch bin ich die Einzige, die sich meldet. Chase neben mir starrt mich an. Aus dem Augenwinkel kann ich seinen erstaunten Gesichtsausdruck auf mir spüren. Obwohl seine Augen mich normalerweise an Eis erinnern, hinterlässt sein Blick jetzt eine leichte Wärme auf meinen Wangen.

Mr. Rodriguez schaut sich um und lächelt, dann deutet er mit dem Zeigefinger auf mich. »Ja, Ms. Stanson.«

Ich räuspere mich kurz, ehe ich ihm antworte. »Angenommen in Film X spielt ein Schauspieler mit, den ich nicht leiden kann und lasse aus genau diesem Grund kein gutes Haar mehr an dem Film, wenn ich eine Kritik verfasse. Das ist Schmähkritik. Es geht dann nicht mehr darum, objektiv zu beurteilen, was an dem Produkt selbst gut oder schlecht ist, sondern nur noch darum, dieses schlechtzumachen, weil ich eine persönlich motivierte Abneigung gegen einen Aspekt darin habe.«

Mr. Rodriguez lächelt mir freundlich zu. »Danke, Ms. Stanson.«

Während unser Dozent mit seinem Monolog über freie Meinungsäußerung in den Medien fortfährt, steigt in mir eine ungewohnte Wärme auf, und ich muss lächeln. Ich bin gut, das wusste ich. Und endlich konnte ich mal zeigen, was ich kann. Genauso habe ich es mir vorgestellt, als ich mich für dieses Studium beworben habe. Dieser Augenblick im Hier und Jetzt ist der erste Moment an der Bradwood, in dem ich glaube, dass ich alles schaffen kann. Selbst das Projekt mit Chase rückt für einen kurzen Moment in den Hintergrund. Doch nur so lange, bis ich mich zur Seite drehe. Noch immer schaut er mich mit seinen eisblauen Augen an. Die Augenbrauen hochgezogen, mustert er mich, und ich meine so etwas wie Bewunderung und Neugierde in seinem Gesicht erkennen zu können. Nur weiß ich noch nicht, wie ich das finden soll.

Chase

»Mr. Rodriguez, könnte ich kurz mit Ihnen sprechen?«, frage ich den Dozenten, während er seine Tasche packt.

»Chase, was kann ich für dich tun?«, erkundigt sich dieser, ohne aufzuschauen.

»Ich würde gern mit Ihnen über meine bisherige Note sprechen.«

Mr. Rodriguez hält inne, richtet sich auf und lehnt sich mit interessiertem Gesichtsausdruck gegen die Schreibtischkante des holzvertäfelten Schreibtischs hinter ihm. »Was ist damit?«

Ich hole einmal tief Luft. »Hören Sie, meine Leistungen waren im vergangenen Semester wirklich sehr schlecht, das weiß ich«, beginne ich.

Mr. Rodriguez nickt zustimmend. »Das stimmt.«

»Ich wollte mich nur bedanken, dass Sie mir noch eine zweite Chance geben. Ich weiß, dass das nicht selbstverständlich ist«, gebe ich kleinlaut zu. Normalerweise gilt in Medienrecht: Wer nicht besteht, ist raus. Kein Zweitversuch, keine Nachprüfungen.

»Hör zu, Chase, dein Vater hat mich eindringlich darum gebeten, dich noch einmal aufzunehmen. Das bedeutet aber nicht, dass dir hier irgendwas geschenkt wird. Der Name Edwards mag zwar einflussreich sein, aber ich lasse mir nicht gerne vorschreiben, wie ich mit meinen Studierenden verfahre. Du musst dich reinknien, wenn du in diesem Semester bestehen willst. Medienrecht mag nicht jedem liegen, aber am Ende ist vieles davon stupides Auswendiglernen.«

»Sie haben recht. Nur ergeben manche Regelungen für mich einfach keinen Sinn, wissen Sie?«

Mr. Rodriguez packt das letzte Buch in seinen Leinenbeutel – ich kann die abfälligen Bemerkungen meines Vaters dazu förmlich hören – und mustert mich eine Weile.

»Chase, hast du schon mal an Nachhilfe gedacht? Wenn es dir so schwerfällt, zu verstehen, dann täte es dir vielleicht ganz gut, dir Hilfe von deinen Kommilitonen zu holen.«

Als das Wort *Nachhilfe* fällt, fühle ich mich hundeelend. Sofort muss ich an meinen Vater denken und seine Reaktion, wenn er erfahren würde, dass sein perfekter Sohn es nicht allein schafft. Es wäre eine Schande für ihn. *Ich* wäre eine Schande. Allein der Gedanke an seine potenziellen Worte verursacht ein Stechen in meiner Magengegend.

»Ich weiß nicht«, antworte ich. Was soll ich auch sagen? Dass mein Vater das niemals gutheißen würde? Das würde er nicht verstehen. Niemand tut das.

»Überleg es dir. Manchmal erklären es die Mitschüler sogar ein wenig besser als die fähigsten Dozenten.« In Mr. Rodriguez' Blick liegt eine Spur Mitleid. Er schenkt mir ein unverbindliches Lächeln und wendet sich schließlich ab. »Es wäre schade, wenn du es nicht versuchst.«

Ich bleibe stehen und lasse ihn gehen. Nachdenklich blicke ich ihm nach. Nachhilfe? Mir würde nur eine Person einfallen, die das Zeug dazu hat, mir das alles richtig zu erklären. Aber das kann ich nicht bringen.

Als ich zu Hause ankomme, verziehe ich mich direkt in mein kleines Atelier im Erdgeschoss. Der Tag war der absolute Reinfall, und ich muss dringend meinen Kopf frei bekommen.

Dort angekommen, schließe ich hinter mir die Tür und lasse mich dagegen fallen. Ich lehne daran wie eine Leiter an einer Hauswand – steif und unbeweglich. Müde lasse ich meinen Blick durch das Zimmer streifen. Vom hellen Parkettboden bis hin zu der dunkelgrauen, fast schwarzen Couch auf der gegenüberliegenden Seite der Tür. Viele Male bin ich dort schon eingeschlafen, fast schon öfter als in meinem eigenen Bett. Manchmal gibt es einfach Tage, da möchte ich mich hier drinnen einschließen und keine Menschenseele an mich heranlassen. Dann möchte ich mich einfach nur meinen Zeichnungen widmen. Seit ich Regie studiere, hat mich jedoch die Muse nicht mehr geküsst, und ich habe kaum etwas Brauchbares gezeichnet. Dabei gibt es für mich nichts Besseres.

Ich werfe einen Blick an die Wand hinter meinem Zeichenbrett. Heutzutage wird alles am Computer gezeichnet und animiert. Auch ich könnte stundenlang am Laptop sitzen und mit meinen Programmen ein paar Szenen gestalten. Aber old but gold, wie man so schön sagt. Ich male, weil ich mir so die Figuren noch besser vorstellen kann, und dann übertrage ich sie noch mal ins Digitale. Ich weiß, dass ich das im Job anders machen müsste. Aber wenn es nur nach mir und meinen eigenen Gedanken geht, kann ich so am entspanntesten arbeiten. An der Wand hängen gemalte Bilder von Superhelden, kleinen bunten Figuren und sprechenden Pflanzen. All das sind Entwürfe, die ich für meinen ersten Film nach meinem Abschluss nutzen werde. Denn ich liebe Superhelden-Filme, und deshalb werde ich mir irgendwann auch meinen eigenen, animierten Superhelden-Film im Kino anschauen. Irgendwann. Den dunklen Bürostuhl vor dem Zeichenbrett ziehe ich ein Stück weg und nehme Platz.

Ich bewaffne mich mit einem harten Bleistift und zeichne ein paar Konturen auf das leere Blatt Papier vor mir, das noch von meiner letzten Schreibsession dort liegt. Als ich gerade das Äußere eines Fliegenpilzes gezeichnet habe, klopft es an der Tür.

»Ja?«

»Ich bin es nur.« Unsere Haushälterin Angela öffnet die Tür einen Spaltbreit und schaut hinein. »Du bist so schnell ins Haus gekommen, dass ich mich gefragt habe, ob vielleicht etwas passiert ist«, fragt sie mit einem sorgenvollen Blick. Ihre schwarzen Haare sind wie immer fein säuberlich in einem Dutt zusammengebunden, und sie trägt ein dunkelblaues Kleid mit weißen und gelben Blumen darauf.

»Ich bin einfach müde«, entgegne ich schnell und versuche, weiterzuzeichnen. Ich hatte gehofft, diese Reaktion würde ausreichen, damit Angela das Zimmer wieder verlässt, doch Fehlanzeige. Sie mustert mich mit zusammengekniffenen Augenbrauen und tritt dann ein.

»Hast du denn keinen Hunger, Chase?« Ich schenke ihr ein stummes Kopfschütteln als Antwort. Dann setzt sie sich auf die Couch schräg hinter meinem Rücken. Genervt verdrehe ich die Augen. »Angela, kann ich bitte einen Moment für mich haben?«

»Ja, das kannst du«, erwidert sie ruhig. »Wenn du mir verrätst, was dich bedrückt. Seit Beginn des Semesters bist du ein richtiger Stinkstiefel geworden. Ja, ein Stinkstiefel!«, wiederholt sie, als ich lachen muss. So hat mich noch nie jemand genannt, doch da Angela so etwas wie ein Muttersatz für mich ist, lasse ich es ihr durchgehen.

»Nichts ist los. Ich bin nur manchmal nicht sicher, ob das Studium etwas für mich ist. Ganz einfach.« Ich lasse den Stift fallen und drehe mich mit dem Bürostuhl zu ihr um.

»Hast du jemals etwas angefangen und warst dir nicht sicher, ob du für diese Aufgabe geeignet bist?«, frage ich sie, da sie ohnehin keine Ruhe geben wird, bis ich mit ihr gesprochen habe.

»Natürlich habe ich das. Oft sogar. Das ist normal im Leben. Man wächst doch mit seinen Herausforderungen. Und dir liegt das Film-Gen doch im Blut, Chase.« Sie streicht sich mit der rechten Hand kurz über die Wange, als würde sie überlegen, wie sie mir am besten helfen kann.

»Ich meine viel eher, ob du dich mal fälschlicherweise für einen Weg entschieden und es dann für immer bereut hast, weil es nicht dein Weg gewesen ist.«

Sie nickt verständnisvoll und runzelt die Stirn. Ich vermute, dass sie ahnt, worum es mir geht. »Ja, das habe ich. Als ich meinen ersten Mann kennengelernt habe, war ich so blind vor Liebe, dass ich ihn direkt und ohne Umschweife geheiratet habe. Das bereue ich. Ich denke, wenn ich das nicht getan hätte, wäre vieles anders gekommen.« Mit leicht abwesendem Blick steht sie auf und streicht sich den Rock ihres Blumenkleides glatt. Als sie an der Tür des Zimmers angekommen ist, hält sie kurz inne.

»Was hast du dann gemacht?«, frage ich, woraufhin sie sich noch einmal zu mir umdreht.

»Als es nicht mehr ging, habe ich mich getrennt, und es war die beste Entscheidung meines Lebens. Du musst entscheiden, welchen Weg du im Leben gehen willst, Chase. Du bist jetzt erwachsen, und es gehört zum Erwachsensein dazu, Fehler zu korrigieren, die man macht. Was auch immer dich bedrückt«, sagt sie und macht eine kurze Pause, »finde einen Weg, deine falsche Entscheidung in eine richtige zu verwandeln.«

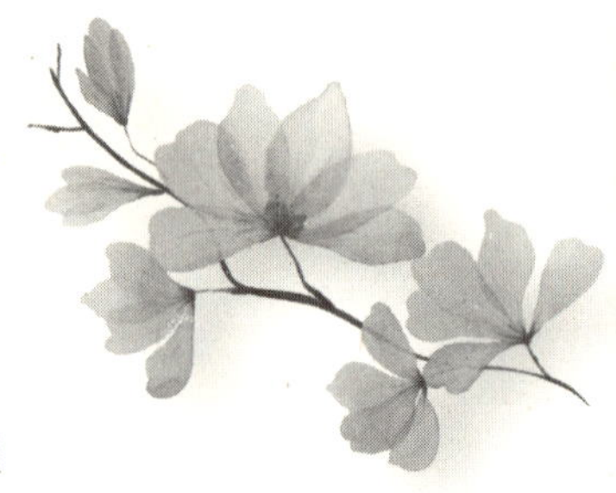

7. Kapitel

Vorurteile

Eloise

Die restlichen Tage bis zu meinem ersten richtigen Treffen mit Chase vergehen fast schon zu schnell. Allmählich scheint jeder an der Uni meinen Fauxpas auf der Party vergessen zu haben, denn die Blicke werden weniger und generell weniger durchdringend. Vielleicht liegt es aber auch an mir, dass sie es nicht mehr ganz in mein Unterbewusstsein schaffen. Wann immer ich einen Kursraum betrete oder mich abends in unserem Zimmer schlafen lege – es fühlt sich langsam an wie ein richtiges Zuhause.

Heute ist der erste Tag, an dem ich allein über den Campus schlendere. Nicht etwa, weil ich immer die Unterstützung von Alex oder Sophie gebraucht hätte, sondern vielmehr, weil beide bereits mit ihren Uni-Sachen beschäftigt sind. Sophie hat sich mittlerweile beim Fotografieclub eingetragen, und da Alex' Vorsprechen verschoben wurde, nutzt sie die Zeit, um sich weiterhin vorzubereiten.

Ich hingegen verbringe die letzten paar Minuten vor dem Kurs von Ms. LaCroix, um mich auf das anschließende Treffen mit Chase vorzubereiten.

Heute beschäftigen wir uns das erste Mal außerhalb der Kurse mit dem Thema Perspektiven, und ich soll ihn von einer anderen Seite kennenlernen. Noch immer bin ich mir nicht sicher, ob ich das wirklich möchte, doch nachdem die letzten Tage hier verhältnismäßig gut liefen, fühle ich mich viel motivierter und strotze nur so vor Energie. Sogar die Kritik zu einem neuen Kinofilm habe ich vorgestern abgedreht. Innerlich platze ich beinahe vor Stolz, dass ich es schaffe, meinen Instagram-Account mit der gleichen Intensität weiterzuführen wie zuvor.

Ich schlendere an dem Springbrunnen vorbei zum Lehrgebäude 1. Mein Blick wandert hinauf zu dem Slogan *Movie Makers,* und es ist das erste Mal seit meiner Ankunft, dass ich diese Bezeichnung tief in meinem Inneren fühle. Natürlich werde ich nach meinem Abschluss keine Regisseurin oder Produzentin sein. Das ist auch nicht mein Bestreben. Aber Filmjournalisten machen einen Film am Ende auch zu dem, was er ist: zu einem Kunstwerk, über das die Menschen diskutieren können. Wir können außerdem dabei helfen, einen Film und dessen Hintergründe besser zu verstehen. Das liebe ich so an meiner Arbeit.

Ich betrete das Gebäude und nehme wieder die verschiedensten Parfumnoten und den Trubel um mich herum wahr. Gesprächsfetzen fließen nur so an mir vorbei. Gesprächsfetzen, bestehend aus »Hast du deine Aufgaben schon erledigt?« oder »Der Kurs hat mir echt gut gefallen« wehen an mir vorbei, während die dazugehörigen Menschen von einem Kursraum zum nächsten eilen.

Auch ich mache mich auf zum Raum für Kameraführung. Dieses Mal bin ich etwas eher dran, und als ich einen Blick in den kleinen Raum werfe, fällt mir auf, dass unsere Dozentin zwar schon da ist, Chase allerdings noch nicht. Ich setze mich wieder auf den Platz, den ich in der vergangenen Woche hatte, und krame Handy, Schreibblock und Stifte heraus.

»Na, hast du mich vermisst?«, höre ich plötzlich eine vertraute Stimme im Gang vor dem Raum. Halb erkenne ich Chase, der einen Kerl umarmt, den ich auch in der letzten Woche schon gesehen habe. Ich glaube, er heißt Francis. Die beiden betreten gemeinsam den Kursraum, und als Chase mich entdeckt, nickt er mir zu.

Ein leises »Guten Morgen« verlässt meine Lippen, doch ich bin nicht sicher, ob er es überhaupt gehört hat. Chase lässt seinen Rucksack auf den Boden zwischen unseren beiden Stühlen fallen und setzt sich. Unsere Blicke treffen sich, doch ehe er etwas sagen kann, beginnt unsere Dozentin bereits mit dem Kurs.

»Guten Morgen in die Runde! Ich hoffe, ihr habt den Schock der letzten Stunde verkraftet und euch mit der bevorstehenden Projektarbeit angefreundet. Heute gibt es dazu noch ein paar Fakten um die Ohren, damit ihr auch wisst, was ich von euch erwarte. Notiert es euch besser, damit am Ende niemand sagen kann, ich hätte es euch nicht gesagt.« Hastig schnappe ich mir meinen Schreibblock.

»Erstens sollt ihr mindestens vier verschiedene Perspektiven einbauen. Welche das sein können, werden wir heute und in den nächsten Stunden behandeln. Zweitens möchte ich, dass ihr alles gut aufteilt. Ich möchte jeden von euch vor der Kamera sehen und nicht nur eine Person, während die andere ständig filmt. Es geht mir dabei nicht darum, euch vor die Linse zu zerren, aber dieser Kurs heißt nicht umsonst Kameraführung. Ihr sollt lernen, mit der Technik umzugehen, und das geht nur, wenn sie jeder von euch benutzt. Und drittens: Ihr könnt euch das Equipment aus dem Technikraum ausleihen, wenn ihr es benötigt. Ein paar von euch sind bereits auf mich zugekommen und haben darum gebeten, hier im Raum drehen zu dürfen.«

Ich werfe Chase einen wissenden Blick zu. Ohne mich zu beachten, grinst er ein wenig stolz vor sich hin.

»Das dürft ihr gerne, allerdings ist der Kursraum aktuell komplett ausgebucht, und nur die schnellsten unter euch haben noch einen Platz ergattert. Ich bin mir jedoch sicher, dass ihr schnell eine Alternative für eure Drehs findet.«

Ein lautes Raunen und kollektives Aufstöhnen geht durch den Raum, und ich komme nicht drum rum, Chase unsagbar dankbar dafür zu sein, dass er so schnell geschaltet und sich um alles gekümmert hat.

»Wer Kameras und andere Ausrüstung benötigt, trägt sich bitte in diese Liste ein.« Ms. LaCroix hält ein Klemmbrett mit einem Zettel in die Höhe. »Ich händige euch dann die angefragten Objekte aus. Ihr müsst jedoch mit einer Unterschrift bestätigen, dass ihr damit sorgsam umgeht. Die wenigsten von euch wird es interessieren, aber die Kameras, mit denen wir arbeiten, kosten viele Tausend Euro. Und für eine Menge Menschen ist das sehr viel Geld, also geht behutsam damit um. Wenn ihr Fragen zur Bedienung habt, dann stellt sie mir, und ich helfe euch.«

»So, dann überlasse ich euch beiden mal das Feld. Denkt bitte daran, nachher wieder abzuschließen, bevor ihr geht«, sagt Ms. LaCroix an uns beide gerichtet, nachdem wir die einzig Übrigen im Raum sind. Nur Chase und ich allein. Abgeschirmt von all den Menschen um uns herum, wie in einer kleinen Bubble. Das gab es so noch nicht. Nicht mal bei unserem Treffen in der Cafeteria. Der Vorteil: Würde ich mich hier blamieren, bekäme es wenigstens nicht die ganze Academy mit.

Ich drehe mich zu ihm um. Lässig stützt er sich mit den Ellenbogen auf dem Tisch ab und fokussiert mich.

»Was ist los?«, frage ich ihn.

»Ich habe noch kein Danke gehört«, entgegnet er neckisch und schaut sich um, als wolle er alles um uns herum einfangen. Ich verdrehe die Augen bei all dem Hochmut, der in seiner Stimme liegt. Doch auch wenn mir seine leicht arrogante Art nicht gefällt, hat er dennoch recht. Ohne ihn säßen wir jetzt nicht hier.

»Danke, dass du diesen Raum reserviert hast. Aber denke nicht, dass du die einzige Person bist, die sich vorbereitet hat«, antworte ich und hole aus einem meiner Schnellhefter ein Blatt Papier heraus, das ich ihm vorlege.

»Was ist das?«, fragt er, noch ehe er einen Blick darauf geworfen hat.

Ich spare mir die Antwort, denn was es ist, erkennt er sofort.

»Du hast wirklich einen Steckbrief von dir erstellt?« Ein überraschtes Grinsen breitet sich auf seinem Gesicht aus, sobald er zu mir hochschaut.

Ich zucke mit den Schultern. »Na ja, ich dachte mir, dass wir das Ganze so ein wenig abkürzen können. Du weißt jetzt einiges über mich, und es könnte uns deshalb leichter fallen, ein paar Szenen zu drehen, die dazu passen.«

Chase richtet seine Aufmerksamkeit auf die Stichpunkte. »Liebt Kaffee, allerdings nur mit viel Milch. Hasst Unpünktlichkeit und gibt ihren Kugelschreibern Namen, jedoch nur in Gedanken.« Sichtlich amüsiert kneift er die Lippen zusammen, um nicht lachen zu müssen.

Mit dieser Reaktion habe ich gerechnet. »Du kannst dich ruhig lustig machen, wenn du willst. Ist mir egal.« Dennoch schnappe ich mir das Blatt und drehe es so, dass er dessen Inhalt nicht mehr sehen kann.

»Nein, so war das nicht gemeint. Tut mir leid«, antwortet er immer noch schmunzelnd und streckt seine Hand aus, um mir den Zettel wieder abzunehmen. »Ich hätte nur nicht gedacht, dass du Namen für deine Stifte hast. Nein, falsch, eigentlich hätte ich nicht gedacht, dass du es zugibst. Irgendwie wundert es mich nicht, dass du das tust. Und ich hätte dich nicht für eine Kaffeetrinkerin gehalten.« Er deutet auf den hellbraunen Becher auf meinem Tisch. »Als ich heute Morgen in den Raum kam, hast du den da in der Hand gehalten und das Gesicht verzogen, als hätte dir jemand Benzin reingekippt.«

»Ja, der war ja auch ohne Milch.«

Chase' Verwirrung steht ihm ins Gesicht geschrieben. »Und wieso …?«

Ich winke ab. »Weil ich schlecht geschlafen habe, nicht wichtig.«

Chase' Mund öffnet sich, als wollte er ein lautes »Ah« ausstoßen. Dann fällt sein Blick auf die Stifte, die nach den Farben des Regenbogens sortiert auf meinem Platz liegen. »Und was die Namen angeht … wie heißt der?«, erkundigt er sich und greift nach meinem hellblauen Kugelschreiber. »Elsa?«

Ich hatte gedacht, in seiner Stimme mehr Belustigung zu hören, doch tatsächlich klingt er durch und durch ernst und interessiert. »Guter Gedanke. Ich mag Frozen sehr, aber nein. Ich bin ein noch größerer Avatar-Fan, deshalb heißt der hier Neytiri.«

Chase nickt und notiert sich etwas in sein Notizheft.

»Was schreibst du da?«

Er schaut auf und klappt das Buch zu. »Ich hab mir nur aufgeschrieben, dass ich dann wohl auch einen Steckbrief machen muss. Ich gebe zu, dass ich den Gedanken erst ein bisschen albern fand, aber es hilft uns wirklich, uns gegenseitig kennenzulernen. Ich finde es irgendwie ganz interessant, dass du«, wieder schaut er auf das Papier, »*Stolz und Vorurteil* liebst und jetzt dabei zusehen kannst, wie ich jedes deiner Vorurteile mir gegenüber im Keim ersticke.« Er zwinkert mir zu, und ich verschränke die Arme vor der Brust.

»Was soll das heißen?«

»Hast du oder hast du nicht erwartet, dass ich mich in dieses Projekt reinhänge? Du hast gedacht, ich würde es auf die leichte Schulter nehmen, weil ich es mir dank meines Daddys erlauben kann, nicht wahr?«

In Gedanken ergänze ich den Steckbrief um einen weiteren Punkt: Hasst es, falschzuliegen. Doch genau das tue ich, denn Chase hat recht. Ich habe mir nicht vorstellen können, dass er das hier ernst nimmt. »Ja, du hast recht. Aber noch haben wir ja auch nicht allzu ausgiebig über das Projekt gesprochen. Wie wär's, wenn du mir sagst, welche Perspektiven wir einbringen wollen, damit das Ganze gut zu drehen ist?«

Wir unterhalten uns über die verschiedenen Perspektiven, die wir für unsere Aufnahmen nutzen wollen – Frosch- und Vogelperspektive, Panorama und Normalperspektive –, und diskutieren die technischen Möglichkeiten, die uns dafür zur Verfügung stehen. Auch mögliche Drehorte besprechen wir und erstellen eine To-do-Liste mit Punkten, die wir in den kommenden Wochen bis zur Abgabe alle erledigen wollen. Dazu gehört auch, einander kennenzulernen. Ein Gefühl von Aufregung macht sich bei dem Gedanken daran in mir breit, Chase Edwards von noch mehr Seiten kennenzulernen. Ehrlicherweise bin ich unentschlossen, ob ich das wirklich möchte, und wären wir privat hier, würde ich dankend ablehnen. Doch da das hier Teil des Projekts ist, bleibt mir keine Wahl.

Nach einer überraschend produktiven Stunde strecke ich mich und packe meine Sachen zusammen. Doch mit einem Mal spüre ich Chase' Hand auf meiner.

»Warte kurz.« Seine Stimme ist etwas leiser als zuvor, fast schon ein wenig schüchtern. Ich drehe mich zu ihm um, ziehe meine Hand jedoch weg. Sein Blick ist gesenkt, als würde er dem meinen ausweichen wollen.

»Was ist?«

»Ich muss dich etwas fragen.« Ich lehne mich zurück und verschränke die Arme vor der Brust.

»Wir hatten letzte Woche Medienrecht zusammen, und du … du warst wirklich verdammt gut.« Ich merke mit jedem seiner Worte, wie viel Überwindung ihn das hier kostet. Er atmet schneller, scheint fast schon aufgeregt zu sein. »Und deshalb brauche ich dich. Ich wollte dich fragen, ob du … also eventuell … wenn du willst …«

Ich pruste los. »Jetzt spuck's schon aus.«

»Ob du mir Nachhilfe geben würdest.« Seine Frage überrascht mich so sehr, dass ich kurz erstarre und nicht weiß, was ich sagen soll.

»Warte mal, du bittest mich um Nachhilfe? Jemand, der mir die verschiedensten Filmperspektiven aufzählen kann und top vorbereitet zu unserem Treffen erscheint?«

Chase' Blick spricht Bände. Das Eis in seinem Blick, hinter dem normalerweise alle Emotionen verborgen sind, zerfließt zu einem trüben See, das Lächeln auf seinem Gesicht ist verschwunden.

»Kann denn dein Dad da nicht irgendwas machen?«, ergänze ich meine Frage.

Chase schüttelt den Kopf. »Das hat er schon. Er hat dafür gesorgt, dass ich Medienrecht in diesem Semester wiederholen kann. Normalerweise geht das nicht.«

»Warum bist du durchgefallen?«

»Sagen wir, ich habe mir nicht besonders viel Mühe gegeben.« Seine Worte kommen mehr als holprig raus, und irgendwas daran verrät mir, dass das nicht die ganze Wahrheit ist.

»Nehmen wir mal an, ich würde dir helfen. Wer sagt mir denn, dass du dir dieses Mal mehr Mühe gibst als im letzten Semester? Ich meine es nicht böse, aber ich hab keine Zeit, meine Energie in jemanden zu stecken, der es nicht zu schätzen weiß.«

Er hebt beschwichtigend die Hände. »Nein, so ist es nicht, wirklich. Ich verstehe einfach die ganzen rechtlichen Zusammenhänge nicht. Und ich brauche jemanden, der mir dabei helfen kann, das zu verstehen. Ich würde mich dieses Mal auch mehr reinknien, weil ich jetzt einen Grund habe. Etwas, wofür es sich lohnt.«

»Und der wäre?«

»Hör zu«, beginnt er und räuspert sich, »der Grund, weshalb ich mir im vergangenen Semester nicht den Hintern wund gelernt habe, ist nicht, dass ich keinen Bock hatte. Zumindest ist es nur teilweise richtig. Ich … will überhaupt nicht Regie studieren. Aber jetzt hänge ich nun mal in diesem Studiengang fest und somit auch in den Kursen, die man dafür belegen muss.«

Ich verstehe nur Bahnhof. »Wieso hast du dich dann dafür beworben?«, frage ich.

Chase schüttelt den Kopf. »Erinnerst du dich an das, was du während unseres ersten Kursbesuchs bei LaCroix gesagt hast?«

Ich habe einiges gesagt und kann mir nicht vorstellen, worauf er hinauswill, also schüttele ich den Kopf.

»Da hast du gesagt, dass ich mich bestimmt nicht hier bewerben musste, weil mein Dad sich um alles gekümmert hat. Und gewissermaßen ist das so.«

Ich zähle eins und eins zusammen und beginne zu verstehen. »Dann hat er dich für dieses Studium eingeschrieben, obwohl du es gar nicht wolltest?« Die Mischung aus Unglauben und Wut lässt die Worte harscher rauskommen als beabsichtigt. Wobei meine Reaktion angesichts eines solch rücksichtslosen Verhaltens vermutlich die einzig angebrachte ist.

Chase nickt. »Er hat mir gesagt, ich solle mir keinen Kopf machen, er würde sich um meine Bewerbung kümmern. Drei Tage später kam dann die Zusage für das Regiestudium. Obwohl er genau wusste, dass Animation meine erste Wahl war.« Er schüttelt den Kopf und entlässt ein zynisches Schnauben. »Ich hab tatsächlich geglaubt, dass er einfach nur nett sein und mich in meinem Traum unterstützen möchte.«

»Und wieso ignoriert er ihn absichtlich?«

Chase zuckt mit den Schultern. »Das ist sein Ego-Ding. Er möchte, dass ich in seine Fußstapfen trete. Dass ich das weiterführe, was er begonnen hat. Ich soll als ›Der Sohn von‹« – Chase malt Anführungszeichen in die Luft – »weiter Filme drehen, obwohl das gar nicht mein Ding ist.«

Ich stoße ein lautes Seufzen aus. Für diesen Nachmittag sind das wahrlich zu viele Informationen. Dennoch kann ich nicht anders, als nachzufragen. »Und was hat sich jetzt geändert?«

»Er hat eingewilligt, mich den Studiengang zu Animation wechseln zu lassen, wenn ich dieses Semester all meine Kurse bestehe.«

Eine innere Stimme sagt mir, dass an der Sache etwas faul ist. Wenn es seinem Dad so wichtig ist, dass Chase seinen Zukunftsvorstellungen gerecht wird, wieso lässt er sich dann plötzlich darauf ein, das alles doch aufzugeben? Da stimmt doch was nicht. Doch ich verberge den Gedanken irgendwo ganz weit hinten in meinem Gehirn. Ich kenne seinen Vater ja schließlich auch nur kurz – wieso sollte ich mich da einmischen?

»Und wieso fragst du dann wegen der Nachhilfe nicht jemanden von deinen Freunden? Die haben den Kurs doch anscheinend bestanden, oder etwa nicht?«

Chase nickt. »Klar, das könnte ich machen. Aber du hast keine Ahnung, wie schnell sich das verbreiten würde. Das wäre so wie mit den Leuchtfeuern bei *Der Herr der Ringe*.«

Zum ersten Mal seit dieser komischen Wendung in unserer Unterhaltung muss ich schmunzeln, auch wenn die Situation ziemlich traurig ist. Und zum ersten Mal seit unserer ersten Begegnung tut Chase mir wirklich leid. So oft habe ich mich wegen meiner Familie schlecht gefühlt und geweint, weil Mom und Dad sich von mir abgewandt haben. Doch mit einem Mal frage ich mich, was wohl schlimmer ist: eine Familie, die dich zu deinem Unglück zwingt, oder eine, die dich auf deinem Weg zum Glück allein lässt.

»Du siehst, ich kann niemand anderen fragen. Ich vertraue meinen Freunden, aber sie haben echt ihre Schwierigkeiten, Dinge für sich zu behalten. Mein Vater will, dass ich es aus eigener Kraft schaffe, den Kurs zu bestehen. Was glaubst du, würde er sagen, wenn er mitbekäme, dass sein ohnehin missratener Sohn Nachhilfe bekommt?«

Chase' Worte holen die Erinnerung an das Gespräch mit Mr. Edwards zurück, das ich beinahe erfolgreich verdrängt hatte. Dieses Pochen auf Werte und Perfektion, das die Uni so ausmacht.

»Ich nehme an, es wäre ihm unangenehm, wenn man ihn darauf anspräche.«

»Das ist noch untertrieben ausgedrückt. Verstehst du jetzt, weshalb niemand davon erfahren darf? Und da wir beide eh dieses Videoprojekt zusammen machen müssen, würde niemand nachfragen.«

Ich bin unentschlossen. Einerseits will ich ihm helfen, weil er mir leidtut. Tief in meinem Herzen spüre ich ein Stechen, wenn ich daran denke, wie sehr er unter dem Erfolgsdruck seines Vaters leiden muss – niemand hat es verdient, so von seinen Eltern behandelt zu werden. Es sind die einzigen Menschen, von denen wir verlangen können sollten, dass sie uns bedingungslos unterstützen. Andererseits ist da die Eloise, die wegen eines einfachen Gespräches mit Chase beinahe ihren Traum hat begraben müssen. Die Nähe zu ihm bedeutet Gefahr. Wenn sein Vater herausfindet, dass ich mich in den Werdegang seines Sohnes einmische – egal auf welche Weise –, bin ich sofort wieder auf seinem Radar. Wieder stoße ich ein Seufzen aus, dann schaue ich zu Chase.

»Bitte, Eloise.« Ich hätte mir einbilden können, dass da eine Spur Verzweiflung in seinem Ton mitschwingt.

»Na gut. Ich gebe dir Nachhilfe. Aber wir müssen das wirklich für uns behalten. Ich hab keine Lust, auf der Abschussliste deines Vaters noch weiter nach oben zu rutschen.«

»Wirklich?« Ruckartig richtet er sich auf, die Augen weit aufgerissen. Verschwunden ist der triste See, dafür jagt eine Hoffnungswelle die andere und bricht sich an seinen rabenschwarzen Pupillen. Ich frage mich, wie es sich anfühlt, dort einzutauchen.

»Wirklich.«

Chase

»Das kann doch wohl nicht dein Ernst sein«, ruft Stu, als ich an Bahn drei den Ball einloche.

Lässig schwinge ich mir den Schläger über die Schultern und lehne beide Arme darüber. »Das hast du bei den Bahnen davor auch schon gesagt«, entgegne ich entspannt.

Einmal in der Woche gehen Stu und ich zum Minigolf. Obwohl unsere Väter uns lieber auf einem echten Golfplatz neben sich und ihren namhaften Kollegen sehen würden, ziehen mein bester Freund und ich ein Spiel im Princess-Antoinette-Park vor. Hier gibt es einen Parcours, auf dem man sein Golfglück probieren kann und heilsamerweise nicht damit rechnen muss, von *der Elite*, zu der mein verehrter Herr Vater nur allzu gern gezählt werden will, entdeckt zu werden. Für einen Nachmittag alle zwei Wochen erlauben wir uns, weit weg von den Reichen der Reichen zu sein, die nicht nur auf dem Platz auf ein Hole-in-one abzielen und sich mit Floskeln und aufgeplusterten Angebereien wichtigmachen.

Hier höre ich kein Gejammer darüber, dass die neue Nanny wieder einmal gekündigt hat, oder Berichte darüber, welche Aktie gerade gut läuft. Was ich hier höre, sind Familien, die ihren Kindern nach den Pommes noch ein Eis anbieten, oder Pärchen, die Händchen haltend über die Anlage schlendern. Dieser Ort steht für mich für Normalität in einer Welt voller gekünstelter Sorgen und einem Überfluss, der die richtigen Probleme zu überschwemmen droht.

Doch heute hat diese Unternehmung noch eine andere Bedeutung für mich: Ablenkung. Nie hätte ich gedacht, dass ich Eloise von der Sache mit Michael erzählen würde, doch jetzt, da es so ist, versuche ich, den Gedanken daran zu verdrängen. Ich weiß, dass ich keine andere Wahl hatte, als sie um Hilfe zu bitten, aber es bereitet mir Kopfschmerzen, dass ich mein Vertrauen in ihre Hände gelegt habe und sie es jederzeit fallen lassen könnte.

»Versuch dein Glück lieber an der nächsten Bahn, Stu. Nummer vier ist die mit dem Netz. Das kannst du doch so gut.«

Im strahlenden Sonnenschein des monegassischen Augusts spazieren wir von der einen Herausforderung zur nächsten.

Stu lässt den Schläger von einer Hand in die andere gleiten und grinst mir zu, das helle Sonnenlicht spiegelt sich in seiner überdimensionalen Sonnenbrille. »Du kennst mich zu gut«, erwidert er, als wir unser nächstes Ziel erreichen.

Im mediterranen Stil gestaltet, sind all die Bahnen hier in sanften Orangetönen gehalten. Stuart stellt sich etwas abseits der Bande hin und platziert seinen neongelben Ball auf dem Abschlagfeld. Dann dreht er sich zur Bahn und neigt den Kopf in Richtung des Netzes an deren Ende.

»Jetzt sieh zu und lerne, Edwards.« Stu holt aus und dreht sein linkes Bein beim Abschlag ein wenig ein. Zumindest was die Haltung angeht, wären unsere Väter stolz – oder, in ihrer Welt: nicht völlig enttäuscht. Den Ball schlägt er so stark, dass das kleine Teil mit einem Affenzahn über die Anhöhe der Bahn rollt. Als er am Ende der Erhebung angekommen ist, höre ich bereits einen kurzen Jubelschrei von Stu, der jedoch schnell wieder verstummt. Das Netz bewegt sich keinen Millimeter, was bedeutet, dass er nicht getroffen hat. Der Ball ist auf der anderen Seite der Anhöhe kurz vor dem Netz runtergefallen.

Ich presse die Lippen zusammen und werfe meinem besten Kumpel einen mitleidigen Blick zu.

Stuart ballt die rechte Hand zur Faust und tut so, als müsste er draufbeißen, um nicht zu fluchen. »Das kann doch nicht wahr sein! Und du sagst mir, dein Tag soll blöd gewesen sein?«

Auch wenn mein Tag bisher eher mäßig war, schafft Stuart es doch immer wieder, mir ein Lachen abzuringen – ob er es möchte oder nicht. Ich strecke die Hand aus und schnappe mir den Ball. »Es ist beruhigend zu sehen, wie rational und ruhig du bleibst. Man könnte beinahe denken, dein Ruf als Drama-Queen wäre nichts als bloße Übertreibung«, spotte ich.

Stuart lässt sich auf die kleine Eichenholzbank sinken, die wenige Schritte entfernt steht. Sein kobaltblaues T-Shirt bildet einen starken Kontrast zu dem hellen Holz hinter ihm.

Ich werfe ihm den kleinen Schreibblock zu, auf dem wir die Schläge notieren, und er legt ihn neben sich ab.

»Na, komm schon. Du hast noch fünf Schläge. Erst dann trage ich dir die sieben ein. Also, los«, fordere ich ihn auf, auch wenn ich weiß, dass er jetzt für den Rest des Spiels kaum noch Lust haben wird. Er ist ein mieser Verlierer.

Seufzend steht er auf, nimmt mir den Ball ab und wagt einen weiteren Schlag. Ich nutze die Gelegenheit und lasse den Blick über den Park schweifen, in dem sich die Anlage befindet. Von den meisten Orten, an denen ich mich in Monaco aufhalte, habe ich einen guten Blick auf das Wasser, doch von hier aus kann ich den Hafen und die Promenade nicht erkennen. Der Princess-Antoinette-Park liegt mitten im Zentrum von Monaco und ist umgeben von einer gut gepflegten Grünanlage mit jahrhundertealten Olivenbäumen. Hier gibt es Spielplätze, Spazierwege und für Kinder sogar einen Streichelzoo. Statt nach einer frischen Meeresbrise riecht es hier also, je nachdem wo man sich gerade aufhält, nach frisch gemähtem Rasen, Blumenbeeten oder auch mal nach Ziegen und Schafen. Wenn man, so wie Stuart und ich, nach dem Minigolf noch zur Imbissbude geht, steigt einem der Geruch nach Frittierfett in die Nase. Und ich liebe es. Statt teurer Parfums oder dem Leder irgendwelcher Markenhandtaschen, atme ich lieber diese Luft ein. Das scheint mir mehr das reale Leben zu sein als mein eigenes.

»Yes!«, ruft Stu und jubelt, als sein Ball endlich in das Netz gleitet. »Beim zweiten Schlag doch noch getroffen! Ich hab dir gesagt, ich schaffe die Bahn jedes Mal.«

Lächelnd schüttele ich den Kopf. »Alles klar.«

Wir spielen noch eine ganze Weile, versuchen uns gegenseitig aus der Ruhe zu bringen oder schubsen uns leicht, um den anderen am nächsten guten Schlag zu hindern. Wahrscheinlich würden uns Außenstehende für zwei zu groß geratene Kleinkinder halten, so wie wir uns benehmen. Doch ich genieße diese unbeschwerte Zeit mit meinem besten Kumpel. Ich möchte Spaß haben und meine Gedanken an Regeln, Nachhilfe und meinen Vater für einige Zeit loslassen.

Als wir die letzte Bahn auf dem Gelände erfolgreich absolviert haben, wirft Stuart einen Blick auf unseren Zettel und blickt mich kopfschüttelnd an.

»Meine Güte, das ist doch wirklich nicht wahr«, brabbelt er genervt vor sich hin und beginnt dann zu lachen, während er sich hinter mir an einen Baumstamm lehnt. Ich schnappe ihm den Zettel aus der Hand und kann mir ein Lächeln nicht verkneifen. Ich habe haushoch gewonnen.

»Also bevor ich dem Sieger eine erschreckend ekelhafte Kugel Kaugummi-Eis spendiere – für das es übrigens so etwas wie eine Gesundheitsbeschränkung geben sollte, wenn du mich fragst –, willst du mir verraten, was dein Vater jetzt schon wieder angestellt hat?«

Ich werfe ihm einen fragenden Blick zu, woraufhin Stuart auf die Liste in meiner Hand deutet und seine Sonnenbrille abnimmt, um mich direkt anzuschauen.

»Chase, du bist in jeglichen Sportarten immer dann grandios, wenn mal wieder was vorgefallen ist oder dich in irgendeiner Art und Weise beschäftigt. Also, komm schon, raus mit der Sprache.« Er greift sich das Papier und setzt die Brille wieder auf, wodurch er mir so die nötige Distanz bietet, von der wir beide wissen, dass ich sie brauche.

Ich überlege, wie viel ich ihm erzählen kann. Stu ist zwar mein bester Freund, aber es stimmt, was ich Eloise erzählt habe: Zwei

Gläser Whisky, und er plaudert aus dem Nähkästchen wie ein Wasserfall. Ich bin ihm nicht mal böse um diese Eigenschaft, nur ist sie manchmal nicht unbedingt vorteilhaft. »Es ist immer noch wegen der Sache in seinem Büro. Ich hab das Gefühl, das zieht sich hinter mir her wie ein Rattenschwanz, weißt du? Ich habe mir von meinem Dad ganz schön was anhören müssen, weil er mal wieder nicht happy mit mir ist.« Eine Welle des Schuldbewusstseins überschwemmt mich, weil ich nicht die ganze Wahrheit erzähle.

»Was ist es denn dieses Mal? Gefällt ihm dein T-Shirt nicht? Hast du deinen Scheitel zur falschen Seite gekämmt?«, fragt er unbeeindruckt und reißt ein wenig von der kleinen Papierecke der Liste ab.

Mir entwischt ein Lachen, auch wenn es mehr traurig als belustigt klingt. Er liegt vollkommen richtig: Eigentlich hat mein Vater an fast allem etwas auszusetzen, was mich betrifft. »Tja, was das angeht, hat er vielleicht schon die Hoffnung verloren, aber das Einzige, was dieses Mal anders ist, ist die Tatsache, dass wir vermutlich mal auf einen Nenner gekommen sind. Mit etwas Glück habe ich bald eine Sorge weniger.«

»Will ich wissen, worauf du dich da einlässt?«

»Was meinst du?«, frage ich irritiert.

Stuart seufzt und stößt sich von dem Stamm hinter ihm ab, um auf mich zuzukommen und eine Hand auf meine Schulter zu legen. »Nur, dass du aufpassen sollst. Ich weiß, es ist traurig, das zu jemandem bezüglich seines Vaters zu sagen, aber Michael hat dir schon häufiger Dinge zugesagt, nur um sie dir dann vor der Nase wegzuschnappen.«

Es fühlt sich an, als würde jemand einen elendig breiten Ledergürtel an meiner Brust immer straffer ziehen, so sehr schnürt mir die Angst davor, dass Stu recht haben könnte, die Luft ab. Schließlich spricht er genau das aus, was ich selbst schon viel zu oft überlegt habe.

»Mir kam der Gedanke auch schon. Aber ich hab vermutlich einfach keine andere Wahl, als zu hoffen, dass es dieses Mal anders sein wird«, entgegne ich und ignoriere dabei das dumpfe Gefühl in meiner Magengegend. Ein Gefühl, dass mich hinterfragen lässt, wieso es ausgerechnet jetzt anders sein sollte als sonst. Uns ist beiden bewusst, dass es nur ein paar Anrufe seinerseits bräuchte, um mir meine Zukunft zu verbauen. Mir bleibt nichts anderes als die Hoffnung darauf, dass er es dieses Mal ernst meint. Andernfalls weiß ich nämlich nicht, was ich tun soll.

»In solchen Momenten vermisse ich meine Mutter. Mit ihr wäre es nie so weit gekommen«, füge ich noch hinzu. Und beobachte dabei eine schwarzhaarige Frau mit ihren zwei Söhnen, die am Eingang zur Minigolfanlage steht. Die drei lachen freudig und scheinen voller Vorfreude auf ihr Spiel zu sein. Mir wird schwer ums Herz, und Stuart tätschelt mir sanft die Schulter.

»Du weißt, das Angebot, dass du bei uns wohnen kannst, gilt nach wie vor«, sagt er und schaut mich ernst an. In diesem Moment bin ich ihm so dankbar wie nie.

Dennoch winke ich ab. »Das wäre den ganzen Stress nicht wert. Mein Vater würde ständig bei euch rumhängen, und dann wäre euer Haus irgendwann genauso ein Gefängnis wie unseres.«

Als ich das Studium begonnen habe, habe ich gar keinen Gedanken daran verschwendet, in eines der Wohnheime zu ziehen. Ich komme nicht von weither und wohne direkt in Monaco. Die Situation bliebe für mich die Gleiche – ich hätte einen Vater, der zwar oft unterwegs, aber sich dennoch nicht zu fein dafür ist, stets alles über mich in Erfahrung zu bringen. Ganz abgesehen davon, dass ich im Wohnhaus gar keinen Platz für mein eigenes kleines Atelier hätte. Hinzu kommt, dass ich die vielen Menschen, die sich an Ort und Stelle tummeln, nicht gerade mag. Auch wenn ich oft einsam bin in den vier Wänden unseres Hauses – so ist es genau das, was mich ab und zu wenigstens ein wenig durchatmen lässt.

»Überleg es dir trotzdem. Wir haben Sicherheitspersonal. Die könnten deinen Vater jederzeit rausschmeißen«, entgegnet Stuart mit einem Zwinkern. Zwar würde ich manchmal gerne bei ihm wohnen, denn ich mag seine Familie sehr gern, doch ich würde ihnen nur zur Last fallen. In dieser oberflächlichen Freundschaft, die mein Vater und seiner führen, wäre kein Platz für einen hilflosen Regisseurssohn, der Unterschlupf bei Fremden findet. Am Ende würde mein Vater auch noch einen Weg finden, um mich dort rauszuekeln. Und dann würde das vielleicht meine Freundschaft zu Stu zerstören, und dieses Risiko würde ich nie eingehen.

Wir setzen uns in Bewegung, um mir mein – wie Stu sagen würde – gesundheitsgefährdendes Kaugummi-Eis zu besorgen.

»Wie läuft eigentlich dein Projekt mit dieser Partymaus? Wie war ihr Name noch mal? Elliana?«

Ich schüttele den Kopf. »Eloise.«

Stuart nickt und gibt ein leises »Ah« von sich.

»Bisher ziemlich gut. Sie ist ehrgeizig, das merkt man.« Und klug. Und irgendwie auch ein bisschen lustig.

»Na, da haben sich ja zwei gefunden. Und sie nimmt dir die kleine Wette von der Party nicht mehr übel?«, fragt er belustigt.

Prompt habe ich ihren peinlichen Auftritt vor Augen. Ich erinnere mich, wie auch ich am Tag nach der Party das Video gesehen habe. Doch im Gegensatz zu dem Moment, in dem ich sie dort oben auf der Bühne habe live stehen sehen, fühlte es sich am darauffolgenden Morgen nicht ansatzweise so triumphal an. Stattdessen fühle ich mich mittlerweile sogar schuldig, weil ich sie so sehr provoziert habe. Zwar hat sie mich an einem echt blöden Tag erwischt, aber mein Verhalten ihr gegenüber war fies und vollkommen daneben. Sie konnte kaum ihre Gedanken richtig ordnen, so betrunken, wie sie war, und ich habe mir eiskalt einen Spaß daraus gemacht, sie zu provozieren. Ich schaudere bei dem Gedanken an wen mich dieses Verhalten erinnert. Wie mein Vater habe ich mich zu einem Machtspielchen hinreißen lassen, und allein diese Ähnlichkeit zu ihm ist mir schon dermaßen zuwider, dass ich mir am liebsten eine reinhauen würde.

Genau aus diesem Grund habe ich meinem Vater das Video geschickt. Nicht, damit er sie in sein Büro zitiert, sondern vielmehr, weil ich nicht wollte, dass es noch weitere Kreise zieht. Am Ende habe ich damit vielleicht trotzdem alles noch schlimmer gemacht, obwohl ich eigentlich eher helfen wollte.

»Ehrlicherweise nimmt sie es mir weniger übel, als ich es verdient hätte.«

Stuart klopft mir auf den Rücken. »Ach, mach dir keinen Kopf. Sie hätte sich ja auch dagegen entscheiden können, auf diese Bühne zu gehen.«

»Sie war betrunken und ich ein Arschloch. Das war nicht fair.«

Stu zuckt mit der Schulter. »Na ja, jetzt hast du immerhin jede Menge Zeit, es wiedergutzumachen.«

Ich denke an den gestrigen Tag: die erste Projektstunde, die wir gemeinsam verbracht haben. Wenn ich so recht darüber nachdenke, war es das erste Mal, dass wir mehr oder weniger friedlich zusammengearbeitet haben. Der Gedanke zieht an meinen Mundwinkeln, lässt das schlechte Gewissen, das ich im Hinblick auf Eloise ständig habe, ein wenig leichter werden. »Da hast du recht.«

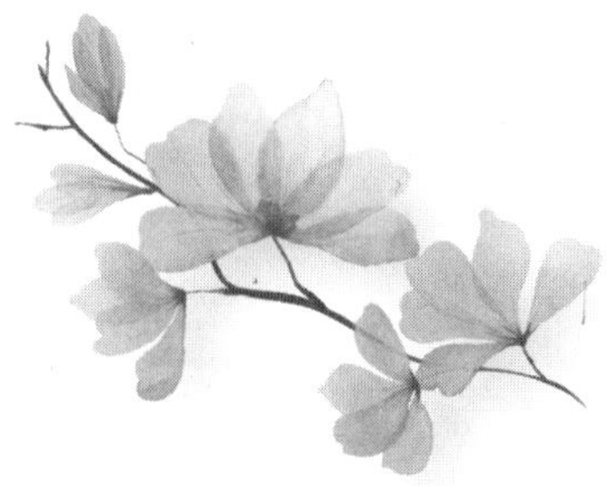

8. Kapitel

Meinungen

Eloise

»Und, wie war dein Treffen mit diesem Chase?«, fragt Alex, als ich am späten Nachmittag zurück ins Zimmer komme. Meine beste Freundin sitzt am Schreibtisch vor ihrem Laptop. Der Grund: Heute ist Mädelsabend, und sie ist für die Filmauswahl zuständig. Von Sophie hingegen fehlt jede Spur.

»Puh, es war ganz schön lehrreich«, entgegne ich und meine nicht unser Projekt, denn dazu sind wir am Ende unseres Gesprächs gar nicht mehr gekommen. Vielmehr habe ich heute eine Seite von Chase kennengelernt, mit der ich so nie gerechnet hätte. Und jetzt, nachdem ich ein wenig Zeit hatte, darüber nachzudenken, bin ich immer noch nicht sicher, was ich von alldem halten soll. Ihm Nachhilfe zu geben, kann ihm helfen, seinen Traum zu verwirklichen, und doch stelle ich mir die Frage, ob ich mich zu naiv in die Sache hineingestürzt habe. Ich kenne diesen Kerl kaum, und wenn ich mich auf all das mit ihm einlasse, muss ich ihm vertrauen, dass er es ernst nimmt. Schließlich opfere ich einen großen Teil meiner Zeit für ihn. Und im schlimmsten Fall auch meine Zukunft.

»Lehrreich?«, fragt Alex und runzelt die Stirn, als ich mich auf ihr Bett setze. »Inwiefern?«

»Sagen wir mal so: Ich hab heute gelernt, dass jeder Mensch ein Päckchen zu tragen hat, auch diejenigen unter uns, bei denen man es am wenigsten vermuten würde.«

Noch ehe Alex etwas erwidern kann, stürmt eine gut gelaunte Sophie herein. Anscheinend war sie einkaufen, denn sie hält zwei große Tüten in den Händen.

»Ah, da ist ja unsere Lebensmittellieferantin«, ruft Alex, während Sophie die Tüten völlig aus der Puste auf den Boden gleiten lässt und eine Colaflasche rausrollt.

»Ich hab an alles gedacht: vier verschiedene Chipssorten, Popcorn und Gummibärchen. Dann Vanille-Cola für Eloise, einen Energydrink für Alex und für mich ganz viel grünen Tee, damit ich heute Abend auch durchhalte, wenn wir *Safe Haven* gucken.« Stolz stemmt sie die Hände in die Hüften und streift sich ihre schwarzen Flipflops von den Füßen.

»Hasst du Liebesfilme so sehr, dass du dich mit Tee wach halten musst?«, frage ich und kann mir ein Lachen nicht verkneifen.

»Ich bediene nicht viele Klischees, aber das stimmt wirklich. Ich trage viel Schwarz und hasse Schnulzen. Zwar hätte ich lieber so einen Slasher-Film wie *Freitag der 13.* geguckt, aber mein Unglück ist, dass ich zwei Mitbewohnerinnen habe, die mich in so was sehr leicht überstimmen können.« Mit einem amüsierten Lächeln schüttelt sie den Kopf, hebt die Einkäufe wieder auf und kommt zu uns. Gemeinsam stellen wir die Vorräte für den heutigen Abend auf dem Schreibtisch auf.

»Na, dann nehmt mal Platz, Ladies, die Vorstellung beginnt gleich«, verkündet Alex, nachdem wir unseren Proviant in kleine Schälchen gefüllt und mit aufs Bett genommen haben. Ich schnappe mir noch die drei Gläser, die ich vorhin aus der Gemeinschaftsküche geholt habe, während Sophie den Wasserkocher anstellt, der auf ihrem Schreibtisch steht.

Sobald sie ihren Tee aufgegossen hat und wir drei es uns nebeneinander gemütlich gemacht haben, beugt Alex sich vor, um den Laptop auf der Bettdecke vor uns zu positionieren, zögert jedoch, auf Play zu drücken.

»Was ist los?«, frage ich.

Meine beste Freundin dreht den Kopf in meine Richtung und schaut mich über die Schulter hinweg an. »Weißt du, ich finde es klasse, dass du mit Chase zusammenarbeitest, aber ein bisschen sorge ich mich auch um dich.« Natürlich weiß ich das. Ich kenne Alex mein halbes Leben lang. Sie sorgt sich immer um mich.

»Ich denke einfach, du solltest vorsichtig sein und dich nicht zu sehr auf ihn verlassen. Ich kann mir gut vorstellen, dass die Arbeit am Anfang vielleicht noch ganz gut funktioniert, aber pass auf, dass er dich im Endeffekt nicht alles allein machen lässt. Kann ja sein, dass er seine Aufnahmen von dir nicht einreicht oder sich auf einmal nicht mehr meldet und du dann eine schlechte Note bekommst. Jemandem, der betrunkene Leute auf Partys dermaßen auflaufen lässt, ist nicht zu trauen.«

»Da muss ich Alex recht geben«, schaltet sich nun auch Sophie ein, die immer wieder in ihren Tee pustet. »Nach der Sache auf der Party bin ich schon überrascht, dass du es wirklich mit ihm in einem Raum aushältst. Ich meine, am Ende war er derjenige, der dich so provoziert hat. Ich lasse jetzt mal die Tatsache außen vor, dass du darauf eingegangen bist, aber letztlich hätte es dir eine Menge Ärger erspart, wenn du dich von diesem arroganten Typen ferngehalten hättest.«

Die beiden haben recht, keine Frage, schließlich habe ich bis vor Kurzem noch genauso gedacht. Doch ich bin auch mit dem Wissen aufgewachsen, dass mich niemand zu meinen Taten zwingt und ich für mich selbst verantwortlich bin. Daran gemessen hat Chase mich zwar provoziert, doch ich hätte nicht darauf eingehen müssen und kann ihm nicht für all das die alleinige Schuld geben. Auch wenn es das Ganze deutlich vereinfachen würde.

Mir ist bewusst, dass ich an mich denken muss, weshalb ich

auch beschlossen habe, nicht völlig planlos an die Sache heranzugehen. Sollte Chase sich danebenbenehmen, habe ich seit heute zumindest etwas gegen ihn in der Hand, auch wenn ich nur ungerne darauf zurückgreifen möchte. Denn auch wenn er sich jetzt von einer guten Seite zeigt – so muss ich trotzdem auf mich aufpassen.

»Ich weiß, dass ihr euch Sorgen macht. Ich bin vorsichtig, versprochen. Aber so schlimm ist er gar nicht.« Ich stolpere über meine eigenen Worte. Doch es stimmt: Dort, wo vor ein paar Tagen noch pure Abneigung gegenüber Chase war, hat sich nun zumindest ein Hauch Verständnis dazugesellt. Natürlich habe ich keine Garantie dafür, dass er unsere Zusammenarbeit ernst nimmt, und sollte er sich wirklich noch mal von seiner schlechten Seite zeigen, falle ich gnadenlos auf die Nase. Doch wie oft habe ich mir jemanden gewünscht, der mir die Hand reicht, wenn Mom mich allein gelassen hat? Wie oft habe ich mir gewünscht, dass jemand für mich da ist, als meine Familie es nicht gekonnt hat? Tatsache ist, dass ich ganz genau weiß, wie es sich anfühlt, auf sich allein gestellt zu sein. Sich so allein gelassen zu fühlen, dass man denkt, man sei nichts wert. Vielleicht war das im Endeffekt der Punkt, der auf meiner inneren Pro-und-Kontra-Liste den Ausschlag gegeben hat: Chase, in dessen Bitte ein Funken ebendieses Gefühls mitschwang. Man kann sagen, ich hab es schlicht und ergreifend nicht über mich gebracht, seine Hand wegzuschlagen.

»Okay, gut, aber bitte sei vorsichtig, ja? Immerhin kann sein Vater jederzeit dafür sorgen, dass du von der Academy fliegst. Und ich würde es sehr bedauern, wenn du wieder in den USA wärst und ich nicht mit dir zusammen meinen Abschluss machen könnte.« Alex kneift mich sanft in die linke Schulter und wendet sich wieder ihrem Laptop zu.

»Warte, bevor du den Film startest. Wie war denn das Casting heute?« Ich weiß, dass sie es uns längst gesagt hätte, wenn sie direkt aufgenommen worden wäre, dennoch interessiert es mich, ob sie ein gutes Gefühl hat.

Alex drückt die Play-Taste auf ihrem Laptop und setzt sich wieder zwischen Sophie und mich. »Es war gut, und die Leute sind sehr nett. Aber ihr habt nicht wirklich was verpasst. Ich habe dermaßen oft geübt und am Ende nur ein paar Zeilen vorgetragen, weil sie so viele Bewerber hatten. Ich bekomme demnächst Bescheid, wie es lief.«

Ein freudiges Lächeln überkommt mich. »Das ist klasse! Ich drücke dir die Daumen, aber so wie ich dich kenne, brauchst du das gar nicht. Du hast sie mit Sicherheit umgehauen«, entgegne ich, ehe ich mich zu Sophie drehe.

»Und wie ist der Fotoclub?«

Unsere Mitbewohnerin nippt vorsichtig an ihrem heißen Tee. »Ganz gut eigentlich. Heute wurde entschieden, dass ich diejenige aus der Gruppe bin, die an einem Fotowettbewerb teilnehmen darf. Es gab einen Aufruf für die außergewöhnlichsten Schnappschüsse in Monaco, und ich hab kürzlich ein Panoramabild geknipst, auf dem man die Stadt erkennen sollte. Zumindest war das der Plan. Leider ist die Aufnahme verschwommen, und ich wollte sie schon aussortieren, bis mir aufgefallen war, dass die zerlaufenen Farben ein wenig so aussehen wie ein Gesicht. Wir werden es jetzt unter dem Titel ›The Face of Monaco‹ einreichen und dann schauen, was passiert.« Obwohl sie versucht, nicht allzu hoffnungsvoll zu klingen, ist deutlich, dass sie sich riesig freut. Ihr Lächeln reicht beinahe bis zu beiden Ohren, hinter die sie ihre roten Strähnen geschoben hat.

»Oh, Sophie, das ist klasse!«, sagt Alex und applaudiert ihr, ehe sie sich einen Erdnussflip in den Mund schiebt.

»Ja, ich freue mich auch. Das bedeutet, dass ich die Chance auf den Gewinn habe. Angeblich ein Preisgeld in Höhe von eintausend Dollar. Stellt euch mal vor, was so ein kleines Foto für mich bewirken würde.«

Das kann ich verstehen. Für mich wäre das auch unglaublich. »Hast du eine Idee, was du damit machen würdest?«

»Ich hab zwar schon darüber nachgedacht, aber vermutlich werde ich es erst mal beiseitelegen und sparen. Vielleicht nehme ich es, um es meinen Eltern zu geben, quasi als Teil einer Rückzahlung.«

»Egal, ob du gewinnst oder nicht, es ist schon beeindruckend, dass du es überhaupt einreichen durftest und die Gruppe sich dafür entschieden hat. Ich bin stolz auf dich.« Mit dem Kopf lehne ich mich gegen Sophies Schulter, und Alex folgt meinem Beispiel an der meinen. Während wir Julianne Hough dabei beobachten, wie sie vor ihrem aggressiven Ehemann in das kleine Fischerstädtchen Southport flüchtet, bin ich einfach nur dankbar, dass ich diesen Abend mit meinen Freundinnen verbringen kann.

Chase

Liebe Studierende,

unser heutiger Kurs zur Kameraführung muss leider ausfallen. Wie ihr alle wisst, bin ich öfters mal an Filmsets unterwegs, sodass heute einmal die Lehre der Praxis weichen muss. Hinzu kommt, dass eine Kollegin ihre Chance ergriffen und sich für den gesamten Tag in unseren Raum eingebucht hat. Wer also heute dort drehen wollte, muss leider auf einen anderen Ort ausweichen. Aufgaben gibt es keine, dafür erwarte ich aber, dass ihr euch weiter um euer jeweiliges Filmprojekt kümmert.

Bis zur nächsten Woche

Monique LaCroix

Ich überfliege die E-Mail, die soeben an alle Kursteilnehmer zugestellt wurde. Beinahe finde ich es schade, dass die Sitzung ausfällt. Es ist kein Geheimnis, dass diese Frau zu den wenigen Favoriten meines Lehrpersonals gehört, was vielleicht daran liegt, dass sie nicht so zugeknöpft und steif ist wie manch andere Dozierende an der Bradwood.

Da Eloise und ich ohnehin heute drehen wollten, trifft sich das ganz gut. So haben wir wenigstens eine Stunde mehr, um Filmmaterial aufzunehmen.

Nachdem wir uns darauf geeinigt haben, dass jeder von uns einen Platz aussuchen soll, der nach eigener Einschätzung zu einem passt, habe ich mich für die Bibliothek entschieden. In meinen Augen gibt es an der gesamten Uni kein friedlicheres Plätzchen. Und es ist der einzige Ort, an dem sich wirklich jeder nur um sich kümmert und nicht nach links oder rechts schaut.

Ich parke meinen Wagen auf dem Parkplatz vor dem Campus, schalte den Motor aus und genieße für einen Moment die Stille um mich herum. Mittlerweile ist der September über Monaco hereingebrochen. Zwar bedeutet das Leben an der Côte d'Azur, dass der Sommer ein wenig länger anhält als in anderen Staaten dieser Welt, dennoch ist es schon ein klein wenig kühler geworden. Innerhalb der imposanten Grünanlage, die sich vor mir auftut, entdecke ich ein Team von Gärtnern, das sich um die unzähligen Pflanzen am Eingang zum Campus kümmert.

Als ich meinen Wagen verlasse und abschließe, fällt mein Blick noch einmal auf das Schild, auf dem mein Name steht. In fein säuberlichen Lettern nimmt das »Edwards« den gesamten Platz auf dem Messingschild ein. Raumeinnehmend – so, wie mein Vater es wollte. Obwohl es ein durch und durch schlichtes Schild ist, vermittelt es nichts als Wohlstand. Ein Parkplatz direkt vor dem Eingang zum eindrucksvollsten Gebäude des gesamten Campus, das sich prachtvoll aus dem grünen Gras drum herum erhebt. Man könnte sagen, es ist eine mehr oder weniger subtile Positionierung unseres Namens in dieser Welt.

Ich werfe wiederholt einen Blick auf meine silberne Rolex und würde sie zeitgleich am liebsten abstreifen. Zweiteres, weil mein Vater die Gleiche hat, Ersteres, weil sie ein Geschenk meiner Mutter war. Sie war die Einzige, die in der Lage war, das Eis zwischen meinem Vater und mir zum Schmelzen zu bringen, zumindest so weit, dass wir alle im selben Boot saßen und ein und dieselbe Richtung ansteuerten.

Ich überquere die Straße zum Campus und halte Ausschau nach Eloise. Die Bibliothek der Bradwood Studios liegt in den obersten beiden Stockwerken und gilt als eine der schönsten in Europa. Sobald ich das lichtdurchflutete und mit Bodenfenstern versehene Eingangsfoyer erreiche, mache ich mich direkt über die mit goldenen Geländern verzierten Treppen auf den Weg nach oben. Die rauen Betonwände sind in klarem Weiß gehalten, und der Boden ist mit hellgrau schimmernden Fliesen ausgelegt, durch die sich feinste goldene Linien ziehen. Die prall gefüllten Bücherregale reihen sich endlos lang als kiefernfarbene Weltenspeicher entlang des verwinkelten Grundrisses. Die Einlegeböden der deckenhohen Regale sind mit goldenen Schnörkeln verziert und vermischen sich mit den teilweise antik aussehenden Einbänden zu einem Ambiente, das ich am ehesten als anmutig und erhaben beschreiben würde.

Ich bin kein Fan von Prunk, doch dieser Ort ist der einzige, an dem ich den Überfluss unserer Welt wirklich genießen kann – weil sie die angemessene Form der Wertschätzung ist für all die Schätze, die einem zwischen den Buchdeckeln begegnen. An der Decke befindet sich ein riesiges Fenster, durch das unendlich viel Licht einfällt und die kleinen Kristalle am Kronleuchter über uns zum Leuchten bringt. Auch wenn ich schon oft hier war, bleibt der Effekt immer der Gleiche: Ich spüre, wie die andächtige Atmosphäre des Raums auf mich überfließt und mit einer Ruhe belegt, die meine Nerven lockert und meine Gedanken leise dreht.

Ich nehme mir Zeit, während ich durch die Gänge laufe und den typischen Duft alter und neuer Bücher einatme. Die Bibliothek und deren Regale sind nach Studiengängen geordnet. Wie von selbst wandere ich umher, ehe ich schließlich in dem Bereich stehe, der die Bücher für den Studiengang Animation beherbergt. Viel zu oft bin ich schon in diesem Teil der Bibliothek gewesen. Hier duftet es nicht nur nach wesentlich neueren Büchern und frischer Druckerschwärze, sondern auch nach Hoffnung. Der Hoffnung darauf, dass ich vielleicht bald mehr Zeit in diesem Trakt verbringen und lernen kann.

Ich schlendere an einem der Regale entlang und schnappe mir eines der Bücher, um es aufzuschlagen. Dabei werfe ich keinen Blick auf den Titel, sondern fokussiere mich stattdessen ganz auf den Inhalt. Bilder von Zeichnungen am PC fallen mir sofort ins Auge, die technisch perfekt dargestellt sind. Sie zeigen, wie digitale Animation überhaupt funktioniert. Nachdem ich ein paar Minuten darin rumgeblättert habe, schlage ich das Buch zu und präge mir den Titel ein, damit ich es mir bald ausleihen kann.

Dann mache ich mich auf den Weg zu den Arbeitsplätzen, um Eloise zu treffen. Diese sind in dem Bereich untergebracht, in dem sich auch sorgsam aufgereiht die Literatur für den Fachbereich des Drehbuchschreibens befindet. Während die Wände mit großen Fenstern und Verkleidungen aus eigens dafür importiertem und zu den Regalen passendem Kiefernholz sind, reihen sich davor etliche Glaskästen entlang, die in den Zwischenwänden durch helleres Holz voneinander abgegrenzt sind. So sind die hier eingerichteten Arbeitsräume nicht nur lichtdurchflutet und erleichtern das Arbeiten, sondern bieten trotzdem genügend Privatsphäre, um in Ruhe zu lernen. Ich habe bereits vor einigen Tagen angerufen, um einen der Räume zu reservieren.

Gesichert sind sie alle mit jeweils unterschiedlichen PIN-Codes, die per Touchscreen eingetippt werden und sich jeden Tag ändern.

Ein flüchtiges Lächeln schleicht sich auf meine Lippen, als ich vor einem davon Eloise stehen sehe. Ihre braunen Locken hängen ihr sanft über die linke Schulter, und sie trägt ein weißes, locker fallendes Sommerkleid. Dazu hat sie sich ihre schwarze Tasche umgehängt und Sneaker in derselben Farbe angezogen. Sie hat Kopfhörer im Ohr und tippt auf ihrem Handy herum.

Als ich vor ihr zum Stehen komme, schaut sie hoch. Sie nimmt die Stecker aus den Ohren und schenkt mir ein ungewohnt freundliches Lächeln, das meins gleich ein wenig größer werden lässt.

»Darf ich fragen, was dich heute so zum Strahlen bringt?«

»Hi«, begrüßt sie mich gut gelaunt und reicht mir einen der Ohrstöpsel. Ich halte ihn mir ans Ohr, und der Beat, der mir entgegenströmt, macht richtig gute Laune: *Whine Up* von Kat DeLuna.

»Klingt gut«, sage ich und wippe leicht mit dem Fuß mit. Da ich den Song kenne, spreche ich eine der Zeilen mit, und Eloise wirft mir einen überraschten Blick zu.

»Du kennst den Song?«

»Hast du etwa nicht damit gerechnet, dass ich einen genauso grandiosen Musikgeschmack habe?«, frage ich zurück und grinse.

Eloise mustert mich interessiert. »Jetzt, da du fragst. Ehrlich gesagt habe ich dich für den Typen gehalten, der zu Hause nur Klassik hört und draußen dann den Rap ordentlich aufdreht, wenn er im Auto sitzt.« Dann funkelt sie mir vergnügt zu. »Aber wer weiß, vielleicht besteht ja doch noch Hoffnung für dich, Chase Edwards.«

»Das steht dir«, bemerke ich. »Dieses Lächeln. Du wirkst heute viel entspannter als sonst.«

Eloise nickt und wirft einen Blick nach draußen. »Kann sein. Ist ja auch ein toller Tag da draußen. Also, warum die Bibliothek? Immerhin haben wir fantastisches Wetter zum Rausgehen«, sie deutet auf eines der Fenster links von uns, während ich mich zu dem Touchscreen vor Raum Nummer fünf drehe, um die tagesaktuelle PIN einzugeben.

»Na ja, hier kann ich sichergehen, dass mich niemand anspricht und ich in Ruhe gelassen werde. Wenn ich mal möchte, dass mich mein Vater nicht mit seinen Anrufen belagert, kann ich die Bibliothek als Ausrede nutzen, hinterfragt niemand.«

Eloise nickt, und aus irgendeinem Grund hab ich plötzlich das Bedürfnis, ihr alles zu erzählen. Die ganze Wahrheit. Ich seufze, dann spreche ich weiter. »Außerdem hat meine Mutter gerne gelesen. Daher hat der Geruch nach frisch gedruckten Büchern etwas von zu Hause für mich.« Als sie nicht reagiert, füge ich rasch an: »Das war wohl ein wenig zu viel des Guten.«

Doch sie schüttelt den Kopf. »Nein, gar nicht. Ich finde das schön. So hast du sie immer um dich, wenn sie dir mal fehlt.«

»Na, dann mal rein mit dir.« Etwas unbedarft deute ich auf den knallroten Wagen vor uns.

Eloise bleibt direkt vor der Beifahrertür stehen und lehnt sich mit beiden Unterarmen gegen das niedrige Autodach, um mich auf der gegenüberliegenden Seite zu mustern. »Willst du mir nicht erst einmal verraten, wo wir hinfahren?«

Nachdem wir uns eine Stunde lang nur mit theoretischen Begriffen wie den Einstellungsgrößen der Kameralinse, den verschiedenen Perspektiven und dem Zoom auseinandergesetzt haben, haben wir beschlossen, das herrliche Wetter draußen für den eigentlichen Dreh auszunutzen.

»Dann wäre es doch nur halb so cool, oder? Steig ein.«

Als ich den Motor starte, blicke ich hinüber zu Eloise.

»Dieses Auto gleicht ja einem Raumschiff«, murmelt sie.

»Das ist ein Porsche Cayman. 20-Zoll-Carrera-S-Räder, Lackierung in Indischrot und Serienausstattung in Achatgrau«, erkläre ich ihr, woraufhin sie lediglich die Augenbrauen hochzieht.

»Ich versteh nur Bahnhof.« Unsere Blicke treffen sich, und mit einem Mal müssen wir beide lachen.

»Du interessierst dich nicht für Autos, was?«

Sie greift hinter sich zum Anschnallgurt und lässt ihn einrasten. »Für mich gilt bei Autos: Hauptsache, vier Räder und sie fahren. Alex hingegen liebt sie, vor allem die teuren Modelle. Frag mich nicht, was für eins sie fährt. Das ist eine ganz andere Welt für mich.«

Ich fahre vom Parkplatz und biege auf eine der Hauptstraßen ab Richtung Avenue Albert II, die uns am Hafen von Fontvieille vorbeiführt. Eloise und ich sagen beide nichts, was vor allem bei mir weniger damit zu tun hat, dass mir keine Gesprächsthemen einfallen. Vielmehr fällt mir auf, wie sie fasziniert die Landschaft um uns herum betrachtet, und will sie nicht stören. Für mich ist jedes Haus, jede Brücke, ja fast schon jeder Fußweg hier nichts Besonderes mehr, doch ich frage mich, wie es sich für Eloise anfühlen muss, all das zum ersten Mal zu sehen.

»Das ist … irgendwie erfrischend«, gebe ich nach einer Weile zu.

»Was genau?«

Als wir auf eine der kleinen Seitenstraßen abbiegen, deute ich mit dem Kopf auf sie. »Na, dass du dich nicht so für Autos interessierst. Immerhin lebst du jetzt an einem Ort, wo jedes Jahr der Grand Prix stattfindet.

»Das ist die Formel 1, oder?« Sie wartet mein Nicken ab, ehe sie eine wegwerfende Handbewegung macht. »Ne, das ist leider nichts für mich. Auch wenn ich die Sportart an sich ganz interessant finde, wäre es mir das Geld nicht wert.«

»Wieso?«

»Na ja, ich kann mir das Ganze auch im Fernsehen anschauen und muss mir dafür keine teuren Tickets kaufen. Das überlasse ich den Menschen, die wirklich dafür brennen, sich so was anzuschauen.«

Augenblicklich denke ich darüber nach, wann ich das letzte Mal etwas getan habe, weil ich wirklich dafür gebrannt habe, und nicht, weil es hier einfach zum guten Ton dazugehört. Jedes Jahr sind mein Vater und ich zum Grand Prix eingeladen, doch ich habe nie darüber nachgedacht, ob es mich wirklich so sehr reizt, dass ich es immer wieder anschauen müsste. Ich bin wohl schon so lange Teil dieser Welt, dass ich vieles nicht mehr hinterfrage. »Es ist schön, mal einen frischen Blick auf die Dinge zu bekommen«, sage ich und sehe mich abermals um.

»Bist du hier aufgewachsen?« Eloise schaut wieder aus dem Beifahrerfenster.

»Ja, ich bin hier geboren. Das können mittlerweile nicht viele von sich behaupten, da wir einfach so viele Zuwanderer haben. Die meisten Leute ziehen her, weil man ordentlich Steuern sparen kann. Die Staatsbürgerschaft erhält man aber erst nach zehn Jahren hier. *Richtige* Monegassen sind also nicht mehr viele von uns.«

»Wie ist das so, hier zu leben?«

Ich stoße einen tiefen Seufzer aus. »Als meine Mutter früher noch gelebt hat, waren viele Dinge anders. Mein Vater war anders, unser Verhältnis zu Hause war anders. Es gab einem ein schönes Gefühl heimzukommen, weil sie es mit ihrer sonnigen Art zu einem gemacht hat. Wenn es mir mal nicht gut ging, hat sie mich spontan gepackt und draußen Dinge mit mir unternommen. Ich bin oft mit ihr durch die Stadt spaziert, wir haben uns zusammen am Strand eine Liege gemietet oder ihre Freundinnen getroffen.«

Eloise wirft mir ein warmes Lächeln zu. »Das klingt wirklich danach, als wäre sie eine tolle Frau gewesen«, sagt sie leise.

Ich antworte darauf ebenfalls mit einem Lächeln und nicke ihr zu. »Ja, das war sie. Man hört es oft ältere Menschen sagen, aber in dem Fall unterschreibe ich das auch: Früher war einiges besser. Ja, es ist schön hier, wird aber irgendwann genauso gewöhnlich, wenn man es jeden Tag um sich hat.«

»Ich hoffe, dass ich mich hieran niemals gewöhnen werde. Dafür ist es zu schön«, antwortet sie und blickt wieder raus. »Was ist das dort?«

Ich folge ihrem Blick. Wir rauschen an einer großen Parkanlage vorbei, die mit etlichen Kakteen, Palmen und anderen Pflanzen bestückt ist. Auf gepflasterten Wegen, steinernen Treppen und kleinen Aussichtsplattformen hat man von dort einen tollen Ausblick auf die Stadt. »Das ist der Botanische Garten von Monaco. Leider wird da aktuell gebaut, deswegen ist er geschlossen. Aber da gibt es eine Tropfsteinhöhle, die man sich anschauen kann.«

»Das klingt cool. Irgendwann muss ich mir das unbedingt mal angucken. Höhlen sind cool«, sagte sie begeistert.

»Dann bist du also ein Fan?«

»Na ja, ich hab schon immer eine Vorliebe für dunkle Räume und Orte gehabt.«

»Wirklich? Wieso das denn?«, frage ich und werfe ihr einen Seitenblick zu.

»Weißt du, bevor meine Eltern unser Haus gekauft haben, in dem am Ende eh nur noch ich gewohnt habe, hatten wir eine kleine, viel zu enge Wohnung. Mein Kinderzimmer war so winzig, dass ich mich darin gefühlt nur einmal drehen konnte. Alles war voll mit Möbeln und Deko und dem Zeug, was man nun mal zu Hause hat. Man konnte kaum einen Fuß vor den anderen setzen, aber das hat mir gefallen. Weil wir dadurch nur noch enger zusammengerückt sind. Wir waren zusammen – Mom, Dad und ich. Und am Ende war es mir egal, wie viel Platz ich hatte. Ich würde jederzeit ein riesiges Haus gegen eines eintauschen, das persönlicher ist und in dem eine Familie nicht nur ein Wort ist, sondern Menschen, die einander bedingungslos lieben.« Obwohl sie mit leiser Stimme spricht, kann ich darin dennoch einen Hauch Traurigkeit heraushören. Als ich ihr ins Gesicht schaue, ringt sie sich ein Lächeln ab und schaut dann sofort wieder aus dem Fenster. Ich habe mit vielen Antworten gerechnet. Dass sie vielleicht eher eine Nachteule ist und lieber nachts draußen unterwegs ist oder dass sie da ihre Ruhe hat, weil alle anderen schlafen. Doch das ist die bisher ehrlichste Antwort, die ich von einem Menschen je bekommen habe.

»Also, wann sind wir da?«, fragt sie mit einem Mal und streicht sich eine Strähne aus dem Gesicht. Es ist offensichtlich, dass sie das Thema wechseln will, daher belasse ich es dabei.

»Etwa zwanzig Minuten.«

»Du spannst mich ganz schön auf die Folter, weißt du das?«

Ich wende meinen Kopf zu ihr, schaue sie aus dem Augenwinkel an. »Glaub mir, es lohnt sich.«

Wenige Zeit später haben wir Monaco längst hinter uns gelassen und unser Ziel erreicht. Vor uns befindet sich der Gipfel eines Berges, von dem aus man ganz Monaco bestaunen kann. Wie auf einer Aussichtsplattform hat man von hier aus nicht nur einen tollen Panoramablick – man hat hier auch seine Ruhe zwischen einigen mit Trampelpfaden durchbrochenen Wiesen und Laubbäumen, die die Aussicht einrahmen wie ein Gemälde.

Ich halte auf einem der Parkplätze und spüre Eloise' Blick auf mir. »Also, verrätst du mir jetzt, wo wir sind?« Sie deutet auf einige Felsen, die sich aus dem Boden herausschälen wie das Gestein an den Klippen vor der Küste Monacos.

»Wir sind auf dem Tête de Chien. Es ist der höchste Punkt hier in Monaco.«

Eloise' Augen weiten sich, während sie sich bereits im nächsten Moment abschnallt. Noch ehe ich etwas sagen kann, öffnet sie die Tür des Wagens und steigt aus.

Ich schnappe mir meinen Rucksack und schalte den Motor ab. Dann steige auch ich aus.

Als ich Eloise auf der anderen Seite des Wagens erreiche, kann ich ihr Gesicht kaum erkennen, weil der Wind ihre dunkelbraunen, sanft gelockten Haare aufwirbelt. Erst jetzt fällt mir auf, dass es von ein paar zarten hellbraunen Strähnen durchzogen ist. Erst da fällt mir auf, dass ihre Augen geschlossen sind. Es sieht hübsch aus, wie unbefangen und entspannt sie dabei aussieht.

»Jetzt wird es gleich ein wenig staubig und felsig«, erkläre ich, nachdem ich den Wagen abgeschlossen habe. »Pass also auf, dass du dir nicht wehtust.« Ich warte Eloise' Nicken ab, dann gehe ich voran. Vor uns teilen sich drei kleine Trampelpfade nach Norden, Süden und Osten. Ich wähle den, der sich gen Osten ausrichtet. Es ist der schmalere und deutlich weniger belaufene Weg, der durch die Sträucher und Bäume am Wegesrand ein wenig mehr Schatten spendet.

Ich blicke hinab auf meine dunklen Sneaker, die inzwischen von Schwarz in einen ungepflegten Braunton gewechselt sind, weil wir beim Laufen etlichen Staub aufwirbeln. Ich riskiere einen Seitenblick zu Eloise, bei deren weißen Schuhen es ähnlich aussieht.

Nach wenigen Minuten mündet der Pfad in einem kleinen Felsvorsprung, der die perfekte Aussichtsplattform darstellt. Umrahmt von weiteren Sträuchern und Gräsern bietet er Platz für genau zwei Personen.

»Eigentlich gibt es hier auch noch den *Dogs Head*, eine offiziellere Aussichtsplattform. Aber die ist meistens, vor allem bei diesem schönen Wetter, total überfüllt. Hier hingegen«, setze ich an und deute auf das hellgraue Gestein des Vorsprungs, der mit hüfthohen braungrünen Gräsern bewachsen ist, »hast du deine Ruhe.«

Eloise greift den Riemen ihrer Handtasche fester, als ich ihr bedeute, durch das Gestrüpp vorauszugehen. Sie setzt sich in Bewegung, bleibt wenige Schritte später jedoch abrupt stehen.

Ich muss grinsen. Zwar kann ich ihr Gesicht nicht sehen, kann mir aber ziemlich gut vorstellen, wieso sie so reagiert hat. Ich folge ihrem Blick über die Dächer der Stadt. Große Wohngebäude, kleine Einfamilienhäuser und die belebten Straßen von Monaco – all das kann man sehr gut von hier oben aus erkennen, während über uns der klare Himmel am Horizont mit dem Meer verschwimmt. Monaco verbeugt sich vor uns, als wären wir Mitglieder der Fürstenfamilie. Ich erkenne von hier, wie sich der Fürstenpalast auf dem Felsen Le Rocher erhebt, wo im 12. Jahrhundert noch eine mittelalterliche Festung stand, während sich auf der linken Seite unseres Blickfeldes die grüne Glaskuppel des Casinos abzeichnet. Hin und wieder blitzen die Glasfronten der monegassischen Bürogebäude im Sonnenschein auf wie verstecktes Gold.

Ich trete neben Eloise, die sich die Haare hinter die Ohren streicht und mit großen Augen nach vorn schaut.

»Das ist unglaublich.« Es klingt beinahe etwas atemlos, dabei mussten wir nicht unbedingt viel Höhe überwinden. Sie schaut mich an mit einem Blick, der nach purer Begeisterung aussieht. »Wow.« Ich lese das Wort mehr von ihren Lippen ab, als dass ich es höre.

Für einen Moment schließe ich die Augen und genieße die Sonnenstrahlen auf meiner Haut. Die kühle Brise, die mich umweht, bildet eine Symbiose mit den angenehmen Lichtstrahlen und fühlt sich wie immer wohltuend und vertraut an. Dann nehme ich meinen Rucksack von den Schultern und lege ihn auf dem steinigen Boden ab, um ihn zu öffnen.

Als ich eine kleine Drohne hervorhole, habe ich Eloise' Aufmerksamkeit.

»Woher hast du die denn?« Sie tritt zu mir heran und beugt

sich ebenfalls vor, um die kleine schwarze Kamera mit den vier Propellerarmen zu betrachten.

»Aus dem Technikraum ausgeliehen. Ich hab überlegt, dass die sich vielleicht ganz gut für 360-Grad-Aufnahmen eignet, die man als Schlusssequenzen verwenden könnte. Quasi, um uns jeweils als Ganzes zu zeigen, nachdem wir zuvor einzelne Aspekte in kurzen Schnitten gezeigt haben?«

Ihre Augenbrauen wandern in die Höhe. »Darin liegt ja richtige Poesie. Find ich gut. Dann ergibt unsere Arbeit am Ende eine zusammenhängende Geschichte und nicht nur hintereinandergeschnittene Einzelaufnahmen.«

Nachdem ich meine alte Sweatjacke aus dem Rucksack gezogen habe, lege ich sie auf den Boden, wodurch prompt ein wenig Staub aufgewirbelt wird.

»Setz dich«, fordere ich sie auf. Eloise streift ihr weißes Kleid glatt und nimmt Platz, ich neben ihr. Dann greife ich erneut zum Rucksack und hole eine Flasche Orangensaft und zwei Pappbecher heraus.

»Du bist gut vorbereitet.« Eloise nickt anerkennend.

Ich halte ihr die zwei Becher hin. »Hier, du hältst, ich schenke aus.« Nachdem ich die sonnengelbe Flüssigkeit aufgeteilt habe, stelle ich die Flasche zwischen uns ab. Ich nehme einen Schluck und genieße die Säure und Frische auf meiner Zunge.

»Der ist lecker.« Eloise deutet auf ihr Getränk, nachdem sie dran genippt hat.

»Selbst gemacht.«

Ich spüre ihren skeptischen Blick, ehe ich ihn in ihrer Stimme höre. »Von dir?«

»Ja, das mache ich öfter wegen der Vitamine. Früher hat meine Mutter den Saft immer für mich gepresst, mittlerweile mache ich das natürlich schon eine Weile selbst.«

»Sie haben meinen Respekt, Mr. Edwards.« Sie nickt mir anerkennend zu, ehe sie einen weiteren Schluck nimmt.

Eine Weile sitzen wir schweigend nebeneinander. Es ist eine angenehme Stille, die ohne Zwang, Erwartungen oder Enttäuschungen auskommt, was für mich quasi eine Premiere ist. Wir befinden uns nahe dem Felsvorsprung, nur wenige Zentimeter vor dem Abgrund, und ich beobachte die Felsen, die sich unter uns aus dem Berggipfel schälen. Ich war bereits öfter hier, und jedes Mal glaube ich, dass sich so Freiheit anfühlt.

»Ach, bevor ich es vergesse.« Ich greife in meine linke hintere Hosentasche und hole einen gefalteten Zettel hervor, den ich ihr hinhalte.

Sie schaut fragend zwischen meinem Gesicht und meiner Hand hin und her, ehe sie ihren Becher neben sich abstellt und ihn entgegennimmt. »Ein Steckbrief also, ja? Ich denke, die Idee ist albern?«, sagt sie, nachdem sie die Zeilen überflogen hat. Der leichte Spott in ihrer Stimme wird durch das winzig kleine Heben ihrer Mundwinkel abgemildert.

»Na ja, ich dachte, wir sollten das Ganze fair gestalten. Du hast mir einiges über dich verraten, und jetzt bin ich eben an der Reihe. Dann darfst du auch mal lachen.«

»So, so. Na ja gut. Dann schauen wir mal.« Sie hält den Zettel ein wenig höher und geht die einzelnen Punkte durch. »Ah, du kannst nichts kochen, was nicht aus einer Tüte kommt und mit Wasser aufgegossen wird. Ich würde zwar behaupten, dass das kein Kochen ist, aber nehmen wir das mal hin«, kommentiert sie und liest weiter: »Möchte Animation studieren, liebt das Zeichnen und würde jedes teure Essen sofort gegen einen Hotdog eintauschen. Ein Gourmetgaumen, ich seh schon.« Sie beginnt zu lachen, und aus irgendeinem Grund fällt es mir schwer wegzuschauen. Die Wahrheit ist: Ich mag den Klang, die leichte Rauheit, die von diesem kleinen Kichern abgelöst wird und das sich in ihrem ganzen Gesicht spiegelt. Es hinterlässt winzige Fältchen an ihren Mundwinkeln und Augen; ihre ganz eigenen Persönlichkeitsschatten.

Nachdem sie sich wieder beruhigt hat, streicht sie sich eine Strähne aus dem Gesicht und schaut nach vorn. »Danke, dass du mir diesen Ort gezeigt hast. Er ist wunderschön.« Sie macht eine Geste, die alles um uns herum einfangen soll. »Woher kennst du ihn?«

Ihre Frage weckt Erinnerungen an eine längst vergangene Zeit, die mir einen leichten Stich versetzen. »Als Kind war ich mal mit meinem Vater hier. Früher mochte er es zu wandern und war beinahe jedes Wochenende unterwegs. Als er mich eines Tages mitnahm, war ich noch zu klein, um weite Strecken zu laufen, deshalb hat er mich hierhergebracht – der Weg ist nicht allzu schwer und für einen Fünfjährigen gut zu schaffen. Danach haben wir das immer mal wieder gemacht, und unsere Ausflüge wurden immer ausgedehnter und anspruchsvoller.«

Den Blick weiterhin nach vorn gerichtet, umfasst Eloise ihre Knie. »Macht ihr es noch?«

Wir kennen beide die Antwort, dennoch fällt es mir nicht leicht, die Worte auszusprechen. Ich schaue zu dem strahlend blauen Himmel hinauf. »Nein, tatsächlich sind wir schon lange nicht mehr zusammen unterwegs gewesen.« Genauer gesagt, seit meine Mom gestorben ist, nicht mehr.

Ihr »Tut mir leid« ist zwar nur ein leises Flüstern, hallt aber umso lauter in meinem Inneren wider, als wummernde Erinnerung daran, was wir im Laufe der Jahre alles verloren haben.

Ich versuche, das Gefühl mit einem Zucken meiner Schultern abzuschütteln. »Schon okay, ich hab es irgendwann akzeptiert und weitergemacht.«

»Weißt du was? Gut für dich.« Plötzlich greift Eloise neben sich, hebt ihren Becher in die Höhe und stößt damit gegen meinen. »Auf Neuanfänge.«

»Auf Neuanfänge.« Ihre Worte lösen in mir eine Wärme aus, die sich vertraut und gleichzeitig ungewohnt anfühlt. Vertraut, weil sie mich an die von jemand anderem erinnert, ungewohnt, weil sie ausgerechnet von Eloise kommt. Wer hätte gedacht, dass ich jemals froh darüber sein würde, sie zur Projektpartnerin zu haben.

»Also, verrätst du mir, wie das Teil funktioniert? Vielleicht brauchen wir ja auch ein paar Aufnahmen von dir für den späteren Zusammenschnitt?«, fragt sie und deutet mit dem Finger auf die Kamera zwischen uns.

Ein Lächeln schleicht sich auf meine Lippen. »Ja, natürlich.« Ich nicke und greife nach dem kleinen Joystick, der noch in meinem Rucksack versteckt ist. Er sieht ein wenig aus wie die Controller von einer PlayStation »Stell es dir ein wenig wie ein Auto mit Gangschaltung vor«, erkläre ich ihr und drücke auf den großen roten Knopf am oberen Ende des Joysticks. Augenblicklich beginnt eine kleine Lampe an der Drohne grün zu leuchten, und ich erhebe mich. Eloise tut es mir gleich. »Du siehst, damit schaltest du das Ding an und wieder aus. Du musst den Knopf nur mit dem Daumen etwas gedrückt halten. Wenn du die grüne Lampe leuchten siehst, musst du die Drohne nur noch in die Luft bekommen.« Ich lasse meinen Blick auf das kleine Bedienfeld am oberen Ende des Sticks gleiten. Neben dem großen roten Knopf ist links daneben ein grüner in Form eines Pfeils angebracht.

Mit dem Daumen fahre ich langsam über die Taste, und als ich ihr ein wenig Druck verpasse, bewegen sich rasch die Propeller an den Seiten der Drohne zwischen uns. Binnen weniger Sekunden dreht sich der Antrieb der Kamera so stark, dass das kleine Gebilde aus Metall, Plastik und einer hauchdünnen Linse in die Höhe schnellt.

»Das ist ja klasse«, ruft Eloise dem lauten Wind hier oben entgegen. Entschlossen greife ich nach ihrer rechten Hand und drücke den Joystick hinein, während die Drohne etwa auf Höhe meiner Brust schwebt. Ich führe ihren Daumen zu einem kleinen, runden Schiebepad in der unteren Mitte der Bedienfläche.

Als Eloise' Finger darauffliegt, bewege ich die Steuereinheit, während mein Blick die Drohne fixiert. Das fliegende Gebilde bewegt sich genau in die Richtung, in die auch das Schiebepad wandert.

»Voll cool«, höre ich Eloise sagen, die sich mitsamt Joystick etwas von mir wegdreht. »So, jetzt muss ich dir noch zeigen, wie du aufnehmen kannst.«

Eloise nickt, während der Wind ihr die Haare um die Ohren pustet.

Ich lasse meiner Projektpartnerin ein paar Minuten, um sich an die Bedienfläche zu gewöhnen, ehe ich ihr erkläre, wie sie welche Aufnahmen machen kann. Wir filmen gerade ein paar kurze Testsequenzen, als mein Handy wenige Sekunden später in der Hosentasche vibriert. Ich greife danach und schaue aufs Display, auf dem der Name meines besten Kumpels aufleuchtet.

Was soll ich zu deiner Party mitbringen?

Nachdenklich schaue ich hoch zu Eloise. »Sag mal, du und deine Freundinnen – habt ihr am Samstag schon was vor?«

Eloise

»Ach du meine Güte«, höre ich Sophie sagen, als wir vor der Auffahrt zu Chase' Haus stehen. Die Nachtluft heute riecht klar und sauber und bildet einen angenehmen Kontrast zur stickigen Hitze des Tages. Um uns herum ist es still, lediglich das Haus, vor dem wir stehen, verströmt eine Mischung aus tiefen Bassgeräuschen und hohem Gelächter.

Wir laufen auf eine gewaltige Mauer zu, die von einem eindrucksvollen schwarzen Tor ergänzt wird, an dem etliche Kameras angebracht sind. »Ob Mr. Edwards ein wenig paranoid ist?«, fragt Sophie belustigt und deutet nacheinander auf vier der kleinen Apparate, die alle direkt auf uns gerichtet sind.

Alex prustet, und ich schüttele grinsend den Kopf, ehe ich mir vorzustellen versuche, wie Chase hier seinen Alltag verbringt. Aufgrund der gigantischen Abgrenzung kann ich nur das Dach des Anwesens dahinter erkennen, bin mir aber sicher, dass es in jeglicher Hinsicht imposant ist. Wenn Mr. Edwards dermaßen auf Perfektion setzt, kann ich mir nicht vorstellen, dass sein Eigentum auch nur irgendeinen sichtbaren Makel aufweist oder Zweifel an seinem gesellschaftlichen Stand zulässt. Zahlreiche Laubbäume versperren den Blick zusätzlich und schaffen eine Isolation, die in mir ein beklemmendes Gefühl auslöst.

Ich zupfe an meinem blauen Jeansrock und richte meine grüne Bluse, ehe wir uns in Bewegung setzen und durch das geöffnete Tor treten. Vor uns schlängelt sich eine lange Auffahrt einen kleinen Hügel hinauf. Fein säuberlich geschnittene Buchsbäume säumen den mit Backsteinen gepflasterten Weg hoch zu einem großen Anwesen, das sich beinahe scherenschnittartig vor dem mondbeschienenen Himmel abzeichnet. Es wirkt wie ein Riese, der auf einem Berg thront und auf alles hinabsieht. Wie passend, wenn man Chase' Vater kennt. Für einen kurzen Augenblick frage ich mich, wie es wohl ist, in so einem riesigen Zuhause aufzuwachsen. Ich male mir all die Zimmer aus, die darin liegen und womöglich nie ausgefüllt werden können.

Je näher wir dem Gebäude kommen, desto lauter wird der Bass. Einige kleine Laternen sind links und rechts des Weges angebracht und sorgen für eine stimmungsvolle Beleuchtung. Und dafür, dass ich in den hochhackigen Schuhen nicht stolpere. Mit jedem weiteren Schritt erkenne ich mehr Details. Erst jetzt fällt mir auf, dass wir auf ganze vier Stockwerke zulaufen. Wenn man bedenkt, dass hier wahrscheinlich nur zwei Menschen wohnen, frage ich mich, ob Chase sich manchmal einsam fühlt.

Wobei ich aus Erfahrung sagen kann, dass dieses Empfinden nicht immer mit der Quadratmeterzahl einhergeht. Wenn ich an das Haus meiner Eltern denke, die einen einfachen Bungalow besitzen, der sich nur über eine Ebene erstreckt, überkommt mich kein heimeliges Gefühl. Ich denke an den unverhältnismäßig weiten Flur meines Zuhauses, dessen Wände immer von einer gewissen Anonymität geprägt waren. Es gab keine Familienfotos, keine selbst gemalten oder in irgendeiner Art und Weise bedeutenden Bilder, keine Erinnerungen und keinen Hinweis darauf, dass die Menschen, die dort wohnten, sich einmal etwas bedeuteten. Nach dem Weggang meines Vaters hat meine Mutter es nicht mehr ertragen, »einen auf Familie zu machen«, es sei »die Mühe nicht wert«. Ich schätze, dazu zählte sie nicht nur ihre Ehe, sondern auch ihr einziges Kind. Mein Zimmer, in dem die meisten Möbel eher lieblos als mit viel Liebe zum Detail aufgestellt worden sind, war vieles für mich, aber nur selten ein richtiges Zuhause.

Als wir eine große dunkle Eingangstür erreichen, zupfe ich schon wieder nervös an meinem Oberteil.

»Eloise Stanson, würdest du das jetzt bitte lassen? Du siehst fantastisch aus. Lass die Bluse stecken, wo sie ist, sonst machst du mein kleines Meisterwerk kaputt«, ermahnt mich Alex und gibt mir einen sanften Klaps auf die hibbeligen Finger.

Ich bin nicht gut darin, Outfits für solche Partys zusammenzustellen. Schließlich gibt es in meinem Schrank kein Kleid, das mehr als fünfzig Dollar gekostet hat und auch nur annähernd mit dem Kleidungsstil der meisten innerhalb dieser Mauern mithalten kann. Die grüne Bluse, deren Ärmel ein wenig aufgeplustert sind, habe ich schon ewig. Doch mit meinem High-Waist-Rock kombiniert sieht das Ganze tatsächlich partytauglich aus.

Sobald wir vor der Haustür stehen bleiben, greift Alex' Hand nach meiner und dreht mich so, dass ich sie ansehen muss. »Noch einmal: Du bist der schönste Mensch, den ich kenne.

Dafür braucht es kein überfülltes Bankkonto oder Ähnliches.« Womit sie wieder mal beweist, dass sie meine Gedanken hören kann. »Du bist einfach du. Das hat schon immer völlig ausgereicht, und das wird auch hier so sein.« Ihre Worte rühren mich. In diesem Moment bin ich so froh, Alex an meiner Seite zu wissen, ebenso wie Sophie. Die Gegenwart der beiden gibt mir stets das Gefühl, stark und gut genug zu sein.

»Du hast recht. Ich sollte aufhören, so nervös zu sein«, gebe ich zurück und erwidere den Druck ihrer Finger.

»Ihr beiden seid schon niedlich«, kommentiert Sophie den Moment auf ihre typisch trockene Art und bringt uns damit zum Lachen.

Nachdem Alex die Klingel betätigt hat, öffnet jemand die Haustür, und uns schlägt lauter, schnell aufeinanderfolgender Bass entgegen. Gelächter der Gäste, vermischt mit einem platschenden Geräusch, das von irgendwo weiter weg zu kommen scheint.

Das Haus sieht von außen schon sehr klassisch und edel aus, doch das ist nichts im Vergleich zum Inneren: helle Parkettböden, dazu weiße Wände, bedeckt mit Stuck und Gemälden, die von berühmten Künstlern aus Mittelalter und Renaissance stammen könnten. Alles hier wirkt genau so, wie man es von Mr. Edwards erwarten würde: makellos. Nirgends findet man eine verrutschte Gardine oder auch nur ein Staubkorn. Kein Anzeichen dafür, dass hier tatsächlich Menschen leben. Und das, obwohl gerade eine ganze Menge von ihnen lachend, kichernd oder grölend an uns vorbeilaufen.

Wir betreten einen langen Flur, von dem aus es links durch einen steinernen weißen Türbogen direkt in ein großes Wohnzimmer geht, in das unser Wohnheimzimmer mindestens dreimal reinpassen würde. Ein imposanter Glastisch mit goldenen Füßen markiert die Mitte und ist umringt von samtroten Stühlen mit vergoldeten Beinen. Auf der beigefarbenen Couch aus

Leder, die direkt gegenüber vom Eingang zum Zimmer platziert wurde, haben es sich ganze neun Leute bequem gemacht. Die Gruppe besteht aus fünf Männern und vier Frauen, die sich alle mit Bier oder Champagner in den Händen angeregt unterhalten. Am Fernseher wird zwar das Logo von PlayStation angezeigt, doch niemand spielt.

Bei all den Eindrücken habe ich keine Ahnung, wo ich zuerst hinschauen soll. Während ich hier einen Korken knallen höre, ertönt woanders ein lautes Jubeln und wieder aus einer anderen Ecke das Klirren von Gläsern. Ich drehe mich um und kann am anderen Ende des Wohnzimmers einen dunkelbraunen Flügel in der Ecke erkennen. Direkt daneben steht eine riesige vergoldete Vitrine, in der ich von meiner Position am Eingang aus Bilderrahmen und einzelne Bücher erspähe. Weiter hinten im Wohnzimmer kann ich zudem einen Durchgang zur Küche und eine riesige Flügeltür ausmachen, die offenbar in den Garten führt.

Ich hatte geglaubt, hier zu sein würde mich sprachlos zurücklassen, mich beeindrucken und vielleicht sogar neidisch werden lassen. Doch es wirkt alles so seltsam kühl und deplatziert. Als wären die Möbel einfach hingestellt und seither nicht benutzt worden. Es fühlt sich paradoxer- und traurigerweise beinahe vertraut an.

»Lasst uns mal Richtung Garten gehen, da sind die ganzen Leute«, sagt Alex und deutet nach draußen.

»Ich muss kurz aufs Klo«, rufe ich gegen das Wummern um mich herum den beiden zu. Ich habe eine verdammt kleine Blase, und die macht sich ausgerechnet jetzt bemerkbar. Außerdem will ich die Gelegenheit nutzen, um kurz durchzuatmen, denn die Gedanken an meine Familie wirbeln all die sorgfältig wegsortierten Gefühle wieder auf, und ich brauche einen Augenblick, um mich zu sammeln. »Geht schon mal vor, ich komme nach«, bedeute ich meinen Freundinnen und wende mich ab, um nach einem Badezimmer zu suchen.

Ich kehre zurück in den Flur und folge ihm eine Weile, bis ich auf der rechten Seite ein kleines Gäste-WC entdecke. Als ich jedoch die Türklinke runterdrücke, stoße ich auf Widerstand. Die Toilette ist zugesperrt.

»Hier ist besetzt. Oben ist noch ein Klo«, ruft jemand von der anderen Seite der Tür. Ich werfe einen Blick zur Treppe, die links neben der Gästetoilette in das obere Stockwerk führt.

»Na gut, dann wollen wir mal«, murmele ich und ignoriere das mulmige Gefühl, das sich in mir breitmacht. Im Haus von Michael Edwards herumzustreunen, halte ich für keine gute Idee. Dennoch brauche ich dringend eine kurze Atempause.

Kurz entschlossen nehme ich die einzelnen Treppenstufen und spüre hin und wieder unter den Füßen, dass das Holz leicht nachgibt. Bestimmt würde man ein Knarzen hören, wenn die Musik im Haus nicht so laut wäre. An der schneeweißen Wand neben mir sind Urkunden angebracht, und weiter oben, außer Reichweite von jedem, der sich nicht ins obere Stockwerk wagt, entdecke ich mehrere Regale voller Trophäen. Ich erkenne einen Golden Globe. Wie die Sonne, um die alle anderen Planeten kreisen, bildet der goldene Pokal auf dem massiven Holzregal das Zentrum der Aufmerksamkeit. Für wenige Sekunden versuche ich mir auszumalen, wie es wohl sein muss, einen dermaßen erfolgreichen Dad zu haben, und stolpere über das Wort *minderwertig*. Ob man je die Möglichkeit hat, nicht im Schatten zu stehen, wenn das eigene Elternteil so dermaßen alles überstrahlt?

Am Fuß der Treppe erreiche ich schließlich eine Galerie, die mit dunkelbraunem Parkett ausgelegt ist. An den Wänden stehen deckenhohe, dunkelbraune Bücherregale, bis oben hin voll gestellt mit Literatur. Zu meiner linken Seite steht ein großer roter Ohrensessel und daneben ein kleiner Beistelltisch, hinter dem eine weitere Treppe ins zweite Obergeschoss führt. Von der Galerie führt ein Flur ab und macht am Ende eine Biegung nach rechts. Ganze fünf Türen erkenne ich auf dem Weg dorthin. Muss ich jetzt jede einzelne öffnen, um die Toilette zu finden? Bei den ersten beiden versuche ich mein Glück noch. Dahinter befinden sich ein Wohnzimmer und ein Ankleidezimmer.

Ich gebe dem Haus noch eine Chance und hoffe sehr, dass es so ist wie mit dem Raum der Wünsche bei Harry Potter: einfach fest daran glauben. Ich öffne die dritte Tür auf der rechten Seite, und tatsächlich befindet sich dahinter ein Badezimmer. Auf dem Boden sind pechschwarze Fliesen verlegt, die Wände sind in weiß und grau gehalten. Doch was mir wirklich den Atem raubt, ist das riesige Doppelwaschbecken gegenüber der Tür. Goldene Wasserhähne sind daran angebracht, und auch die Dusche rechts von mir ist vergoldet. Noch nie habe ich etwas dermaßen Alltägliches gesehen, das so sehr voller Pracht erscheint. Für manche ist ein Badezimmer einfach ein Badezimmer. Für andere eine Wertanlage.

Als ich einige Minuten später das Bad verlasse, erkenne ich über dem Sessel der Galerie das Gemälde einer Frau. Mir ist bewusst, dass Sophie und Alex bestimmt schon überlegen, wo ich abgeblieben bin. Dennoch begebe ich mich nicht nach unten, sondern mache ein paar Schritte auf das Bild zu. Je weiter ich komme, desto mehr steigt mir der Duft von frischem Flieder in die Nase – und tatsächlich: Als ich schließlich stehen bleibe, erblicke ich links neben mir eine kleine Nische in der Wand, in der ein riesiger Strauß Flieder in einer hellblauen Vase steht.

Mein Blick gleitet über das Gemälde, und ich komme nicht drum herum zu bemerken, wie wunderschön die Frau darauf ist. Sie hat pechschwarze schulterlange Haare, und ihre Haut gleicht dem sonnengebräunten Teint von Chase. Ihre Züge sind weich und freundlich. Lächelnd sitzt sie in demselben weinroten Ohrensessel, neben dem ich nun stehe.

»Das ist meine Mutter«, erklingt hinter mir die raue Stimme von Chase. Hastig fahre ich herum und sehe ihn direkt vor mir.

Ich war so auf das Bild fokussiert, dass ich ihn nicht habe kommen hören. Sein Blick ist auf die Wand in meinem Rücken gerichtet, doch der leicht abwesende Ausdruck darin macht deutlich, dass er gerade weit weg ist.

»Entschuldige, ich wollte hier nicht herumschnüffeln«, entgegne ich kleinlaut.

»Schon in Ordnung. Das Gemälde ist riesig, ich hätte mich eher gewundert, wenn es dir gar nicht aufgefallen wäre.« Chase schmunzelt, und irgendwie bin ich froh, dass er es mir nicht übel nimmt.

»Sie ist so wunderschön«, flüstere ich und wende mich wieder dem Bild zu.

»Ja, das war sie.«

»Was ist passiert?«, frage ich und bereue es sofort. Es steht mir nicht zu, so neugierig zu sein. »Entschuldige, ich hätte nicht …«

»Es war ein Autounfall. Sie wollte an jenem Abend zu einer Gala in Cannes und hat meinen Dad angebettelt, mit ihr zu kommen. Doch er hatte keine Lust und hat sich mal wieder in seiner Arbeit vergraben. Sie haben sich gestritten, deshalb war sie spät dran und wollte eine Abkürzung entlang einer Klippe nehmen. Die Straße war nicht so gut befestigt. Den Rest kannst du dir denken.« Sein Ton klingt sachlich, als hätte er den Text auswendig gelernt. Dabei ist die Empfindung hinter jedem seiner Worte eindeutig Schmerz.

Ich spüre, wie meine Sicht verschwimmt. Hastig blinzle ich gegen die Tränen an.

»Deshalb möchte ich meinen Traum wahr machen«, fährt Chase fort, nun mit etwas mehr Wärme in der Stimme. »Das Leben kann so schnell vorbei sein. Du siehst, was dieser Verlust mit meinem Dad gemacht hat. Er hat es sich nie verziehen, dass er sie nicht begleitet hat. Doch wenn ich genauso werde wie er, war Moms Tod völlig umsonst. Ich wollte etwas daraus lernen, mein Leben mehr schätzen.« Ich nicke, auch wenn ich nicht ansatzweise verstehen kann, was er durchgemacht haben muss. Meine Eltern sind zwar fort, aber nicht auf diese Weise.

Ich trete neben ihn und greife nach seiner Hand, die er sofort drückt. Keiner von uns sagt ein Wort, während wir auf das Bild vor uns schauen.

»Was ist eigentlich mit deiner Familie?«, fragt Chase irgendwann.

»Über die gibt es nicht viel zu sagen. Weißt du, mein Dad hat mich das letzte Mal vor über zehn Jahren gesehen. Und meine Mom, die hockt gerade in irgendeinem Retreat und erholt sich immer noch von der Trennung.«

Chase runzelt die Stirn. »Sie macht also Urlaub?«, fragt er und trifft damit den Nagel auf den Kopf.

Ich zucke mit den Schultern, wenn auch nur, um das unangenehme Gefühl aus meinem Inneren zu vertreiben. »Vermutlich. Mein letzter Stand war, dass sie in Kanada ist. Hat sie mir vor ein paar Monaten eröffnet, kurz vor unserem Abschluss.«

»Aber ihr telefoniert doch bestimmt oft, oder?«

Mir entweicht ein kurzes Lachen. »Nein, die Leitung wird für *dringende* Angelegenheiten frei gehalten, wenn sie mal wieder Geld braucht, zum Beispiel, weil sie zu viel mit ihren neuen Freunden gefeiert hat.«

Chase mustert mich von der Seite, ich weiche seinem Blick aus und schaue stattdessen lieber auf den Boden.

»Aber sie weiß schon, dass du hier bist?«

»Na ja, ich habe es ihr per WhatsApp geschrieben, und sie hat mit einem Daumen-hoch-Emoji reagiert, aber es kamen keine Glückwünsche, kein ›Wann geht es los?‹ und auch kein ›Ich drück dich‹.«

»Oh Mann« ist alles, was er hervorbringt.

Das ist immerhin mehr, als ich dazu sagen kann. »Mom hat vor langer Zeit bemerkt, dass sie nicht für den ›Mutter des Jahres‹-Award kandidieren möchte, und sich dazu entschieden, mich lieber mein Ding machen zu lassen. Dass Dad sie damals verlassen hat, hat sie nie verwunden. Er war alles für sie, doch er hat sie und mich einfach verlassen. Am Ende denke ich, dass sie Mutter geworden ist, weil sie ihn so geliebt hat, und nicht, weil es ihr eigener Traum war. Aber ich hab meinen Frieden damit gefunden. Soll sie irgendwo in der Welt herumreisen. Ich hab oft genug nachgefragt, wo sie gerade ist und wie es ihr geht, und mehr als eine knappe Antwort, geschweige denn Nachfrage ihrerseits, kam nie. Ich denke, sie ist froh, dass ich mein Leben einigermaßen selbst im Griff habe, und hat nur so lange durchgehalten, bis sie wusste, dass ich nicht aus irgendeinem Grund unter einer Brücke lande oder so.« Erneut zucke ich mit den Schultern – eine Art Ersatzhandlung, wenn es um meine Familie geht. Ich denke nicht darüber nach, was ich stattdessen gerne täte, weil es keine Rolle spielt. Weil ich keine Rolle spiele. Zumindest nicht in ihrem Leben.

»Mir scheint, wir beide kennen uns mit abwesenden Elternteilen aus.«

Auch wenn die Situation nicht unbedingt danach verlangt, ringe ich mir doch ein Lächeln ab. »Ja, scheint so.«

Ich merke, dass Chase noch etwas dazu sagen will, sich dann jedoch dagegen entscheidet. »Was wolltest du eigentlich hier oben?«

Ich winke ab. »Ach, unten hat jemand das Gästeklo blockiert. Und mir wurde gesagt, hier oben finde ich ein anderes. Wie viele davon habt ihr eigentlich?«

»Fünf.« Chase schaut zu Boden, als wäre ihm dieser Umstand unangenehm.

»Fünf? Fünf *Badezimmer*?« Ich schüttele ungläubig den Kopf. »Wow, ich bin wirklich in einer anderen Welt gelandet.«

Chase

»Wofür hat dein Dad eigentlich den Golden Globe bekommen?« Eloise deutet auf das Regal mit der Statue, die dem Namen entsprechend einen vergoldeten Globus zeigt.

»Das ist schon fünfzehn Jahre her. Für sein Drama *The Prisoners.*«

Als wir gerade weitergehen wollen, kommt uns jemand entgegen. Es ist Stella, eine Kommilitonin, die im dritten Semester Drehbuch studiert. Ich kenne sie nur flüchtig von ebensolchen Veranstaltungen wie der heutigen.

»Chaaaase«, ruft sie und legt den Arm um meinen Hals, als wären wir gute Freunde. »Das ist eine verdammt tolle Party. Danke für die Einladung«, sagt sie und grinst bis über beide Ohren. Mit ihrem knallpinken Lippenstift und den wasserstoffblonden Haaren könnte sie glatt als Barbiepuppe durchgehen.

»Keine Ursache«, antworte ich und trete einen Schritt beiseite. »Das ist übrigens Eloise.« Ich deute auf meine Projektpartnerin.

Stella wirkt für einen Moment aus dem Konzept gebracht, fängt sich dann aber schnell wieder. »Oh, wie nett. Die Kleine von der Willkommensfete.« Sie beugt sich zu Eloise vor. »Mach dir keinen Kopf, dass alles ein wenig peinlich abgelaufen ist. Nächste Woche gibt's hier den nächsten Skandal, und dann kennt dich keiner mehr.« Dann wendet sie sich wieder an mich. »Das würdest du doch auch sagen, oder, Chase?«

»Nein.«

Stella rümpft die Nase und streicht sich eine lange Strähne hinter die Schulter. »Tja, es ist aber so. Zu unser aller Glück.« Dann macht sie auf dem Absatz kehrt und ist verschwunden.

Ich schaue zu Eloise, deren Blick ebenso verwirrt aussieht, wie ich mich fühle. »Entschuldige, Stella ist … speziell.« Kurz meine ich, von ihr ein »Wer hier ist das nicht?« zu hören, doch ich gehe nicht darauf ein.

Eloise

Nachdem Chase mir ein paar Sachen vom Grill, darunter gegrillten Barsch und einiges an Gemüse, geholt hat und wir an einem der Stehtische auf seiner Veranda gegessen haben, fühle ich mich bereit für einen Drink. Meine Eskapade auf der letzten Party hat mir gezeigt, dass ich nicht durcheinander und auch nur kleine Mengen trinken sollte, weswegen ich mir heute lediglich einen Champagner gönne.

»Also dann, ein Glas Schampus für dich«, sagt Chase, als wir an dem riesigen gläsernen Brunnen ankommen, der die Form eines Schwans hat und direkt neben dem beleuchteten Infinitypool aufgebaut wurde. Die Flügel der Statue sind so ausgebreitet, dass auf dem Rücken der Skulptur Platz für ein paar Champagnergläser ist.

Chase schnappt sich eines davon und hält es unter den weit geöffneten Schnabel der Figur. Er reicht mir das leicht golden schimmernde Getränk, ehe er auch sich eins einfüllt. Sobald er sich wieder zu mir gedreht hat, erhebt er sein Glas.

»Worauf stoßen wir an?«, frage ich.

»Darauf, dass du meine Entschuldigung annimmst, wenn ich dir sage, dass mir das mit der Wette leidtut. Ich war ein Idiot, du hattest das nicht verdient.« Seine Worte überraschen mich, denn ja, er hätte wirklich netter sein können. Doch was Chase sagt, erinnert mich daran, was ich schon gegenüber Alex und Sophie meinte: Letztlich war ich genauso schuld an dem Vorfall, wenn nicht sogar noch mehr. Er hat mich schließlich zu nichts gezwungen.

»Das ist nett von dir, aber ich hätte mich ja nicht provozieren lassen müssen. Dennoch danke für deine Entschuldigung«, gebe ich ernst zurück. »Mir tut es auch leid«, füge ich hinzu, woraufhin Chase die Stirn runzelt.

»Wieso?«

»Weil ich immer weiter nachgebohrt habe, obwohl ersichtlich war, dass du nicht reden willst. Ich hab dich auch provoziert und ziemlich oberflächliche und verurteilende Dinge gesagt.«

Gerade als er mir antworten möchte, erscheinen zwei nasse Oberarme, die von hinten seinen Brustkorb umarmen. Es ist Stuart. »Na, ihr beiden? Was geht?« Lediglich in eine schwarze Badehose gekleidet, wirkt seine Haut schneeweiß, und die Haare auf seiner Brust schimmern in einem hellen Rot. Er löst sich von Chase und tritt neben ihn, wobei er eine Tropfspur auf den hellen Steinfliesen hinterlässt.

»Nicht viel, aber du scheinst eine Menge Spaß zu haben.« Ich deute auf seinen tropfenden Zustand.

Sein nasser Arm legt sich um Chase' Hals, dessen blaues Poloshirt etliche dunkle Flecken zeigt, was ihn aber nicht zu stören scheint, denn Chase macht keine Anstalten, von ihm abzurücken.

»Warum kommt ihr nicht mit ins Wasser?«, ruft uns sein Kumpel über den Lärm der Musik hinweg zu.

»Nein danke. Ist zwar ein toller Abend zum Schwimmen, aber heute bin ich raus«, sage ich.

Stuart verzieht das Gesicht, als wolle er sagen: »Na dann eben nicht«, und wendet sich wieder ab.

Ich schaue ihm hinterher, wie er mit einer ordentlichen Arschbombe zurück ins Wasser springt und ein paar Leute vollspritzt.

Plötzlich beugt sich Chase zu mir vor. »Findest du es auch viel zu laut hier?«

Ich nicke, denn tatsächlich hat jemand deutlich die Lautstärke aufgedreht, sodass ich ihn kaum noch verstehen kann.

Chase bedeutet mir mit einem Kopfnicken, ihm zu folgen. Wir durchqueren das Wohnzimmer und lassen die Treppe links liegen, bis wir rechts einen kleinen schmalen Gang mit hellem Parkett und weißen Wänden betreten.

»Wohin gehen wir denn?«

»Ich würde gern fünf Sätze mit dir wechseln können, ohne dass wir morgen heiser sind«, entgegnet er.

Der Flur mündet in einer Gabelung. An ihrem jeweiligen Ende erkenne ich eine Tür aus dunklem Holz. Chase wendet sich nach links und drückt die silberne Klinge runter, damit wir eintreten können. Doch noch ehe ich dazu komme, mir das Zimmer anzuschauen, werden wir Zeugen einer etwas anderen Unterhaltung.

»Sagt mal, was soll das?«, ruft Chase und starrt zu dem halb nackten Pärchen, das auf dem großen Bett miteinander rumknutscht. Ich erkenne die junge Frau: Es ist Gabriella.

»Oh mein Gott, sorry!«, quietscht sie beinahe und zieht das offen stehende weiße Hemd vor ihren noch sichtlich nassen Bikini.

Wäre ich nicht Teil des Ganzen, würde ich wahrscheinlich in schallendes Gelächter ausbrechen. So bin ich einfach nur überfordert. Chase im Gegensatz scheint die Szene nicht allzu sehr zu schocken. Augenrollend macht er auf dem Absatz kehrt und sagt an das Paar gerichtet: »Sucht euch ein Zimmer.«

Der Typ – ein blonder Kerl mit übertrieben muskulösem Körperbau – schaut über Gabriellas Schulter hinweg zu uns und erwidert grinsend: »Haben wir doch!«

»Ich meinte, keins von meinen«, knurrt Chase genervt, ehe er meine Hand greift und mich aus dem Raum zieht. »Dann eben Plan B.«

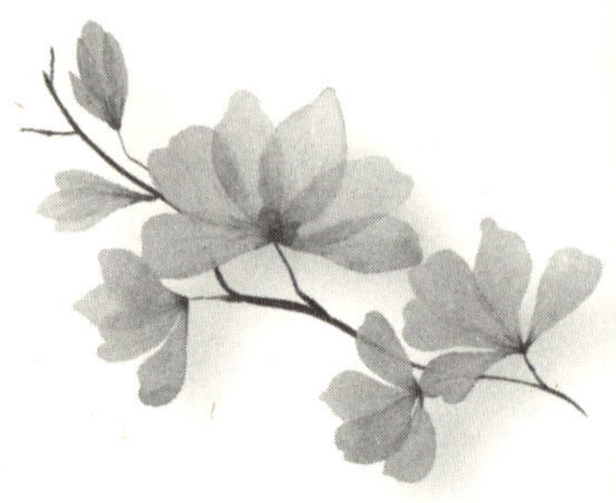

9. Kapitel

Partynacht

Eloise

»Das ist sozusagen mein Kreativraum«, erklärt mir Chase, als wir vor einer weiteren Tür in einem anderen, etwas abgelegeneren Bereich des Hauses stehen. Ich bin ehrlich: Würde er mich jetzt allein lassen, bezweifle ich, dass ich es vor morgen früh rausschaffen würde. Der Grundriss des Hauses ist verwinkelter, als ich ursprünglich dachte, und die Flure zu ähnlich, als dass sie mir irgendeine Orientierung bieten könnten.

Noch ehe er die Tür öffnet, weiß ich, was sich dahinter verbergen wird. Und tatsächlich: Es ist ein kleines, aber geräumiges Zimmer mit hellbraunem Parkettboden, auf dem an der linken Wand ein riesiges Zeichenpult aufgestellt wurde. Es ist übersät mit weißen, noch leeren Blättern. Und dann schlägt mein kleines, nerdiges Herz höher, denn direkt neben dem Pult ist eine Halterung angebracht, in der sich etliche Stifte, in verschiedensten Farben und Formen, befinden. Am liebsten würde ich jeden Einzelnen davon rausziehen und betrachten.

Als ich einen Blick an die linke Wand riskiere, fallen mir unzählige Zeichnungen auf, auf denen Actionfiguren wie Superman oder Iron Man abgebildet sind. Neben unzähligen real aussehenden Charakteren erkenne ich auch verschiedene Fantasyfiguren: Die Pflanzen, darunter mehrere Fliegenpilze und ein Kastanienbaum, sind mit Augen und weit aufgerissenen Mündern ausgestattet. Es gibt Meereswesen, Waldwesen sowie etliche Variationen aller nur vorstellbaren Gebilde und Kreaturen. Für einen kurzen Moment streift mich der Gedanke, dass ich mich gerade quasi in Chase' Kopf befinde. Seine Vorstellungskraft ist anscheinend grenzenlos und sein Stil beeindruckend. Manche Zeichnungen wirken abstrakt, andere wie klassische Gemälde, doch der Großteil seiner Zeichnungen erinnert mich an Cartoons und ist leicht überzeichnet.

»Chase, das sieht ja fantastisch aus! Die sind alle von dir?«

»Ja, es sind fast alles Entwürfe für einen Animationsfilm, den ich drehen möchte.«

»Wahnsinn! Um was soll es gehen? Fleischfressende Pflanzen?«

Chase entwischt ein leises Lachen. »Na ja, zumindest so halb. Es wird ein Animationsfilm für Kinder, daher weniger blutig, dafür aber mit einem Helden, der die Welt vor giftigen Pflanzen retten soll. Es verbindet das Thema Umweltschutz mit dem coolen und angesagten Heldenhype.«

»Clever.« Ich bin beeindruckt, um es milde auszudrücken. Plötzlich kann ich ihn so viel besser verstehen. Jemand, der so ein großes Talent hat, sollte das auch ausleben dürfen, statt es für die Vorstellungen von jemand anderem zu verschwenden.

Ich drehe mich zu ihm. Er steht neben einer schwarzen Ledercouch, die an der gegenüberliegenden Wand steht, und beobachtet mich, wie ich seine Zeichnungen beobachte. »Danke, dass du mir das hier gezeigt hast. Ich kann mir vorstellen, dass du nicht jeden an deine Zeichnungen heranlässt.«

Er zuckt mit den Schultern, als wäre nichts dabei. »Vielleicht verstehst du jetzt besser, wieso ich dringend diesen Kurs bestehen muss. Und es fällt dir vielleicht leichter, mir zu helfen.« Sein Blick ist auf die Zeichnungen hinter mir gerichtet. »Ich brauche diese Chance.«

In den letzten Tagen habe ich viel über seine Bitte, ihm Nachhilfe zu geben, nachgedacht. Ich habe mich gefragt, ob es wirklich so eine gute Idee war, zuzustimmen, doch wenn ich ihn jetzt so sehe, weiß ich, dass ich spätestens jetzt zugestimmt hätte. Nur selten habe ich jemanden gesehen, der künstlerisch so talentiert ist, und dieses Talent darf nicht unentdeckt bleiben. Ich weiß selbst, wie es ist, wenn der riesige Schatten des Desinteresses auf einem haftet und niemand anerkennen möchte, wenn man in etwas wirklich gut ist.

»Ich verstehe, was du meinst. Und da ich eine hemmungslose Optimistin bin – zumindest meistens –, glaube ich fest daran, dass wir das hinkriegen.« Ich schenke ihm ein fröhliches Lächeln, das er dankend, wenn auch etwas überrascht, erwidert. Augenblicklich verwandelt sich das Eisblau in seinen Augen zu einer warmen Meeresströmung, die mich irgendwie mit sich zieht.

»Du hast hier wirklich ein schönes kleines Reich. Nicht klein in dem Sinne. Dieses Zimmer ist schließlich riesig. Aber es sieht aus wie dein ganz eigener Rückzugsort. Ich mag das.«

»Ja, hier bin ich für mich. Mein Dad ist selten zu Hause, und wenn, dann nur, weil er an zwei Tagen in der Woche in seinem Büro an der Bradwood ist. Dann will er lediglich ein leckeres Essen auf dem Tisch stehen und ansonsten seine Ruhe haben. Dieses Zimmer betritt er so selten, dass ich quasi schon eine Garantie darauf habe, dass er sich nicht blicken lässt. Das macht es für mich einfach, mich zu entspannen.« Chase steuert auf die schwarze Couch zu und lässt sich sanft in das Leder fallen.

Ich hingegen schaue mich weiter um und bestaune die mit Stuck verzierte Decke, an der eine außergewöhnliche Lampe hängt: Sie hat die Form einer Farbpalette, nur dass die Einkerbungen für die Farben ausgespart und durch LED-Lampen ersetzt wurden. Ich trete näher an das Zeichenpult und streiche über eines der weißen Blätter. Der Geruch von Edding, Textmarkern und Tinte steigt mir dabei in die Nase. »Mit was zeichnest du?«

Ich höre, wie Chase aufsteht und sich neben mich stellt.

Einzeln holt er aus der Halterung die verschiedensten Stifte heraus. Erst einen Bleistift, dann Kreide, dann einen sehr schmalen Pinsel. Doch der Großteil seiner Stifte besteht eher aus Filzstiften und Markern.

»Das kommt ganz auf meine Laune an. Mit dem Bleistift bekomme ich die Linien besonders fein hin – das macht sich super für die weiter fortgeschrittenen Entwürfe. Aber wenn ich mal nicht nur in Schwarz-Weiß zeichne, benutze ich Filzstifte. Manchmal, wenn ich mich besonders kreativ fühle, greife ich auch mal zu Ölfarben. Die lassen das Ganze künstlerischer erscheinen, während Filzstifte die Skizzen eher plastischer machen.«

»Weiß dein Vater hiervon?« Ich deute auf seine Skizzen.

Chase nickt.

»Er kennt all diese Zeichnungen und hat immer noch nicht kapiert, wie wichtig dir Animation ist?« Ich schüttele den Kopf, weil so viel Ignoranz einfach nicht hineinpasst.

Chase

Am nächsten Morgen kitzelt mich das sanfte Sonnenlicht mit seiner Morgenröte auf der Nase. Ich gähne und drehe mich auf den Rücken, ehe ich mir über die Lider reibe. Es dauert einen Augenblick, bis die Erinnerung daran, was gestern passiert ist, in mein Bewusstsein sickert.

Hastig drehe ich mich zur Seite. Ich entdecke Eloise, die mit dem Gesicht zu mir auf der ausgezogenen Couch liegt, eingewickelt in eine dicke Tagesdecke. Ihre lockigen Haare hängen ihr teilweise übers Gesicht, und ihre Lippen sind im Schlaf ein wenig geöffnet. Die Arme hat sie vor der Brust an sich gezogen, die Beine angewinkelt. Für den Bruchteil einer Sekunde meine ich, sogar ein leichtes Schnarchen zu hören, und ein Lächeln huscht in meine Mundwinkel. Eines, das nicht so sehr von Belustigung als vielmehr von Überraschung herrührt, weil sie geblieben ist. Ich betrachte ihre entspannten Züge, die Sommersprossen auf ihrem Nasenrücken, ihre langen Wimpern, die sanfte Schatten auf ihre Wangen malen. Ihr Anblick entspannt mich, und auch wenn ich nicht unbedingt weiß, wieso, bin ich dankbar dafür, dass sie letzte Nacht nicht einfach gegangen ist. Generell fällt mir auf, dass ich ein wenig ruhiger werde, sobald sie in meiner Nähe ist. Das mag an ihrer besonnenen Art liegen oder daran, dass wir zu unser beider Überraschung nicht nur gut miteinander auskommen, sondern auch einige Gemeinsamkeiten haben. Sie versteht mich in Punkten, bei denen ich mich sonst immer ein wenig allein gefühlt habe. Ich schätze, diese Verbundenheit ist es, die den Unterschied ausmacht, einfach weil ich weiß, dass da noch jemand ist.

Langsam strecke ich meine Arme und richte mich langsam, um Eloise nicht zu wecken, auf dem pechschwarzen Leder auf. Ein Blick an mir herunter verrät mir, dass ich nach wie vor meine Jeans und das dunkelblaue Poloshirt trage. Wir haben gestern noch so lange geredet, dass Eloise ihr Gähnen nicht mehr unterdrücken konnte, woraufhin ich die Couch aufgezogen und ihr angeboten habe, sich dort auszuruhen. Aus ihrem »nur für einen Moment, nur die Augen ausruhen« ist eine ganze Nacht geworden. Und weil ich sie nicht unbedingt allein lassen wollte, wenn draußen Hunderte fremder Leute durchs Haus geistern, habe ich mich zunächst auf den Boden gelegt, auch, um nur kurz die Müdigkeit zu vertreiben. Doch Eloise hat, bereits schlaftrunken, neben sich auf das Leder geklopft, und ich hatte keine Muße, mir Argumente dagegen auszudenken, wieso es eine schlechte Idee wäre, mich neben sie zu legen.

Ich stehe auf, als ich ein leises Vibrieren höre. Hastig schaue ich mich um. Nur einen Augenblick später fällt mein Blick auf das Handy, das hinter Eloise' Rücken auf der Couch liegt. Ich schnappe es mir, damit es sie nicht weckt. *Alex* steht in großen Buchstaben auf dem Display, und ich überlege, ob ich einfach rangehen sollte. Sicherlich wird sie sich Sorgen machen. Ehe ich drangehen kann, hört das Vibrieren auf, und ich bin ganz dankbar, einem bestimmt peinlichen Gespräch entkommen zu sein. Eloise hat ihren Freundinnen sicherlich Bescheid gesagt, wo sie ist.

Ich schnappe mir einen Stift von der Halterung am Zeichenpult sowie einen Zettel und schreibe eine kleine Notiz für Eloise auf. Dann verschwinde ich aus dem Atelier.

Auf Socken laufe ich in Richtung Küche. Auf dem Weg dorthin komme ich am Wohnzimmer vorbei und wappne mich bereits für die herumliegenden Flaschen und Spät- beziehungsweise Frühgäste, die den Absprung nicht geschafft haben. Zu meiner Verwunderung sind nicht nur wirklich alle verschwunden, sondern auch die Überreste der Party sind wie weggeblasen. Der Champagnerbrunnen im Garten wurde ausgeschaltet und abgepumpt, nirgendwo sehe ich leere Gläser und Flaschen und erst recht keine zerbrochenen Vasen oder Ähnliches.

Als ich ein lautes Poltern, gefolgt von einem Klirren höre, weiß ich ohnehin, wem ich all das zu verdanken habe.

»Na, sind wir auch schon wach, ja?«, entgegnet Angela belustigt, während sie dabei ist, die umstehenden Glasflaschen in einem blauen Müllsack verschwinden zu lassen. Sobald sie das letzte Gefäß hineingeworfen hat, macht sie in das obere Ende einen Knoten.

»Guten Morgen«, murmele ich etwas verwirrt, während unsere Haushälterin sich die Handschuhe auszieht. Auch die Küche gibt keinerlei Hinweis mehr darauf, dass gestern unzählige Menschen hindurchspaziert und Chaos hinterlassen haben.

Sofort fühle ich mich schlecht. Mein Magen knurrt und zieht sich gleichzeitig voller Schuldbewusstsein zusammen. Ich war gestern fast die ganze Zeit mit Eloise weg und habe geschlafen, statt die Reste meiner Party aufzuräumen.

»Das ist wirklich lieb von dir, dass du hier aufgeräumt hast.« Ich deute auf die Arbeitsflächen. »Aber das hättest du nicht tun müssen, ich wollte gerade anfangen.«

»Ich sollte anmerken, dass es Stuart war, der gegen halb drei alle nach Hause geschickt und heute Morgen mit aufgeräumt hat.« Sie schaut auf die Uhr über der Spüle, die halb elf anzeigt. »Er ist vor einer Stunde gegangen.« Dann fügt sie mit einem Lächeln hinzu: »Der Junge wird mir anscheinend doch noch sympathisch.« Normalerweise mag Angela meinen besten Freund ganz gern, auch wenn sie seine offene Art nicht ganz zu deuten weiß.

Eine Prise warmer Dankbarkeit vermengt sich mit den Schuldgefühlen und lässt mein Inneres enger werden. »Danke. Wirklich.«

Angela macht eine wegwerfende Geste. »Ach, das war doch nichts. Also, was möchtest du frühstücken?«, erkundigt sie sich und öffnet den Kühlschrank.

»Ähm, lass mal«, entgegne ich und lehne mich mit beiden Unterarmen auf die Kücheninsel. »Du nimmst dir jetzt erst mal den Rest des Tages frei. Und ehrlicherweise möchte ich gerne selbst etwas fürs Frühstück vorbereiten.«

Angela kneift die Augenbrauen zusammen und sieht aus, als hätte ihr gerade jemand gesagt, dass der Weihnachtsmann nicht existiert. »Du willst kochen? Chase, du hast noch nie überhaupt eine Suppenkelle in der Hand gehalten.« Sie stemmt geschockt die Hände in die Hüften.

»Ja, dann ist es wohl gut, dass ich die Kelle heute auch nicht brauchen werde. Aber im Ernst, bitte geh nach Hause und ruh dich aus.«

Knappe fünfzehn Minuten später stehe ich allein in der Küche, bewaffnet mit Pfanne und einer Packung Eier, die ich im Kühlschrank gefunden habe. Ich habe keine Ahnung, was ich da mache, aber wie schwer kann das schon sein? Es gibt schließlich Kleinkinder, die das hinkriegen.

»Guten Morgen«, höre ich auf einmal hinter mir. Ich drehe mich um und blicke in die müden Augen von Eloise. Immer noch in ihren Klamotten von gestern, steht sie in der Tür und reibt sich die Augen.

»Guten Morgen«, erwidere ich etwas abgelenkt, weil ich gleichzeitig versuche, ein Ei am Pfannenrand aufzuschlagen. Kleine Schalenreste landen auf der heißen Fläche.

»Machst du Rührei?«, fragt sie und kommt näher.

»Ich versuch's zumindest.«

Sie schaut über meine Schulter. »Du weißt aber schon, dass man die ohne Schale isst?« Ihr Ton klingt amüsiert.

»Ja, das ist mir bewusst, aber Wissen ist nicht Können«, gebe ich ein wenig gereizt zurück.

Sie tritt neben mich und drängt mich ein wenig zur Seite, ehe sie mir den Pfannenwender abnimmt. »Gib mal her. Wie wär's, wenn du uns schon mal Kaffee machst?«

Dankbar, etwas machen zu dürfen, das ich auch tatsächlich beherrsche, überlasse ich ihr das Feld und gehe zu einer der Vitrinen, wo wir unser Geschirr aufbewahren.

»Wo sind eure Gewürze?«, fragt sie, und auch ich muss erst mal kurz überlegen.

»Ich glaube, die sind in dem Regal über der Spüle.« Ich öffne den Hängeschrank über dem Waschbecken. »Was brauchst du?«

»Pfeffer und Salz reicht erst mal für den Anfang«, antwortet sie, und ich frage mich, ob das nicht generell alle Gewürze sind, die in einem Rührei etwas zu suchen haben.

»Meistens macht man da auch noch etwas Schnittlauch rein,

aber das geht auch so«, antwortet sie, als hätte sie meine Gedanken gehört.

»Also, hast du gut geschlafen?«, erkundige ich mich, während sie die Eier anbrät. Toller Gastgeber, der ich bin, versuche ich mich wenigstens am Small Talk, obwohl das nicht unbedingt meine Stärke ist.

»Ja, sehr gut, danke. Auch wenn meine Freunde mich umbringen werden, weil ich einfach über Nacht weggeblieben bin.«

»Alex hat heute Morgen angerufen, aber ich wusste nicht, ob es okay ist, wenn ich rangehe. Ich wollte dich nicht wecken.«

Ihre Wangen färben sich leicht rosa. »Ja, ich hab ihr vorhin geschrieben, wo ich bin.« Sie dreht den Kopf in meine Richtung und schaut mich an. »Tut mir leid, dass ich gestern einfach auf deiner Couch eingeschlafen bin. Ich weiß auch nicht, wie das passiert ist.«

»Kein Problem.«

Dann sagen wir beide nichts mehr, weil es auch nichts gibt, was wir sagen könnten. Wir sind nebeneinander eingeschlafen. Punkt. Ich fand den Abend mit ihr toll und hätte nie gedacht, dass sie und ich überhaupt mal so viel Zeit miteinander verbringen würden. Doch jetzt hoffe ich einfach, dass wir alles so belassen können, wie es ist. Unser Start war ohnehin schon schwierig genug, und ich bin froh, dass wir uns verstehen. Ich möchte all das und auch die Nachhilfe nicht aufs Spiel setzen, indem wir die Sache unnötig verkomplizieren.

Noch halb in Gedanken hole ich zwei weiß-blaue Keramikteller aus einem der Küchenschränke, und Eloise verteilt zwei Portionen Rührei auf den Tellern. Dann nehmen wir an der Kücheninsel Platz.

»Hier«, sage ich und reiche ihr eine Gabel. »Bin gespannt, wie deine *Pfeffer-Salz-Kombi ohne Schnittlauch* schmeckt«, bemerke ich und spieße ein Stück auf.

»Ich bin sicher, für uns beide reicht's.« Sie schaut hoch und lächelt mir zu. Augenblicklich frage ich mich, ob sie wirklich unser Frühstück meint oder irgendwas anderes.

»Ohne deine Hilfe wäre das hier vermutlich ganz grausig geworden.« Ich deute auf meinen Teller.

Eloise lächelt verlegen. »Ich rechne es dir hoch an, dass du heute das allererste Mal in deinem Leben kochen wolltest.«

Ich kann ein stolzes Schmunzeln nicht unterdrücken und fühle mich gut. Für andere mag es ganz einfach sein, sich an den Herd zu stellen und zu kochen. Für jemanden wie mich, dem immer alles auf dem Goldlöffel serviert wurde, ist es ein verrücktes Gefühl. Verrückt, weil es guttut, selbst so kleine Dinge allein in die Hand nehmen zu können. Und obwohl mein richtiger Hunger gleich gestillt ist, dürstet es mich nach mehr. Nach mehr Dingen, die ich selbstständig in die Hand nehmen kann.

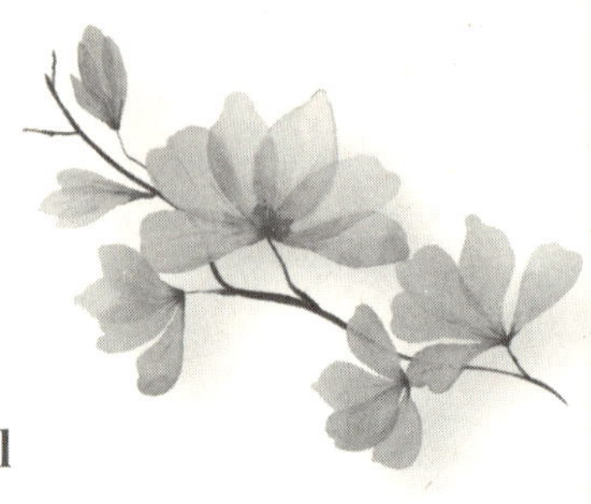

10. Kapitel

Ungebetener Gast

Eloise

Nach dem Essen reicht Chase mir eins seiner T-Shirts. Meine Haare riechen nach Rauch, und ich fühle mich nicht besonders wohl, weshalb ich mehr als froh gewesen bin, als Chase mir angeboten hat, bei ihm duschen zu können. Von ihm zum Wohnheim braucht man eine halbe Stunde mit dem Bus, und den würde ich am liebsten so wenig ramponiert wie möglich nehmen.

»*Star Wars?*«, frage ich, als ich das dunkelgraue Shirt mit Darth Vader darauf in die Hand gedrückt bekomme.

»Ich liebe *Star Wars*. Und einen dunklen Vater hab ich auch. Passt doch«, entgegnet er und lacht. Etwas zu aufgesetzt für meinen Geschmack, aber ich gehe nicht darauf ein. Es geht mich nichts an.

Chase deutet mit der Hand den Flur entlang, zurück zu der Abzweigung, an der sich auch sein Atelier befindet.

»Das Bad befindet sich auf der rechten Seite. Nimm dir Zeit.«

Als ich die Tür des Badezimmers hinter mir schließe, fällt mein Blick sofort auf die dunkelgrauen Fliesen und die Eckbadewanne, in der locker drei Personen Platz hätten. Goldene Armaturen verzieren nicht nur die Badewanne, sondern auch das Waschbecken gegenüber der Tür. Wenn ich an unsere kleine schmale Dusche zu Hause denke, deren Türen sich kaum richtig schließen lassen und bei der die Dichtungen noch aus der Steinzeit stammen, wirkt all das hier wie ein Badetempel.

Ich ziehe mich bis auf die Unterwäsche aus und betrachte kurz mein müdes Gesicht in dem Spiegel überm Waschbecken: Ich habe leichte Augenringe, und mein Mascara ist etwas verschmiert. Es könnte schlimmer sein. Mit einem Schulterzucken schnappe mir eines der Handtücher aus einem dunkelgrauen Schrank neben der Dusche und lege auch die Unterwäsche ab. Der goldene Duschkopf ist direkt an der Decke montiert und hat eine Regenfunktion.

Ich schalte den Temperaturregler auf genau vierzig Grad, und das Wasser schießt eine wohlige Wärme auf meinen müden Körper. Mit jedem Tropfen Wasser, der mein Gesicht benetzt, fühle ich mich etwas klarer. Der Abend hat seine Spuren auf meinen Gedanken hinterlassen, und zwar in jeder Hinsicht. Ich habe neue Facetten von Chase kennengelernt, und keine davon hat meine Meinung über die Nachhilfe geändert. Vielmehr hat sich meine Ansicht darüber, ihm in Medienrecht zu helfen, noch mehr gefestigt. Was jedoch die Übernachtung angeht, bin ich nicht sicher, ob wir dabei nicht eine Grenze überschritten haben. Die ersten Wochen an der Uni waren schon nervenaufreibend genug, und ich wünsche mir einfach, dass endlich etwas Ruhe einkehrt.

Ich schnappe mir eines der Männerduschgels, die in der goldenen Ablage stehen. Es ist mir egal, wenn ich nach einem etwas herberen Duft rieche – alles ist besser als dieser beißende Rauch, der sich in meinen Poren festgesetzt hat.

Als ich einige Minuten später mit nassen Haaren aus der Dusche steige, fühle ich mich wie neugeboren.

Nachdem ich vergeblich nach einem Föhn gesucht habe, bleibt mir nichts anderes übrig, als meine Haare lufttrocknen zu lassen. Ich steige wieder in meinen Rock, doch statt meiner Bluse ziehe ich das T-Shirt von Chase an. Als ich den weichen

Baumwollstoff über meinen Kopf stülpe, erkenne ich den Duft seines Parfums. Ich habe diese Note schon so oft an ihm bemerkt, dass sie mir beinahe vertraut ist, auch wenn das nicht unbedingt das erste Wort ist, das ich mit Chase in Verbindung bringen wollen würde.

Ich drücke die Türklinke nach unten und stapfe wieder den langen Flur entlang bis zur Küche, wo Chase gerade tatsächlich den Abwasch macht.

»Du spülst die Teller?«, frage ich und nicke anerkennend. Chase, der mir den Rücken zugewandt hat und an der Spüle steht, lacht, was ich am leichten Beben seiner Schultern erkenne.

»Ich hab unserer Haushälterin freigegeben. Sie hat heute Morgen bereits alles aufgeräumt, da sind zwei Teller das Mindeste, was ich tun kann.«

»Und was wird das hier?«, höre ich auf einmal eine tiefe Reibeisenstimme, die mich beinahe bis ins Mark erschüttern lässt. Sofort drehe ich mich um und blicke in eisblaue, eiskalte Augen. Michael Edwards.

Chase

»Vater«, sage ich und halte inne. Beide Teller sind abgewaschen, wenn auch nicht abgetrocknet. Überrascht bleibe ich stehen, nach wie vor einen Teller in der Hand, und tropfe den Boden voll, während ich meinem Dad entgegenblicke. Sein dunkelblaues Jackett in der linken Hand, starrt er uns mit in Falten gelegter Stirn an. Seine buschigen Augenbrauen sind zusammengekniffen, und die leichte Röte auf seinen Wangen verrät mir, dass er innerlich brodelt.

»Möchte mir jemand erklären, was das hier ist?«, fragt er, als wäre es etwas Verwerfliches, sich um den Haushalt zu kümmern.

Nur, dass es ihm weniger um mich am Waschbecken als vielmehr Eloise an der Kücheninsel geht.

»Wir haben nur etwas gefrühstückt. Kein Grund, deshalb in Panik auszubrechen«, entgegne ich kühl.

»Und Sie, Ms. Stanson, möchten Sie mir erklären, weshalb Sie ein T-Shirt meines Sohnes tragen?«

Noch ehe sie antworten kann, übernehme ich. Obwohl sein Tonfall beinahe freundlich klingt, weiß ich aus Erfahrung, dass der Schein trügerisch ist. »Eloise war gestern auf meiner Party und hat hier übernachtet. Nichts, worüber du dir also den Kopf zerbrechen solltest.«

Der Blick, den Eloise mir zuwirft, hat etwas Sorgenvolles. »Tut mir leid, Mr. Edwards. Wir haben einfach die Zeit vergessen«, setzt sie an, doch mein Vater unterbricht sie harsch.

»Die Antwort, die mein Sohn mir gegeben hat, reicht vollkommen aus, Ms. Stanson. Meine Meinung über Sie habe ich mir bereits gebildet. Ich habe Ihnen nahegelegt, sich zu benehmen, solange Sie an dieser Universität studieren wollen. Und Sie entscheiden, sich an meinen Sohn heranzumachen? Kein besonders vielversprechendes Verhalten für eine junge Stipendiatin, wenn Sie mich fragen.«

»Mr. Edwards, zwischen Chase und mir …«, doch wieder lässt er sie nicht ausreden.

»Wird niemals etwas laufen. Das weiß ich zu unterbinden. Haben Sie wirklich gedacht, Sie können meine Gunst gewinnen, indem Sie sich in mein Leben schleichen?« Er lacht, doch der Ton trieft nur so vor Abschätzigkeit.

Eloise blickt dermaßen verwirrt, dass ich es lustig gefunden hätte, wenn ich nicht kurz vorm Explodieren wäre. Natürlich dreht sich alles wieder um Michael Edwards. Nicht auszudenken, dass Menschen Dinge tun könnten, die nichts mit ihm zu tun haben.

»Jetzt reicht es«, gehe ich dazwischen und stelle mich neben

Eloise. »Was ist los mit dir, dass du so mit ihr sprichst? Nicht alles dreht sich um dich.«

Mein Vater rümpft leicht angeekelt die Nase, als wäre Eloise eine Kakerlake und er der Kammerjäger, der sie vertreiben will. »Seit wann hängst du denn so an deinen Bettbekanntschaften? Meines Wissens nach sind die nach ein oder zwei Nächten sowieso direkt wieder von der Bildfläche verschwunden.« Sein Blick bleibt wieder an Eloise neben mir hängen. »Immerhin hast du zuvor den Anstand gehabt, sie frühzeitig hier rauszuschaffen.«

Enttäuschung, Wut und Sorge vermischen sich zu einem roten Schleier, der meine Sicht trübt. Ich weiß gar nicht, welche Emotion schließlich die Oberhand gewinnt, doch das ist auch egal, denn meine nächsten Worte bleiben die Gleichen: »Ich sagte, dass du aufhören sollst, so über meine Freundin zu reden.« Ich lasse nicht zu, dass jemand so über meine Freunde spricht, auch nicht mein Vater.

Eloise sieht mich an, als würde sie an meinem Verstand zweifeln, und erst da wird mir bewusst, wie man die Aussage auch hätte deuten können. Ehe ich etwas sagen kann, erstarren die Züge meines Vaters, ehe sie Platz machen für triefende Belustigung. »Freundin?«

Seine Ruhe führt dazu, dass ich in Panik gerate. Wenn er in dieser Stimmung ist, scheut er vor kaum etwas zurück, und ich handle, ehe ich darüber nachdenken kann. »Ja, ganz recht. Meine Freundin. Diejenige, von der alle bereits wissen.« Ich weiß, dass mein Bluff nur so lange währt, wie Eloise mitspielt – oder zumindest nichts sagt –, aber in meinem Kopf entsteht ein Plan, der nichts damit zu tun hat, meine eigene Haut zu retten. Sondern ihre. »Sie weiß auch, wie es um meine aktuellen Leistungen steht, und hat mir mehr geholfen, als du es je versucht hast.«

Mein Vater atmet einen Moment tief durch, während Eloise geschockt zwischen uns beiden hin und her schaut. Sein »Wie bitte?« ist kaum mehr als ein Knurren.

Um mich geht es mir längst nicht mehr. Es geht mir einzig und allein um Eloise, die noch heute Nachmittag von der Academy exmatrikuliert wird, wenn ich meinen Vater richtig einschätze. In seinen Augen ist sie ein Makel in meinem Leben, den es zu beseitigen gilt, koste es, was es wolle. Das Einzige, was ihm im Wege steht, ist seine Reputation. Und wir beide wissen, dass er unmöglich die neue Freundin seines Sohnes rausschmeißen kann. Nicht, wenn das zu Gerede und unerwünschter Publicity sorgen würde.

»Sie gibt mir Nachhilfe. Nur dank ihr kann ich deinen Forderungen nachkommen und Medienrecht bestehen. Wenn du also nicht willst, dass ich das Studium doch noch in den Sand setze, wirst du dich ab jetzt raushalten.«

Eine geschlagene Ewigkeit starrt er mich an. Das letzte Mal, dass ich so mit ihm gesprochen habe, war nach Moms Tod, und das hat kein gutes Ende genommen. Bisher habe ich mir immer eingeredet, dass es einfacher ist, seine Meinungen und Ansichten einfach über mich ergehen zu lassen. Dass Widerworte es nicht wert wären. Doch das hier, das ist es. Eloise ist es wert, dass ich mich für sie starkmache.

Als ich bereits unruhig werde, greift Michael Edwards nach der Türklinke. Die Hand, in der er nach wie vor sein dunkelblaues Jackett hält, deutet auf einmal auf Eloise. »Sie, raus hier.« Sofort springt Eloise auf und stürmt ohne ein weiteres Wort – oder auch nur einen Blick – zur Tür hinaus.

Mein Vater wartet, bis die Eingangstür ins Schloss fällt, dann macht er auf dem Absatz kehrt und rauscht aus dem Raum.

Ich bin allein.

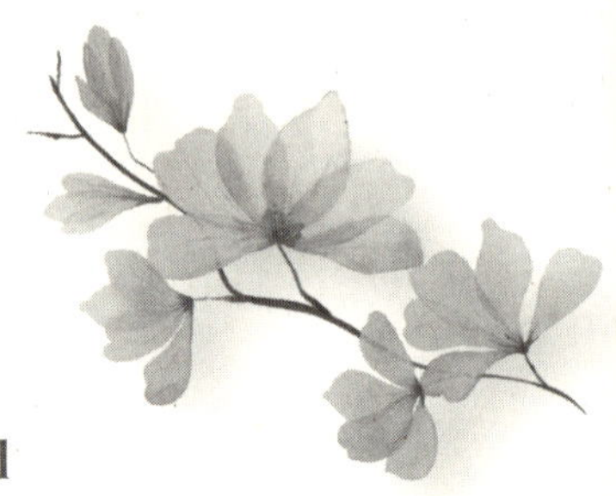

11. Kapitel

Gefühle

Eloise

Völlig aufgewühlt erreiche ich nach anderthalb Stunden das Gelände der Uni und mache mich schnurstracks auf den Weg zu unserem Wohnhaus. Nachdem ich vom Anwesen der Edwards gestürmt bin, war ich zu aufgewühlt, um auf den Bus zu warten. Ich musste mich bewegen und bin einfach losgelaufen. Meine Beine tun mittlerweile weh, und ich fühle mich vollkommen ausgelaugt, doch das ist nichts im Vergleich zu den kreisenden Gedanken, die dermaßen in Sorge getränkt sind, dass sie bei dem kleinsten Funken Feuer zu fangen drohen.

Immer wieder hallen die Worte von Mr. Edwards durch meinen Kopf. *Bettbekanntschaft. Unvorteilhafte Entscheidung.*

Und dann ist da erneut dieses eine Wort, das meine Eingeweide zusammenschrumpfen lässt: *Freundin.* Was hat Chase sich nur dabei gedacht? Sicherlich hat er die Situation nur noch schlimmer gemacht, denn jetzt bin ich vollends in den Fokus seines Vaters gerückt. Als angebliche Freundin seines Sohnes wird er mich wohl kaum aus den Augen lassen. Ganz abgesehen davon, dass ich überhaupt nicht will, dass jemand so etwas über uns denkt. Wir sind maximal Freunde, und ich bin sicherlich nicht *seine* Freundin. Ich will ein Niemand sein, der in Ruhe sein

Studium absolviert. Doch ich schätze, dass das nun Vergangenheit ist. Wut und Ratlosigkeit spülen meine überhitzten Wangen hinauf und laufen als salzige Tränen mein Gesicht herunter. Ich werde nicht mehr lange hierbleiben können. Der Gedanke kostet so viel Kraft, dass ich völlig ausgelaugt aus dem Aufzug in unserem Stockwerk steige. Als ich unser Zimmer betrete, steht meine beste Freundin von ihrem Bett auf.

Sie öffnet den Mund, und ihre Miene verrät, dass mir ein ziemliches Donnerwetter bevorsteht, doch dann hält sie inne. »Was ist passiert?«, fragt sie mit Blick auf meine nassen Wangen.

Sophie, die sich ihre pechschwarzen Haare zu einem Dutt bindet, stockt ebenfalls.

»Ich …« Ich weiß nicht, was ich sagen soll. Der Versuch, die richtigen Worte rauszubringen, endet damit, dass stattdessen noch mehr Tränen kommen, woraufhin Alex mit alarmiertem Gesichtsausdruck auf mich zugelaufen kommt.

»Hey, was ist los? Alles ist gut.« Letzteres wiederholt sie immer wieder, während sie mich im Arm hält. Und ich breche zusammen.

»Ich verstehe das nicht. Wieso hasst der Typ dich so? Es kann ihm doch vollkommen egal sein, mit wem sein Sohn zusammen ist.« Alex, Sophie und ich sitzen auf meinem Bett. Nachdem ich mich an ihrer Schulter ausgeweint habe, hat meine beste Freundin mich rübergeführt und darauf gewartet, bis ich ruhig genug war, um alles zu erzählen. Nur um sich dann selbst fürchterlich aufzuregen. »Und ihr seid nicht einmal zusammen. Was denkt Chase sich dabei?«

»Na ja, es ergibt Sinn, oder?«, schaltet sich Sophie ein. »So wie du das erzählt hast, gibt es für Michael Edwards nichts Wichtigeres als seinen Ruf.« Als wir beide sie nur verständnislos anschauen, fährt sie fort. »Na, ich meine, wenn Chase sagt, dass du seine Freundin bist, nimmt er dich quasi in Schutz. Immerhin kann sein Vater dich dann nicht einfach so loswerden, weil das zu Gerede führen würde. Der Name Edwards steht regelmäßig in der Presse, und es wäre ein Leichtes, dich da ins Spiel zu bringen.«

Ich denke über ihre Worte nach. Könnte es sein, dass das Chase' Gedanke bei alldem war? Verwirrung und Ungewissheit schnüren mein Inneres zusammen, bis sie schmerzhafte Striemen hinterlassen. Ich weiß nicht, was ich denken oder fühlen soll. Es wäre gelogen, wenn ich mir nicht wahnsinnige Sorgen um meine Zukunft machen würde. Dafür habe ich zu hart gearbeitet, um nun alles zu verlieren, was mir gerade erst geschenkt worden ist. In mir reift der Wunsch, noch einmal die Initiative zu ergreifen und Michael Edwards zur Rede zu stellen, ihm zu sagen, wie verwerflich ich seine Aussagen und sein Verhalten finde. Doch gleichzeitig sorge ich mich um Chase. Die Art, wie er sich seinem Vater wegen mir gegenübergestellt hat, wird sicherlich keine guten Konsequenzen für ihn haben. Mit jeder Sekunde, die ich damit zubringe, mich zu fragen, was nun zwischen den beiden vor sich geht, wird der Druck auf meiner Brust schwerer. Es ist alles meine Schuld. Wäre ich nicht betrunken auf dieser Willkommensparty gewesen, hätte ich nie mit den Edwards' zu tun gehabt. Ich wäre nicht auf Chase' zweiter Party gelandet, ebenso wenig wie auf seiner Couch und in seiner Küche – und schließlich immer wieder im Fokus von Michael Edwards.

Ich greife nach meinem Handy und ignoriere die fragenden Blicke meiner Freundinnen. Gerade als ich die Tastensperre löse, fällt mir auf, dass ich nicht mal die Handynummer von Chase habe. »Scheiße«, murmele ich, als Alex nach meiner Hand greift.

»Wenn das stimmt, ist Edwards vielleicht doch nicht der Kotzbrocken, für den ich ihn gehalten habe«, sagt meine beste Freundin, und ich muss gegen meinen Willen lachen. Was mich nur noch mehr durcheinanderbringt.

»Der wird schon klarkommen. Vielleicht unterhalten sie sich gerade einfach, und am Ende ist zumindest dahin gehend alles wieder gut? Kann doch sein, oder?«, fragt Sophie. Ihr Blick ist genauso zweifelnd wie meine Gedanken.

Ich schaue zu Alex, die mir behutsam über die Hand streichelt.

»Wisst ihr was?«, sage ich und rappele mich auf. »Das geht so nicht. Ich werde zurückfahren und mit Michael Edwards reden. Es muss doch möglich sein, das alles vernünftig zu klären.«

Alex und Sophie schauen verdutzt drein, doch das ist mir egal. Fest entschlossen schnappe ich mir meine Handtasche, die ich vorhin achtlos auf den Boden fallen gelassen habe, und öffne die Zimmertür.

»Oh« ist das Einzige, was ich hervorbringe, als ausgerechnet Chase vor mir steht. Überrascht hält er inne, eine Hand erhoben, als habe er gerade vorgehabt, anzuklopfen. Seine Haare sind nach wie vor zerzaust, und er hat sich nicht einmal die Mühe gemacht, seine Jogginghose gegen eine seiner typischen Anzughosen auszutauschen.

»Na, das nenne ich mal Timing«, ruft Alex zu uns hinüber und schaut ungläubig zwischen uns beiden hin und her.

»Wir müssen reden.« Chase' eindringliches Eisblau liegt auf mir.

»Ja, unbedingt«, pflichte ich ihm bei und folge ihm nach draußen.

Chase

»Wie geht es dir?«, fragt Eloise, nachdem wir das Twilight-Wohnhaus hinter uns gelassen haben. Draußen strömt uns die frische Meeresbrise entgegen, und ich atme tief ein. Nach dem Gespräch mit meinem Vater hatte ich erst das Gefühl, vor überschüssigem Adrenalin förmlich zu vibrieren, doch jetzt, da ich weiß, dass es Eloise gut geht, komme ich langsam wieder runter.

Sie trägt nach wie vor mein T-Shirt und erinnert uns beide so daran, weshalb wir hier sind.

Die Hände in den Hosentaschen vergraben, läuft sie neben mir her. »Ich habe mir wirklich Sorgen gemacht, weißt du. Wegen deines Vaters.«

Ich nicke, und deute auf die gepflasterte Abzweigung, die uns am Kolosseum-Wohnhaus vorbeiführt. »Ich weiß. Es tut mir so leid, was er dir an den Kopf geworfen hat.«

Sie schaut in die Ferne, während wir den Delfin-Springbrunnen passieren. »Wollen wir uns setzen?«, fragt sie, sobald wir eine der Bänke am Wegesrand erreichen.

Ich nicke, und wir nehmen nebeneinander Platz. Eine Weile sitzen wir einfach nur schweigend nebeneinander, ohne zu wissen, was wir jetzt sagen sollen. Oder zumindest geht es mir so.

»Also, die Aussage, ich sei deine Freundin. Ich vermute mal, das wird Konsequenzen für mich haben?« Sie nestelt am Saum ihres – meines – Shirts herum.

»Tut mir leid, dass ich dich damit in eine blöde Lage gebracht habe. Und ehrlicherweise auch bringen werde.« Als sie zu mir hochschaut, verfängt sich eine Strähne in ihrem Gesicht. Ich widerstehe dem Drang, sie wegzuwischen. Stattdessen fahre ich fort. »Aber ich denke, dass das immer noch besser ist, als rausgeworfen zu werden.«

»Ich fliege nicht raus?« Die Ungläubigkeit in ihrer Stimme vermischt sich mit einem Unterton, der nach vorsichtiger Hoffnung klingt.

»Nein, tust du nicht. Zumindest, solange wir ihm keinen Anlass dazu liefern und uns unauffällig verhalten.«

»Was meinst du?«

Ich senke den Blick. »Ich schätze, wir müssen so tun, als wären wir ein Paar. Wenigstens so lange, bis er sich wieder beruhigt und etwas Gras über die Sache gewachsen ist. Irgendwann beißt er sich an einem neuen Knochen fest, und du kannst wieder dein Leben leben. Aber bis dahin, fürchte ich, ist deine einzige Chance auf dieses Studium davon abhängig, dass wir uns in der Öffentlichkeit zusammen zeigen. Das verbietet es ihm, etwas gegen dich zu unternehmen. Schließlich gibt es nichts, was er mehr hasst, als in der Klatschpresse auseinandergenommen zu werden.«

Eloise lässt ihren Blick über den Campus schweifen. »So etwas in der Art hat auch Sophie gemeint.« Sie schaut zu mir hoch. »Dann hast du das nur gesagt, um mich in Schutz zu nehmen?«

Ich zucke mit den Schultern. »Das schien mir die beste Lösung zu sein. Außerdem muss ich mir so keine neue Nachhilfe suchen«, sage ich betont fröhlich und stupse mit meiner linken Schulter gegen ihre rechte.

Eloise lacht, es klingt ein wenig erschöpft. »Ich schätze, ich muss mich bei dir bedanken. Und entschuldigen.« Sie schaut wieder runter auf ihre ineinander verknoteten Finger. »Dafür, dass du meinetwegen so einen Ärger hast.«

Ich winke ab. »Ach, seinen entgeisterten Blick war es allemal wert. Und du bist es auch.« Ich merke, wie mein Gesicht heiß wird, dennoch muss ich es aussprechen. Ich will nicht, dass Eloise denkt, irgendwie an dem Ganzen schuld zu sein. Das ist allein mein Vater.

»Also, wie machen wir das jetzt?« Sie deutet mit einem leichten Kopfnicken auf eine platinblonde junge Frau, die an einer der anderen Bänke steht und sich mit ihrer Freundin unterhält. Ihr Blick huscht immer wieder zu uns rüber. »Die Leute reden ohnehin schon, seit wir an diesem Projekt zusammenarbeiten. Ich schätze mal, es wird noch mehr, wenn wir offiziell als Paar auftreten.«

»Dann sorgen wir dafür, dass es nur Gutes ist.«

»Na, dann, mein Freund«, setzt sie an, »solltest du deiner Freundin vielleicht erst mal deine Handynummer geben.«

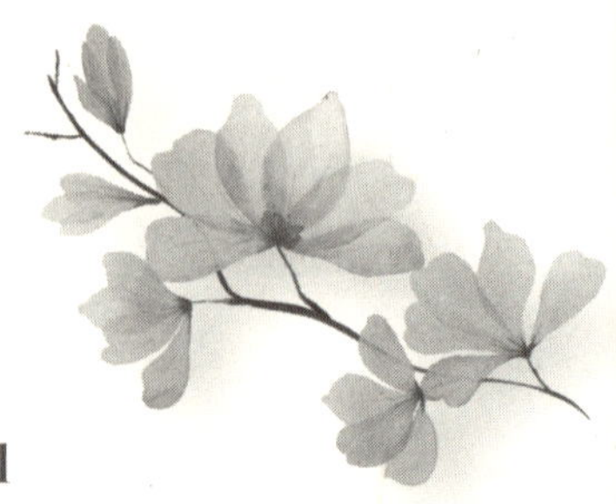

12. Kapitel

Deal

Chase

Wenige Tage später sitze ich mit Eloise in unserem Medienrechtskurs und steuere direkt auf unsere erste Nachhilfestunde zu. Zwar bin ich nicht sicher, wie sie so einem hoffnungslosen Fall wie mir in diesem Fach überhaupt helfen will, aber ich bin bereit, alles zu geben.

Ich werfe einen Blick auf Eloise, die gedankenversunken auf ihrem Handy herumscrollt und immer wieder ihre Mails aktualisiert. Sie ist hoch konzentriert, und erst jetzt bemerke ich, dass sie leicht die Lippen verzieht, sobald ihr Browser keine neuen Nachrichten anzeigt. Die Jalousien im Hörsaal sind leicht heruntergelassen, sodass ihr Gesicht von einem Schattenmuster bemalt wird. Dort, wo die strahlende Mittagssonne auf ihr Haar trifft, bringt es das Kastanienbraun zum Schimmern. Beinahe sieht es so aus, als würden sich goldene Fäden mit dem Braun verweben. Eigentlich sieht es ganz hübsch aus.

Wieder aktualisiert sie ihr E-Mail-Postfach und so langsam frage ich mich, auf was für eine Rückmeldung sie so angestrengt wartet. Ich drehe meinen Kopf noch ein wenig mehr zu ihr herum, als sie plötzlich aufschaut. Prompt zeichnet sich eine zarte Röte auf ihrem Gesicht ab. Kurz schießt mir der Gedanke durch den Kopf, dass ich genau das wahnsinnig gern für unser Filmprojekt bei Ms. LaCroix einfangen würde. Beinahe bereue ich es, keine Kamera dabeizuhaben.

»Sag mal, was genau machst du da eigentlich die ganze Zeit? Seit fast zehn Minuten sind wir hier im Saal, doch du hast noch nicht einen deiner geliebten Stifte herausgekramt, und geordnet hast du sie erst recht nicht.«

Eloise wirft mir einen überraschten Blick zu. »Das mit den Stiften ist dir aufgefallen?«

Ich nicke. »Klar, stand doch in deinem Steckbrief. Also, was beschäftigt dich?« Ich deute auf ihr Handy, und sie folgt mir mit dem Blick.

»In dieser Woche findet die Filmpremiere für *The Other Light* statt, und ich würde gern daran teilnehmen. Ich hab den Film vorab schon im Flieger hierher gesehen, und deshalb wollte ich so gerne auch an der Filmpremiere teilnehmen, als ich gesehen habe, dass sie in Monaco durchgeführt wird. Doch auf meine Anfrage kam noch keine Antwort. Das ist in der Pressewelt nicht ganz unüblich, allerdings kamen seit der Sache auf der Party für so einige Anfragen keine Rückmeldungen mehr.« Beinahe lustlos aktualisiert sie ein weiteres Mal ihre Mails. Als auch dieses Mal nichts aufploppt, sinken ihre Schultern ein kleines Stück nach unten.

»Du glaubst, die melden sich wegen deines Ausrutschers auf der Party nicht mehr?«

Eloise schaut hoch, jedoch nicht zu mir, sondern aus einem der Fenster. »Kann schon sein. Bis zu dem Tag hatte ich sogar noch einige laufende Anfragen. Du weißt schon – wenn jemand angefragt hat, ob ich einen Film vorab schauen möchte oder zu Veranstaltungen kommen will. Einigen davon habe ich kurz nach der Party geantwortet, aber da kam dann nichts mehr zurück. Dein Dad sagte zwar, sie haben das Video schnell gelöscht, aber wer weiß, wer es alles bis dahin gesehen hat …« Sie zuckt mit der Schulter, ehe sie das Telefon mit umgedrehtem Display auf den Tisch legt und ihr Notizbuch aus der Tasche kramt. Sie öffnet eine Seite mit etlichen Stichpunkten, die alle unterschiedlich farblich markiert sind.

»Siehst du, ich mache mir zu jedem Film Notizen. Wer hat ihn produziert? Wer führte Regie? Das wird blau. Schauspieler, und wie sie ihre Rollen gespielt haben, markiere ich mir immer rosa. Und am Ende kommt noch eine ganz persönliche Wertung von mir – die ist immer gelb«, sagt sie und deutet auf ihr gelb markiertes Fazit zu *The Other Light*.

»Einfach wundervoll, tiefgründig, hat mich zu Tränen gerührt und mich sowohl hoffnungsvoll als auch mit gebrochenem Herzen zurückgelassen«, lese ich vor. Ich weiß, dass der Film von den Bradwood Studios produziert wurde, mehr jedoch nicht.

Eloise stützt sich mit den Ellenbogen auf die Tischkante und faltet die Hände zusammen, um ihre linke Wange darauf abzulegen. »Es ist ein romantisches Drama. Es geht um einen Dozenten, der sich in seine Schülerin verliebt. Ich will nicht spoilern, aber er ist sehr krank, und am Ende muss sie sich entscheiden, ob sie ihr Studium für ihn abbricht, damit sie die restliche Zeit noch mit ihm genießen kann oder sich von ihm abwendet und ihren Traum lebt, so wie er es sich für sie wünscht.«

Ich hole tief Luft. »Puh, hört sich schon sehr kitschig an«, füge ich hinzu, doch Eloise verdreht die Augen.

»Es kommt ganz darauf an, wie viel Kitsch es ist. Und hier ist es die perfekte Menge, wenn du mich fragst. Sei mal nicht so ein Eisklotz«, ermahnt sie mich, muss jedoch lachen.

»Guten Morgen allerseits!«, ruft unser Dozent Mr. Rodriguez in den Hörsaal, der knapp eine Minute vor Kursbeginn mit einem Stapel Arbeitsblätter unterm Arm durch die Tür eilt.

Ein hektisches »Guten Morgen« prasselt von allen Seiten auf ihn zurück, was er mit einem beiläufigen Lächeln quittiert. »Na, Sie hören sich ja vielleicht motiviert an. Aber ich weiß, wie ich das ändern kann. In der nächsten Woche schreiben wir einen kleinen Test zu dem, was wir bisher behandelt haben. Da das Semester erst vor ein paar Wochen begonnen hat, sollte ja noch alles ganz frisch sein!«

Ich schlucke schwer, nur dass der Kloß, der sich augenblicklich in meiner Kehle bildet, nicht verschwinden will. Wie soll ich denn in einer Woche alles aufholen?

Noch einmal fällt mein Blick auf Eloise, die mir heute Nachhilfe gibt. Wobei mich der Gedanke beschleicht, dass eine Stunde diese Woche nicht ausreichen wird. Plötzlich habe ich eine Idee.

»Also, möchtest du mit mir zur Premiere gehen?«, frage ich sie im Flüsterton, während sie wieder dazu übergegangen ist, zum vermutlich hundertsten Mal ihre Mails zu aktualisieren.

Mit weit aufgerissenen Augen schaut sie zu mir hoch. »Wie? Du bist eingeladen?«

»Hey, du vergisst, dass es durchaus auch positive Aspekte geben kann, die Freundin eines Edwards zu sein. Und wenn du wirklich hingehen möchtest, dann finden wir einen Weg.«

Für einen Augenblick meine ich, ein leichtes Schimmern in ihren Augen sehen zu können, ehe die traurigen Furchen in ihrem Gesicht von einem vor Freude beinahe explodierenden Lächeln abgelöst werden. »Oh mein Gott, das wäre so toll!«, murmelt sie und bemüht sich, nicht allzu laut zu sein.

»Allerdings hätte ich eine Bitte.« Ich schaue nach vorn, wo Mr. Rodriguez gerade etwas ans Whiteboard schreibt.

Ich merke, wie Eloise' Begeisterung verpufft. »Ich wusste, die Sache hat einen Haken.«

»Nein, hat sie nicht. Aber wäre es für dich okay, dir im Gegenzug etwas mehr Zeit für die Nachhilfe zu nehmen diese Woche? Ohne Hilfe schaff ich den Test niemals.«

»Was wird denn da getuschelt?«, erklingt plötzlich Mr. Rodriguez' Stimme, und ich verstumme. Aber nur kurz.

»Also, haben wir einen Deal?«

Ihre Antwort ist ein geflüstertes »Deal«.

Eloise

Gleich nach dem Medienrechtskurs zieht es Chase und mich in die Bibliothek. Wir hätten auch überall sonst zusammen lernen können, denn schließlich bin ich ja nun seine *Freundin*. Doch wenn ich ihm vor aller Augen in der Cafeteria erklären würde, was Schmähkritik bedeutet, würden die Leute reden. Und dazu bin ich einfach noch nicht bereit, immerhin ist es gerade mal wenige Tage her, dass die Leute mir keine komischen Blicke auf den Gängen zugeworfen haben.

»Welchen Arbeitsraum hast du für uns reserviert?«, frage ich Chase, der sich mit den Fingern lässig durch das schwarze Haar fährt, während wir durch die Flügeltür der Bibliothek treten.

»Raum 5.«

Wir schlendern gemeinsam durch die hellen Gänge der Bibliothek, und mir fällt auf, wie bunt das Licht ist, das in die Gänge hineinstrahlt. Ich schaue hoch, und tatsächlich bemerke ich, dass die obersten Fenster aus Buntglas bestehen.

Nach wenigen Augenblicken erreichen wir unseren Raum. Im Gegensatz zu letzter Woche sind heute die meisten Arbeitsplätze leer.

Ich lehne mich wieder gegen die Holzwand, die Raum 5 und 6 voneinander abgrenzt, und beobachte Chase, wie er einen Zahlencode auf den dafür vorgesehenen Touchscreen eintippt. Die gläserne Schiebetür reagiert mit einem Summen und gleitet zur Seite auf. Ganz gleich, wie lange ich das Privileg haben werde, hier zu studieren: Ich kann mir nicht vorstellen, dass das irgendwann normal für mich sein wird. All der Luxus, die teure Technik und die Selbstverständlichkeit, die damit einhergeht.

Als wir den Raum betreten, fällt mein Blick auf einen großen Tisch, dessen Milchglasplatte auf goldfarbenen Beinen steht.

Ringsherum sind vier Stühle aus hellem Eichenholz aufgestellt. An der gegenüberliegenden Wand prangt ein riesiger Flachbildschirm, der das Logo der Bradwood Studios anzeigt: Es ist ein goldenes Wappen, an dem sich oben und unten kleine, mit Blumen verzierte Zweige ranken. Im Inneren des Wappens prangt oben links ein großes B und rechts unten ein geschwungenes S. Rechts neben dem B ist eine aus feinen Linien gezeichnete Regieklappe zu sehen, schräg links darunter eine Filmrolle im gleichen Stil.

Ich stelle mir vor, wie dieses Emblem am Ende meine Abschlussurkunde zieren wird. Dabei ist mir bewusst, dass ich die Aussicht darauf einzig Chase zu verdanken habe. Ich schaue zu meinem neuen Nachhilfeschüler, der gerade dabei ist, seine Notizen und Bücher auf den Tisch zu räumen. Genauso wie er bei mir werde auch ich ihm nun bei der Erfüllung seines Traums helfen.

»Also noch mal: In welchem Fall handelt es sich um Schmähkritik? Und in welchem Fall sprechen wir einfach von freier Meinungsäußerung?«, frage ich Chase eine Dreiviertelstunde später. Das Gute ist, dass Mr. Rodriguez seinen Stoff genau nach Lehrbuch durchgeht, weswegen wir uns einfach daran entlanghangeln müssen. »Stell dir vor, ich veröffentliche auf meinem Instagram-Account ein Video mit einer Kritik zu einem Film, den ich vorab ansehen durfte. Fall A: Ich erzähle den Leuten, dass Schauspieler X in meinen Augen nicht in die Rolle passt, und liefere ein Beispiel für eine andere Besetzung, die von Alter, Statur oder Art des Schauspiels besser funktionieren würde. Fall B: Ich erwähne, dass ich Schauspielerin Y, die mit dem Film überhaupt nichts zu tun hat, nicht mal ansatzweise in die Rolle passen würde und erkläre anhand von drei anderen Filmbeispielen, dass man sie nicht mehr besetzen sollte. Was meinst du?«

»Na ja, in Fall A ist es sachlich erklärt, weshalb du findest, dass jemand anders besser passen würde. Du beziehst dich dabei aber auf die Merkmale der Rolle und nicht darauf, wer sie in deinen Augen besser verkörpert. Das ist Meinungsfreiheit.«

Ich lächle und zeige mit meinem roten Kugelschreiber auf Chase. »Sehr gut!«

»Dann ist Fall B Schmähkritik?«

»Genau. Das Video dient offensichtlich einzig und allein dem Zweck, Schauspielerin Y zu diffamieren. Denn da sie nicht Teil der Besetzung ist, gäbe es eigentlich keinen Grund, sie überhaupt zu erwähnen. Du musst dir bei Schmähkritik immer merken, dass plötzlich nicht mehr ein simpler Sachverhalt im Fokus steht, sondern das Schlechtmachen eines Namens. Allerdings muss man da auch immer wieder aufpassen, denn es gibt ja auch Satire.«

Chase schreibt beinahe Wort für Wort mit. Ich wusste zwar, dass ihm das hier wichtig ist, aber dass er sich dermaßen reinhängen würde, erfüllt mich mit ein bisschen Stolz.

Ich schaue auf die Uhr, die neben dem Fernseher an der Wand befestigt ist. »Wir haben noch fünf Minuten. Hast du noch Fragen? Sonst würde ich sagen, wir machen Schluss für heute.«

Chase kratzt sich am Kopf und betrachtet seine Notizen. »Ich denke, ich werde zu Hause alles noch mal wiederholen, und melde mich sonst?« Fragend schaut er mich an.

»Wir werden uns wegen des Video-Drehs morgen eh noch mal sehen. Wenn es also hart auf hart kommt, können wir noch ein paar Unklarheiten besprechen.«

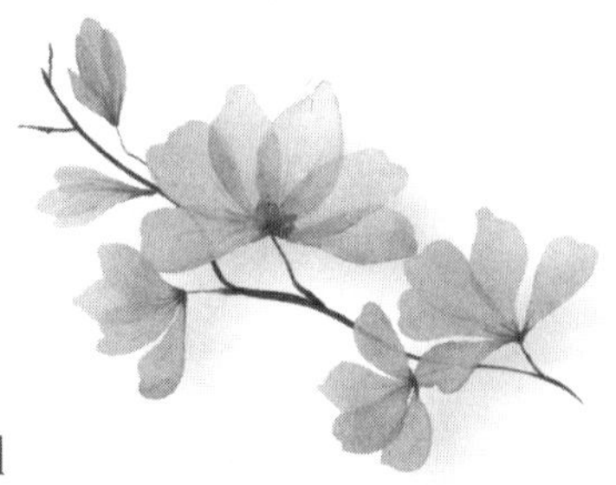

13. Kapitel

Filmpremiere

Eloise

Am Freitagmorgen werde ich völlig übermüdet von meinem Wecker wach geklingelt. Vor dem Schlafengehen Instagram anzuschauen war eine meiner weniger guten Ideen. Zahlreiche Blogger haben verkündet, dass sie zur Filmpremiere von *The Other Light* gehen können, und auch unter meiner letzten Kritik trudelten etliche Kommentare ein, ob ich nicht dabei wäre, um den Film live zu bewerten. Obwohl ich auch nach mittlerweile sieben Mails und zwei Wochen keine Rückmeldung erhalten habe, kam dafür eine mehr als erfreuliche Nachricht von Chase.

Filmpremiere geht klar. Ich freu mich!

Der Adrenalinschub, den seine kurze Mitteilung ausgelöst hat, hat mich noch die halbe Nacht wach liegen lassen. Mein Kopf war gefüllt mit Fragen, wie ich meinen Followern davon erzählen soll, welches Kleid ich tragen und was ich alles während der Veranstaltung aufnehmen will. Ehe ich michs versah, war es drei Uhr morgens, und ich hab immer noch an die Decke gestarrt.

»Guten Morgen«, murmelt Alex, deren blonde Haare vom Kopf abstehen wie ein Vogelnest. Ich nehme an, sie hat ganz wunderbar träumen können, so laut, wie sie geschnarcht hat.

Sophie rekelt sich und gibt ein lautes Gähnen von sich. »Mooorgen.«

»Guten Morgen«, sage ich leise. Meine Stimmbänder fühlen sich wie ausgetrocknet an.

»Du siehst nicht so aus, als hättest du heute Nacht ein Auge zugetan«, bemerkt Sophie an mich gerichtet.

»Bist du denn zu einem Ergebnis gekommen, was deine Garderobe betrifft?«, fragt Alex und streckt sich.

Wortlos rappele ich mich auf und stapfe noch ein wenig benommen zu unserem begehbaren Kleiderschrank. Mit einem langen schwarzen Kleid komme ich wieder. Ich hänge es an die Tür zu unserem Zimmer und schaue zu meinen Freundinnen. Sophie, die alles liebt, was auch nur ansatzweise in Schwarz gehüllt ist, hat ein Leuchten in den Augen, das vermutlich dem gleicht, das ich vor Wochen beim Kauf dieses hübschen Exemplars hatte.

Alex schaut erst zu mir, dann begutachtet sie den leicht schimmernden Stoff. »Darin wirst du aussehen wie eine sexy Göttin. Aber natürlich nur, wenn du bis dahin diese fiesen Augenringe loswirst«, gibt sie kichernd zu bedenken.

Ich schenke ihr ein übertrieben süßes Lächeln und komme auf sie zu. Ohne um Erlaubnis zu bitten, lege ich mich bäuchlings neben sie auf die Bettdecke. »Hilfst du mir? Biiitte«, stöhne ich und vergrabe mein Gesicht an ihrer Schulter.

Meine beste Freundin lacht. »Ist ja gut, das kriegen wir wieder hin.«

»Du bist die Beste, danke.«

»Ich gebe offiziell zu, dass ich ziemlich neidisch auf dich bin, dass du in diesem grandiosen Kleid heute zur Premiere gehen kannst. Ich bin ja nicht so der Fan von zu viel Trubel, aber für dieses schicke Outfit würde ich meine Haltung glatt noch mal überdenken.« Sophie nickt anerkennend.

»Glaub mir, ich hätte euch so gern dabei. Ich werde innerlich jetzt schon völlig verrückt, wenn ich nur daran denke, nachher neben Chase über den roten Teppich spazieren zu müssen.« Allein bei dem Gedanken wird mir ein bisschen flau im Magen.

»Euer erster gemeinsamer Auftritt als Paar«, kommentiert Alex. »Wie geht es dir damit?«

Natürlich wissen meine Freundinnen von dem Arrangement zwischen Chase und mir. Sie hätten es ohnehin irgendwann erfahren, und sie diesbezüglich anzulügen, ist nie eine Option gewesen.

»Gute Frage«, antworte ich und fummele mir eine meiner Haarsträhnen aus dem Gesicht. »Ehrlich gesagt habe ich riesige Angst. Die Situation ist schwierig. Angespannt und schwierig. Ein kleiner Fehltritt, und ich hab Chase' Vater wieder gegen mich aufgebracht. Ich mache mir Sorgen, weil ich mich nicht noch einmal zum Deppen machen möchte.« Beim letzten Satz bricht meine Stimme ab, und ich schlucke schwer. Ein riesiger Kloß presst sich mir in den Hals und macht es mir schwer, einen klaren Gedanken zu fassen.

»Ach, Elli, das ist Unsinn. Du wirst das großartig machen. Du wirst so fantastisch aussehen, und am Ende werden sich vermutlich alle nur die Frage stellen, wer das hübsche Mädchen ist, mit dem Chase über den roten Teppich flaniert. Es gibt keinen Grund, weshalb du dir Sorgen machen müsstest.« Alex' Stimme klingt weich und behutsam, als könnte ein falsches Wort von ihr großen Schaden anrichten.

»Sehe ich auch so. Und dein Mr. Amazing kennt sich doch auf dem roten Teppich aus. Er wird dir helfen und dir schon zeigen, worauf du achten musst. Auch wenn ich denke, dass da nichts schiefgehen kann.«

»Da gehe ich mit«, ruft Alex neben mir auf einmal etwas lauter und springt auf. Das Bett unter ihr wackelt, und die Matratze bewegt sich so stark, dass ich selbst fast abhebe. »Ich finde, wir sollten uns da alle drei nicht so viele Sorgen machen. Was haltet ihr von einem Mädelstag? Wir haben Spaß zusammen, machen das, was uns gefällt, und lenken Eloise gleichzeitig von ihrem bevorstehenden Abend ab«, schlägt meine beste Freundin vor.

Ich stoße einen leisen Jubelschrei aus, denn die Idee gefällt mir verdammt gut.

»Na ja, dachtest du, wir lassen dich das hier allein durchziehen? Ein Mädelstag ist genau das, was du jetzt brauchst«, fügt Sophie hinzu.

Ich muss lachen, denn es gibt nichts, was Sophie schlimmer findet als Pyjama-Partys, Nägel machen und dabei über Jungs reden, auch wenn das ja auch nur ein Klischee ist. Ein Klischee, das zumindest manchmal dennoch ziemlich gut auf Alex und mich zutrifft.

»Ganz genau«, bestätigt meine beste Freundin und springt aus dem Bett, ehe sie eine Kiste aus dem begehbaren Kleiderschrank hervorkramt. Der türkisfarbene Pappkarton ist mit bunten Stickern versehen, auf denen Disneyfiguren wie Elsa, Simba und Mulan abgebildet sind. »Also, wir hätten Gesichtsmasken in den verschiedensten Farben«, beginnt Alex und holt mehrere bunte Tütchen hervor. »Augenpads habe ich auch, damit Elli heute Abend kein Panda ist und Nagellack in … lasst mich schauen, fast fünfzehntausend Farben anscheinend. Eine riesige Tube Selbstbräuner habe ich auch, allerdings musst du den vorsichtig auftragen, sonst gibt's Streifen. Also lassen wir den lieber weg, was? Nicht, dass du nachher wie ein Zebra aussiehst.«

Alex presst ihre Lippen aufeinander, ehe wir drei in lautes Gelächter ausbrechen.

»Und dann haben wir den noch!« Alex zaubert eine Flasche Champagner aus ihrem Schrank hervor. »Wir müssen darauf anstoßen, dass du heute Abend als kleiner Star auf dem roten

Teppich unterwegs bist.« Sie macht eine kleine Pause, ehe sie ein wenig schüchterner fortfährt. »Und darauf, dass ich jetzt Mitglied in der Theatergruppe bin.«

Sofort springen Sophie und ich auf. »Wie fantastisch, herzlichen Glückwunsch«, sage ich und falle ihr um den Hals.

»Wie jetzt? Wir waren also gar nicht bei deinem Vorsprechen dabei?«, fragt Sophie, lässt sich jedoch auch in unsere Umarmung fallen.

»Ja, ich weiß, ihr wolltet dabei sein, aber die Meldung kam sehr spontan rein. Also bin ich einfach hingegangen und bin jetzt Teil der *Bradwood Acting Elite*.«

»Oh, mein Gott, du siehst fantastisch aus!«, ruft Alex laut, als ich hinter der Kleiderschranktür hervortrete. Ihre Augen sind geweitet, ein wenig Stolz schimmert darin.

Ich kann es ihr nicht verübeln, denn ich glaube, dass ich noch nie so schön ausgesehen habe. »Du bist unglaublich, Alex! Du hast dich damit selbst übertroffen«, entgegne ich voller Freude.

Noch vor wenigen Stunden hat mich eine Eloise im Spiegel angesehen, deren Haare leicht verwuschelt waren, deren Augen ein paar leicht blaue Ringe umgaben und deren weites Schlabber-T-Shirt luftig an ihrem Körper herabhing. Keiner hätte da für möglich gehalten, dass ich noch am selben Abend über einen roten Teppich laufen würde.

Doch jetzt erkenne ich im Spiegel eine andere Eloise. Eine, deren Anmut einen ganzen Saal und nicht nur eine Espressotasse füllen könnte. Eine, deren Selbstbewusstsein genauso in die Höhe schießt wie sie selbst dank der hohen Schuhe. Als ich das Kleid sanft über meine Hüfte gestreift habe, war es, als hätte ich die alte Eloise von mir abgestreift und sie gemeinsam mit meinem alten T-Shirt im Wäschekorb verstaut. Die neue Eloise hingegen freut sich auf den Abend, und wird ihn in vollen Zügen genießen.

In meinen hohen schwarzen Stilettos mit dem sibernem Riemen am Knöchel gehe ich zu Sophie und klappe belustigt ihre Kinnlade wieder hoch. Kurz streift sie über den seidenartigen Stoff an meiner Hüfte und schüttelt ungläubig den Kopf. »Wow«, haucht sie und betrachtet mich mit einem beinahe stolzen Lächeln.

Meine Wangen werden warm, und ich ziehe leicht den Kopf ein. Mein »Danke« ist so leise, dass sie es vermutlich nicht gehört hat. So viel zu neuen Vorsätzen, selbstsicher zu sein.

»Das ist dein Abend«, sagt Alex, die gerade dabei ist, ihr ganzes Schminkzeug wieder in den dafür vorgesehenen Koffer einzusortieren. »Schick uns ein paar schöne Bilder von der Premiere und erzähl uns nachher alles. Und komm ja nicht vor zwölf zurück, es sei denn, deine Kutsche verwandelt sich in einen Kürbis«, ergänzt sie und zwinkert mir lächelnd zu.

Ich laufe wieder zum Spiegel, um ein letztes Mal sicherzugehen, dass alles sitzt. Das schwarze enge Kleid, das am Boden wie die Flosse einer Meerjungfrau ausläuft, wird einzig von zwei hauchdünnen Spaghettiträgern gehalten. Da es an Bauch und Brust so eng geschnitten ist, dass mein kleiner Busen doch sehr gut zur Geltung kommt, musste ich auf die Sicherheit eines BHs verzichten, was sich ehrlicherweise ein wenig befremdlich anfühlt.

Die schwarzen hohen Schuhe dazu sind für mich wohl die größte Herausforderung am heutigen Abend. Ich laufe nur selten auf derartig hohen Absätzen, doch meine beste Freundin war der Meinung, dass flache Ballerinas mein Outfit »verstümmeln würden«. Und da ich ohnehin klein bin, fühlt es sich beinahe so an, als würde ich hier oben eine andere Luft atmen. Erstaunlicherweise kann ich nicht leugnen, dass die High Heels etwas mit meiner Ausstrahlung machen, und zwar im positiven Sinne. Wie von selbst nehme ich eine geradere, selbstbewusstere Haltung ein.

Meine lockigen, braunen Haare fallen jetzt glatt über meine Schultern und reichen mir bis zur Taille. Es hat ganze anderthalb Stunden gedauert, sie so zu glätten, und ehrlicherweise fühle ich mich jetzt wie ein komplett anderer Mensch. Vielleicht ist es das, was die Zeit an den Bradwood Studios aus mir macht: eine neue Eloise.

Chase

»Zur Academy, bitte, Simon«, sage ich und nicke unserem Fahrer zu. Simon ist Teil des Personals, und zwar schon solange ich denken kann. Mit seinen schwarzen Haaren und leicht ergrauten Geheimratsecken erinnert er mich immer an den Dirigenten eines Orchesters.

Simon öffnet die rechte hintere Tür der Limousine, und ich nehme darin Platz. Der Geruch nach frisch gereinigten Ledersitzen empfängt mich, und ich lasse meinen Blick durch das Innere des Wagens gleiten: dunkelbraunes Leder, vermischt mit glänzendem Schwarz der Armaturen, in der Mitte zwischen den Sitzbahnen ist eine Ablage extra für den Champagnerkühler angebracht. Simon hat, wie ich sehe, schon alles vorbereitet. Zwei frisch polierte Sektgläser warten darauf, befüllt zu werden, und eine Flasche Dom Pérignon wurde bereits auf Eis gestellt.

Eloise hat sich so auf den Abend gefreut, dass ich gerne mit ihr darauf anstoßen möchte.

»Mr. Edwards, wann soll ich Sie beide wieder abholen?«

»Ich rufe an, Simon, machen Sie sich keine Gedanken.« Solche Premieren gehen ja an sich nicht ewig. Es sei denn, meine Begleitung möchte auch noch eine Weile bei der anschließenden Premierenfeier dabei sein.

Ich lasse meinen Blick aus dem Fenster gleiten, als wir gerade an einer der schmaleren Straßen unserer Wohngegend vorbeikommen. Monaco gilt als Hotspot für all die Reichen und

Schönen, weswegen es nicht den *einen* Bezirk für teure Villen und ausgefallene Anwesen gibt. Sie verteilen sich eher überall in der Stadt. Mein Vater zog es vor, sich ein wenig mehr am Rande und daher näher am Meer anzusiedeln, als er und Mom das Haus vor etwas mehr als dreiundzwanzig Jahren gekauft haben. Das war noch bevor ich geboren wurde. Die beiden wollten sich einen Rückzugsort fernab der hektischen und aufgedrehten Filmwelt schaffen.

Ich begutachte die Häuser, die ich beinahe so gut kenne wie meine Westentasche, denn die meisten davon habe ich bereits von innen gesehen. Schließlich waren Michael und ich gern gesehene Gäste auf den vielen Feiern unserer bekannten Nachbarn.

Eins der Anwesen, an denen wir vorbeifahren, ist ein riesiges weißes Haus mit sandfarbenem Pultdach, das wie ein Wasserfall nach links hin abfällt. Es zeigt zur Straße eine riesige Glasfront, die einzig und allein durch die vielen Kiefern im riesigen Vorgarten des Hauses vor neugierigen Blicken geschützt wird.

Ich schweife in Gedanken ein wenig ab und überlege, wie es für Eloise in Atlanta war. Auf der Willkommensparty hatte sie davon gesprochen, dass sie meine Welt so anders und faszinierend findet. Doch wenn ich ehrlich bin, gilt das auch umgekehrt. Gerne würde ich wissen, in was für einem Haus sie aufgewachsen ist. Wie ihr Alltag aussah. Haben sie und ihre Eltern abends gemeinsam in der Küche gesessen und sich über alles ausgetauscht? Haben sie danach zusammen im Wohnzimmer einen Film geschaut? Ich nehme mir vor, sie danach zu fragen, wenn sich der Moment ergibt.

Nur wenige Minuten später biegen wir auf den Boulevard d'Italie ein, der uns in Richtung Campus führt, und nach weiteren knapp zehn Minuten erreichen wir den großen und pompösen Eingangsbereich der Bradwood Academy.

Als Simon direkt an der Straße hält, spüre ich plötzlich so etwas wie Aufregung in mir aufsteigen. Mein Puls beschleunigt, obwohl das definitiv nicht an der Premiere liegen kann. Mit meinem Vater war ich schon oft bei solchen Anlässen – irgendwann vergisst man all die Kameras und Paparazzi.

Ich werfe einen Blick auf meine silberne Breitling. Es ist kurz vor acht Uhr abends, ich bin also pünktlich. Nervös zupfe ich an meinem schwarzen Anzug herum und male mir aus, wie Eloise heute wohl aussehen wird. Es würden viele Farben zu ihr passen, doch in meiner Vorstellung taucht sie in einem grünen Kleid auf, weil das die Farbe ihrer Augen ist.

Als ich gerade nach meinem Handy greifen und es aus der inneren Tasche meines Jacketts holen will, räuspert sich Simon vorne am Lenkrad. »Mr. Edwards, ich glaube, da ist Ihre Begleitung.«

Rasch blicke ich auf. Ich starre Eloise entgegen, die in einem langen schwarzen Kleid den Weg zum Auto entlangschreitet. Niemals hätte ich geglaubt, dass sie noch besser aussehen könnte als in meiner Vorstellung. Der dunkle Stoff umhüllt ihren Oberkörper wie eine zweite Haut und fällt weiter unten wie die Flosse einer Meerjungfrau in sanften Wellen herabfällt. Je näher sie kommt, desto häufiger erkenne ich im Schein der untergehenden Sonne etwas aufblitzen. Erst beim genaueren Hinsehen erkenne ich, dass es kleine Steinchen sind, die entlang des Saumes ihres Kleides angebracht wurden. Ihre lockigen, braunen Haare hat sie dieses Mal geglättet, was ihr irgendwie nur noch mehr Anmut und Eleganz verleiht als ohnehin schon. Sie sieht atemberaubend aus.

Wieder räuspert sich Simon und reißt mich damit aus meiner Starre. Erst jetzt begreife ich, dass er mir einen Wink geben will. Sofort öffne ich die Tür und trete ihr entgegen. Der Wind hier oben auf der Anhöhe des Campus weht sanft um den Saum von Eloise' Kleid.

Ich eile meiner Begleitung entgegen, die mir mit ihren strahlend roten Lippen ein freudiges Lächeln zuwirft.

»Bonjour, Madame«, sage ich und zwinkere ihr zu. Es soll lässig wirken, um davon abzulenken, dass meine Handflächen schwitzen. Gott, was ist nur los mit mir. Ist ja nicht so, als wäre ich nicht schon häufiger mit hübschen Frauen ausgegangen. Aber vielleicht ist das hier auch anders, weil Eloise offiziell als meine Freundin dabei ist – die erste, die ich der Öffentlichkeit präsentiere.

Zwar ein wenig holprig, aber für Nichtfranzosen schon ganz gut, begrüßt sie mich mit einem freundlichen »Monsieur«.

Ich bin nicht sicher, wie genau ich sie begrüßen soll. Gebe ich ihr die Hand oder einen Kuss auf die Wange? Immerhin sind wir jetzt irgendwie zusammen. Ich hadere einen Augenblick, wie der Vollidiot, der ich bin, und das spürt sie natürlich. Den roten Mund zu einem noch breiteren Lächeln verzogen, umarmt sie mich einfach. Es ist keine feste Umarmung, und dennoch spüre ich, wie ihre Hände an meinem Rücken sanft über das Jackett gleiten. Ich kann fühlen, wie sich ihre Brust bei der kurzen Umarmung einmal zum Atmen hebt und senkt. Irgendwie spüre ich sie heute überdeutlich. Ich erwidere die Umarmung, und der Duft von Vanille steigt mir in die Nase.

Als wir uns voneinander lösen, treffen sich unsere Blicke. Sie strahlt förmlich, als ich ein atemloses »Hi« ausstoße. Am liebsten würde ich mir dafür in den Hintern treten. Wir haben uns bereits begrüßt. »Du siehst toll aus«, schiebe ich schnell hinterher und bin selbst erstaunt, wie verlegen mich dieses eigentlich nichtssagende Kompliment macht.

»Das gebe ich gern zurück, Mr. Edwards«, flüstert sie verschwörerisch und greift ganz selbstverständlich nach meinem Arm. Sie ist heute so anders, selbstbewusster irgendwie, und das gefällt mir. Sie war schon die ganze Zeit über stark, nur hat sie heute auch endlich die passende Ausstrahlung dazu. Dabei liegt es nicht nur an ihrem hübschen Äußeren, das sie wie eine Göttin aussieht, als vielmehr an dem, was sich dahinter verbirgt und in ihrem Blick spiegelt: Leichtigkeit.

Immer wenn wir uns in den vergangenen Wochen getroffen haben, war da stets ein leichter Schatten in dem Grün ihrer Augen, doch heute wurde dieser ersetzt durch einen leichten Glanz, der sie förmlich von innen zum Leuchten bringt. Allein der Gedanke reicht aus, um eine seltsame Wärme in meiner Brustgegend auszulösen. Ich streiche möglichst unauffällig darüber.

Monaco ist um diese Zeit einfach immer noch viel zu warm.

»Also dann, darf ich dich die letzten Meter zum Auto begleiten?«

Sie nickt und schaut mich mit einem verlegenen Grinsen an, ehe sie mit dem Daumen hinter sich deutet. »Du musst sogar. Ich wäre dahinten fast gestolpert, und dann wäre es das gewesen mit dem schönen Abend. Hoffentlich wirft der rote Teppich keine Falten, sonst liege ich ganz schnell da«, entgegnet sie und lacht. In dieser ruhigen Nacht ist es ein warmer und zugleich heller Ton. Er gefällt mir.

»Oh, na, da mach dir keine Gedanken. Ich bin die ganze Zeit bei dir.«

Als wir wenige Augenblicke später im Auto Platz nehmen, ertappe ich Eloise dabei, wie sie sich beeindruckt das Innere anschaut. Wir lassen uns auf die hinterste Sitzbank fallen, und meine Begleitung mustert interessiert jeden noch so kleinen Bereich in der Limousine. Von der Trennwand zu Simon über die getönten Scheiben bis hin zum großen Panoramadach, durch das man nachts die Sterne anschauen kann.

»Hast du schon einmal in einer Limousine gesessen?«

Eloise schüttelt den Kopf. »Ich kenne diese Autos nur aus Filmen. Du weißt schon, wie bei *Sex and the City* oder *Der Teufel trägt Prada.*« Eine leichte Röte färbt ihre Wangen, und ich widerstehe dem Drang, darüberzustreichen. »Aber ich hab noch nie in einer gesessen. Auch wenn Alex mal vorhatte, für unseren

Abschlussball eine zu mieten. Den Gedanken hat sie dann aber schnell verworfen, weil der Ball beinahe um die Ecke von uns stattgefunden hat.«

»Ah, verstehe. Dann genieß die Fahrt«, sage ich und komme mir vor wie einer von diesen Schaustellern, die die Leute auf einem Fahrgeschäft anfeuern.

Letzte Runde, whoop-whoop.

Am liebsten würde ich mir eine reinhauen.

Eloise schenkt mir ein Lächen und fächert sich mit der Hand ein wenig Luft zu.

»Alles in Ordnung?«

»Ja, ja, alles gut. Ich bin nur erstaunlicherweise sehr aufgeregt. Es ist nicht so, dass ich noch nie auf Pressevorführungen war. Aber Filmpremieren sind doch eine andere Hausnummer. Mir ist einfach ein bisschen warm.«

In dem Moment, in dem sie neben sich die Scheibe herunterfahren möchte, habe ich den gleichen Gedanken und beuge mich über sie, um den Knopf zu drücken. Just in diesem Moment berühren sich unsere Hände. Es ist … ein angenehmes Gefühl, ihre Wärme auf meiner Haut zu spüren, was mich ein wenig überrascht. Normalerweise bin ich kein Typ, der auf Berührungen oder so steht. Ich bin keiner, der gerne kuschelt, sich umarmen lässt oder generell viel Körperkontakt braucht. Doch in diesem Moment verspüre ich irrationalerweise plötzlich den Wunsch, den Kontakt zwischen uns nicht sofort zu unterbrechen. Ich schaue hoch, einfach weil ich mit einem Mal wissen muss, was sie denkt, und unsere Blicke treffen sich. Ihrer ist eine Mischung aus Überraschung und Unsicherheit.

Plötzlich zieht sie rasch ihre Hand vom Knopf weg.

»Entschuldige, mach du ruhig. Ich schlage sowieso jede Art von Technik in die Flucht, also würde ich wahrscheinlich mit einem Knopfdruck das ganze Auto lahmlegen.«

Wir müssen lachen, es klingt ein wenig verhalten.

»Das ist übrigens ein tolles Kleid«, sage ich und ziehe mich auf meine Seite zurück, um dort meine eigene Scheibe runterzulassen. Ich brauche frische Luft.

Eloise streicht den seidenähnlichen Stoff entlang ihrer Beine glatt. »Ich war einkaufen, vor einer Weile schon, als ich noch gehofft habe, von einem der Veranstalter eingeladen zu werden.«

»Es sieht fantastisch an dir aus«, murmele ich. Sagte ich schon, dass ich heute Abend zu einem Vollidioten mutiert bin, der vergessen hat, wie Konversation geht?

Eloise lächelt, dann blickt sie mich mit ihren stechend grünen Augen an. »Willst du mir jetzt eigentlich verraten, wie du es geschafft hast, dass wir beide heute zu der Premiere gehen können?«

»Tja, Kontakte«, antworte ich und strecke ihr allen Ernstes die Zunge raus. »Tut mir leid, ich bin auch irgendwie nervös, weiß gar nicht, wieso. Schließlich war ich schon häufiger auf solchen Veranstaltungen.«

Sie lacht, dann legt sie eine Hand auf meinen Oberarm. »Ganz ehrlich, ich bin erleichtert, das zu hören. Zusammen nervös zu sein macht es ein bisschen erträglicher.« Sie hat vermutlich recht, oder es liegt an ihrer Berührung, durch die ich augenblicklich ruhiger werde.

»Also sag schon, wie hast du das mit heute Abend so kurzfristig hinbekommen?« Sie nimmt ihre Hand weg, und ich wünschte, ich würde es nicht so deutlich spüren.

»Mein Vater war zwar heute eingeladen, doch er ist spontan nach Nizza aufgebrochen. Irgendein Geschäftsessen mit potenziellen Produzenten eines neuen Films. Dementsprechend hat seine Managerin dann eben sein Ticket an mich weitergegeben. Und ich hab ihr gesagt, dass ich meine Freundin mitbringe. So einfach ging das.«

Eloise

Fast zwanzig Minuten später hält die Limousine endlich am Princess Grace Theatre. Benannt ist es nach der wunderbaren Grace Kelly, Oscar-Preisträgerin und ehemalige Fürstin von Monaco, nachdem sie 1956 Fürst Rainier von Monaco geheiratet hat. Das Theater befindet sich direkt am Jachthafen Port Hercule. Auch das renommierte Casino von Monte-Carlo ist nur einen Steinwurf entfernt.

Ich weiß gar nicht, wohin ich zuerst schauen soll. Von außen ähnelt das Theater einigen anderen Gebäuden der Stadt – ein beigefarbener Anstrich auf dem massiven Steinbau, weiße Akzente wie Balken und Rahmen und kleine grüne Buchsbäume, die in großen Vasen vor den drei Flügeltüren des Eingangs stehen. Das schwarze Vordach wirkt wie ein Stilbruch auf dem sonst so hell gestalteten Gebäude. Und doch merke ich sofort, dass dieses hier eine besondere Aura versprüht, als ob es eine lange und eigene Geschichte zu erzählen hätte. Der Abend taucht den Himmel in einen spätsommerlichen Schleier aus Blassblau und Rosa, vor dem sich das Theater wie eine sandfarbene Leinwand abzeichnet.

»Wow, das ist unglaublich«, murmele ich, sobald ich die Menschenmenge erkenne, die sich wie eine Traube vor dem roten Teppich sammelt. Hinter einer Absperrung stehen etliche Paparazzi, deren Rufe ich sogar durch die geschlossene Wagentür hören kann. Einzelne Autos fahren vor und setzen ihre Gäste vor dem Zugang zum roten Teppich ab, ehe diese dann Richtung Eingang spazieren, als läge ein Laufsteg vor ihnen. Wie ein Meer aus roten Rosen ergießt sich der Untergrund vom Eingang des Theaters bis hin zum Fußweg.

»Sieh mal, da oben«, flüstert Chase und deutet auf ein riesiges Filmplakat, das unter dem schwarzen Vordach prangt und von zahlreichen Scheinwerfern beleuchtet wird. In geschwungenen weißen Lettern steht auf einem von Rosa zu Weinrot verlaufendem Untergrund der Titel *The Other Light*. Darunter prangt ein Bild der beiden Hauptdarsteller. Während die Figur des männlichen Protagonisten leicht zu verblassen scheint, wirkt die ihre dafür umso schärfer. Da ich weiß, wie traurig der Film endet, finde ich das Plakat beinahe ein wenig zu vielsagend, dennoch erfasst mich eine Welle purer Vorfreude, die sich als leichtes Kribbeln in meiner Brust festsetzt. Ich bin fasziniert von dem Anblick vor mir und atme tief durch, ehe ich auf einmal spüre, wie eine Hand nach meiner greift. Chase drückt meine Finger ganz leicht und schaut mich an, während sein Fahrer bereits ausgestiegen ist, um uns auf Chase' Seite, die zum roten Teppich führt, die Tür zu öffnen.

»Du zitterst.«

Ich antworte mit einem atemlosen Lachen.

»Mach dir keinen Kopf. All das ist vielleicht noch neu für dich, aber du musst das nicht allein machen. Wir sitzen im selben Boot.« Seine Worte schaffen es tatsächlich, dass ich ruhiger werde. Die Wärme seiner Finger strömt in meinen Körper, und das Zittern lässt nach.

Wenige Sekunden später öffnet sich die Tür, und Chase lässt meine Hand los. Ich möchte ihm nachschauen, doch das Blitzlichtgewitter, das sofort auf ihn einprasselt, taucht meine Welt in ein einziges gleißendes Leuchten.

»Chase, Mr. Edwards, Mr. Edwards, Chase«, höre ich immer wieder verschiedenste Stimmen, die nach ihm rufen. Chase Edwards ist der Sohn eines berühmten Regisseurs und damit offenbar selbst so bekannt, dass die Paparazzi liebend gerne Fotos von ihm schießen. Doch niemals hätte ich damit gerechnet, dass sich die Journalisten am roten Teppich so um ihn reißen würden.

Ich streiche über den schwarz schimmernden Stoff und atme ein letztes Mal tief durch. Dann rücke ich auf der Sitzbank zur

Tür. Dorthin, wo bis eben noch mein Begleiter gesessen hat. Mit großer Mühe versuche ich, meine Nerven zu beruhigen, ehe ich aussteige, doch das gelingt mir nur schwer.

Bloß nicht stolpern. Soll ich winken? Was, wenn ein Träger von meiner Schulter rutscht? Ist mein Lippenstift verschmiert?

So viele Gedanken prasseln auf mich ein, doch als eine Hand nach meiner greift und mich sanft aus dem Auto zieht, wird meine Welt für einen Augenblick klarer. Ich bin mir ziemlich sicher, dass ich ohne Chase in einem Meer aus Eindrücken versinken würde. Blitzlichter überall, die Rufe der Paparazzi, Scheinwerfer und Mikrofone, die bereits auf uns gerichtet sind. Zwischendrin tummeln sich ein paar Promis, die für Fotos posieren oder Autogramme geben. All das bekomme ich nur am Rande mit, denn als ich zu Chase schaue, fokussiere ich mich ganz bewusst nur auf ihn, auf das Hellblau seiner Augen, das die Helligkeit um uns herum auf sich nimmt und für mich deshalb ein wenig abmildert.

»Du machst das wunderbar«, flüstert er mir ins Ohr und umfasst sanft meine Taille. Ich spüre jeden einzelnen Finger seiner rechten Hand an meinem Rücken, weil ich selbst so unter Strom stehe. Jede Faser meines Körpers scheint sich nur auf diese kleine Berührung zu konzentrieren, was mich nur noch mehr durcheinanderbringt und gleichzeitig mein Ankerpunkt in diesem Wahnsinn ist.

Noch einmal atme ich tief durch, dann entfernen wir uns Schritt für Schritt von der Straße hinter uns.

»Du machst das toll. Immer weiter so«, ermuntert mich Chase, und ich gebe mir große Mühe, das wahrzunehmen, was auf dem roten Teppich auf uns wartet. Noch während ich im Auto saß, habe ich dieses ausgerollte Stück Stoff für zu kurz gehalten, da ich es aus Filmen anders kannte. Doch jetzt, da ich selbst hier entlanglaufe, kommt mir die Entfernung bis zu den drei dunkelbraunen Flügeltüren unglaublich lang vor. Nach einer gefühlten Ewigkeit traue ich mich endlich, meinen Blick aufmerksam auf das Geschehen zu lenken. Vor uns ist eine Absperrung, so lang wie der rote Teppich selbst. Daran sind auf langen rosa und weinroten Werbebannern Zitate aus *The Other Light* angebracht. Von »Die Nacht lächelt mich an, doch ich muss weinen, weil es meine letzte sein könnte« bis hin zu »Mit dir macht Träumen so viel mehr Spaß« sind etliche dabei. Hinter der Absperrung blitzt es von allen Seiten. Fotografen halten ihre Kameras auf uns gerichtet und rufen uns etwas zu.

»Chase, kannst du mit der Lady in Black für uns posieren?«, höre ich einen rufen. Chase umfasst meine Taille noch fester und zieht mich so nah an sich heran, dass nicht einmal ein Blatt Papier ausreichend Platz zwischen uns hätte. Meine Brust presst sich leicht an seine. Mein Herzschlag an seinem, unsere Blicke ganz nah.

All die Male, die ich Chase bisher gesehen habe, konnte ich immer eine gewisse Restkälte in seinen Augen erkennen, einen feinen Schleier, der mich auf Distanz gehalten hat. Doch heute ist das Eis wie weggeschmolzen von einer Hitze, die ich selbst auf einmal in mir wahrnehme.

Ich schüttele den Gedanken an seine Berührung ab und versuche, mich auf unseren kleinen Auftritt zu konzentrieren. Aus den tiefsten Tiefen meines Herzens krame ich endlich wieder die Vorfreude auf die Premiere hervor, und ein Lächeln wandert auf meine Lippen. Ich blicke Chase an, und auf einmal wird das Knipsen der Kameras mehr. Ohne dass ich es bemerkt habe, ist meine Hand zu Chase' Brust gewandert und verharrt nun dort wie der Anker eines Schiffes auf dem Meeresgrund.

Nach wenigen Augenblicken ebbt das Spektakel ein wenig ab, und ich kann wieder freier atmen, sobald Chase mich noch ein Stück weiter über den roten Teppich führt.

Aus Berichten anderer Filmkritiker und Journalisten weiß ich, dass nicht nur Stars und Sternchen auf dem ausgerollten roten

Stück Stoff entlanglaufen, auch wenn es immer den Anschein macht. Doch auch deren Entourage, bestehend aus Managern, Agenten, Pressesprechern und Make-up-Artists ist meist mit dabei. Werden unangenehme Fragen gestellt, unterbrechen die Agenten und PR-Manager. Und falls das Make-up sich verselbstständigt, muss nachgepudert werden. Bei uns beiden ist das nicht der Fall. Denn ich bin ich, also eine völlige Unbekanntheit. Und Chase ist heute nur Gast und kein Hauptdarsteller im Film. Auch wenn er seinen Auftritt hier so grandios meistert, als wäre er es.

»Mr. Edwards, ein paar Fragen von der *Monaco Daily News*«, ruft eine junge Frau zwischen all den Paparazzi hindurch und hält uns ein Mikrofon hin.

Moment, niemand hat etwas davon gesagt, dass ich hier Interviews geben würde. Chase muss ihre Bitte auch gehört haben, denn er blickt zu der jungen dunkelblonden Frau, die mit ihrer schwarzen Brille und dem dunkelblauen Blazer über der weißen Bluse ein wenig an eine Nachrichtensprecherin erinnert.

»Keine Sorge, du musst nichts sagen«, murmelt er mir kaum merklich ins Ohr und führt mich dann langsam an die Abgrenzung heran, wo die Journalistin steht und auf uns wartet. Chase nickt ihr zur Begrüßung freundlich zu, und ich tue es ihm gleich.

»Mr. Edwards, weshalb sind Sie heute nicht mit Ihrem Vater erschienen?« Chase' Hand, die noch immer auf meinem Rücken liegt, zuckt leicht. Ich spüre den Druck seiner Finger und überlege fieberhaft, ob ich dazwischengehen soll und wie.

Doch Chase ist ein Profi, das merke ich sofort. Er setzt ein unverbindliches Lächeln auf und schaut in die Kamera, die uns beide im Fokus hat.

»Mein Vater kann heute Abend leider nicht hier sein, da er sich um ein wichtiges Projekt kümmern muss. Was es genau ist, das wird er hoffentlich selbst bald verkünden können.« Einen Moment lang hadere ich mit mir. Ich bin einerseits überrascht, fast schon schockiert darüber, mit welcher Leichtigkeit er vor der Kamera sprechen kann, und gleichzeitig möchte ich ihn dafür umarmen, dass er trotz der schwierigen Situation so professionell agiert hat.

Die Journalistin schiebt ihre Brille auf der Nase noch ein Stück weiter nach oben, ehe ihr Blick zwischen uns beiden hin und her wandert. »Wer ist denn Ihre zauberhafte Begleitung? Und hat Ihr Vater Ihre Herzensdame schon kennengelernt?«

Bei ihrer letzten Frage möchte ich am liebsten laut lachen. *Ja, und ich vermute, für ihn war es mindestens genauso furchtbar wie für mich.*

Doch Chase lächelt der Frau wieder nur freundlich zu und schaut mich an. Seine blauen Augen funkeln in dem gleißenden Licht der Scheinwerfer wie ein wolkenloser Himmel. Mein Begleiter mustert mich und setzt ein strahlendes Lächeln auf. »Das ist Eloise, sie ist meine Freundin.« Kurz meine ich, einen Funken Stolz aus seiner Stimme zu hören. »Und selbstverständlich hat mein Vater sie schon kennenlernen können«, entgegnet er kurz und schenkt mir ein kleines Lächeln. Er schaut mich an, und wir teilen einen Moment, in dem wir uns beide ganz und gar in unserer kleinen Bubble befinden. Niemand weiß von unserem Deal, und doch ist da eine Spannung zwischen uns, die ich noch nicht ganz greifen kann. Und obwohl ich weiß, dass Chase nur an dieser Lüge festhält, um uns beiden das Leben mit seinem Vater zu erleichtern, spüre ich einen innerlichen Druck, der sich über meine Brust legt und der da sicherlich nicht hingehört.

Die nachfolgenden Worte der Journalistin verhallen in meinen Ohren, denn ich konzentriere mich nur auf sein Lächeln. Chase wirkt im Hier und Jetzt so losgelöst, dass ich ihn kaum wiedererkenne. Noch immer habe ich die arroganten Sprüche von ihm im Kopf, doch je mehr Zeit ich mit ihm verbringe, desto mehr bröckelt diese riesige Mauer, die er um sich herum errichtet hat.

Ich blicke mich um und erkenne auf einmal ein bekanntes Gesicht nach dem anderen. Von Lucy Mitchell, einer bekannten Produzentin, bis hin zu Jason Hendricks, einem der begehrtesten US-amerikanischen Schauspieler, sind sie alle dabei. Dann fällt mein Blick auf einen älteren Mann, der nur ein Stück weiter links von uns für die Kameras posiert. Er ist klein, höchstens einen halben Kopf größer als ich. Sein schlohweißes kurzes Haar hat er sich schlicht nach hinten gekämmt. Sofort erkenne ich den Mann, über dessen Filme ich schon öfter in Kritiken gesprochen habe: Peter Howard. Er hat im vergangenen Jahr eine Oscar-Nominierung für seinen Film *Melody of Death* eingeheimst. Damals haben Alex und ich gemeinsam die Oscar-Verleihung geschaut, und ich war so enttäuscht, dass sein Film in der Kategorie *Bestes Drehbuch* nicht gewonnen hatte.

»Ich danke Ihnen für das Interview«, ruft uns die Journalistin zu, und erst jetzt kehrt mein Geist zurück in die Gegenwart, die sich neben Chase abspielt.

Noch einmal werfe ich ihm einen Blick zu und frage mich, ob er überhaupt weiß, wie sehr mich all dies gerade im Herzen berührt. Hätte mir jemand vor Beginn des Studiums gesagt, dass ich einmal als Begleitung von Chase Edwards zu einer der angesagtesten Filmpremieren des Jahres gehen würde, hätte ich vermutlich lauthals gelacht. Doch andererseits habe ich mir das hier wirklich verdient. Ohne die Arbeit an meinem Account wäre all das niemals möglich gewesen.

Chase greift nach meiner Hand, und wieder breitet sich wohlige Wärme in mir aus. Er zieht mich mit sich, und ich folge ihm. Stück für Stück arbeiten wir uns auf dem roten Teppich vor. Die Fragen der Journalisten kann ich kaum verstehen, doch Chase macht auch keine weiteren Anstalten, auch nur einer Person ein Interview zu geben. Er führt mich langsam an der Presse vorbei, dann verschwinden wir hinter der Eingangstür des Theaters.

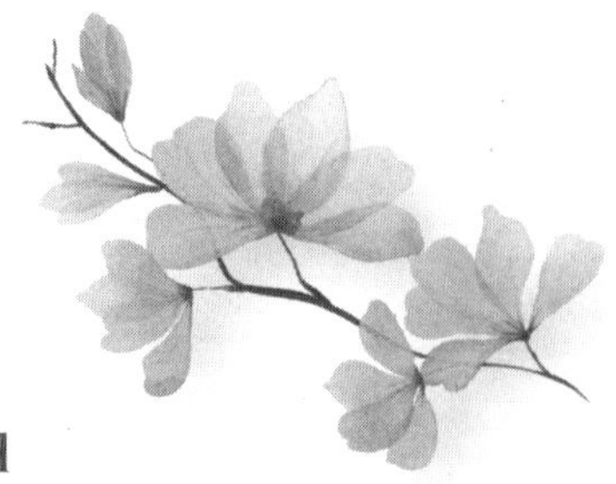

14. Kapitel

Und Action!

Eloise

Als wir das Innere des Theaters betreten, löst sich die Anspannung von mir, als hätte jemand ein imaginäres Korsett an meinem Kleid gelöst. Jetzt, da wir nicht mehr so unter Beobachtung stehen, fällt mir das Atmen deutlich leichter, und ich kann mich viel besser fokussieren.

Mein Blick wandert durch die pompöse Eingangshalle, die ich mir bei Weitem nicht so groß vorgestellt habe. Hinter den drei Flügeltüren offenbart sich uns eine Räumlichkeit, die einem Thronsaal ähnelt. Der rote Teppich ist auch hier ausgerollt und führt hin bis zum eigentlichen Theatersaal auf der gegenüberliegenden Seite. Die hohe Decke ist in Weiß gestaltet und mit goldenen Stuckapplikationen bestückt, während die Wände mit rechteckigen Bordüren in Gold verziert sind. Der Untergrund dahinter schimmert in einem knalligen Weinrot, und hin und wieder erkenne ich beinahe durchscheinende blumenförmige Ornamente.

Überall sind Stehtische platziert, über denen weiße Hussen hängen. An jedem davon sind bereits kleine Menschentrauben versammelt – alle in einzigartige Roben gekleidet. Ich erkenne einen Mann mit einem knallgrünen Anzug. Seine dunkelbraunen

Haare hat er ordentlich und adrett zu einem Seitenscheitel gekämmt, während auf der anderen Seite des Saals eine junge Frau in einer ausladenden gelben Robe steht, die mich sehr an das Kleid von Belle aus *Die Schöne und das Biest* erinnert.

Ich schaue an mir herunter und habe das Gefühl, dass das schwarze Kleid mit dem silbernen Strass am Saum, das mir heute Morgen noch zu overdressed erschien, im Vergleich zu den anderen hier beinahe ein wenig langweilig wirkt.

Zwischen den Menschenmassen im Saal huschen immer wieder junge Männer und Frauen in einer schwarz-weißen Uniform umher. Sie tragen Tabletts, die mit etlichen Champagnergläsern und kleinen Häppchen bestückt sind. Ganz rechts am hinteren Ende der Räumlichkeit erkenne ich einen Tresen, als Garderobe ausgezeichnet ist. Eine junge Frau mit hochgesteckten blonden Haaren steht dahinter und nimmt den einzelnen Leuten ihre Jacken und dünnen Mäntel ab.

»Ist alles in Ordnung?«, erkundigt sich Chase, von dem ich erst jetzt bemerke, dass er mich eindringlich anschaut. Seine Stirn liegt in kleinen Falten.

Ich könnte ihm jetzt vieles sagen. Dass mich der Besuch auf dem roten Teppich mehr aufgewühlt hat, als ich es erwartet hätte. Und auch wenn das sicherlich ein Teil der Wahrheit ist, muss ich immer wieder daran denken, wie er mich angeschaut hat, als er mich seine Freundin nannte. An die Wärme, die in seinem Blick und seinem Lächeln erschienen ist und mich mit sich gezogen hat.

»Das … das da draußen war unglaublich«, stottere ich. »Wie sie uns angeschaut haben und die ganzen Fotografen … sie haben deinen Namen gerufen und … das war einfach wow.«

Chase mustert mich eingehend, während ich dankbar zu ihm aufschaue. »Danke für diesen Abend«, murmele ich.

»Er hat doch gerade erst begonnen, danke mir nicht zu früh«, zwinkert er mir zu, als uns einer der Kellner ein paar Häppchen auf einem silbernen Tablett hinhält: Spieße mit edlem Hartkäse und Weintrauben, dazu kleine Muscheln und Datteln im Speckmantel.

Ich entscheide mich für eine Dattel und schiebe mir vorsichtig den Spieß in den Mund, obwohl mich all die Aufregung und all die kleinen Momente mit Chase so unruhig haben werden lassen, dass ich kaum Appetit verspüre.

Als ich auf die vom Speck umhüllte Dattel beiße, vermischt sich der Geschmack der süßen Frucht mit dem des deftig gebratenen Specks. Die kleine Geschmacksexplosion zergeht mir förmlich auf der Zunge, und ich muss ein kleines Stöhnen unterdrücken.

»Das da draußen war wie ein Rausch«, murmele ich, während Chase bei einem anderen Kellner zwei Champagner ordert.

»Ja, es ist ein merkwürdiges Gefühl, so in der Öffentlichkeit zu stehen, nicht wahr?« Sein Blick gleitet durch die Empfangshalle, die sich nach und nach mit immer mehr Menschen füllt.

»Gewöhnt man sich jemals daran? Du weißt schon, die Fragen, die sie stellen, und die vielen Fotos? Und generell an den ganzen Trubel, der hier veranstaltet wird?«

Er schüttelt kaum merklich den Kopf. Ich mustere Chase von Kopf bis Fuß, und mir fällt auf, dass nicht nur ich heute ganz anders aussehe als sonst. An der Academy sehe ich ihn immer in Anzughose, Lederjacke und Poloshirt, was zweifelsfrei gut aussieht. Doch heute sieht er in seinem perfekt sitzenden schwarzen Jackett und der gleichfarbigen Anzughose durch und durch elegant aus. Neben dem Hemdkragen, den er offen trägt, schimmert das Revers seines Sakkos aus samtigem Stoff und verleiht seinem Outfit das gewisse Etwas.

»Man gewöhnt sich nie daran. Das, was du gerade erlebt hast, wird dir wegen meiner Notlüge nun noch öfter passieren. Das da«, Chase deutet zu den drei Flügeltüren hinter uns, »bedeutet, dass du jetzt nicht mehr über die Menschen berichtest, die im Rampenlicht stehen, sondern dass du jetzt selbst eine Weile im Fokus der Medien bist. Du bist jetzt jemand, über den berichtet wird.«

Chase

Eloise nippt neben mir an ihrem Champagner. Sie beobachtet die Menge und verzieht wieder einmal die Lippen, genau so, wie sie es im Unterricht getan hat, während sie auf die Akkreditierung hierfür gewartet hat.

»Über was denkst du nach?«, frage ich sie, woraufhin sie sofort zu mir schaut.

»Was, wieso?«

»Weil du deine Lippen wieder so kräuselst. Das machst du immer dann, wenn du grübelst.«

Eine sanfte Röte schießt ihr in die Wangen, wie schon vorhin im Auto. »Das ist dir aufgefallen?«, entgegnet sie verlegen, ehe sie fortfährt. »Na ja, weißt du, eigentlich wäre ich, wenn die Umstände anders gewesen wären, ja als Pressevertreterin hergekommen. Und ich hatte ursprünglich vor, meine Follower an diesem Abend live ein wenig mitzunehmen, Leute zu interviewen und einfach zu zeigen, wie eine Premiere so abläuft. Aber jetzt bin ich mit dir hier und dir unendlich dankbar für diese Möglichkeit, aber ich stehe nun mehr im Vordergrund, als ich erwartet hätte. Es ist unpassend, wenn ich als Gast bei einer solchen Veranstaltung anderen Gästen Fragen stelle.«

Ich verstehe. Für Eloise wäre dieser Abend grandios zum Filmen für ihren Account gewesen, keine Frage. Doch sie hat recht: Es wäre komisch, wenn sie, mit mir neben sich, den anderen

Leuten hier eine Kamera vors Gesicht halten würde. Doch da kommt mir ein Gedanke.

»Folge mir«, fordere ich sie auf und greife sanft nach ihrer Hand. Ich ziehe sie hinüber zu einer schmalen Wendeltreppe, die zum Dach führt.

»Was machen wir?«, erklingt ihre Frage hinter mir, während ich uns die Stufen hochführe.

»Habe ich dir eigentlich erzählt, wofür dieses Theater auch noch bekannt ist?« Meine Stimme verliert sich in den rot lackierten Wänden, während die Treppe uns zu einer dunkelbraunen Holztür leitet, deren beide Flügel mit Glasornamenten verziert sind und die dank der verschiedenfarbigen Glasbauteile das Antlitz der jungen Grace Kelly ergeben.

Ich greife nach den beiden goldenen Türklinken, die die Tür nach außen hin öffnet, und drücke sie hinunter. Dahinter offenbart sich uns ein unglaublicher Ausblick. »Das ist die berühmte Dachterrasse. Von hier aus hat man einen fantastischen Blick aufs Wasser und den Jachthafen.«

Zahlreiche kleine Laternen sind hier oben angebracht, und in der Mitte des Dachs befindet sich eine kleine Bar. Kellner stehen dort und bereiten offenbar alles für die Aftershowparty vor. Vor ihnen auf dem dunkelbraunen Tresen stehen Tabletts mit leeren Gläsern, die sie nach und nach mit Champagner und Orangensaft füllen. Doch das Atemberaubendste ist die Aussicht.

Mein Blick fällt auf den Jachthafen, der mittlerweile ebenfalls beleuchtet ist. Am Himmel funkeln die Sterne beinahe so wie die kleinen Steinchen an Eloise' Kleid. Die Lichter der Stadt strahlen in den verschiedensten Gelbtönen. Ich schnappe Eloise mitsamt ihrem Glas und lotse sie ein Stück näher an die gläserne Balustrade, die die Terrasse zu allen Seiten hin absichert und trotzdem einen einmaligen Ausblick gewährt.

»Was machst du da?«, fragt sie, während ich mein Handy zücke.

»Stell dich mal so hin, dass ich deinen Rücken sehen kann, und wenn ich bei drei bin, drehst du dich zu mir um und lächelst in die Kamera, okay?«

Sie wirft mir einen skeptischen Blick zu, doch dann zuckt sie mit den Schultern und tut, was ich sage. Zwar ist mein Handy lange nicht so gut wie eine richtige Filmkamera, doch fängt es bei Nacht Eloise' Bewegungen genauso ein, wie ich es mir für unser Filmprojekt vorstelle.

»Also, eins, zwei und drei!«, rufe ich und drücke auf den Auslöser. Eloise dreht sich lachend zu mir um, und ich filme sie in der Zentralperspektive, ganz schlicht und gleichzeitig atemberaubend schön. Sobald ich die kurze Sequenz aufgenommen habe, öffne ich das Video erneut und aktiviere die Zeitlupenfunktion.

Eloise tritt zu mir und begutachtet mein kleines Kunstwerk genauer. Sie dreht sich darauf nun ganz langsam, sodass ich jeden noch so kleinen Winkel ihres Gesichts perfekt einfangen konnte. Ihr Lächeln, so breit, dass ihre Zähne mit den Sternen um die Wette funkeln. Ihr Blick, so leuchtend und intensiv, dass er mit dem sich auf dem Wasser spiegelnden Mond konkurriert. Ihre kleine Stupsnase hat sie leicht hochgezogen, und ihr schwarzes Kleid schwingt am unteren Saum so leicht mit, dass es wie eine schwarze Welle wirkt, die über das Geländer schwappt.

»Wow, das sieht super aus«, sagt sie und startet das Video erneut.

Ich nicke. »Na ja, da wir schon mal hier sind, wollte ich, dass du das auf keinen Fall verpasst.«

Eloise dreht ihren Kopf in meine Richtung, in ihren Augen schimmert es verdächtig. »Danke, das bedeutet mir wirklich viel.« Der Satz ist nicht mehr als ein Flüstern, dennoch hallt es in meinem Inneren als lautes Vibrieren wider.

»Und ich habe mir noch etwas gedacht«, setze ich an. »Wenn du möchtest, dann können wir uns hier kurz voneinander trennen und sehen uns dann im Theatersaal wieder. Ich warte hier.« Ich werfe einen Blick auf die Uhr an meinem Handgelenk. »In zwanzig Minuten beginnt die Vorstellung. Also hast du bis dahin Zeit, deine Videos und Interviews zu machen.«

Eloise schaut mich ein wenig verdattert an.

»Du stehst ohne mich hier weniger unter Beobachtung und kannst den Leuten Fragen stellen. Aber wenn du möchtest, dann nehme ich schon mal einen kleinen Teil von dir auf, den du gleich in deiner Story posten kannst, ehe du runtergehst.«

Wieder verteilt sich eine leichte Röte auf ihrem Gesicht. »Ich hab meine Videos zwar noch nie vor jemand anderem gemacht, aber okay. Na, dann mal los, Herr Kameramann«, sagt sie und reicht mir ihr Handy, das sie zuvor aus ihrer kleinen schwarzen Handtasche geholt hat.

Ich öffne die Kamera-App, dann zeige ich ihr meine Hand und zähle von eins bis drei.

»Hallo, ihr Lieben, hier ist Eloise von elos_movies, und ich berichte für euch heute live von der Filmpremiere zu *The Other Light*. Neben ein paar prominenten Gästen sind natürlich auch die Filmstars mit am Start, so natürlich Joseph Patterson, der in dem Liebesdrama den todkranken Dozenten Liam spielt. Ich werde euch so gut mitnehmen, wie ich nur kann, und zeige euch gleich, wen ich alles so vor die Linse bekomme.«

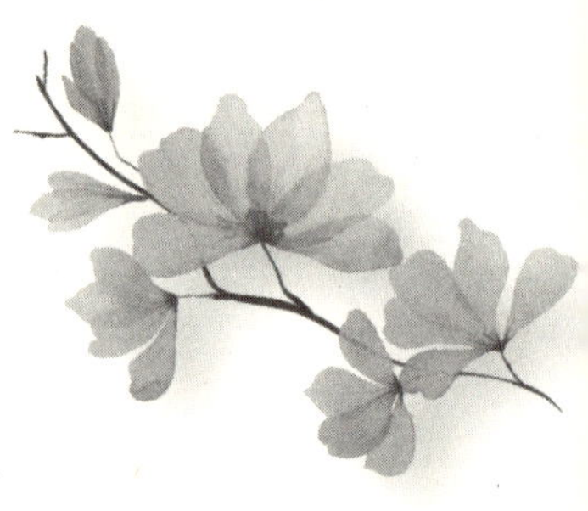

15. Kapitel

The Other Light

Chase

Zwanzig Minuten später öffnen zwei der Mitarbeiter den Theatersaal für die Gäste. Zwar geht es erst in zehn Minuten los, doch ich halte es für keine schlechte Idee, für Eloise und mich schon einmal nach Plätzen zu schauen.

Eine breite, weinrote Flügeltür trennt die Eingangshalle des Theaters vom eigentlichen Vorführsaal. Normalerweise werden hier Stücke live aufgeführt, doch heute Abend haben sie ganz klassisch eine riesige Leinwand hinuntergefahren, auf der gleich der Film zu sehen sein wird. Ich lasse meinen Blick durch die Menge in der Vorhalle gleiten, doch Eloise in ihrem schwarzen Kleid kann ich nirgends entdecken.

Ich betrete als einer der ersten Gäste den Theatersaal und kann nicht leugnen, dass ich schon ein wenig aufgeregt bin. Zum einen wegen des Films, aber auch, weil ich mich für Eloise freue, dass sie die Produktion nicht nur auf einem kleinen Bildschirm, sondern auf der großen Leinwand betrachten kann. Ich hoffe, dass der Abend genauso wird, wie sie ihn sich vorgestellt hat.

Der Vorführsaal des Princess Grace Theatre ist eindrucksvoll, aber längst nicht so imposant wie die Eingangshalle. Etliche Sitzreihen aus beigefarbenen Ledersesseln erstrecken sich vom hinteren Ende bis nach vorne zur Bühne. Anders als in einem richtigen Kino sitzen die Leute weiter hinten nicht etwas erhöht, sondern dürfen auf der sogenannten Empore Platz nehmen.

Über unseren Köpfen erkenne ich den hölzernen, balkonartigen Vorbau. Etliche kleine Lichtspots sind darunter platziert und leuchten so die Wege aus.

Ich war erst einmal hier, und das war, als Mom noch lebte. Meine Erinnerung an das Theater ist mittlerweile also deutlich verschwommen. Die hohen Decken ziehen sich vier oder fünf Meter in die Höhe, und die Wände des Saals sind in einem schlichten Beigeton gehalten und mit golden lackierten Holzbordüren verziert. Mein Vater hat mir erzählt, dass Grace Kelly selbst für die Einrichtung des Theaters verantwortlich war und nun ihre Tochter Stéphanie die Schirmherrschaft übernommen hat.

»Und Ihr Name, bitte?«, fragt mich auf einmal eine kurzhaarige blonde Mitarbeiterin. Im fahlen Licht des Theaters kann ich gerade so die dunklen Sommersprossen auf ihren Wangen ausmachen.

»Chase Edwards. Meine Begleitung, Eloise Stanson, kommt gleich nach«, erkläre ich der Frau, und sie fährt mit einem Kugelschreiber über die Liste.

»Ja, da habe ich Ihren Namen auch schon. Sie sitzen oben auf der Empore. Ihre Plätze sind 1 und 2 in Reihe vier. Da oben hat man eine noch bessere Sicht«, erklärt sie mir, und innerlich beginne ich zu grinsen. Darüber wird Eloise sich freuen.

Die Mitarbeiterin deutet auf eine kleine Treppe an der Seite, die mich hinaufführt. Ich folge ihrer Anweisung und schlängele mich zwischen der noch überschaubaren Menge an Menschen bis zu unserer Reihe durch. Je nachdem wen ich gerade streife, strömen mir die unterschiedlichsten Parfums und Aftershaves entgegen. Eine Frau, die genau wie ich in Richtung der Treppe läuft, zieht eine nach Flieder duftende Parfumwolke hinter sich her.

An unseren Plätzen angekommen, riskiere ich einen weiteren Blick auf die Menge, kann Eloise jedoch weiterhin nirgends erkennen. Zwar hat sie noch ein paar Minuten Zeit, doch ich spüre so langsam eine innere Unruhe in mir.

Ich stapfe die einzelnen Stufen hinauf und blicke mich suchend um, als ich die Empore erreiche. Dunkelroter Teppich ist dort ausgelegt, und ganze vier Sitzreihen erstrecken sich hier oben. Auf allen Sitzen im Saal sind Namenskarten verteilt. Mein Name steht auf dem letzten Platz in der Reihe. Für einen Moment überlege ich, wie mein Vater diesen Platz wohl gefunden hätte, wäre er an unserer Stelle hier erschienen. Ich male mir aus, wie er voller Empörung zu den Frauen am Einlass gestürmt wäre, damit sie ihn ganz nach unten und in eine der vorderen Reihen umsetzen. Mir hingegen passen diese Plätze ganz wunderbar, hier haben wir unsere Ruhe. Und auch die Leinwand, die vor dem roten Vorhang auf der Bühne angebracht ist, kann man von hier aus gut erkennen.

Ich nehme Platz und spüre, wie das weiche Leder unter meinem Gewicht ein wenig nachgibt. Der Geruch nach frischem Lederöl steigt mir in die Nase, und ich vermute, dass sie all die Sitze vor Kurzem noch mal ordentlich poliert haben.

Als ich gerade einen Blick auf mein Handy werfe, um zu schauen, ob Eloise sich gemeldet hat, ertönt im ganzen Saal ein lauter Gong, gefolgt von der Durchsage einer weiblichen Stimme. »Werte Gäste, die Vorführung beginnt in fünf Minuten. Bitte finden Sie sich nun alle im Theatersaal ein.«

Ich überlege, ob ich sie anrufen soll, als ich auf der anderen Seite der Empore eine junge Frau mit langen braunen Haaren und einem edlen schwarzen Kleid erblicke.

Selbstbewusst sondiert Eloise die Reihen, und als sie mich erblickt, legt sich ein freudiges Lächeln auf ihre roten Lippen. Sie winkt mir zu und eilt auf mich zu.

»Tut mir leid, dass es etwas gedauert hat.« Eloise hält ihr

Handy in der Hand und lässt sich genau wie ich in das weiche Leder gleiten.

»Und, warst du erfolgreich?«, erkundige ich mich.

Auf einmal verzieht sich ihr Mund zu einem strahlend glücklichen Grinsen. »Ja, stell dir vor, ich habe vier Interviews geführt und sie direkt bei Instagram hochgeladen«, erklärt sie mit großen Augen wie ein Kind am Weihnachtsmorgen. Der Bildschirm ihres Handys blinkt auf, und sie steckt es in ihre Tasche. »Das geht schon seit einigen Minuten so«, sagt sie und deutet auf das verstaute Telefon. »Die Leute kommentieren bereits fleißig. Ich wusste, dass ich hierherkommen muss«, murmelt sie und lehnt sich mit einem zufriedenen Blick nach hinten. Als sie den Kopf leicht schief legt und mich anlächelt, spüre ich meinen viel zu schnellen Herzschlag.

»Danke noch mal, dass du mich mitgenommen hast.«

»Hey, wir haben einen Deal«, entgegne ich und versuche, damit möglichst cool zu bleiben, was mir jedoch nur halb gelingt. Meine Stimme klingt ein wenig brüchiger als beabsichtigt und meine Wortwahl, als wäre es einfach etwas Belangloses. Dabei ist es das ganz und gar nicht.

Das Lächeln auf ihrem Gesicht verschwindet kurz, und sofort spüre ich mein schlechtes Gewissen in der Magengrube.

»Entschuldige, so meinte ich das nicht. Ich meine nur, du hast mir in Medienrecht auch schon geholfen, und deshalb wäre ich dumm gewesen, wenn ich dich nicht hierher mitgenommen hätte. Als Dankeschön quasi.« Dass mir ihre Anwesenheit eine gewisse Ruhe spendet und ich sie sogar sehr genieße, verschweige ich ihr.

Eloise räuspert sich und setzt sich etwas gerader hin, nun nicht mehr ganz so entspannt. »Na ja, wie dem auch sei. Ich zeige dir nachher, was ich für Interviews geführt habe. Ich glaube, du wirst ganz schön staunen«, flüstert sie, als neben ihr ein älteres Paar Platz nimmt. Sie trägt zu ihrem goldenen Paillettenkleid eine weiße Pelzstola und hat ihre kurzen grauen Haare im Zwanzigerjahre-Stil gewellt. Er hingegen trägt einen beigefarbenen Anzug und eine goldene Fliege dazu. Sein Gesicht kann ich hinter dem seiner Frau nicht mehr erkennen, doch er trägt eine Halbglatze, an der er sich gerade kratzt.

Mit einem Mal verdunkelt sich der Saal, und ein weiterer Gong ertönt. Die Lichter sind so gedimmt, dass ich Eloise' Kontur neben mir nur noch erahnen kann. Den leichten Schwung ihrer Lippen und die feine Linie ihres Nasenrückens. Ich verspüre den Wunsch, die Linien nachzufahren, um sie nachher auf meiner ganz eigenen Leinwand verewigen zu können. Zwar habe ich schon öfter mit dem Gedanken gespielt, sie zu zeichnen, nur bisher keine geeignete Szene im Kopf gehabt. Das hier ist sie. Ich wünschte, ich hätte den Moment eben nicht kaputt gemacht, aber in ihrer Gegenwart weiß ich manchmal einfach nicht, was ich sagen soll. Sie verwirrt mich auf so vielen Ebenen, dass ich meine eigenen Gedanken und Gefühle kaum noch auseinanderhalten kann. Ich weiß nicht, wann das passiert ist, dass sie mir so unter die Haut geht, nur dass es irgendwann so gewesen ist.

»Oh, es geht endlich los«, murmelt Eloise, und die lauten Gespräche, die uns bis eben noch von allen Seiten aus dem Saal umgeben haben, ebben ab. Neben mir höre ich nur noch ihr leises und doch unruhiges Atmen. Jetzt, da sie so nah bei mir sitzt, tritt mir wieder der süße Geruch ihres Parfums in die Nase, von dem ich schwören könnte, ihn unter Hunderten anderen zu erkennen.

Sobald sich der riesige Bildschirm vor uns erhellt, erscheint darauf das riesige Logo der Bradwood Studios.

Ich riskiere einen Blick zu meiner Begleitung, und das Gefühl, das mich bei ihrem Anblick mitten ins Herz trifft, kann ich kaum beschreiben. Die Vorfreude und Ehrfurcht, die sich in ihrem glänzenden Blick spiegelt, gibt mir das Gefühl, mich auf einem dünnen Seil zu bewegen und kurz vor dem Fall zu stehen. Die Frage ist nur, ob ich den Flug überstehe oder hart auf dem Boden aufpralle.

Eloise

Als der Bildschirm sich zu einem hellen Weiß färbt und darauf das Logo der Bradwood Studios erscheint, spüre ich, wie mich die Stille, die auf einmal den Saal erfüllt, fast erdrückt.

Ich freue mich auf den Film, auch wenn ich ihn schon vorab sehen durfte, doch meine Gedanken kreisen vor allem um Chase. Der heutige Abend hat etwas in mir ins Wanken gebracht. Etwas, das darüber entscheidet, ob ich diesen jungen Mann neben mir noch immer als den Eisklotz sehen will, den ich noch vor wenigen Wochen in ihm sah. Oder ob er sich langsam zu einem Menschen mausert, in dessen Nähe ich gerne sein möchte. Doch jetzt, hier in diesem Moment, da mir Chase so nah ist, macht sich Überforderung in mir breit.

Ich schiele immer wieder zu ihm rüber, während die erste Szene über die Leinwand flimmert. Die Hauptdarstellerin träumt von einem Kuss mit jemandem, den sie wirklich liebt, und wacht dann auf, nur um festzustellen, dass ihr Leben nicht ansatzweise ihren Träumen entspricht.

Chase sitzt neben mir, und ich atme die Luft ein, die nach seinem Aftershave riecht. Auf einmal kommt es mir vor, als könnte ich nichts bis auf seinen Geruch wahrnehmen. Ich sehe, wie er sich weiter zurücklehnt, und versuche, es mir ebenfalls so entspannt wie möglich zu machen, auch wenn die Nervosität jede Faser meines Körpers erreicht. Ich lasse meine Hände auf die Lehnen meines Sitzes gleiten und ermahne mich innerlich, ruhig zu atmen, kann jedoch kaum stillhalten.

Immer wieder schiele ich zu ihm, weil es mich interessiert, was er von dem Film hält. Irgendwie stresst mich der Gedanke, dass er ihm nicht gefallen könnte. Im fahlen Licht der Leinwand fällt mir auf, dass ein kleines Grübchen seine linke Wange zeichnet, und Erleichterung macht sich in mir breit. Bisher scheint Chase es nicht blöd oder albern zu finden. Ich versuche, die Tatsache zu ignorieren, dass ich dieses kleine Detail wirklich süß an ihm finde, genauso, wie ich das Gefühl seiner Berührung von meinem Körper zu verdrängen versuche. Die Erinnerung an seine Hand auf meinem unteren Rücken jagt einen federleichten Schauer über ebenjene Stelle.

Ich rutsche in meinem Sitz ein wenig nach hinten, drücke meinen Rücken in die Polster, um den plötzlichen Druck dort etwas abzumildern. Immer wieder blitzen all die zufälligen Berührungen heute in meinem Bewusstsein auf, und das Ziehen in meinem Körper intensiviert sich. Es reicht von meinem unteren Bauch bis in meine Mitte und führt dazu, dass ich nicht mehr still sitzen kann. Innerlich ermahne ich mich, mich auf den Film zu konzentrieren, doch als einige Minuten später die beiden Protagonisten das erste Mal aufeinandertreffen, sehe ich nur noch seine Hände an ihrer Hüfte und denke an Chase' Finger an meiner. Ich schaue erneut zu Chase, um sicherzugehen, dass er nichts von meiner plötzlichen Unruhe mitbekommt. Und bemerke, dass er mich mustert.

Mein Atmen stockt, meine Finger umschließen das Leder des Sitzes nur noch fester, und meine Füße suchen den Boden unter mir, um mir das Gefühl von Sicherheit zu geben. Ich kann nicht mehr wegsehen, dabei schreit mein Inneres mir zu, es unbedingt zu tun. Das Eisblau seiner Augen schickt eine Gänsehaut auf meine nackten Oberarme, die sich in warmen Wellen in meinem Bauch ausbreitet und an einem Punkt brandet, der mich die Beine überschlagen lässt. Ein kollektives Lachen unterbricht den Moment zwischen uns, und ich schaue rasch wieder zur Leinwand. Ein Teil in mir wünscht sich, dass der Film bald endet, während ein anderer hofft, dass all dies noch eine kleine Ewigkeit andauert. Ich weiß nicht, wieso, aber es fühlt sich beinahe an, als würde die Dunkelheit den Raum zwischen uns einsaugen wie ein schwarzes Loch und nichts als reine Energie pulsieren lassen. Chase und ich haben bereits öfter Zeit allein miteinander verbracht, sogar auf einer Couch übernachtet, doch nie war da dieses Gefühl wie das jetzige. Diese Dringlichkeit, mit der mich der Wunsch überschwemmt, ihn zu berühren, seine Haut unter meinen Fingerspitzen zu fühlen und herauszufinden, ob er auch jede meiner Berührungen durch den Stoff spüren kann, so wie ich es auf dem roten Teppich erlebt habe.

Ich schließe meine Augen und atme tief ein. Das hier geht so nicht, ich muss mich beruhigen und meinen mittlerweile viel zu schnellen Puls unter Kontrolle bekommen. Als ich neben mir eine Bewegung spüre, öffne ich die Lider und schaue auf. Chase schaut wieder nach vorn, doch seine Hand liegt jetzt ebenfalls auf der Lehne zwischen uns, nur wenige Millimeter von meinen Fingern entfernt. Der Moment dauert ewig und doch nicht lang genug, in mir kämpfen die widersprüchlichsten Gefühle darum, an die Oberfläche zu können: Unsicherheit und ein so tief sitzendes Verlangen, dass ich nicht einmal wüsste, wie ich es ausschalten sollte, selbst wenn ich wollte. Denn die Wahrheit ist: Ich will es nicht wollen und denke gleichzeitig, wie dringend ich es brauche.

Als sein kleiner Finger den meinen streift, stehe ich bereits dermaßen unter Strom, dass ich beinahe weggezuckt wäre, hätte mein Körper nicht bereits die Kontrolle übernommen. Statt wegzurücken, lehne ich mich der Berührung entgegen, die zwar klitzeklein ist, sich jedoch anfühlt, als würde ein glühend heißes Bügeleisen mein Inneres versengen.

Es vergehen einige Minuten, in denen ich mehrfach meine Beine anders überschlage. Egal, wie ich mich setze, die Unruhe durchdringt meinen Körper, und selbst die ruhige Atmung, um die ich mich bemühe, schafft es nicht, mich zu entspannen. Als die beiden Figuren im Film nach ihrem ersten Uni-Kurs miteinander ins Gespräch kommen, verändert auch Chase seine Haltung und rutscht auf seinem Sitz ein wenig weiter nach hinten. Unsere Finger verfehlen einander und verweilen wenige Zentimeter voneinander auf dem kühlen Leder.

Was dann passiert, kann ich mir selbst am wenigsten erklären: Als Chase sein rechtes Bein bewegt, ergreift die selbstbewusste Eloise in mir das Steuer. Während er sein Bein ein wenig in meine Richtung schiebt, lasse ich meins genau da, wo es ist. Sein Knie streift meine mit hauchdünnem Stoff bedeckte Wade, und ich halte die Luft an, bin gespannt, ob er die Berührung zulässt oder sich wieder zurückzieht. Doch statt es wegzuziehen, streift Chase mit seinem Bein immer wieder über die leichte Wölbung meiner Kniekehle und sendet so ein leichtes Kribbeln mein Bein hinauf.

Während ich noch vor einer halben Stunde gehofft habe, der Film möge endlich enden, bete ich nun, dass er niemals endet. Sobald Chase den Druck seiner Berührung leicht erhöht, kann ich nicht anders und reagiere. Immer noch den Blick stur geradeaus gerichtet und mit zitternden Fingern suche ich nach seiner Hand. Chase ahnt, was ich vorhabe, und kommt mir entgegen. Mit dem Zeigefinger hinterlässt er träge und unendlich sanfte Linien auf meinen Fingerknöcheln, die mich beinahe meine gesamte Selbstbeherrschung kosten. Mit jeder weiteren Bewegung, die er auf meiner Haut unternimmt, durchzieht mich ein kleiner Funke, der sich mit dem vorherigen vermengt und zu einem Ball aus purer Hitze formt, den ich zwischen meinen Beinen spüren kann. Ich weiß nicht, was auf der Leinwand vor uns passiert, denn auf den Film achte ich schon lange nicht mehr.

Als der Druck irgendwann zu viel wird, drücke ich meine Fingernägel sanft unter den Ärmel seines Hemdes. Chase reagiert mit einem kaum wahrnehmbaren Knurren und bewegt sich auf seinem Sitz, und obwohl ich selbst nicht zu ihm schaue, weiß ich, dass auch er den Blick nach vorn gerichtet hat.

Unter meinen Fingerkuppen spüre ich die feinen Härchen an seinem Handgelenk, von denen ich schwören könnte, dass sie sich bei jedem Entlangstreichen ein wenig aufstellen. Allein das Bewusstwerden, was meine Berührungen mit ihm anstellen könnten, schießt eine glühende Hitze auf meine Wangen. Wer hätte gedacht, dass das harmlose Streifen eines anderen sich so verboten und gleichzeitig aufregend anfühlen kann. Seine Haut ist beinahe wie eine Droge, die einen erst leicht fühlen lässt, ehe sie sich zu einem wahnsinnigen Rausch steigert. Einem, von dem man nicht genug bekommen kann. Und ich will mehr. Jetzt. Und hier.

Als Chase mit seinem Finger über meinen nackten Arm streicht, kann ich nicht verhindern, dass ich ein lauteres Atmen ausstoße. Glücklicherweise bekommen die beiden Eheleute neben mir nichts davon mit, doch vermutlich wäre mir auch das gerade egal.

Als hätte ich ihn ermutigt, wandern Chase' Finger quälend langsam hinauf bis zu meinem Ellenbogen, dann wieder hinunter bis zu meinem Handgelenk. Mit jedem Entlangstreifen hoffe ich, dass er weitergeht, weiter bis zu meiner Schulter, weiter über mein Schlüsselbein, hinauf zu meinem Hals und weiter bis zu meinem Dekolleté. Ich verbrenne unter seiner seichten Berührung und drücke die Beine noch ein wenig zusammen, tue alles, um dem Druck in meiner Mitte wenigstens eine kleine Erleichterung zu verschaffen. Als seine Hand plötzlich federleicht an meinem Oberschenkel entlangfährt, schließe ich die Augen, um nicht aufzustöhnen. All die Spannung, die jeden Millimeter meines Körpers erfasst – ich kann ihr kaum noch standhalten.

»Hör mal, Richard, war das jetzt das Ende? Wirklich? Der ist gestorben?«, höre ich plötzlich neben mir die ältere Frau. Sofort fahren Chase und ich auseinander, und ich kann mich gerade noch davon abhalten, hochzuschießen und aus dem Raum zu rennen. Ich blicke wieder nach vorn, diesmal bewusst, und sehe dabei zu, wie sich die Protagonistin von ihrer großen Liebe verabschiedet. Kurz danach setzt der Abspann ein. Ich traue mich kaum, zu Chase zu schauen, doch als ein Bild gezeigt wird, auf dem sich die beiden Hauptfiguren innig küssen, kann ich nicht leugnen, dass ich dasselbe gerade gerne mit Chase tun würde.

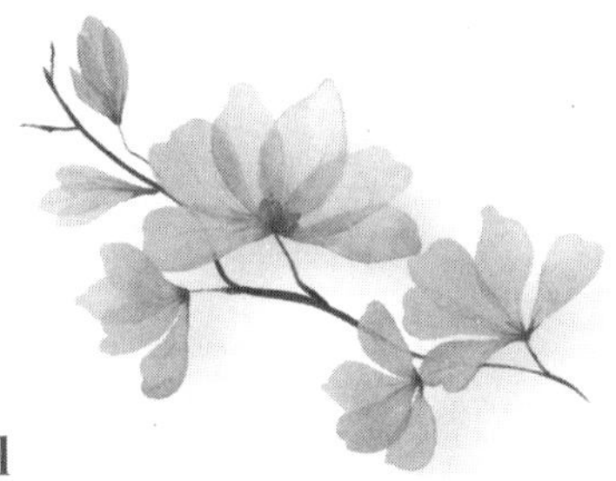

16. Kapitel

Berührungen

Chase

Als das Licht im Saal wieder angeht, atme ich innerlich auf. Die vergangenen zwei Stunden waren vermutlich die längsten und intensivsten meines Lebens. Und ich bereue keine Sekunde davon. Noch immer habe ich Schwierigkeiten zu begreifen, was da eben passiert ist, und das gleißende Licht, das von den Wänden ausgestrahlt wird, lässt mich beinahe glauben, dass das eben alles nur in meinem Kopf passiert ist. Wäre da nicht Eloise neben mir, die ebenso fiebrig dreinschaut, wie ich mich fühle.

Ihre Finger auf meiner Haut haben etwas mit mir gemacht. Ich wusste nicht, dass dieses Prickeln und sehnsuchtsvolle Kribbeln gleichermaßen tiefgehend wohlfühlend wie zermürbend sein kann. Wer hätte gedacht, dass ein paar kleine Berührungen ausreichen würden, um mich beinahe völlig um den Verstand zu bringen?

Viel zu lange bleibe ich in meinem Sessel sitzen, unfähig, mich zu bewegen. Ich schaue zu Eloise, und sie blickt auf, nur um mir wieder auszuweichen und aufzustehen.

Ohne ein Wort bleibt sie stehen und wartet, bis auch ich mich erhoben habe, um sich dann in Bewegung zu setzen. Nebeneinander machen wir uns auf den Weg zurück in die Eingangshalle, jeder von uns in seinen ganz eigenen Gedanken versunken. In diesem Moment würde ich so ziemlich alles geben, um in ihren Kopf schauen zu können. Das wäre zumindest einfacher, als mich mit dem Chaos in meinem auseinanderzusetzen. Gedanken wie *Was zum Teufel treibst du da?* über *Fand sie es auch so gut wie ich?* bis hin zu *Ich wünschte, der Moment käme wieder* geistern durch mein Inneres und versammeln sich zu einer kollektiven Entscheidung: Ich muss mit ihr reden.

Draußen angekommen, will ich sie aufhalten, als ich eine sanfte Berührung an der Schulter spüre. Sofort bleiben Eloise und ich stehen.

»Ah, Mr. Edwards, habe ich mir doch gedacht, dass Sie es sind. Wie schön, dass wir Sie heute hier begrüßen dürfen.« Vor mir steht Elsa McKentire. Sie ist nicht nur jahrelang Veranstaltungsplanerin für Fürst Albert gewesen, sondern jetzt auch Leiterin dieses Theaters. Sie reicht mir ihre Hand, die ich automatisch ergreife und kurz schüttle. »Mrs. McKentire, wie schön, Sie zu treffen«, entgegne ich, bin jedoch mit all meinen Sinnen bei Eloise neben mir. Auch unser Gegenüber schaut interessiert zu meiner Begleitung, der sie ebenfalls die Hand reicht.

»Und wer ist diese reizende junge Dame?«, erkundigt sich Mrs. McKentire.

»Ich bin Eloise Stanson, freut mich«, erwidert Eloise, und ich kann nicht umhin zu bemerken, wie viel ruhiger und ausgeglichener ihre Stimme im Vergleich zu meiner klingt.

»Eloise ist meine Freundin«, füge ich hinzu und streife ihren Rücken. Zu meiner Überraschung lehnt sie sich der Berührung entgegen und tritt einen Schritt näher an mich heran.

Ich. Muss. Hier. Raus.

»Ach, ist das schön. Sie beide geben ein tolles Paar ab«, erklärt die ältere Dame und besieht uns mit einem freundlichen Lächeln.

Ich schaue hinüber zu Eloise und kann nicht leugnen, dass ich ein wenig Genugtuung verspüre, als ich bemerke, wie zerstreut sie immer noch wirkt. Gut, dann geht es nicht nur mir so. Vermutlich tue ich uns beiden keinen Gefallen damit, sanfte Kreise mit meinem Daumen auf ihrem nackten Schulterblatt zu hinterlassen. Die Gänsehaut, mit der sie auf mich reagiert, macht es mir schwer, mich auf etwas anderes zu konzentrieren.

»Danke. Wissen Sie, unser Wagen steht bestimmt schon draußen. Wir müssen gleich los«, erkläre ich ihr, doch sie winkt beschwichtigend ab.

»Junger Mann, Sie beide haben noch Ihr ganzes Leben Zeit. Sie brauchen nicht so zu hetzen.« Wenn sie wüsste, wie gerne ich hier und jetzt am liebsten rausstürmen würde.

Ich werfe der Tür vor uns einen wahrscheinlich ziemlich sehnsuchtsvollen Blick zu. Als ich möglichst unauffällig zu Eloise schaue, bemerke ich ein leicht schelmisches Lächeln, ehe sie sich sanft auf die Unterlippe beißt. Sie hat meinen Blick bemerkt, und ihrer bewirkt, dass meine Knie beinahe nachgeben.

»Da haben Sie nicht ganz unrecht, Mrs. McKentire«, spiele ich mit, um das hier so schnell wie möglich hinter uns zu bringen. »Es ist doch schon eine ganze Weile her, dass wir uns gesehen haben«, füge ich hinzu.

»Ja, da haben Sie recht. Aber sagen Sie, wo ist denn Ihr Herr Vater? Ich hatte mich so gefreut, heute eventuell ein paar Infos über seinen neuen Film erhaschen zu können.« Sie schürzt ihre schmalen Lippen.

Ich winke ab. »Wissen Sie, mein Vater ist momentan so beschäftigt mit der Planung neuer Projekte, dass er leider nicht vorbeikommen konnte. Aber ich bin mir sicher, er hätte auch gern mit Ihnen über seine Filme geplaudert. Er liebt es, wenn er den Menschen mit kleinen Anekdoten zu seiner Arbeit eine Freude machen kann.« Ich schaffe es gerade so, den sarkastischen Unterton auf ein Minimum zu halten.

»Oh ja, das kann er gut«, bestätigt unser Gegenüber. »Sagen Sie, wie fanden Sie beide denn den Film?«

Innerlich bete ich, dass dies die letzte Frage ist, die sie uns stellt. Hilfe suchend schaue ich zu Eloise, denn ich kann mich ehrlicherweise nicht mal mehr an eine Szene erinnern.

»Er war sehr bewegend«, antwortet meine Begleiterin für uns beide. »Es ist eine tolle Produktion, die die Bradwood Studios da auf die Beine gestellt haben. Die Story allein ist mehr als gelungen, und der Tod am Ende hat wirklich zum Nachdenken angeregt.«

Die Theaterleiterin greift sich ein Glas Champagner, das auf einem der Tabletts an uns vorbeigetragen wird. Sie will gerade einen weiteren Kellner heranrufen, vermutlich, um Gläser für uns zu besorgen, als ich eingreife. Das kann so nicht weitergehen.

»Ja, meine Freundin hat völlig recht. Der Tod ging dann auch mir ziemlich nahe. Aber jetzt müssen Sie uns entschuldigen, Mrs. McKentire. Unser Wagen ist da. Haben Sie noch einen schönen Abend«, sage ich und reiche ihr erneut die Hand. Ein unmissverständliches Zeichen. Dann packe ich Eloise sanft am Arm und ziehe sie fort, während sie sich noch mit einem kleinen Winken von der Theaterleiterin verabschiedet. Man könnte meinen, ich sei ein Neandertaler auf Mission.

Als wir aus dem Theater stürmen, ist die Nacht längst über Monaco hereingebrochen. Die Luft, jetzt etwas kühler, strömt in meine Lunge, als ich aufatme. Ich hole mein Handy aus einer der inneren Jacketttaschen und wähle Simons Nummer.

»Mr. Edwards?«

»Hey, Simon, kannst du uns bitte abholen?«, frage ich ihn.

»Aber natürlich. Ich bin in zwei Minuten bei Ihnen.«

»Klasse, danke. Bis gleich«, sage ich und lege auf. Meine Hirnkapazität reicht kaum aus, um anzuerkennen, dass unser Fahrer die letzten Stunden vermutlich wartend im Wagen verbracht hat.

Ich versuche, überallhin zu schauen, nur nicht zu Eloise neben mir. All die Journalisten und Paparazzi sind bereits weg, und einige Mitarbeiter bauen gerade die Absperrungen vor dem Theater zusammen. Einzig der rote Teppich, auf dem Eloise und ich warten, erinnert an den spektakulären Abendauftakt, das Blitzlichtgewitter und die vielen Menschen.

»Ähm«, setzt Eloise an. Wieder knabbert sie an ihrer Unterlippe, und je länger ich sie dabei beobachte, desto mehr schwirrt mir im Kopf herum, was ich am liebsten allein mit dieser kleinen Stelle ihres Körpers anstellen würde. Mein Inneres wird enger.

»Gib mir einen Augenblick«, bitte ich sie heiser, und sie schweigt und schaut auf die Straße.

Als ich unseren Wagen sehe, denke ich, dass ich Simon noch nie mehr für sein Timing geliebt habe als in diesem Augenblick.

Kaum dass er zum Stehen gekommen ist, bedeute ich ihm, dass er ruhig sitzen bleiben kann, und öffne die hintere Tür.

Ich lasse Eloise den Vortritt, ehe ich mich neben sie auf den Sitz fallen lasse und inständig hoffe, dass ich diese Fahrt irgendwie überstehe.

Eloise

Wir sitzen nebeneinander und schweigen uns an. Seit wir aus dem Theatersaal gekommen sind, steht Chase neben sich. Ich bin nicht sicher, ob er bereut, was beinahe zwischen uns passiert wäre. Ich tue es nicht, doch wenn ich daran denke, dass wir beide künftig noch zusammen Unterricht haben werden, zieht sich mein Magen krampfartig zusammen.

Nervös tippe ich auf dem Handgriff an der Innenseite meiner Autotür herum, während Chase sich neben mir beinahe an seinem Gurt festkrallt. Krampfartig schaue ich aus dem Fenster. Als wir auf eine der Hauptstraßen Monacos abbiegen, die im orangefarbenen Licht der Straßenlaternen erleuchtet ist, kann ich das quälende Verlangen in meiner Brust nicht mehr unterdrücken.

Ich presse mit ein wenig zu viel Elan auf den Knopf in der Mittelkonsole zwischen uns, von der ich hoffe, dass sie die Trennscheibe zwischen uns und Simon hochfährt. Binnen weniger Sekunden ist diese komplett hochgefahren, und ich drehe mich zu Chase um, der verbissen geradeaus schaut. Sein Kiefer ist angespannt, und seine weiß hervorstehenden Knöchel drücken sich fest in den Gurt.

Als er schließlich zu mir sieht, kann ich im schwachen, immer wieder aufflackernden Straßenlicht erkennen, dass sich das Eisblau seiner Augen verdunkelt hat. Und dann geht alles ganz schnell.

Ehe ich alles überdenken kann, greife ich nach seiner Hand und löse sie von seinem Sicherheitsriemen. Dann ziehe ich ihn ein Stück näher zu mir heran. Plötzlich gibt auch er nach und löst mit einem leisen Klicken seinen Gurt. Ich tue es ihm gleich, und wir wenden uns einander zu wie zwei Magneten, die eine unsichtbare Barriere durchstoßen. Seine Finger wandern sanft über mein Knie bis hin zu meinem Oberschenkel. Die Berührung fließt wie heiße Lava in mein Inneres, von wo aus sie sich in jeden Zentimeter meines Körpers ausbreitet. Ich löse mich leicht von meinem Sitz und rutsche näher an ihn heran. So nah, dass ich meine Stirn gegen seine drücken kann.

Wieder, und dieses Mal noch viel stärker als sonst, atme ich den betörenden Duft seines Aftershaves ein. Wie ein Aphrodisiakum vernebelt es meine Gedanken, und das ist auch gut so. Dafür ist es ohnehin längst zu spät.

Wir sagen beide kein Wort, als seine Hand Stück für Stück an meinem Kleid hinauffährt. Erst berührt er sanft meine Hüfte, dann gleitet er weiter zu meinem Bauch und dreht mit dem Finger eine kleine Extrarunde um meinen Bauchnabel.

»Ich wusste nicht, wie ich es sagen soll«, raunt er mir ins Ohr, worauf mein Körper sofort mit einer wohligen Gänsehaut reagiert. Die Härchen auf meinen Armen stellen sich auf, und ich merke, dass ich beinahe leicht zu zittern beginne.

»Was denn?«, flüstere ich zurück.

»Ich würde gern da weitermachen, wo wir vorhin aufgehört haben.« Ein innerlicher Jubelschrei bringt mein Herz zum Rasen. Binnen weniger Sekunden lege ich meine Hände auf seine glühend heißen Wangen, die ich im fahlen Mondlicht Monacos erkennen kann, weil wir an einer gut beleuchteten Straße entlangfahren.

»Ich wollte nicht, dass du aufhörst«, gebe ich heiser zurück, und noch im selben Atemzug streift er quälend langsam mit seiner rechten Hand den Träger meines Kleides herunter.

Ich kann ein leises Stöhnen nicht unterdrücken, und als er mit seinen Fingern an meinem Dekolleté entlanggleitet, sackt mein Kopf nach hinten. Ich hebe den Kopf und wandere mit meinen Händen an Chase' Hinterkopf, um ihn zu mir heranzuziehen, bis seine Lippen endlich auf meine treffen. Das Gefühl ist überwältigend, erleichternd und alles verzehrend, als hätten wir beide den Atem angehalten, nur um uns in diesem Moment, an den Lippen des anderen, endlich zu verlieren.

Chase öffnet seinen Mund, und ich tue es ihm gleich, um ihn einzulassen. Unsere Zungen tanzen miteinander in einem Takt, der aus purer Harmonie besteht.

Jede seiner Berührungen ruft in mir eine Reaktion hervor, und als ich mit meiner Hand an seinem Hemd hinab bis zu seiner Hose wandere, kann ich spüren, dass es umgekehrt nicht anders ist. Chase' Erregung gibt mir einen wahren Energieschub, und ich knöpfe blindlings sein Hemd auf. Mit einer Hand umfasst er sanft eine meiner Brüste, zieht federleichte Kreise um meine Brustwarzen, die unter seiner Berührung hart werden. Ein leises Stöhnen verlässt meine Lippen, das er direkt mit seinen auffängt.

Seine Liebkosungen sind wechselhaft, mal sanft, dann auf einmal stärker, und ich liebe es. Mein Herz pocht im Takt mit jeder seiner Liebkosungen. Ohne sich von mir zu lösen, umfasst er meinen Rücken, wo er den Reißverschluss meines mittlerweile viel zu engen Kleides langsam nach unten zieht. Mit jedem Millimeter, den der Stoff an mir herabfällt, fällt auch meine Selbstbeherrschung.

Ich will ihn. Das weiß ich jetzt. Als ich mit nacktem Oberkörper vor ihm auf dem Ledersitz fieberhaft darauf warte, dass er weitermacht, rückt er ein Stück weg. Sein Blick ist lodernd und versengt jeden Winkel meines Körpers. Ich werde beinahe verrückt, als er sich in aller Ruhe Hemd und Jackett abstreift und für keine Sekunde wegsieht.

Dann endlich zieht er mich wieder zu sich heran. Der Kuss, der darauf folgt, ist dermaßen heiß, dass er unsere Lippen beinahe zum Schmelzen bringt. Er schmeckt nach köstlicher, kühler Pfefferminze.

Chase senkt seinen Kopf und wandert mit seinem Mund an meinem Hals entlang. Überall verteilt er die Küsse, die meinen Körper noch mehr zum Beben bringen, und ich beuge mich ihm bereitwillig entgegen.

»Mehr«, presse ich beinahe mühsam hervor, als wäre ich eine tickende Zeitbombe, die jeden Moment explodieren könnte.

»Mehr wovon?«, fragt er, und kurz hasse ich ihn dafür, dass er mich nicht verstehen will. Wie zur Antwort gleiten meine Hände zu dem Reißverschluss an seiner Hose. Mit einem schnellen Zug öffne ich ihn und beginne, sie ihm abzustreifen.

Im Schein der Laternen erkenne ich eine schwarze Boxershorts, die sich eng an seinen Körper schmiegt. Als Chase meinen Blick bemerkt, gibt er ein leises Grollen von sich. Ich greife nach dem Bund und ziehe auch sie herunter. Ich will ihn noch eine Weile betrachten, will die Linien nachfahren, die die Schatten auf seinen Körper malen, doch Chase packt mich am

Oberschenkel und zieht mich zu sich heran. In einer fließenden Bewegung greift er unter mein Kleid und zieht meinen schwarzen String herunter. Das rohe Verlangen, das ich in seinem Blick und seinen Bewegungen spüren kann, törnen mich dermaßen an, dass ich seiner Hand entgegenkomme, bis sie endlich über meine Mitte streicht. Wieder stöhne ich auf, dieses Mal lauter.

»Ist das mehr genug?«, fragt er, und ich will am liebsten schreien.

»Nein.« Meine Stimme ist zittrig, doch das ist mir egal. Mir ist alles egal, mein ganzes Sein konzentriert sich auf diesen einen Punkt, über den Chase immer und immer wieder streicht und wohlige Schauer meinen Körper benetzen. Sein Finger gleitet sanft über die eine empfindlichste Stelle meines Körpers, unter der ich immer mehr zergehe. Chase zieht mich auf seinen Schoß, macht jedoch keine Anstalten, weiterzugehen. Stattdessen streichelt er mich immer weiter, bis er plötzlich mit einem Finger in mich eindringt. Ein lustvoller Schauer durchströmt mich mit jedem Stoß, er füllt mich mit so viel Lust, dass ich kaum weiß, wohin mit mir.

»Das ist immer noch nicht das, was ich wollte«, raune ich in sein Ohr. Seine Bewegungen werden schneller und schneller und ziehen mich in einen Strudel aus purem Fühlen. Mit einem lauten Stöhnen, das er mit seinen Lippen auffängt, erreiche ich meinen Höhepunkt, der sich anfühlt, als würden Tausende glühend heiße Blitze all meine Nervenenden in Flammen setzen. Ich sehe Sterne hinter meinen geschlossenen Lidern und sacke gegen seine Brust.

Nachdem ich wieder zu Atem gekommen bin, drückt Chase mir einen leichten Kuss auf die Nase, und ich schließe die Augen.

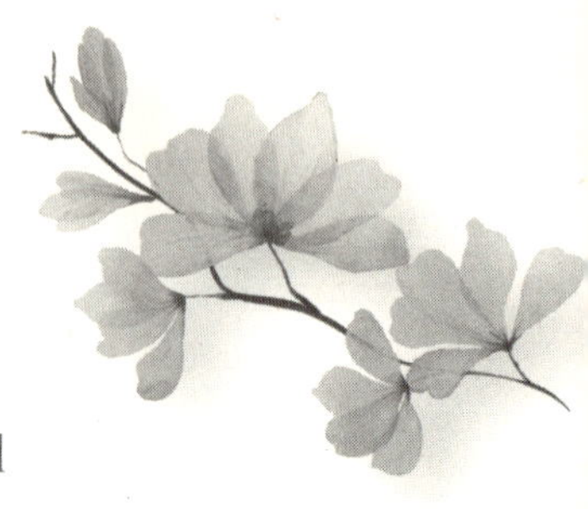

17. Kapitel

Eloise und Chase

Chase

Ich bin nicht sicher, wie lange wir unterwegs sind, bis wir schließlich zum Stehen kommen. Kurz nachdem Eloise an meiner Brust wieder zu Atem zu kommen versucht hat, höre ich, wie der Motor abgestellt wird. *Shit.* Schnell streifen wir unsere Kleidung wieder über, als es an der hinteren Scheibe klopft. Eloise schreckt hoch, als sie hinter der getönten Scheibe unseren Fahrer erkennt.

»Mr. Edwards, wir wären dann jetzt da«, gibt Simon betont sachlich zu verstehen.

Eloise schaut verlegen auf, und ich betrachte mit einem Schmunzeln ihre roten Wangen.

»Oh Gott«, flüstert sie und versucht, ihre Haare mit den Fingern zu glätten. Ich muss zugeben, dass ich ein ganz schönes Chaos angerichtet habe, kann aber nichts dagegen tun, dass es mir in keinster Weise leidtut.

Stattdessen schleicht sich ein kleines Schmunzeln in meine Mundwinkel, das ich gerade so zurückhalten kann. »Danke, Simon. Einen Augenblick noch«, rufe ich ihm zu.

»Wie peinlich«, murmelt Eloise, die gerade den zweiten Riemen an ihrem Schuh schließt.

»Er ist professionell genug, das zu ignorieren, glaub mir«, murmele ich, und sie schaut mich entgeistert an.

»Das heißt aber nicht, dass er es nicht mitbekommen hat!«

Ich wusste nicht, dass man Flüstern und Schreien zugleich kann, und muss lachen, weil ich es ein bisschen süß finde, wie sie erneut rot anläuft. Zugegeben, es macht mir weniger etwas aus, als es sollte, dass Simon mitbekommen hat, was wir hier gemacht haben. Ich bin viel zu euphorisiert, als dass ein anderes Gefühl es an die Oberfläche geschafft hätte.

Schnell knöpfe ich mein Hemd wieder zu, ehe ich meine wunderschöne Begleiterin noch einmal betrachte. Noch immer spüre ich ihre zarten Finger auf meiner Haut, ihre Lippen auf meinen, als würden sie nirgendwo anders hingehören. Das, was sie mich eben hat spüren lassen, hatte ich schon lange nicht mehr.

Ich schaue durch die getönten Scheiben nach draußen und erkenne, dass wir vor ihrem Wohnheim stehen. Der Gedanke daran, sie jetzt gehen zu lassen, versetzt mir einen ungewohnten Stich.

Sobald Eloise fertig angezogen ist, verharren wir noch einen Moment voreinander. Die Stille legt sich wie eine Decke über uns, und mich beschleicht das Gefühl, dass ich nicht der Einzige bin, der nicht will, dass diese Nacht jetzt schon endet.

Wir schauen einander an. Im blassen Licht der Limousine spiegele ich mich in ihrem Blick. Sanft greife ich nach ihrem Gesicht und fühle die Hitze unter ihren zartroten Wangen. In ihren Augen erkenne ich die stumme Bitte, sie noch nicht gehen zu lassen, oder zumindest rede ich mir das ein. Noch einmal drücke ich ihr einen leichten Kuss auf die Lippen, und wieder beginnt mein Inneres sich wohlig zusammenzuziehen. Mein Herzschlag wird ruhiger, ich werde ruhiger.

»Ich denke, ich muss dann mal los«, murmelt sie und greift nach ihrer Handtasche, die irgendwann im Eifer des Gefechts im Fußraum gelandet ist.

Ich ringe mit mir, sie einfach zu fragen, habe jedoch Angst vor dem, was sie antworten könnte. Schließlich sind es die Erinnerungen an ihre Berührungen, die mir die Entscheidung abnehmen.

»Eloise«, setze ich an, als sie gerade nach dem Türgriff greift. Sie dreht sich zu mir um, und ich presse die Worte über meine Lippen. »Würdest du … ich meine, möchtest du mit zu mir kommen?«

Die Frage wabert zwischen uns und verdichtet sich mit jeder Sekunde, die sie nicht antwortet, zu immer schwerer werdendem Dunst aus Zweifeln. Was, wenn sie sich nicht sicher ist, was das eben zwischen uns sollte? Was, wenn sie bereut, was wir getan haben?

Doch als sie mich schließlich anlächelt und leicht nickt, bin ich mir sicher: Schmetterlinge im Bauch zu haben fühlt sich nicht ansatzweise so kitschig an, wie es klingt.

Eloise

Ich werfe einen Blick auf mein Handy, als ich gegen sechs Uhr morgens von Simon vor unserem Campus abgesetzt werde. Doch dieses Mal habe ich keinen verpassten Anruf von Alex auf dem Handy, nur sehr viele Likes und Kommentare auf meine Videos von der Premiere gestern.

»Vielen Dank, Simon«, raune ich ihm müde zu, denn die Nacht war kurz.

»Bis bald, Miss Stanson«, erwidert er freundlich und distanziert, ehe er aussteigt und die Tür hinter mir zufallen lässt.

In meinen High Heels stapfe ich ziemlich ausgelaugt zum Eingang unseres Wohnhauses. Die milde Meeresbrise streift meine Arme, doch dank der schwarzen Sweatjacke, die ich von

Chase habe, fröstelt es mich nicht allzu sehr. Ich atme den Duft des Stoffs ein, der mich so sehr an ihn und letzte Nacht erinnert.

Ich trete durch die Tür zu unserem Wohnhaus und verstehe erst heute, wieso das Gebäude an den Film *Twilight* erinnert. Das sanfte Sonnenlicht fällt durch die Fenster in einem so speziellen Winkel, dass die Lichtstrahlen als funkelnde Glitzerpunkte durch die Scheiben brechen.

Während Alex und ich uns vor wenigen Wochen noch darüber unterhalten haben, dass dieses Haus das vermutlich simpelste auf dem Campus ist, fühlt es sich jetzt an, als wäre es schon immer mein Zuhause gewesen. Nachdem ich im dritten Stock aus dem Fahrstuhl gestiegen bin, schleiche ich mich durch die Stille des Wohnhauses, immer darauf bedacht, bloß niemanden zu wecken. Schließlich ist Sonntag, und alle möchten ihre Ruhe haben.

Ich öffne die Tür zu unserem Zimmer am Ende des Ganges und sehe Sophie und Alex, die gähnend an ihren Schreibtischen sitzen. Verdammt! Ich hatte gehofft, dass meine beiden Freundinnen noch schlafen und ich mich einfach kurz dazulegen kann, ehe ich von ihnen verhört werde.

»Na, sieh mal einer an, wer ist denn da frisch aus dem Bett geschlüpft?«, fragt Sophie und zieht fragend die Augenbrauen hoch.

»Guten Morgen«, sage ich mit rauchiger Stimme. Ein Resultat des gestrigen Abends.

»Guten Morgen, du siehst ja aus, als hättest du eine wirklich lange Nacht gehabt«, höre ich Alex hinter mir sagen, während ich mich bereits müde auf mein Bett fallen lasse. Ich schlage die Hände vors Gesicht, und vor meinem geistigen Auge blitzen erneut all die Bilder von gestern Abend auf.

»Sie hatte Sex«, murmelt Sophie. »Das sind Sex-Haare«, fügt sie trocken hinzu.

Auf einmal spüre ich, wie sich die Matratze neben mir hebt und senkt. Eine der beiden hat sich neben mich gesetzt, doch ich lasse die Hände auf meinem Gesicht und verharre in der Erinnerung an meine Nacht mit Chase. Leidenschaftliche Küsse, die glühende Funken auf meinem Hals hinterlassen haben. Seine Hände auf mir, unter mir, in mir. Er in mir, wir beide als zwei Körper, die gemeinsam zu einem werden.

»Eloise Stanson!« Ich blinzle, und die Bilder verschwinden. An ihrer Stelle sehe ich eine skeptisch dreinschauende Alex, die neben mir sitzt, eine Hand in die Hüfte gestemmt. Sie hält mir ihr Handy vors Gesicht, was mich fast noch mehr blendet als die Sonne, die hell zwischen den zurückgezogenen Vorhängen durchscheint. Sie bedeckt alles mit einem warmen Glanz. Einem, den ich nicht nur auf, sondern auch unter meiner Haut spüren kann. Jedes Mal, wenn ich an vergangene Nacht denke, ist da dieses Gefühl in meinem Bauch: ein riesiger Schwarm Schmetterlinge, der mit aller Macht versucht, aus mir herauszupreschen.

»Hallo, Erde an Eloise!«, sagt Alex neben mir etwas lauter. Ich muss nicht hinschauen, um zu wissen, worauf sie hinauswill. Dennoch tue ich es und entdecke ein Foto von Chase und mir, zusammen auf dem roten Teppich, seine Hand an meiner Taille. Beim Anblick seiner Finger an meinem Körper wird mir heiß. Ich weiß genau, was ebendiese Fingerkuppen auf meiner Haut bewirkt haben. Leicht beiße ich mir auf die Unterlippe und kann nach wie vor fühlen, wie seine Zähne über die noch immer empfindliche Haut gestrichen sind. Ich denke an das Mondlicht, das auf Chase' nacktem Oberkörper Schatten gemalt hat. Schatten, die ich mit meinen Fingern nachgezeichnet habe, als wären es Pfade zu ein und demselben Ziel.

»Was ist gestern Nacht passiert? Und wo warst du?«, fragt Alex, während Sophie die Augen verdreht.

»Was glaubst du wohl«, sagt sie mit einem sarkastischen Seitenblick auf meine beste Freundin, ehe sie sich mit einem diebischen Grinsen zu mir wendet. »War es gut?«

»Das ist mir auch klar«, erwidert Alex und verdreht ihrerseits die Augen. »Nur will ich es direkt von der Quelle hören.«

»Ja« ist alles, was ich ihnen entgegenzubringen habe. Doch ich vermute, das Lächeln auf meinen Lippen verrät ihnen ohnehin alles, was sie wissen müssen. Früher oder später würden sie es ja sowieso erfahren, und dann wäre das Theater riesengroß.

Ein Raunen ertönt im Zimmer, und ich beobachte, wie Alex sich an die Stirn fast und Sophie fast schon anerkennend die Wangen aufpustet. Was sie dann sagen, höre ich nicht mehr, sondern drifte wieder ab zu Chase. Die kühlen Bettlaken auf meiner überhitzten Haut, die wir heute Morgen ganz zerwühlt hinterlassen haben, und die leichten roten Striemen auf seinem Rücken, die ich hinterlassen habe.

»Ich glaube, sie hört uns gar nicht richtig zu«, murmelt Sophie und erhebt sich von ihrem Platz am Schreibtisch. Ich vergrabe meine Hände in der weiß-blau geblümten Bettwäsche und gebe ein lautes Seufzen von mir.

»Ihr könnt jetzt wieder atmen!« Leicht genervt setze ich mich auf und starre in Alex' blaue Augen. Sie steht jetzt vor mir und tippt wartend mit der linken Fußspitze auf den Boden unseres Apartments.

»Was willst du hören? Es war eine wirklich tolle Premiere. Ich bin über den roten Teppich gelaufen, habe mich von Paparazzi ablichten lassen, habe kleine Häppchen im Theater gegessen und mir den Film ein zweites Mal angeschaut, nur eben mit Chase.«

Meine beiden Freundinnen betrachten mich mit einem Kopfschütteln. Sophie amüsiert, Alex eher weniger.

»Also echt mal. Das war ja wohl die lahmste Zusammenfassung eines Sex-Abends, die ich jemals gehört habe. Die Produzenten von Naturfilmdokus können sich da gerne eine Scheibe von abschneiden, Elli«, mault Alex frustriert.

In mir schwindet die Hoffnung, dass sie mich einfach so davonkommen lassen. Müde gebe ich schließlich nach. »Na, was soll ich euch schon sagen? Es war einfach nur atemberaubend. Der ganze Abend war das. Die Menschen auf der Premiere, die Momente zwischen Chase und mir, als er mich als seine Freundin vorgestellt hat. Und dann kam später eines zum anderen.« Die nächsten Worte sage ich so schnell, dass ich hoffe, die beiden können sie nicht hören. »Wir hatten Sex in seiner Limousine, und ich bin dann noch mit zu ihm nach Hause. Da lag diese unberechenbare Spannung zwischen uns, und zwar die ganze Zeit über. In seiner Nähe bin ich fast explodiert, weil ich so sehr bei ihm sein wollte, und dann haben wir eben *richtig* miteinander geschlafen.«

»Was meinst du mit *richtig*? War das vorher nicht richtig?«, fragt Sophie verwirrt.

Ich merke, dass ich schon wieder rot werde, und schaue auf die Bettdecke. »Na ja, beim ersten Mal … ging's irgendwie nur um mich?« Ich schaue zu den beiden hoch, und Sophie nickt anerkennend.

»Gut für dich, Schwester.« Sie kommt auf mich zu und wartet, bis ich ihre erhobene Hand abklatsche.

»Aber, Elli«, setzt Alex an, »ich dachte, dass das alles nur ein Fake zwischen euch war? Dass ihr euch als Paar ausgebt. Hast du uns das nicht so erzählt? Und jetzt schläfst du mit ihm? Das geht doch alles viel zu schnell.«

Ich bin ihr nicht böse um den zweifelnden Ton ihrer Worte. Alex hat Chase und mir von Beginn an skeptisch gegenübergestanden. Und ja, was zwischen Chase und mir ist, erinnert quasi an den Grand Prix der Formel 1: Alles läuft rasend schnell und verdammt gefährlich.

Aber habe ich mir an Chase die Finger verbrannt? So, wie er mich mit seinen Blicken ausgezogen hat, wie er das Kleid noch einmal sanft von meinem Körper gestreift und mich überall liebkost hat? Diese Berührungen zwischen uns waren mehr als nur pure Lust – Deal hin oder her.

»Alex, kannst du heute, jetzt und hier, einfach bitte darauf vertrauen, dass es mir gut geht? Kannst du dich einfach darüber freuen, dass ich gerade unendlich glücklich bin? Es war ein traumhafter Abend, ich habe was für meine Karriere getan, habe Erfahrungen gesammelt und war mit einem Mann unterwegs, der mir das Gefühl gegeben hat, die begehrenswerteste Frau Monacos zu sein. Bitte lass mich diesen Moment einfach genießen. Ich hab nicht vergessen, wie blöd meine erste Begegnung mit Chase verlief. Aber dieser Abend gestern war einfach komplett anders. Chase war anders. Ihr wart beide nicht dabei, aber es war schön. Wirklich schön.« Mein Herz macht jedes Mal einen Satz, wenn ich seinen Namen ausspreche. Ich denke an seine Lippen auf meinen, unschuldig und sündhaft zugleich, meine Unterlippe zwischen seinen Zähnen, der leichte Druck seines Körpers auf meinem, seine Finger, die mein Rückgrat entlangstreichen und eine Spur aus purer Elektrizität hinterlassen.

»Hör zu, Elli, ich liebe dich, und ich wünsche dir das größte Glück auf dieser Erde. Und wenn es mit diesem Chase sein soll, dann gönne ich es dir von Herzen. Was ich meine, ist: Du weißt nicht, wie die Unterhaltung zwischen ihm und seinem Vater verlief, nachdem er dich als seine Freundin erklärt hat und du da weg bist. Sein Vater verlangt Perfektion, und zwar in jeder Hinsicht. Was, wenn er ihm gesagt hat, dass ihr das perfekte Paar abgeben müsst? Und es dann gestern einfach ein bisschen aus dem Ruder gelaufen ist? Weißt du, ob er es genauso ernst meint wie du?« Alex greift nach meiner Hand. Ihre Finger sind kühl, obwohl im Zimmer eine angenehme Wärme herrscht. Ich drücke ihre Hand und denke über ihre Worte nach. Die Wahrheit ist: Ich weiß nicht, ob Chase genauso empfindet. Gleichzeitig kann ich mir nicht vorstellen, dass es bloß bedeutungsloser Sex war, aus einem aufgeheizten Affekt heraus. Oder?

»Ich bin ja nur ungern eine Spielverderberin, aber ich finde auch, dass du auf dich achten solltest«, schaltet sich jetzt auch Sophie ein. »Findest du nicht auch, dass das alles ganz schön schnell ging? Ich meine, überleg doch, was für ihn alles auf dem Spiel steht. Wenn die Sache mit dir nicht gut läuft, dann verliert er nicht nur seine *Freundin*, sondern auch die einzige Nachhilfelehrerin, die ihm das geben kann, was er braucht: Verschwiegenheit und die Gewissheit, dass er das Semester erfolgreich beenden und dann Animation studieren kann. Ich finde, bevor du dich ihm komplett hingibst, solltest du in Erfahrung bringen, ob seine Gefühle für dich wirklich so stark sind oder ob es die pure Lust war, die zwischen euch eskaliert ist.«

Ich weiß nicht, was ich denken soll. Das, was gestern zwischen uns war, hat sich nach mehr angefühlt als bloßem Sex. Ich muss daran denken, wie er mich heute zum Abschied geküsst hat, und eine leichte Wärme sammelt sich in meiner Brust. Das kann ich mir doch nicht eingebildet haben, oder?

»Wisst ihr, warum machen wir das nicht ganz einfach«, sagt Sophie mit einem Mal. Sie klaut sich einen der Zopfgummis von Alex' Nachttisch und bindet auch ihre Haare zu einem Dutt zusammen. »Ich finde, wir sollten diesen Chase mal kennenlernen. Und zwar so richtig. Nicht dieses *›Ich stehe nur mal kurz bei euch vor der Tür‹*-Treffen. Sondern ein richtiges. Nur wir vier.«

»Find ich gut«, sagt Alex und nickt Sophie bestätigend zu.

Wenige Minuten später, in denen meine Mitbewohnerinnen immer noch darüber diskutieren, was wir mit Chase unternehmen sollen und welche Fragen sie ihm dabei stellen könnten, stülpe ich mir die Kapuze von Chase' Sweatjacke über den Kopf, um die beiden kurz auszublenden. Ich greife nach meinem Handy und öffne den Chat mit ihm. Hastig überfliege ich seine letzte Nachricht, die er mir geschrieben hat, kurz bevor er mich zur Premiere abgeholt hat.

Bin gleich bei dir. Wenn du möchtest, kannst du dich schon auf den Weg zur Zufahrt machen.

Ein melancholisches Gefühl durchzieht meinen Körper. Als er mir diese Nachricht geschrieben hat, hätte ich nicht im Traum daran gedacht, *wo* wir beide heute stehen würden. Niemals hätte ich in diesem Augenblick daran gedacht, dass ich nur wenige Stunden später mit ihm schlafen würde. Diese Nachricht war das *Davor.* Und jetzt hänge ich fest in einem undeutbaren *Danach*, von dem ich keine Ahnung habe, wohin es mich führen wird.

Doch meine Mitbewohnerinnen haben recht: Ich muss herausfinden, ob ich mich da in etwas verrannt habe und in eine gänzliche falsche Richtung unterwegs bin oder ob Chase und ich uns gemeinsam auf diesem neuen Pfad befinden. Vorher werde ich keine Ruhe haben. Und wenn ich meine Freundinnen dabeihabe, kann ich wenigstens klarer denken und laufe nicht Gefahr, mich wieder meinen außer Kontrolle geratenen Hormonen hinzugeben.

Kurz entschlossen tippe eine Nachricht ein und sende sie an Chase. Es ist viel weniger, als ich eigentlich sagen möchte, und gleichzeitig viel mehr, als ich sagen kann.

Meine Freundinnen wollen dich kennenlernen.

Einen Augenblick lang halte ich inne und male mir aus, wie Chase' Handy zu Hause vibriert. Und auch, wenn ich mir wünsche, dass er die Nachricht sofort öffnet, bin ich mir ziemlich sicher, dass das noch etwas dauert. Vermutlich duscht er gerade und wäscht sich die Spuren der vergangenen Nacht von der Haut. Oder er schläft, denn wenn es etwas gab, was wir gestern nicht getan haben, dann war es das.

Als ich jedoch einen Blick auf den Chat werfe, sehe ich, wie sich die kleinen grauen Haken an meiner Nachricht in zwei blaue verwandeln. Unter seinem Namen erscheint die Meldung *Chase tippt gerade …*, und augenblicklich setze ich mich auf. Ich schnappe mir mein Kopfkissen und lehne mich gegen das Kopfende meines Bettes, atemlos darauf wartend, dass die Nachricht erscheint.

Okay 😉 Wann und wo?

Seine Reaktion löst eine völlige Stille in meinem Kopf aus. Ich hätte mit vielem gerechnet, aber nicht, dass er direkt zusagt. Ich habe erwartet, dass er das im nächsten Kurs mit mir besprechen möchte oder erst mal nicht antwortet, weil er unsicher ist. Doch diese Antwort verschlägt mir einerseits die Sprache und andererseits genau die Zweifel, die bis zu diesem Moment ein flaues Gefühl in meinem Bauch hinterlassen haben.

Ich überschlage hastig all die Möglichkeiten, die wir für ein Treffen haben. Der Campus wäre ungeeignet, denn ich möchte, dass ihn die Mädels auf neutralem Grund kennenlernen. Ganz Monaco steht uns offen, doch da ich mich hier nicht auskenne, muss ich mir dazu erst mal meine Gedanken machen.

Ich melde mich noch mal und gebe dir dann Bescheid.

Ich freu mich.

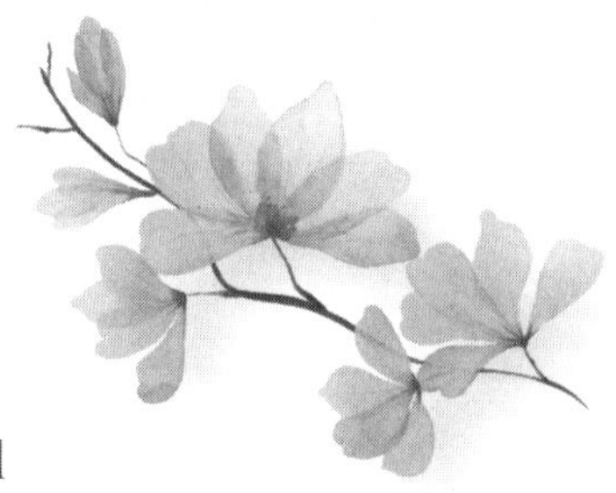

18. Kapitel

Verabredungen

Chase

»Du bist heute so still«, murmelt Stuart, als wir gegen Mittag auf dem Weg zum Monte-Carlo Country Club sind.

Ich schalte den Motor meines Porsche an und blicke zu ihm herüber. Wie ich auch trägt er heute sein Polohemd, nur dass meines hellblau und seines grün ist. Jedes Mitglied bekommt eines geschenkt – in der Farbe, die man bevorzugt.

»Findest du?« Ich bemühe mich darum, mir nicht direkt anmerken zu lassen, was mich beschäftigt, doch mein bester Freund kennt mich anscheinend zu gut.

»Wie war's gestern? Du hast noch nicht ein Wort über die Premiere verloren, seit du mich abgeholt hast.« Seine Stimme klingt ungewöhnlich ernst und nicht so neckisch wie sonst. »Du warst also mit Eloise da, wie ich heute Morgen in etlichen Instagram-Beiträgen gesehen habe. Und du hast sie allen als deine Freundin vorgestellt. Warum sagst du mir das nicht?« Ein Hauch Enttäuschung liegt in seiner Stimme, und während ich auf die Straße zum Country Club einbiege, schaue ich ihn entschuldigend an.

»Ich weiß, tut mir leid. Ich bin heute wohl nicht die beste Begleitung. Aber es ist echt viel passiert. Und ja, Eloise ist jetzt meine Freundin. Das fühlt sich noch ziemlich surreal an«, entgegne ich und versuche, das kleine Lächeln, das sich in meine Worte schleicht, zu verstecken. Ebenso, wie ich ihm verschweige, dass diese Beziehung nur Fake ist. Wobei ich, wenn ich ehrlich bin, nicht einmal weiß, was sie ist. Für mich fühlte sich die letzte Nacht ziemlich echt an. Nur habe ich keine Ahnung, ob sie auch Eloise etwas bedeutet hat. War es ein unbedachter Moment? Ein Ausrutscher? Oder auch für sie mit die beste Nacht ihres Lebens?

Stu stößt ein anerkennendes Seufzen aus. »Wow, dann hat es dich wohl schwer erwischt, mein Bester. Seit wir uns kennen, hast du noch keine Frau mit in die Öffentlichkeit genommen.«

Ich nicke zustimmend.

»Dann ist es dir also echt ernst mit der Kleinen? Ich freue mich für dich, wenn es so ist.« Seine letzten Worte versetzen mir einen leichten Stich.

»Wenn es so ist?«, wiederhole ich.

Stuart zupft erneut an seinem Basecap. »Na ja, wir wissen beide, dass Beziehungen nicht so dein Ding sind.« Stuart hat recht. Ich konnte oder wollte nie jemanden an mich heranlassen. Zu groß war meine Angst, am Ende doch wieder allein dazustehen. Ich habe meine Mutter verloren, und mein Vater ist zwar eine Konstante in meinem Leben, aber eine eher sehr schwer erträgliche. Doch jetzt mit Eloise fühlt es sich an, als wäre da tatsächlich jemand, der mich sieht und versteht.

»Wir hatten Sex. Eloise und ich. Letzte Nacht. Und jetzt soll ich ihre Freundinnen kennenlernen.«

Als ich nichts als Stille ernte, schaue ich zu meinem besten Freund. Er starrt mich mit großen Augen an. »Wow, wirklich? Hey, Glückwunsch. Das klingt, als wäre das zwischen euch ernst.«

Ich spüre einen leichten Stich, denn ernst ist an uns gar nichts. Die Beziehung, wenn man es so nennen kann, ist aufgezwungen – von mir. Ich habe sie ins Leben gerufen und Eloise gar keine Möglichkeit gelassen, zu widersprechen. Im Grunde hatte sie keine Wahl, wenn sie weiterhin an der Bradwood bleiben wollte.

»Also … hast du Angst davor, dass dich ihre Freundinnen nicht leiden können? «, fragt Stu, nachdem er mich kurz gemustert hat.

»Ja, schon. Es ist ewig her, dass ich mal jemanden so richtig an mich rangelassen habe. Und es ist ein komisches Gefühl, dass jetzt alles so schnell geht.«

Ich biege in eine Seitenstraße neben dem Country Club ein, von der aus ich auf den privaten Parkplatz komme.

»Ich verstehe. Aber lass dich davon nicht runterziehen. Sei einfach du selbst, wenn du sie triffst. Klar, sicher möchtest du einen guten Eindruck hinterlassen, aber du tust dir selbst damit keinen Gefallen, wenn du dich verstellst. Ich glaube, Frauen merken es, wenn du nicht ehrlich bist.«

Ohne es zu ahnen, schürt Stu damit meine Angst vor dem Treffen nur noch mehr. Ich mag Eloise, das tue ich wirklich. Aber ihre Freundinnen kennenzulernen ist eine Verbindlichkeit, die mich in dieser Situation noch angespannter zurücklässt. Es geht um so vieles, und mein Herz ist hin- und hergerissen, ob ich mich da in etwas verrenne, das gar nicht real ist.

Ich stelle den Wagen auf meinem Parkplatz vor dem Country Club ab und schalte den Motor aus.

»Du brauchst dringend mal ein bisschen Abwechslung. Lass uns jetzt einfach eine Runde Tennis spielen.« Stuart klopft mir gutmütig auf die Schulter, und ich nicke, ehe wir aussteigen und uns dem Eingang des terrakottafarbenen Betonbaus nähern. Ein riesiges Schild mit der Aufschrift »M.C.-C.C.«, also Monte-Carlo Country Club, ist über dem Eingang angebracht. Daneben weht eine golden schimmernde Fahne, auf der ein Tennisschläger abgebildet ist.

Der Country Club liegt inmitten des Stadtteils Monte-Carlo. Im Jahr 1928 gegründet, versucht sich hier die Crème de la Crème von Monaco bei Wellness zu entspannen, abseits von Firmen, Presse und Co. im Tennis zu messen oder ein leckeres Essen im Restaurant zu gönnen. Wer hier dazugehören möchte, muss von mindestens zwei Personen, die bereits Mitglieder sind, empfohlen werden. Während Stuart und ich den Club für unsere Tennismatches besuchen, kommt mein Vater nur noch selten her. Viel lieber trifft er sich mit Kollegen auf der ganzen Welt, um bekannten Produktionsfirmen neue Filmideen zu unterbreiten.

Für mich hingegen ist das hier der beste Ort, um mich auszupowern. Wenn der Tag mal wieder anstrengend und hektisch gewesen ist, sind die Tennisspiele genau das Richtige für mich, um abzuschalten. Neben vierzehn Tennisplätzen gibt es auch noch zwei große Pools, eine riesige Bar, drei Saunen und eine Dachterrasse mit Café.

Stu und ich betreten einen mediterran angehauchten Traum, wie meine Mutter es früher nannte: beigefarbene Marmorfliesen mit hellbraunen Verzierungen, beige gestrichene Wände, an denen Bilder derjenigen hängen, die die hiesigen Tennisturniere gewonnen haben, und riesige weiße Schirme auf der davorliegenden Terrasse, die den noblen Gästen ihre vornehme Blässe erhalten sollen. Auf einem der Hügel von Monaco gelegen, kann man von hier oben wunderbar aufs Meer schauen, während man Tennis oder Golf spielt.

»Herzlich willkommen, Mr. Edwards und Mr. Hopkins«, begrüßt mich Nadia vom Empfang.

Ich nicke ihr zu. »Hallo«, entgegne ich freundlich.

Ihre kastanienbraunen Haare sind zu einem strengen Dutt zusammengebunden, und sie trägt einen weißen Rock mit der dazu passenden orangefarbenen Bluse.

»Ist unser Platz schon frei?«, frage ich sie und deute auf den Tennisplatz.

»Aber natürlich. Ihre Drinks werden ebenfalls gerade vorbereitet. Sobald Sie sich umgezogen haben und am Court ankommen, werden wir sie Ihnen servieren. Haben Sie sonst noch einen Wunsch?« Sie wirft Stu und mir erwartungsvolle Blicke zu, doch wir schütteln die Köpfe.

»Nein danke, Nadia«, antwortet Stuart, und ich erkenne aus dem Augenwinkel, wie die beiden einander interessiert mustern. Es ist kein Geheimnis, dass mein bester Freund sie schön findet, doch hat er sie noch immer nicht nach einem Date gefragt. Typisch. Oft eine große Klappe, aber wenn es darauf ankommt, traut er sich nicht.

Eine halbe Stunde später sind Stu und ich bereits mitten im ersten Satz. Ich führe.

»Du hast an deinem Service gearbeitet«, rufe ich ihm zu, als er seinen Aufschlag macht.

Stuart grinst bis über beide Ohren. »Tja, von nichts kommt eben nichts. Und während du dich in der vergangenen Woche in der Bibliothek verkrochen hast, habe ich mit der Ballwurfmaschine geübt. Du bist übrigens schlechter geworden, mein Guter!« Er spielt den Ball in die linke Spielfeldseite, doch damit habe ich gerechnet und schmettere ihn zurück. Er schlägt auf, und Stu schafft es nicht, ihn zu erwischen.

»Tut mir leid, Kumpel. Beim nächsten Mal wird es besser«, spotte ich.

Stuart streckt mir von Weitem die Zunge raus, und so langsam komme ich wirklich auf andere Gedanken. »Vielleicht solltest du ein bisschen mehr riskieren«, rufe ich ihm zu und deute mit einem Kopfnicken auf Nadia, die unsere Getränke zum Spielfeld bringt und sie auf einem der Tribünensitze platziert.

»Haben Sie noch irgendwelche Wünsche?«, erkundigt sie sich, doch ihr Blick gilt nicht mir, sondern meinem besten Freund. Stuart versucht, den Ball vor ihr cool mit dem Schläger zu dribbeln, doch da er ihr keine Antwort gibt, nickt sie nur stumm und macht dann wieder auf dem Absatz kehrt. Ich kann mir dieses jämmerliche Drama einfach keine Sekunde länger mit anschauen.

»Nadia, entschuldige, aber ich glaube, Stuart braucht kurz eine Tennispartnerin. Ich muss dringend telefonieren«, rufe ich ihr zu und drehe mich dann zu Stuart um. An seinem Kopfschütteln und den zusammengekniffenen Augen erkenne ich, wie sehr er mich gerade dafür hasst. Doch ich bin mir sicher, wenn ich nach meinem »langen« Telefonat wiederkomme, haben die beiden ein Date.

Eloise

Nachdem ich frisch geduscht bin und das kalte Wasser mir wieder den einen oder anderen klaren Gedanken beschert hat, lasse ich mich auf einen der Sessel im Foyer unseres Wohnhauses fallen. Kurz zuvor habe ich mit den Mädels gefrühstückt, und während die beiden noch ein wenig am Strand spazieren gehen wollten, habe ich verzichtet und es mir hier gemütlich gemacht. Ich lasse mich in den weichen Stoff hineinfallen, als wäre er eine Wolke.

Jeden Sonntag nutze ich die Gelegenheit und erledige meine To-dos für die kommende Woche. Ich checke meine Mails auf Anfragen für Filmpremieren, Pressevorführungen oder Kooperationen. Meine Beiträge von der Filmpremiere auf Instagram kamen so gut an, dass sich seit gestern Abend insgesamt mehr als fünftausend Kommentare darunter angesammelt haben. Es wäre gelogen, wenn ich behaupten würde, dass ich nicht die meisten davon bereits gelesen habe. Dabei musste ich ganz schön filtern, um nur die zu finden, die mich nach dem Film statt nach Details zu Chase und meiner Beziehung fragen. Dann gibt es da noch weniger zurückhaltende Beiträge. »Was will Chase mit so einer?« oder »Also da fand ich seine letzten Begleitungen hübscher« sind nur wenige Variationen ein und derselben Aussage: Ich bin nicht gut genug. Wenn ich diese Arten von Kommentaren lese, wird mir ein wenig schwer ums Herz. Mir ist zwar bewusst genug, dass mir viele dieser Menschen so was nie ins Gesicht sagen würden. Doch in Zeiten, in denen die Welt so oberflächlich ist wie nie zuvor, haben sie die Möglichkeit, mich aus sicherer Distanz anzugreifen, und ich nur wenige Möglichkeiten, etwas dagegen zu tun.

Ich habe meine Seite nur selten genutzt, um irgendwelche Selfies zu posten, stattdessen nutze ich meinen Instagram-Account fast ausschließlich für den Job. Doch ein Abend kann offenbar vieles bewirken. So auch, dass ich jetzt anscheinend wirklich öffentliches Interesse auf mich ziehe oder, besser gesagt, meine Verbindung zu Chase es tut. Dennoch habe ich mir vorgenommen, weiterhin professionell zu bleiben und mich nicht dazu zu äußern. Ich glaube, dass ich es damit nur noch schlimmer machen würde, und einen Shitstorm oder Ähnliches kann ich jetzt auf keinen Fall gebrauchen. Wer kennt sie nicht, die Teeniefilme, in denen man aus der Not heraus auf etwas reagiert und damit eine noch viel größere Welle der Empörung lostritt? Und wenn ich daran denke, wie wacklig meine Position hier an der Academy ohnehin schon ist, wäre das das Letzte, was ich gebrauchen kann.

Hinzu kommt, dass ich es einfach nicht will. Wenn es mir schon schwerfiel, meinen beiden Freundinnen von der Sache mit Chase und mir zu erzählen, werde ich sicherlich nicht auch wildfremden Menschen Rede und Antwort stehen, auch wenn mir die vielen Reaktionen und neuen Follower ein wenig Bauchschmerzen bereiten. Einerseits freue ich mich, dass nun mehr Leute auf meinen Kanal aufmerksam geworden sind.

Andererseits macht sich Unsicherheit in mir breit, denn ich weiß nicht, ob dieses Interesse meiner Arbeit oder meiner *Beziehung* gilt.

Ich fasse den Entschluss, nicht zu viel von mir und Chase nach außen hin zu kommunizieren. Nicht, weil ich mich schäme. Ganz im Gegenteil. Ich bereue nichts von dem, was gestern geschehen ist. Doch das, was wir zusammen erlebt haben, geht keinen außer uns etwas an, und es mag vielleicht naiv klingen, aber ich werde alles dafür tun, um mir so viel Privatsphäre zu sichern wie nur möglich.

Das Gute an unserem Campus ist, dass man auf dem gesamten Gelände WLAN hat, weswegen ich genau weiß, wohin ich mich begeben muss, um mal ein wenig Ruhe und Sonne zu tanken, nachdem der Aufenthaltsraum sich immer weiter gefüllt hat. Auch heute Nachmittag ist die weiße Bank an den Klippen wieder frei. Vor wenigen Tagen habe ich das kleine Fleckchen Idylle bei einem Spaziergang auf dem Campus entdeckt, als ich nach Orten Ausschau gehalten habe, an denen ich mit Chase an unserem Projekt weiterdrehen könnte.

Zwischen etlichen Bäumen und Büschen liegt am äußersten Ende des Campus ein verborgener schmaler Trampelpfad. Er führt mich zu einem kleinen Klippenabschnitt, an dem eine schlichte, weiß lackierte Bank aus Metall platziert worden ist. Als ich vor ein paar Tagen hier war, konnte ich weit und breit niemand anderen entdecken, und auch heute ist dieser verborgene Ort menschenleer. Hier kann ich einen Augenblick mit mir und meinen Gedanken allein sein. Ich nehme Platz und atme die salzige Luft des Meeres ein, die meine Lungen und meinen Kopf direkt ein weniger freier werden lässt.

Mir bietet sich ein wunderschöner Panoramablick auf Monaco. Ich erkenne die orangefarbenen Hausdächer, die wie kleine Fächer überall auf dem Boden ausgebreitet liegen. Zwischendrin blitzen die grün leuchtenden Parkanlagen des Stadtstaates auf und verleihen ihm ein *natürlicheres* Antlitz. Auch die zahlreichen Felsvorsprünge und Klippen auf der gegenüberliegenden Seite, die schroff an der Küste hinabfallen, kann ich von hier aus erkennen.

Ich lehne mich gegen die harte Lehne der Bank und lege den Kopf in den Nacken. Über mir ziehen die hellen Wolken vorbei wie kleine Wattebälle, die vom Wind getragen werden. Sie ähneln den Knospen von Pusteblumen, und ich stelle mir vor, wie irgendwo im Himmel jemand sitzt und einmal kräftig pustet.

Ich wusste, dass sich einiges ändern würde, wenn ich den USA den Rücken kehren und hier ein neues Leben anfangen würde. Ich habe damit gerechnet, dass es schwierig für mich werden könnte, mich hier einzugewöhnen, dennoch habe ich gehofft, dass ich dank der Kurse und meiner Kommilitonen irgendwann meinen Platz finden würde. Dabei verlief mein Start hier an den Bradwood Studios doch eher holprig. Zwar sind meine Leistungen in den Kursen bisher genau so, wie ich es mir gewünscht habe, doch die Normalität und der Alltag sind noch nicht eingekehrt. Viel zu sehr muss ich mich doch jeden Abend vor dem Schlafengehen fragen, welche Herausforderung mich morgen nach dem Aufstehen wieder begrüßen wird und wie ich es allein schaffen kann, diese zu meistern.

Auf einmal wird mir schmerzlich bewusst, dass es die Einsamkeit ist, der ich in den USA entfliehen wollte. Und obwohl Alex jeden Tag an meiner Seite ist, fehlt mir doch meine Familie. Selbst jetzt, da ich Teil der Bradwood Studios bin, bin ich nach wie vor auf mich gestellt. Ich habe geglaubt, vielleicht sogar gehofft, dass meine Eltern, wenn sie sich nur einmal dafür interessieren würden, was ich gerade tue, wieder ein Verhältnis zu mir aufbauen wollen würden. Möglicherweise hätten wir irgendwann wieder eine Familie sein können. Ich hätte ihnen doch so vieles zu berichten. Über die Kurse, die mich auf genau die Art fordern, wie ich es mir gewünscht habe. Über Monaco, das mir immer noch vorkommt wie eine einzige Filmkulisse aus einer dieser Nicholas-Sparks-Verfilmungen. Und natürlich über die Menschen, die ich hier kennenlernen durfte. So wie Sophie, die ich schon in der ersten Sekunde ganz fest in mein Herz geschlossen habe. Und natürlich Chase.

Ich schaue hinab auf meinen Laptop und sehe einen Tropfen auf dem zugeklappten Gehäuse des Geräts. Rasch wische ich mir die Tränen von den Wangen. Ich greife in meine braune Handtasche, die quer über meiner Schulter hängt, und schnappe mir mein Handy. Auf dem Bildschirm blinken wieder ein paar Instagram-Mitteilungen auf – neue Follower und Kommentare. Doch statt meines Instagram-Profils öffne ich mein Telefonbuch und wähle eine Nummer, mit der ich, so zeigt es mir mein Handy, das letzte Mal vor vier Monaten Kontakt hatte. Als ich auf den grünen Hörer drücke, nehme ich auf der anderen Seite ein Klingeln wahr, immer und immer wieder. Mein Herz beginnt zu rasen, denn eigentlich weiß ich nicht mal, was ich sagen möchte. Ich will nur ihre Stimme hören, will hören, wie sie mir sagt, dass alles gut wird.

Doch die Leitung auf der anderen Seite bleibt stumm, und das Klingeln verebbt in einer kalten und automatisierten Bandansage. Mal wieder ist meine Mom nicht zu erreichen.

Erneut nehme ich einen tiefen Atemzug, um mich zu beruhigen. Als die Tränen auf meinem Gesicht langsam genauso verblasst sind wie der vorhin noch so wolkenlose Himmel, klappe ich meinen Laptop auf und widme mich wieder meiner Liste. Mit jedem Punkt, den ich nach und nach abhake, setzt mein Herz einen Haken hinter die Enttäuschung, die sich in mir festgesetzt hat. Alles, was bleibt, ist Entschlossenheit.

Chase

Wenige Tage später, an einem Donnerstag, parke ich vor dem heutigen Ziel unseres gemeinsamen Ausfluges. Eloise, ihre Freundinnen Alexandra und Sophie und ich gehen in den Japanischen Garten in Monaco.

Eloise und ich haben nach unserem gemeinsamen Kurs bei Ms. LaCroix eine Weile überlegt, wohin wir mit ihren Freundinnen gehen könnten. Ich hätte vieles vorschlagen können, wie die Jacht meines Vaters oder einen Helikopterflug. Doch schlussendlich wollte ich, dass sie mich kennenlernen und nicht die Möglichkeiten, die mir das Geld meines Vaters bietet. Sie sollen sehen, dass ich mich nicht darüber definiere, was ich mir leisten kann. Ich definiere mich darüber, wer ich sein könnte, wenn ich nur hart genug an mir arbeite.

Als ich den Wagen abstelle, werfe ich noch einmal einen Blick auf die Uhr. Es ist fast fünfzehn Uhr, also komme ich genau pünktlich. Dass Eloise' Freundinnen mich offensichtlich einmal unter die Lupe nehmen wollen, kann ich ihnen nicht verdenken. Ich weiß, dass Eloise ihnen von unserer gemeinsamen Nacht erzählt hat, so wie ich es meinerseits Stuart. Trotzdem macht mir die Begegnung ein wenig Angst. Weil ich das hier richtig machen will. Und weil es Eloise wichtig zu sein scheint.

Was, wenn ich ihnen unsympathisch erscheine? Wird das Eloise' Meinung über mich ändern? Ich male mir aus, wie es wäre, wenn Stuart meine Freundin nicht mögen könnte, doch da er bis auf meinen Vater so ziemlich mit jedem Menschen klarkommt, mache ich mir da keine Gedanken.

Als ich das riesige rote Tor zu den Japanischen Gärten erreiche, warten Eloise und ihre Freundinnen bereits davor und kichern. Mein Blick bleibt an *meiner Freundin* haften, die sich heute für ein grünes Kleid mit schwarzer Strumpfhose entschieden hat. Die Ärmel reichen ihr bis zu den Ellenbogen, und ihr Ausschnitt ist leicht gerafft. Ihre Haare sind dieses Mal wieder ganz natürlich gelockt, und obwohl ich sie mit glatten wunderschön fand, gefällt mir ihre Natürlichkeit noch mehr. Das ist die Eloise, wie sie wirklich ist.

Ich werfe ihr ein verschmitztes Lächeln zu, das sie erwidert, und ich erkenne, wie die Blicke ihrer beiden Mitbewohnerinnen zwischen uns hin- und herwechseln. Ich würde sie gern küssen, doch ich bin nicht sicher, ob das vor den anderen unhöflich ist und vor allem, ob sie es möchte. Seit unserer gemeinsamen Nacht und dem Morgen danach haben wir nicht mehr wirklich über uns gesprochen, weil Eloise darauf bestanden hat, dass wir uns auf die Nachhilfe konzentrieren. Ich werde aus ihrem Verhalten nicht schlau, daher erhoffe ich mir ein bisschen, dass der heutige Tag mir mehr Klarheit bringt.

Nachdem ich es zwischen uns bei einer harmlosen Umarmung belasse, reiche ich ihren beiden Freundinnen nacheinander die Hand.

»So, du bist also der Freund«, murmelt die Blondine, Alexandra, und mustert mich von oben bis unten. Es ist nicht zu übersehen, dass sie skeptisch mir gegenüber ist.

»Und du musst die beste Freundin sein, freut mich, Alex«, antworte ich rasch, woraufhin sie sich an Eloise wendet. »Er ist gut.«

»Ja, das ist er«, pflichtet Eloise ihr mit Blick auf mich bei, und ich schenke ihr ein dankbares Lächeln.

»Dann wollen wir direkt mal reingehen, oder?« Ihre schwarzhaarige Freundin ergreift die Initiative und gibt mir mit einem Kopfnicken zu verstehen, sich mit ihr an der Kasse anzustellen.

»Hey, lass mich das machen«, biete ich ihr an, als sie ihr Portemonnaie zückt, doch sie winkt ab.

»Du, mein Guter, kümmerst dich einfach weiterhin um meine

liebste Elli. Wenn du das hinbekommst, würde ich dir sogar einen neuen Porsche kaufen, wenn ich jemals das Geld dafür aufbringen sollte.«

Während wir beide warten, sehe ich, wie Alex und Eloise am Eingang warten und reden. Bei ihrer Freundin Sophie habe ich vermutlich etwas bessere Chancen. Das sagt mir zumindest mein Bauch, der bei dem Gedanken an ein persönliches Gespräch mit ihrer Freundin Alex gewaltig rumort.

Als wir die Nächsten am Kassenhaus sind, empfängt uns eine ältere Dame mit Brille und grau melierten Haaren, die sie mit Stäbchen zu einem Dutt gebunden hat.

»Hey, Ihre Frisur finde ich ja toll«, sagt Sophie, und unser Gegenüber nickt ihr lächelnd zu. »Danke, das nennt sich Kanzashi.«

»Wie schön, das steht Ihnen sehr gut«, bemerkt Sophie und bestellt anschließend vier Karten.

»Oh, Sie müssen hier keinen Eintritt zahlen. Bei mir gibt es nur die Flyer, damit Sie während Ihres Rundgangs auch alle möglichen Infos über unseren Garten bekommen. Hier, bitte«, sagt sie und händigt uns vier DIN-A5-förmige Prospekte aus.

»Oh, verstehe. Danke dafür«, sage ich und nehme sie entgegen.

Sophie hält mich kurz am Arm zurück, ehe wir uns zu den Mädels umdrehen. »Alex und Eloise sind schon seit Ewigkeiten die besten Freundinnen. Nimm es Alex nicht übel, wenn sie vielleicht etwas frecher wirkt oder dich herausfordert. Sie möchte nur sichergehen, dass Elli in guten Händen ist, weißt du? Sie hat außer uns niemanden.«

Ihre Worte versetzen mir einen Stich. Ich weiß um Eloise' Verhältnis zu ihren Eltern. Verständlich, dass ihre beste Freundin da auf sie aufpassen möchte. Der Gedanke daran, dass jemand wie Eloise ganz auf sich allein gestellt ist, schnürt mir fast die Kehle zu.

»Danke für den Tipp«, gebe ich mit etwas belegter Stimme zurück.

»So, da wären wir.« Sophie teilt die grünen Prospekte aus, sobald wir die anderen erreicht haben.

»Was sind das hier für Tore?«, fragt Eloise, nachdem uns direkt hinter dem Eingangstor noch ein weiteres Exemplar erwartet. Sie bestehen aus zwei rot lackierten Pfeilern, auf denen zwei Querbalken angebracht sind.

»Sie stehen für den Übergang von der einfachen, der profanen Welt in die spirituelle. Das sind sogenannte Toriis. Ich war schon öfter in Japan, und meist findest du sie vor großen Tempeln oder hier und da auch schon mal an einem Schrein«, erkläre ich.

»Wow«, flüstert Eloise, und ich lasse meinen Blick durch die Gärten schweifen.

Vom Eingang aus führt ein gepflasterter Weg mit vielen Verzweigungen durch eine grün bepflanzte Anlage. Zwischen riesigen Bambushecken, Wasserbecken und einem Teich mit Koi-Karpfen befinden sich steinerne Laternen und kleine Gebäude, die japanischen Tempeln nachempfunden sind. Aber auch mediterrane Einflüsse wie Olivenbäume sind hier entlang der Wege gepflanzt.

Als wir an einem kleinen Teich, bedeckt mit zahlreichen Seerosen und Lotuspflanzen, vorbeilaufen, erkenne ich etwas weiter am hinteren Ende des Gewässers eine kleine braune Brücke, hinter der unzählige Kirschblütenbäume stehen. Mit ihren rosafarbenen Blüten schenken sie der gesamten Gartenanlage einen farbenfrohen Glanz – zumindest im Frühjahr, wenn sie blühen.

»Das erinnert mich an das Kirschblütenfest in dem Film *Die Geisha*«, bemerkt Eloise laut und deutet auf die Bäume. Ich kenne den Film auch und muss grinsen, denn auch mir kam der Gedanke.

»Hier drin steht, dass das Kirschblütenfest in Japan meistens im März gefeiert wird, wenn die Blüte so richtig aufgeht«, liest ihre Freundin Alex aus dem Prospekt vor.

»Das stimmt. Das Fest heißt Hanami und die Kirschblüte Sakura. Sie feiern das Fest zu Ehren der Schönheit, und es ist eine Art Neuanfang«, erkläre ich den Mädels, und alle drei starren mich an.

»Heftig. Du kennst dich ja verdammt gut damit aus«, lobt Alex, doch der Unterton in ihrer Stimme klingt so trocken, dass ich nicht sicher bin, wie ernst sie es meint. Vielleicht habe ich es mit meinem Wissen ein wenig übertrieben.

»Wisst ihr beiden, ich würde gern gleich mit Sophie ein Bild für ihren Fotoclub machen. Ihr könnt ja schon mal ein Stück vorgehen, und wir kommen nach«, erklärt Eloise und zieht Sophie sogleich mit sich. Die beiden folgen rasch einer kleinen Abzweigung des Weges und verschwinden hinter einer großen Bambushecke.

Ich stoße innerlich einen Seufzer aus und schüttele leicht den Kopf. Ich weiß, dass sie das nur gemacht hat, damit ich mit Alex allein rede. Dabei ist offensichtlich, dass ihre beste Freundin mich nicht leiden kann. Das würde ich zumindest vermuten.

Alex und ich bleiben zurück und schauen einander wenig begeistert an.

»Wollen wir dann hier ein Stück weitergehen?«, schlage ich vor und deute auf einen gepflasterten Weg, der uns weiter hinten zu einer Art Teehaus führt. Einem überdachten kleinen und runden Haus, das auf dicken Holzpfeilern im Wasser steht.

»Klar.« Alex und ich laufen einen Moment nebeneinanderher. Hin und wieder wird die Stille zwischen uns von ein paar zwitschernden Vögeln und einem plätschernden Wasserfall unterbrochen. Doch bis wir das kleine Teehaus, in dem eine schmale braune Holzbank steht, erreichen, sprechen wir kein Wort miteinander.

»Du magst mich nicht besonders, was?«, entfährt es mir schließlich, als ich mich auf die Bank setze. Alex hingegen lehnt sich mit dem Rücken gegen das Geländer der Brücke, die zum Haus führt, und bleibt auf Abstand. Wenn Eloise wirklich ein Foto für Sophie machen will, wäre das der perfekte Zeitpunkt, um fertig zu werden, denn ich fühle mich unwohl und könnte hier wirklich mal etwas Unterstützung gebrauchen.

»Ich kenne dich nicht. Und wen ich nicht kenne, dem traue ich erst mal nicht. Du scheinst kein übler Kerl zu sein. Wirklich. Aber ich hätte ihr nie geraten, mit dir zu schlafen, solange nicht geklärt ist, was das zwischen euch wirklich ist.«

Ich nicke verständnisvoll, immerhin sind das auch die Gedanken, die mich nachts wach halten. »Sie ist mir verdammt wichtig.«

»Das mag sein. Aber du vergisst in der Gleichung eines, und zwar deinen Vater. Was immer das auch mit euch beiden ist: Er wird zwischen Eloise und dir stehen, so viel steht fest. Ich weiß nicht, was er an ihr nicht leiden kann, aber denkst du wirklich, er wird deine Beziehung mit ihr akzeptieren? Und hast du auch mal daran gedacht, was passiert, falls das mit euch nichts wird? Dann kickt er sie raus, und zusätzlich zum Herzschmerz verliert sie auch noch ihren Studienplatz.«

Ich will gerade etwas entgegnen, da fährt Alex fort und setzt sich neben mich. »Versteh mich bitte nicht falsch. Wenn das mit euch etwas Echtes ist, dann bin ich eure größte Befürworterin. Nur geht das alles einfach immens schnell. Und ich kenne sie. Sie braucht jemanden, der ihr Stabilität bieten kann. Was denkst du, weshalb sie sich so an dieses Studium klammert? Seit ihre Eltern sie im Stich gelassen haben, sind Filme das Einzige, was sie auf andere Gedanken bringt. Damit lenkt sie sich ab. Wenn du ihr diese Möglichkeit nimmst, ihr Leben auch weiterhin so zu führen, dann gebe ich dir dafür nicht mein Go.«

»Ich würde nie etwas tun, das Eloise' Zukunft gefährdet. Ursprünglich ging es mir ja sogar nur darum, ihren Rausschmiss zu verhindern«, sage ich und meine es auch so. »Und was meinen

Vater betrifft: Ich kann dir nicht sagen, was für ein Problem er mit Eloise hat. Aber ich lasse nicht zu, dass er ihr irgendwie schadet.«

»Und wie willst du das anstellen?«

Das ist eine sehr gute Frage, auf die ich noch keine Antwort habe. Wenn ich ehrlich bin, wächst mir das alles langsam über den Kopf. Mein Vater ist eine Variable, die ich einfach nicht einschätzen kann. Was ich jedoch mit Sicherheit weiß, ist, dass ich Eloise nicht im Stich lassen will. Und alles dafür tun werde, damit es ihr gut geht.

»Na, habt ihr beiden ein wenig gefachsimpelt?«, ertönt Sophies Stimme hinter uns, ehe ich antworten kann.

Alex und ich werfen uns wissende Blicke zu und zucken mit den Schultern.

»Hier ist eine Art Teehaus, in dem man verschiedene Tees ausprobieren kann. Die haben da wirklich alles. Wollen wir reingehen?«, fragt Eloise und deutet auf das kleine dunkelbraune Holzhaus hinter uns.

»Das klingt gut. Das Wetter heute ist zwar schön, aber wenn man schon mal in Japan ist, sollte man sich auch mal ruhig einen Tee gönnen«, antwortet Alex. Als wir über den Steg in einer Viererreihe marschieren, greife ich nach Eloise' Hand. Die Wärme ihrer Finger umarmt mich wie die Sonnenstrahlen über unseren Köpfen. Sie wirft mir ein kleines Lächeln zu.

Als wir das Teehaus betreten, staune ich nicht schlecht. Alles ist so, wie ich es auch aus der japanischen Kultur kenne. Wir stehen in einem kleinen Vorraum, gestaltet in gedeckten Farben. Der Boden ist aus dunklem Holz gefertigt und die dunkelgrünen Tapeten an den Wänden ohne jegliche Ornamente. Ein kleiner Tresen und ein schmaler Durchgang dahinter trennen das Vorzimmer vom eigentlichen Raum.

»Ah, hier werden Teezeremonien abgehalten«, murmele ich. Sie sind Teil der japanischen Kultur, und ich kenne sie noch aus meinen Reisen mit meinem Vater. Mein Blick fällt auf die junge Frau hinter dem Tresen, die uns auf Japanisch begrüßt. Ihre schwarzen Haare hat sie zu einem Dutt zusammengebunden und mit zwei Stäbchen fixiert. Dazu trägt sie einen roten Kimono, der mit zahlreichen weißen und rosafarbenen Blüten verziert ist. Die langen, losen Ärmel fallen ihr locker an den Armen herab, doch als sie die Hände aneinanderlegt und sie wie bei einem Gebet vor das Gesicht hält, um sich kurz zu verbeugen, blitzen ihre schlanken Arme hervor. Ein breiter Obi-Gürtel fixiert den Kimono an ihrer Hüfte.

»Herzlich willkommen im Teehaus. Wollen Sie an einer Zeremonie teilnehmen oder einfach nur ein paar Teesorten probieren?« Sie wirft uns einen fragenden Blick zu, und ich schaue die Mädels an.

In ihrer aller Augen liegt die pure Verwirrung. »Also, ich denke, wir probieren einfach nur mal ein paar Teesorten. Eine Teezeremonie dauert ja manchmal sogar bis zu sechs Stunden«, erkläre ich.

»Wow, wenn wir dich nicht hätten«, murmelt Sophie und wirft mir ein Nicken zu.

»… dann hätte euch die Dame hier das schon erklärt«, entgegne ich zuversichtlich.

Die Frau nickt und lächelt freundlich. »Ich bin Sayuri, zieht eure Schuhe aus und kommt mit. Dann könnt ihr ein paar Sorten probieren.«

Ich betrachte Eloise, als wir uns auf ein paar kleine grüne Kissen in einer Nische neben dem Tresen setzen. In ihren Augen funkelt die Neugierde, während sie sich gespannt umschaut. Sie hat mir erzählt, dass sie bisher nur selten verreist ist, daher vermute ich, dass das heute für sie alles neu ist.

Ein schmaler, flacher Holztisch ist zwischen uns aufgestellt, und Eloise sitzt links neben mir, während ich ihrer Freundin Alex gegenübersitze. Sayuri nähert sich unserer kleinen Runde mit leisen, aber schnellen Schritten und trägt eine hölzerne Karte unter dem weit auslaufenden Ärmel ihres Kimonos. Dazu hält sie ein hölzernes Tablett mit vier kleinen dunkelgrauen Schälchen.

»Hier, bitte sehr«, sagt Sayuri und händigt jedem von uns eine der Schalen aus. Dann legt sie die kleine Holzkarte auf den Tisch zwischen uns. Darauf sind ganz fein die Namen verschiedenster Teesorten eingeritzt, und zwar sowohl in unserer Sprache als auch in japanischen Schriftzeichen. »Das sind die Teesorten, die ihr probieren könnt. Anders als bei der Teezeremonie sind diese Tees bereits aufgegossen, und ich fülle sie euch in die Schalen, wenn ihr entschieden habt«, erklärt Sayuri.

Etwa eine halbe Stunde später verlassen wir lachend das Teehaus. »Wer hätte gedacht, dass Alex und Chase den gleichen Teegschmack haben«, witzelt Eloise neben mir und knufft mich leicht in die Seite.

Ihre beste Freundin dreht sich im Gehen zu uns um und wirft mir einen verschwörerischen Blick zu. Für einen Moment hätte man meinen können, tatsächlich den Anflug eines Lächelns bei ihr erkennen zu können. Mein Blick wandert zu Alex' rechtem Arm, unter dem sie eine Packung des »Sencha«-Tees trägt, den sie am meisten mochte und schließlich gekauft hat. Bis auf den »Gyokuro«, den wir beide scheußlich fanden, hätte ich auch am liebsten jede Sorte gekauft.

»Also entschuldige mal, das war ja auch klar. Der hat ein bisschen nach Alge geschmeckt, fand ich«, erklärt Alex und stemmt selbstbewusst die Hände in die Hüften, während wir dem Pfad etwas tiefer in den Garten hinein folgen.

»Sie hat recht. Das soll zwar einer der edleren Tees sein, aber ich fand ihn viel zu streng, obwohl der ja eigentlich etwas milder sein sollte.«

»Also mir könnt ihr sagen, was ihr wollt, aber ich fand alle

Sorten super«, erklärt Eloise, und ich lege ihr belustigt meinen Arm um die Schultern.

»Das können wir sehen«, entgegne ich mit einem Blick auf die drei Teepackungen in ihren Händen.

Etwa eine halbe Stunde später sind Eloise und ich allein. Die Mädels haben sich verabschiedet und bringen jetzt all die Teepackungen sicher mit einem Taxi zurück ins Wohnhaus. Und ich möchte die Gelegenheit nutzen, um mit Eloise noch etwas Zeit zu verbringen. Das Lachen, das ich heute immer wieder von ihr höre, ist ansteckend und macht den Tag noch schöner, als er bisher war. Außerdem schaue ich wahnsinnig gern in ihre grasgrünen Augen. Sie erinnern mich an Wiesen und Wälder und die Natur. Gewissermaßen ist Eloise wie dieser Japanische Garten hier in Monaco: Auf den ersten Blick würde man meinen, dass sie hier nicht reinpasst, dabei begeistert sie so viele Menschen um sich herum und zieht sie in ihren Bann. Mich eingeschlossen. Händchen haltend erreichen wir eine kleine Bank zwischen zwei großen Bonsais, hinter denen sich ein weiterer kleiner Teich erstreckt. Stumm deute ich darauf, und Eloise nickt. Wir setzen uns, und in der Ferne, weit am Horizont über dem Wasser, kann ich die sanften Orangetöne der bald untergehenden Sonne erkennen. In diesem zarten Licht schwimmen hin und wieder einige Koi-Karpfen im Wasser vorbei. Zwischen all den Wasserpflanzen, Seerosen und kleinen Felsen im Teich ziehen die bunten Tiere dort ihre Kreise.

Eloise und ich lassen uns gegen die Lehne der hölzernen Bank fallen, und ich stoße einen leichten Seufzer aus. Wir sind den ganzen Tag umhergelaufen, und ich bin froh über die kleine Pause.

Aus dem Augenwinkel nehme ich wahr, wie Eloise mich anstarrt.

»Alles in Ordnung?«, erkundige ich mich und werfe ihr ein zufriedenes Lächeln zu.

»Das wollte ich dich gerade fragen. Wie sehr hat Alex dich unter Beschuss genommen?« In ihren Augen funkelt das Grün wie ein kleiner Hoffnungsschimmer darauf, dass es nicht so schlimm war, wie sie vermutet.

»Es war grauenvoll. Wirklich furchtbar. Ich hab richtig Angst um mein Leben gehabt«, gebe ich mit einer großen Tonne an Sarkasmus zurück und stupse sie leicht an. »Nein, es war gut, mit ihr zu reden. Sie sorgt sich um dich.«

Eloise lässt ihren Blick über den Teich gleiten und nickt. »Ja, sie ist wie eine Schwester für mich. Ich vermute, ich würde mir umgekehrt auch meine Gedanken machen, wenn sie jemanden hätte, den sie mag. Aber sie sprudelt nur so vor Selbstbewusstsein und ist die geborene Flirtmaschine. Bei ihr muss man sich eigentlich kaum Sorgen machen«, antwortet sie.

»Du magst mich also, ja?«, necke ich sie, obwohl ich es ja genauso sehe. »Aber ich habe auch gemerkt, dass sie kein Blatt vor den Mund nimmt. Ich denke, die Situation mit meinem Vater ist es, die ihr zu denken gibt. Du und ich, das ist alles sehr schnell gegangen. Es ergibt Sinn, dass sie all das hinterfragt.«

Einen Moment lang ist da nur die Stille zwischen Eloise und mir, lediglich durchbrochen durch ein leichtes Platschen, als einer der Kois an der Wasseroberfläche nach einem Stück treibender Alge schnappt. Als ich mich wieder zu Eloise drehe, sehe ich ihren sorgenvollen Blick. Sie presst die Lippen aufeinander, und schaut weg.

»Sag es mir«, fordere ich sie auf.

»Was meinst du?« Sie dreht sich zu mir und setzt ein Lächeln auf, doch es wirkt nicht so ehrlich, nicht so befreit wie sonst. Ihre Wangenmuskeln wirken angespannt, und sie kann mir kaum in die Augen sehen.

»Eloise, ich sehe es dir an der Nasenspitze an, wenn du grübelst. Irgendwas liegt dir auf dem Herzen. Raus damit.«

Wieder dreht sie sich weg. »Na ja, was würdest du tun, wenn

dein Vater dir ein Ultimatum stellen würde? Das Animationsstudium oder ich. Du könntest deinen Traum leben, wenn du mich fallen lässt. Wie würdest du entscheiden? Das frage ich mich, seit die Mädels vorhin gegangen sind. Dein Vater mag mich nicht, deshalb klingt das gar nicht abwegig.«

Ich kann verstehen, wieso sie darüber nachdenkt. Mein Vater ist immer für eine Überraschung gut. Noch mag er es wichtig finden, dass wir das perfekte Paar abgeben, doch wie lange er mitmacht, kann auch ich nicht abschätzen.

»Die Antwort müsstest du dir denken können. Er kann mich nicht erpressen und schon gar nicht mit so was. Aber du musst dir deswegen keine Sorgen machen. Meinem Vater ist viel wichtiger, was ich studiere, als die Frage danach, wer meine Freundin ist. Natürlich würde ich dich nicht für irgendein Studium im Stich lassen.«

»Wirklich?« In ihrer zarten Stimme liegt eine Unsicherheit, die ich zuvor noch nie bei ihr gehört habe.

»Das Studium ist mir verdammt wichtig, ja. Aber ich habe jetzt jemanden an meiner Seite, dem ich gern immer davon erzählen möchte, wie mein Tag war oder wie nervig mein Vater ist oder wie aufregend eine Filmpremiere sein wird. Müsste ich dich hergeben, dann hätte ich all das nicht mehr. Es würde mir fehlen. Du würdest mir fehlen. Es ist schlimmer, etwas zu vermissen, das man mal in seinem Leben hatte, als etwas, das man bisher nur aus seinen Wunschvorstellungen kannte.«

Ich drücke ihr einen Kuss auf die Stirn, und sie greift nach meiner Hand. »Das hast du schön gesagt«, murmelt sie, und ich liefere ihr als Antwort noch einen weiteren Kuss.

»Also«, setzt sie einige Augenblicke später wieder an. »Es gibt eine Sache, die ich ansprechen wollte.« In ihrer Stimme liegt ein ernster Unterton.

»Okay …«, gebe ich zurück. »Ich hab da auch was.«

»Okay, dann du zuerst.«

Ich räuspere mich und schaue sie an. »Na ja, ich dachte, wenn du meine Freundin bist, sollte ich dich langsam bei deinem Spitznamen nennen. Ich könnte es auch mit Schatz oder Baby versuchen, aber das ist nur ätzend, wenn du mich fragst. Elli klingt ein wenig passender, oder?« Da sowohl Sophie als auch Alex sie bei diesem Namen nennen, erscheint es mir nur logisch, dass sie für mich nun auch meine Elli ist.

Doch ihr Gesicht verzieht sich zu einer ernsteren Miene. »Alex nennt mich schon immer so, auch wenn sie weiß, dass ich den Namen gar nicht mag.«

Ich runzele die Stirn. »Oh, okay. Wieso nicht, wenn ich fragen darf?«

Sie erzählt mir die Geschichte von ihrer Mom, die sie immer so genannt hat. Augenblicklich verstehe ich.

»Na gut, dann vermutlich doch lieber Baby, was?«

Eloise lacht laut und schüttelt den Kopf. »Baby finde ich noch viel schlimmer. Dann doch lieber Elliana. So hat nämlich irgendeines von diesen Klatschmagazinen meinen Namen geschrieben.« Sie zeigt mir auf ihrem Handy einen Beitrag auf Instagram, den sie sich abgespeichert hat. Darauf sind wir beide bei der Premiere zu sehen und darunter der Text: »Chase Edwards gilt als einer der begehrtesten Junggesellen Monacos. Jetzt ist der Regisseurssprössling jedoch weg vom Markt. Die Glückliche: Elliana Stanson, Studentin an den Bradwood Studios.«

Ich lache laut los. »Na gut, dann Elliana. Was wolltest du mir sagen?«

»Das hier ist der perfekte Ort, um endlich eines deiner Videos zu drehen. Schließlich hast du meine Perspektiven ja bereits aufgenommen, aber ich habe noch nichts von dir gefilmt. Und wenn ich dich so anschaue, den Park hier und die riesigen Gebäude um uns herum, dann kommt mir die perfekte Idee für eine Aufnahme aus der Froschperspektive.«

Eloise erklärt mir, wie sie sich die kurze Sequenz vorgestellt hat. Zwar bin ich so gut wie nie fotogen, doch von dem Projekt weiß ich ja nicht erst seit gestern. Ein wenig konnte ich mich also schon darauf einstellen, dass Eloise irgendwann auch mich vor die Kamera zerren wird.

»Ich dachte mir, dass wir dort hinten zu einem kleinen Wasserfall gehen. Es ist ein wunderschöner Platz, mit einer Allee aus Olivenbäumen, die zu einem künstlich angelegten See führt, auf dem sich etliche kleine Inseln erstrecken. Ich würde dich gerne filmen, wie du durch die Allee läufst, und das von unten. Dann sieht man zunächst nur dich und die riesigen Gebäude, die an den Park angrenzen. Und je mehr ich aus der Untersicht in die Normale gehe, desto grüner und idyllischer wird alles.«

»Das klingt wirklich richtig gut«, antworte ich, und sie schenkt mir ein dankbares Lächeln.

»Und dann wäre da noch eine zweite Sache. Eigentlich darf das nur Alex. Und, na ja, ihre Mom darf es und ihr Bruder auch.«

Fragend blicke ich sie an, denn ich verstehe nur Bahnhof.

»Eigentlich mag ich das nicht besonders, wie ich dir gerade erzählt habe. Aber ich glaube, du bist das beste Beispiel dafür, dass man Dinge, die man erst nicht mag, doch irgendwann wieder ins Herz schließen kann. Und deshalb kannst du mich auch gern Elli nennen.«

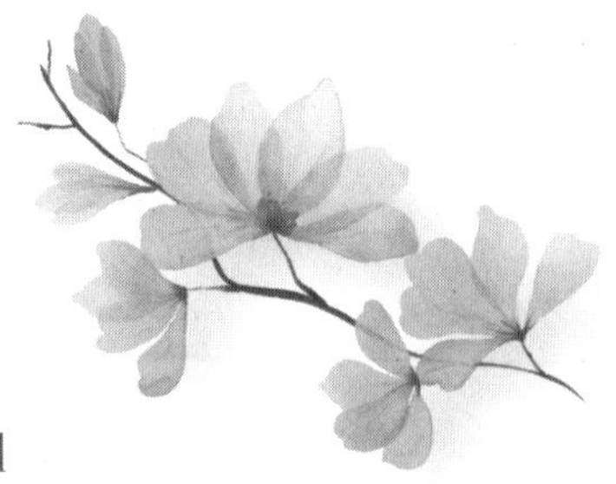

19. Kapitel

Konkurrenz

Eloise

»Ach ja, mir fällt noch etwas ein«, sage ich, als Chase und ich uns kurz vor dem Medienrechtstest in der Cafeteria ein Salami-Baguette teilen. »Lass uns noch mal kurz über das Zivilrechtliche sprechen. Das habe ich eben bei der Nachhilfe ganz vergessen. Angenommen ich als Filmjournalistin würde einen Beitrag darüber schreiben, wie schlecht die Arbeitsbedingungen am Set eines speziellen Films sind. Welche Möglichkeiten hat die Produktionsfirma, dagegen vorzugehen?«

Chase überlegt einen Augenblick. »Na ja, die könnten eine Pressemitteilung rausschicken und darin eine Gegendarstellung bieten.«

»Sehr gut! Du hast dich wirklich super vorbereitet. Mach so weiter, und du wirst noch besser als ich«, gebe ich belustigt zurück. In meinen Augen hat Chase in Medienrecht einfach immer zu schnell aufgegeben. Er kann, wenn er nur will.

»So ein Quatsch. Niemand kommt jemals an dich heran, was das angeht.« Er wirft mir einen dankbaren Blick zu, doch ich werde abgelenkt.

»Hört das jemals auf?«, frage ich und deute auf die Gruppe Mädels, die nur zwei Tische von uns entfernt sitzt und uns beobachtet. Etwas Abschätziges, fast schon Herablassendes liegt in ihren Blicken. Sobald Chase sich umsieht, schauen sie rasch weg, doch als er sich kopfschüttelnd wieder zu mir wendet, beginnen sie zu tuscheln.

»Seit meinem grandiosen Auftritt auf der Semesteranfangsparty werde ich so angestarrt, egal, wo ich auf dem Campus hingehe. Man würde meinen, dass es genügend andere Leute gibt, denen irgendwas Peinliches passiert ist. Aber noch immer scheine ich die einzige Person zu sein, die sich wie ein Volldepp benommen hat.« Frustriert rupfe ich an meiner Sandwichhälfte rum.

Chase fixiert mich nachdenklich. »Ich denke, und das ist kein Eigenlob, sie starren dich meinetwegen an. Ich zeige mich selten mal mit Begleitung. Und mindestens jeder Zweite hier in der Cafeteria hat die Fotos von uns beiden auf dem roten Teppich gesehen«, fügt er mit einem sanften Lächeln hinzu und greift nach meiner Hand. Seine Finger fühlen sich angenehm warm an zwischen meinen. »Du bist hier jetzt bekannt wie ein bunter Hund. Und nur mal nebenbei: Es mag dir gerade vielleicht nicht so vorkommen, aber du bist nicht allein unter denen, die sich mal danebenbenehmen.« Chase holt sein Handy aus der Jeanstasche und scrollt auf dem Bildschirm herum, ehe er es mir hinhält. »Das ist Stu, wie er im zweiten Semester beim Schlittschuhlaufen ausgerutscht ist.«

Chase zeigt mir ein Meme auf Instagram, das den Sturz seines rothaarigen Freundes immer und immer wieder in Dauerschleife abspielt. »Und das hier«, er wischt mit dem Daumen nach links, bis das Video einer jungen Frau angezeigt wird, die betrunken Karaoke singt, »war eine Referendarin an der Academy. Und ich sage bewusst ›war‹, weil sie kurz nach der Aufnahme gekündigt hat. Es war ihr zu peinlich, und sie hat sich dem Problem nicht so gestellt wie du. Was ich damit sagen will: Jedem passiert mal was Peinliches. Mach das Beste draus.«

Ich schenke ihm ein dankbares Lächeln, und Chase drückt meine Hand.

Zwei Wochen sind mittlerweile vergangen, seit die Mädels meinen Freund bei unserem kurzen Besuch im Japanischen Garten kennenlernen konnten. Zwar ist Alex noch immer nicht so wirklich begeistert von meiner *Beziehung* zu ihm, doch seitdem hat sie zumindest keine komische Bemerkung mehr darüber gemacht. Und da Sophie Chase ohnehin mit den etwas offeneren Armen von den beiden empfangen hat, haben sich die beiden nun daran gewöhnt, dass ich mehr und mehr Zeit mit ihm verbringe.

Und das tue ich wirklich. Abseits unserer Kurse treffen wir uns noch immer häufig zum Lernen, wie auch heute vor unserem kleinen Snack. Auch wenn unsere Nachhilfe mehr daraus besteht, miteinander zu knutschen und uns kitschige Dinge in die Ohren zu raunen. Trotzdem bin es meistens ich, die etwas eher zur Besinnung kommt und ihn dann dazu ermahnt, sich endlich mal auf die Lektüre zu konzentrieren.

Da sich der September an diesem Wochenende verabschiedet, waren wir vor einigen Tagen ein letztes Mal gemeinsam am Strand und haben Cocktails geschlürft. Als sein Vater geschäftlich nach Tokio fliegen musste, weil er dort wieder irgendein Meeting mit Sony Pictures hatte, haben Chase und ich in seinem Heimkino einen Film geschaut, und ich habe dort übernachtet. Auch seine Abneigung gegen das Shoppen konnte ich erfolgreich bekämpfen. Na ja, Chase findet Shopping noch immer ganz fürchterlich, aber immerhin ist er mit mir an der Promenade Monacos entlanggelaufen, und wir haben mir einige Pullis für den bald einsetzenden Herbst gekauft. Einen davon, einen rosafarbenen Kuschelpullover aus Baumwolle, trage ich heute, zusammen mit meiner dunkelblauen Lieblingsjeans und weißen Sneakers dazu.

Ich beobachte Chase, wie er genüsslich auf seinem Stück Baguette herumkaut. Obwohl heute der Test in Medienrecht ansteht, scheint er sich nicht allzu viele Gedanken zu machen.

Völlig entspannt blickt er sich beim Essen in der Cafeteria um, zumindest scheint es so, als wäre er ganz locker. Unter dem Tisch wackelt er nervös mit dem rechten Bein. Eine Angewohnheit, die ihn in meinen Augen noch sympathischer macht, weil er für seine Nervosität irgendein Ventil benötigt.

»Nächste Woche Dienstag ist übrigens eine Pressevorführung für einen Animationsfilm. Ich würde dich dort mit hinnehmen, wenn du möchtest. Ich hab gehört, der Regisseur wird auch da sein. Vielleicht hilft dir das für deine Instagram-Seite«, schlägt Chase vor, und meine Augen weiten sich vor Freude.

»Das klingt großartig, ja!« In meiner Stimme liegt so viel Begeisterung, dass ich fast schon ein wenig piepsig klinge.

»Ach so, und ich würde mich freuen, wenn du mich zu einer Charity-Gala begleitest, die diesen Freitag stattfindet. Ich bin eingeladen, und es ist für einen guten Zweck. Das Ganze findet im Casino in Monte-Carlo statt, und ich dachte, du als meine Freundin möchtest vielleicht dabei sein?«

Ich schaue Chase an, als hätte er mich gerade gefragt, ob ich mit ihm ins All fliegen möchte. Seit unserem Auftritt bei der Premiere waren wir auf keinem offiziellen Medien-Event mehr, und ich war mir nicht sicher, ob wir so was überhaupt noch mal machen würden. Immerhin wissen die Pressemenschen jetzt ja, dass wir ein *Paar* sind. Da ich es auch nicht darauf anlege, so im Rampenlicht zu stehen, muss es auch nicht unbedingt wieder ein roter Teppich sein, doch bei einer Spendengala Geld für einen guten Zweck zu sammeln, finde ich großartig.

»Wirklich? Du möchtest da mit mir hingehen?«, frage ich ihn, und eine wohlige Wärme macht sich in mir breit. Die Vorstellung, gemeinsam mit ihm etwas Gutes zu tun, lässt wahrlich die Sonne in meinem Herzen aufgehen.

»Natürlich«, murmelt er und nippt verlegen an seiner Fanta. Überglücklich drücke ich ihm einen Kuss auf die Wange. »Ich wäre sehr gern deine Begleitung für die Gala.«

Chase

Als Eloise und ich den Raum für Medienrecht betreten, fühle ich mich bereit. Dieser Test wird schließlich zeigen, ob ich eine Chance bekomme, meinen eigenen Weg gehen zu können.

Wir setzen uns in die hinterste Reihe des Hörsaals, und während Eloise ihre Stifte aus der Tasche herausholt, nutze ich die Gelegenheit, um noch einmal tief durchzuatmen.

Die großen Fenster des Hörsaals sind weit geöffnet, und leichte, kühle Luft strömt herein. Ich schließe die Augen und nehme einen tiefen Atemzug. Dann stelle ich mir vor, wie ich am Ende des Semesters meinem Vater die gute Note in Medienrecht präsentiere. Je näher der Test rückt und damit auch bald die Zeit der Abschlussprüfungen, desto mehr frage ich mich, wie er wirklich reagieren wird, sollte ich diesen Kurs bei Mr. Rodriguez bestehen. Abmachung ist Abmachung, doch was, wenn ich es nicht schaffe? Steht mir dann genauso ein Leben bevor wie das meines Vaters? Gefangen in dem Wunsch danach, endlich mal wieder einen guten Film zu drehen und gleichzeitig nicht in der Lage zu sein, den Zeitgeist zu erkennen und zu verstehen, was die Leute wirklich sehen wollen? Seit Jahren gab es keine guten Ideen mehr von ihm, und seit Jahren stürzt er sich von Meeting zu Meeting in dem verzweifelten Versuch, in der Filmbranche noch mal richtig was zu reißen.

Ich lasse meinen Blick durch den Kursraum streifen und beobachte all die anderen, die mit uns im Raum sitzen. Schräg vor mir sitzt ein Student mit lockigen braunen Haaren, einer Brille mit dicken Gläsern und gekleidet in einen hellblauen Pullunder. Er durchblättert gerade seinen Schnellhefter, in dem er vermutlich all die Notizen aus dem Kurs zusammengetragen hat.

Seit Eloise mir Nachhilfe gibt, ordne auch ich meine Unterrichtsmaterialien ein wenig gewissenhafter. Jedoch nur, weil sie ein sehr organisierter Mensch ist, der gerade bei solchen Dingen die Krise kriegt, wenn etwas fehlt. Auch ich hole meinen Ordner heraus und lese mir noch einmal die Zusammenfassungen durch, die ich während all unserer Nachhilfestunden zusammengetragen habe, als Mr. Rodgriguez im Hörsaal erscheint.

Über seiner Schulter hängt seine lederne Tasche, und unter seinem linken Arm klemmt ein enormer Stapel Papiere. Das müssen die Testbögen sein.

Eloise schaut auf, und als der Dozent ein gut gelauntes »Hallo allerseits« in die Runde ruft, drückt sie unter dem Tisch mit ihrem Bein ganz sanft gegen meins. »Du packst das.«

Ihre Worte lassen mein Herz höherschlagen und bescheren mir einen ordentlichen Adrenalinschub. Selten hat jemand so an mich geglaubt, wenn es für mich wirklich um etwas ging.

Ich greife unterm Tisch nach ihrer Hand. »Danke«, murmele ich.

»Das hier ist der Test, den wir heute schreiben werden. Ich werde gleich die Prüfungsbögen austeilen. Darauf finden Sie Multiple-Choice-Aufgaben und jene, die Sie eigenständig beantworten müssen. Sie haben fünfundvierzig Minuten Zeit, dann ist Abgabe. Es wird nicht abgeguckt oder geschummelt oder sonst etwas. Wer erwischt wird, der fliegt.« Die Worte von Mr. Rodriguez hallen durch den Saal, und ich schaue noch ein letztes Mal zu Eloise, die erwartungsvoll neben mir sitzt. Sie schenkt mir ein Lächeln, dass mich fester daran glauben lässt, dass ich diesen Test bestehen kann, wenn ich nur will.

»Angela, womit hab ich denn das Festmahl verdient?«, frage ich, als ich wenig später wieder nach Hause komme und mir der Geruch eines saftig gebratenen Steaks in die Nase steigt. Ich werfe unserer Haushälterin einen misstrauischen Blick zu.

Entweder hat sie etwas verbrochen, oder ich habe einen Feiertag vergessen.

»Okay, was ist los?«, frage ich nach ein paar Sekunden, als sie mir zum Steak auch noch eine riesige Ofenkartoffel und Kräuterbutter reicht. Augenblicklich läuft mir das Wasser im Munde zusammen.

»Nichts, darf ich dich denn nicht verwöhnen?«

»Angela, du bist eine der strengsten Personen, die ich kenne. Letztes Jahr, als ich mir den Knöchel beim Tennis verstaucht habe, hast du mich auf Diät gesetzt, weil ich keinen Sport mehr treiben konnte. Als ich mit vierzehn ohne sein Wissen Michaels Wagen von der Einfahrt gefahren habe, hast du es ihm gesagt und dafür gesorgt, dass du mich immer zur Schule fahren kannst. Es war so peinlich! Und als ich mit sechzehn heimlich eine Party geschmissen habe, hast du mich gezwungen, danach alleine aufzuräumen, obwohl du unsere Haushälterin bist.«

»Ja und? Du bist mir halt wichtig«, sagt sie und mustert mich von oben bis unten.

»Lenk nicht ab. Also, warum servierst du mir mein Lieblingsessen?«

»Ich wollte dir nur mal eine Freude machen. In letzter Zeit hast du dich verändert. Du bist erwachsener geworden und ehrgeiziger. Ich weiß nicht, ob es mit diesem Mädchen zu tun hat, das mit dir lernt, aber ich finde diese Entwicklung super.«

»Warte, du weißt das mit der Nachhilfe?«, frage ich überrascht. Eigentlich dachte ich, dass uns keiner dabei gesehen hat, auch nicht Angela.

»Ja, ich hab euch mal im Wohnzimmer gehört.«

»Okay, und deshalb das Essen?«

»Ich war neugierig. Du hast sie auf der Party mit in dein Atelier genommen, obwohl ich sie hier vorher noch nie gesehen habe. Du zeigst eigentlich nie jemandem diesen Raum, weil du für dich behältst, was du zeichnest. Aber sie, ein völlig fremdes

Mädchen, hast du mit hergebracht. Also habe ich an dem Abend kurz gelauscht, und sie erwähnte die Nachhilfe. Ich hatte schon kurz Sorge, ihr würdet eine Bank ausrauben wollen oder einen Mord planen«, erklärt sie mit einem Zwinkern. Einen Mord planen? In welchem Film bin ich denn jetzt gelandet?

»Okay, Angela, entspann dich. Einen Mord planen ...«, wiederhole ich kopfschüttelnd. Dann gönne ich mir den ersten Bissen vom T-Bone-Steak.

Angela setzt sich zu mir an den Tisch und guckt mir beim Essen zu. Normalerweise würde ich mich darüber aufregen, dass sie selbst nichts isst, aber was das angeht, ist sie eigen, und sie überzeugen zu wollen, würde nichts bringen. »Ich meine, danke. Für dieses Essen müsstest du einen Michelin-Stern und ein eigenes Restaurant bekommen.«

»Ich finde, dass dein Vater es nicht würdigt, wie sehr du dich anstrengst. Dabei dachte ich, das Gespräch mit dem Chef der Bradwood Studios hätte ihn gnädig gestimmt. Immerhin bemühst du dich, dein Regiestudium mit einem guten Durchschnitt zu beenden.«

Ich halte inne und lasse Angelas letzte Worte noch mal Revue passieren. »Wovon sprichst du?«, hake ich nach und schneide ein Stück von der Kartoffel ab, ehe ich sie mir in den Mund schiebe.

»Während der Filmpremiere, zu der du dieses Mädchen mitgenommen hast, hat dein Vater hier Leute von den Bradwood Studios eingeladen. Sie haben sich unterhalten, und dein Vater hat angekündigt, dass du bei einem Projekt der Regisseur sein könntest, nachdem du das Studium beendet hast.«

Ich stocke, und mein Herz tut es irgendwie auch. Wieder und wieder spielt mein Kopf Angelas Worte ab, wie bei einer Gebetsmühle. Er hat mich als Regisseur vorgeschlagen, obwohl ich das gar nicht möchte. Ich wollte das Fach wechseln. Nichts mehr mit Regie, sondern Animation! Das war der Deal! Augenblicklich stehe ich auf und haue mit der Hand auf den Tisch.

»Chase, was hast du denn jetzt? Das sind doch gute Nachrichten, oder etwa nicht?«

»Nein, Angela, das ist es nicht«, gebe ich zurück. Ich wusste, dass irgendwas an dem Deal mit meinem Vater faul ist. Ich wusste es. Und während ich mit Eloise den schönsten Abend meines Lebens hatte, hat er mich verraten. Wut bahnt sich den Weg durch meinen Körper und droht mich von innen heraus aufzufressen. Er hatte nie vor, mich wechseln zu lassen. Nie. Ich stürme hinauf in mein Zimmer und knalle die Tür hinter mir zu, wie das kleine Kind, als das ich behandelt werde. So wütend wie jetzt kenne ich mich nicht. Doch ich weiß nicht, wohin mit mir. Meine Hände zittern, als wären hier drinnen Minusgrade. Mein Herz rast. Ich laufe auf und ab. Immer wieder. Versuche, abzuschalten, doch es gelingt mir nicht. Ich ermahne mich selbst, immer und immer wieder, durchzuatmen, doch es gelingt nicht. Wie kann ich diesem Albtraum entkommen? In meinem Kopf rattert es hoch und runter. Dann greife ich nach meinem Handy in der Hosentasche und wähle Eloise' Nummer.

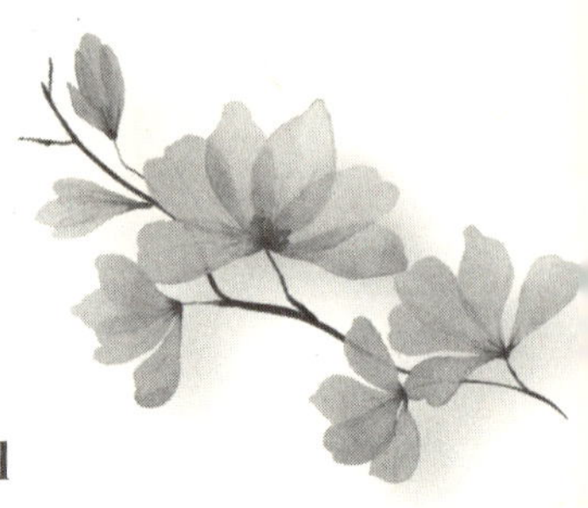

20. Kapitel

Charity

Chase

»Danke, Simon. Wir warten nur noch auf Eloise, dann können wir losfahren«, sage ich zu unserem Chauffeur, als wir vor dem Campusgelände halten.

Wie schon am Abend der Filmpremiere, holen wir sie auch heute hier ab. Ich werfe einen Blick aus der getönten Fensterscheibe der Limousine und erkenne im Dunkeln, trotz der vielen Laternen nahe des Bradwood-Eingangs, nur schemenhaft die Umrisse einiger Bänke und des Weges, den meine Freundin gleich nehmen wird.

Ich fahre die Fensterscheibe ein wenig herunter und genieße die warme Brise einer der letzten Sommernächte. Der Herbst hält langsam Einzug in Monaco, und hier und da erkenne ich bereits, wie sich sanft ein paar Laubblätter von den Bäumen um uns herum lösen.

»Sehr gerne, Monsieur Edwards. Soll ich Sie dann heute Abend beide hier absetzen oder zu Ihnen fahren?«

Kurz überlege ich, ob Eloise danach zu mir kommen möchte oder wieder ins Wohnheim zurückkehrt. Bei dem Gedanken daran, wie unser letzter gemeinsamer Abend in der Öffentlichkeit ablief, macht sich eine angenehme Wärme in meinem Körper breit. Ich taste meine Wangen ab und spüre, wie die Hitze darin aufsteigt. Schon allein um meiner Selbstbeherrschung willen sollte ich Eloise heute vor dem Campusgelände absetzen. Dabei bezweifle ich, dass meine Selbstbeherrschung eine reelle Chance hat.

»Ich sage Ihnen Bescheid, wenn das in Ordnung ist.«

»Verstanden, melden Sie sich einfach, wenn Sie und Madame Eloise so weit sind.«

Dass Eloise Unpünktlichkeit nicht mag, hat sie mir vor einigen Wochen erzählt, doch heute scheint sie sich nicht ganz an ihre eigenen Vorgaben zu halten, denn wir sind schon einige Minuten über der Zeit, bemerke ich, als ich auf die Uhr an meinem Handgelenk schaue. Andererseits ist das heute ein aufregender Abend für sie, und es dauert sicherlich, sich für so einen schicken Anlass fertig zu machen. Noch nie war sie bei einer Spendengala dabei, und wenn ich daran denke, wie sehr sie sich darauf gefreut hat, dann hätte ich keine bessere Entscheidung treffen können, als sie mitzunehmen. Ich denke daran, wie sie mich angestrahlt hat, als ich ihr von dem Abend heute erzählt habe. Die Art, wie sie für andere da ist und ihnen helfen will, bewundere ich so sehr an ihr. Mir hat sie mit der Nachhilfe mit Rat und Tat zur Seite gestanden, obwohl sie Grund genug gehabt hätte, es nicht zu tun. Bei dem Gedanken daran, was alles passiert ist, seit Eloise in mein Leben getreten ist, macht mein Herz einen kleinen Satz.

Als ich mich umdrehe und noch einmal rausschaue, fällt mein Blick auf einen Schatten, der mit einem immer lauter werdenden Klacken näher kommt. Ich halte inne und beobachte die Silhouette, die sich uns vom Weg immer weiter nähert, und steige aus. Sie trägt ein bodenlanges, dunkelblaues Kleid mit einem langen Schlitz an der rechten Seite. Darunter kann ich nicht nur ihre zarten Beine, sondern auch die silbern schimmernden Pumps erkennen, die sie dazu trägt. In ihrem Haar erkenne ich einen schmalen silbernen Haarreif, der ein wenig an eine Tiara erinnert.

Mein Blick wandert über das herzförmig ausgeschnittene Dekolleté des Kleides hoch zu ihrem Hals bis hin zu ihrem makellosen Gesicht. Im strahlenden Mondschein liegt schon fast eine Art silberner Schleier darüber. Ihre Gesichtszüge sind fein, ihre Wangen zartrosa geschminkt, und ein sanfter, roséfarbener Gloss betont ihre vollen Lippen noch mehr. Ich kann kaum aufhören, sie anzustarren, während sie vor mir zum Stehen kommt. Es vergehen einige Sekunden, bis ich überhaupt realisiere, dass sie wirklich und wahrhaftig vor mir steht.

»Hey«, haucht Eloise an meiner Wange, die Wärme ihrer Stimme verursacht eine Gänsehaut, die sich über mein Kinn meinen Hals hinunter bis weit unter meinen Anzug ausbreitet. Wenn jemals jemand geglaubt hat, er habe eine schöne Frau, dann hat er meine Begleitung nicht gesehen.

»Wow. Einfach wow. Habe ich schon *wow* gesagt?«

Eloise kichert. Es ist ein kleiner Laut, der sich als federleichtes, flattriges Gefühl in meiner Brust festsetzt.

»Ungefähr dreimal, aber keine Sorge, du hast noch Zeit, bis wir am Casino sind.« Sie schließt ihre Arme um mich, sodass ihr zarter Körper sich sanft an meinen schmiegt. Ich spüre sie an mir und bekomme fast kein Wort hervor.

»Du siehst aber auch nicht schlecht aus. Anzüge stehen dir verdammt gut«, erklärt sie mit einem leicht verschmitzten Lächeln, während sie sich wieder von mir löst und meine Fliege richtet. Dabei spüre ich ihre kühlen Finger an meinem Kinn, und ein leichtes, aber wohltuendes Schaudern erfasst meine Haut. Ihre grünen Augen sind direkt auf meine gerichtet, doch ich kann ihrem Blick kaum standhalten. Sie sieht so fantastisch aus, dass ich mich langsam frage, wie zur Hölle ich jemanden wie sie überhaupt verdient habe.

Ich kann nicht anders und ignoriere den Fakt, dass ihre rosafarbenen Lippen lauter Abdrücke auf meinen Mund hinterlassen werden – ich kann an nichts anderes als an ihren Mund auf meinem denken. Während wir uns küssen, fahre ich mit den Fingerspitzen ihren Rippenbogen entlang und werde mit einem leichten Seufzen belohnt, das ich zusammen mit ihrem Duft einatme. Mit jeder Sekunde, die sie in meiner Nähe ist, wächst mein Verlangen danach, mit ihr allein zu sein.

»Okay, wenn wir so weitermachen, müssen wir noch mal zurück, damit ich mich neu schminken kann«, murmelt Eloise an meinen Lippen.

Als sie sich zurückzieht, reagiere ich mit einem unzufriedenen Brummen. »Wir können auch ganz wegbleiben.« Meine Stimme klingt ein wenig zu hoffnungsvoll und bringt sie zum Lachen.

»Stimmt, wir können auch hierbleiben und uns mit Alex und Sophie einen Liebesfilm anschauen«, antwortet sie schmunzelnd, und ich winke dankend ab. Außerdem weiß ich, wie sehr sie sich auf den heutigen Abend gefreut hat. Mal abgesehen von der Tatsache, dass Eloise heute viele Leute kennenlernen wird, die ihr im späteren Beruf Türen öffnen könnten.

»Und im Übrigen«, setzt sie an und wirft mir ein verführerisches Lächeln zu, als wir uns dem Auto nähern und Simon die Tür für uns öffnet, »haben wir nach der Gala noch eine ganze Menge Zeit für uns, und die würde ich gerne nur mit dir allein verbringen.«

Wären wir in einer Comicverfilmung, würde mein Kopf jetzt so rot anlaufen wie eine Tomate, und Qualm käme aus meinen Ohren. Diese Frau hat absolut keine Ahnung, welche Wirkung sie auf mich hat. Fassungslos starre ich ihr hinterher, als sie sich mit einem Zwinkern ins Auto setzt, und harre einen Moment aus, um mich zu sammeln.

Nachdem wir im Auto Platz genommen haben, weicht plötzlich der anzügliche Blick einem ernsthaften, vermischt sich mit leichter Unsicherheit, die sich als kleine Falte zwischen ihren

Brauen bemerkbar macht. Sie weckt in mir den Impuls, sie mit dem Daumen wegzuwischen. Wie ein unbeabsichtigter Farbtupfer auf einer weißen Leinwand.

»Was ist los?«, frage ich, während Simon die Tür neben mir schließt.

»Danke. Dafür, dass du mich mitnimmst und mir erlaubst, so viel Aufregendes mit dir zu erleben.«

»Aber das ist doch nichts Schlechtes? Wieso schaust du dann so traurig?«

Eloise schüttelt den Kopf und schaut nachdenklich aus dem Fenster. »Nein, das ist es nicht. Ich habe nur ein schlechtes Gewissen. Alles, was ich dir im Gegenzug bieten kann, sind läppische Nachhilfestunden. Und da wir wissen, dass dein Dad gar nicht daran interessiert ist, dich wechseln zu lassen, kommt es mir vor, als wären auch die bedeutungslos.«

Ich greife sanft nach ihrem Kinn und drehe ihren Kopf langsam zu mir. Nachdem ich erfahren habe, wie mein Vater wirklich denkt, habe ich Eloise sofort davon erzählt. Sie war für mich da, auch wenn wir keine Ahnung haben, wie es jetzt für mich mit der Uni weitergehen soll. Sie war und ist meine Stütze – die ganze Zeit über. Es hat etwas gedauert, bis mein Kopf verstanden hat, was mein Herz schon bei der ersten Begegnung mit ihr gefühlt hat: Eloise ist einzigartig und perfekt. Perfekt für mich.

»Ist das dein Ernst? Eloise, ist dir klar, was du jeden Tag für mich tust? Deinetwegen komme ich meinem Traum ein Stückchen näher, und zwar immer wieder. Den Test habe ich nur schreiben können, weil du mich darauf vorbereitet hast, auch wenn es jetzt völlig egal ist, was dabei herauskommt. Deinetwegen habe ich kein leeres Blatt Papier abgegeben. Und wenn ich dir dafür auch nur ein Stückchen was zurückgeben kann, dann tue ich das.«

Als eine kleine Träne an ihrer Wange entlangrinnt, küsse ich sie einfach weg.

»Nicht weinen und schon gar nicht wegen so was. Du gibst mir so viel, Eloise Stanson aus Atlanta. Jeden Tag bist du der Grund, weswegen mir mein ganzer Alltag leichter fällt. Vergiss das nie.«

Eloise

Es ist 20 Uhr, als wir von Simon am Casino von Monte-Carlo abgesetzt werden. Das Gebäude wirkt von außen wie ein gewaltiger Palast, im Stil des Second Empire, also der napoleonischen Zeit. Auf dem Platz davor ragt ein riesiger, rund geformter Springbrunnen mit emporschießenden Fontänen hervor, der mich sehr an die Wasserspiele in Las Vegas erinnert. Dahinter befindet sich eine grüne Wiese, deren Grashalme alle auf den Millimeter genau gleich lang erscheinen. Monegassische Flaggen – mit je einem roten und einem weißen Querstreifen ausgestattet – sind überall vor dem Eingang des Casinos platziert und wehen sanft im nächtlichen Wind.

Als wir vor dem riesigen Bau aussteigen, lasse ich meinen Blick über die Fassade des Casinos gleiten und komme aus dem Staunen nicht mehr heraus. Mit steinernen Außenwänden, die am Eingang in zwei hohe Türme übergehen und in deren Mitte ein grünes Kuppeldach hervorragt, könnte es wirklich ein Schloss sein. Steinerne Torbögen und eine schwarze Überdachung lassen den Eingang darunter noch viel imposanter erscheinen und erinnern mich sehr an das Princess Grace Theatre. Schwarze Laternen hängen an dem dunklen Vordach herab und erhellen uns den Weg, obwohl das gar nicht nötig wäre. Denn nachts wird das Casino von etlichen Scheinwerfern angestrahlt, die auf der grünen Wiese davor angebracht sind. Wie ein Popstar, der auf der großen Bühne von zahlreichen Fans gefilmt wird, steht das Casino da, umsäumt von einigen Palmen.

Wir treten ein und sind umgeben von hellem Marmor. Rotweiße Säulen tragen die gewaltige, mit goldenem Stuck versehene Decke, hölzerne Torbögen führen uns zu allen Seiten in die verschiedensten Räumlichkeiten des prunkvollen Baus. Wer hier hindurchschreitet, passiert wahrlich das Tor zu einer anderen Welt, denn genauso fühlt es sich für mich an, als Chase mich zu unserer Linken in einen abgesonderten Bereich führt. Schwarze Büsten verschiedenster Gestalten sind auf goldenen Sockeln postiert und schenken den Zugängen zu den Räumlichkeiten noch mehr Glamour.

Durch eine schmale Glastür hindurch zieht Chase mich sanft an der Hand in eine weitere kleine Halle, und mir scheint, es wird sehr viel Wert darauf gelegt, dass man eine Weile benötigt, um die Spielhallen überhaupt zu erreichen. Oder sie zu verlassen, je nachdem.

Hellblaue runde Marmorplatten hängen von der gläsernen Kuppel herab und schenken dieser Vorhalle ein an das Meer erinnerndes Flair. Gemeinsam mit den goldenen Säulen, die zur Decke emporragen, und dem vielen Licht, das von oben herabscheint, könnte man glauben, man wäre irgendwo im versunkenen und nun wiederauferstandenen Atlantis.

»Das ist ja unglaublich«, murmele ich, als Chase mich sanft an der Hand zu zwei geöffneten Flügeltüren zieht, vor denen ganze sechs Sicherheitsleute postiert sind. Eine kleine Schlange an Menschen hat sich davor gebildet, doch ich kann bereits jetzt die ersten Spielautomaten erkennen.

»Ja, das ist wirklich ein toller Bau hier«, fügt Chase hinzu, doch ich kann ihn kaum verstehen. Hin und wieder höre ich das Klingeln der Spielautomaten, zu dem sich das Getuschel und die Gesprächsfetzen der Leute um uns herum gesellen. Klassische Musik ertönt von irgendwo her aus dem Hintergrund und verleiht dem Trubel um uns herum ein paar melodische Klänge.

»Was genau passiert da jetzt?«, erkundige ich mich bei Chase, der nach wie vor meine Hand fest umschlossen hält. Mit dem Gesicht deutet er auf das Sicherheitspersonal. »Die Vorhallen, durch die wir gelaufen sind, sind für alle Besucher geöffnet. Die Männer dort kontrollieren unsere Personalien und schauen, ob wir auf der Gästeliste stehen. Nicht dass sich jemand hier hereinmogelt, der noch nicht volljährig ist oder nicht eingeladen wurde.« Chase zwinkert mir zu und deutet auf meine silberne Handtasche. »Deshalb habe ich dir auch gesagt, du sollst deinen Personalausweis mitbringen.« Ich nicke, und je mehr wir in der Schlange vorrücken, desto aufgeregter werde ich.

Sobald wir an der Reihe sind, spricht Chase in perfektem Französisch für uns. »Chase Edwards und Eloise Stanson. Wir stehen auf der Gästeliste.«

Ein glatzköpfiger, muskulöser Mann in einem schwarzen Anzug mustert uns interessiert. Mein Blick fällt auf den durchsichtig schimmernden Knopf in seinem Ohr und eine Art Walkie-Talkie an seinem Gürtel. Er nickt, nachdem er unsere Ausweise gecheckt hat, und winkt uns durch.

Auf einmal komme ich mir vor wie im Film – wie in *Ocean's Eleven*, wenn Brad Pitt und Matt Damon ein Casino ausrauben wollen. Auf einem dunkelgrünen Teppich und in einzelne Bereiche unterteilt gibt es alles, was ein Casino zu bieten hat. Blackjack, Roulette, Poker und etliche Spielautomaten kann man hier bespielen. Das Mobiliar erinnert mich an die Ausstattung königlicher Paläste: Grüne Sessel aus Samt thronen auf goldenen Füßen, goldene Gemälde zieren die mit goldenen Kronen verzierten weißen Tapeten an den Wänden.

Mein Blick fällt nach rechts, wo in Reih und Glied mehr als ein Dutzend Spielautomaten aufgestellt sind, von denen jeder Einzelne besetzt ist. Als wären sie in ihrer eigenen kleinen Welt, sitzen dort etliche Männer in Anzügen und drücken die bunt leuchtenden Knöpfe, um den Jackpot zu knacken.

Ich folge Chase ein Stück weiter in den Saal, während wir nicht nur vom Lärm der vielen Slotmaschinen geleitet werden, sondern auch von einigen Jubelschreien anderer Gäste. Ich habe mir vorgestellt, dass die Besucher hier ganz gewöhnliche Kleidung tragen, und vermutlich ist das sonst auch so, doch an diesem Abend nicht. Die Menschen um mich herum tragen Perlenketten, golden schimmernde Ohrringe und Armbänder, maßgeschneiderte Kleider und Anzüge und aufwändig gestaltete Frisuren. Vor uns schreitet eine Frau in einem ausladenden Abendkleid voran, deren silbergraue Haare wie ein Turm auf dem Kopf mit etlichen Klammern zusammengesteckt worden sind. Ihr Gesicht kann ich nicht erkennen, dafür ihr rot schimmerndes Kleid vor mir umso mehr, schließlich muss ich bei ihrer Schleppe am Saum darauf achten, nicht mit meinen hohen Schuhen draufzutreten. Was mir sofort klar wird: An diesem Abend ist die High Society Monacos hier versammelt. Hier trifft Fürstentum auf Spiel und Spaß, Etikette auf Party und Genuss auf Risikobereitschaft.

Doch eines macht mich stutzig. Als ich gerade ein Gemälde betrachten will, das vermutlich Fürst Albert von Monaco zeigt, bleibt meine Aufmerksamkeit noch an etwas anderem hängen. Ich entdecke eine große Uhr mit schwarzen Zeigern und einem bronzenen Rahmen, um den sich kleine Blumenranken winden. Und als ich mich umdrehe, erkenne ich an der gegenüberliegenden Wand noch eine weitere, identische.

Chase folgt meinem Blick und schmunzelt. »Ich sehe, es ist dir aufgefallen«, sagt er und deutet mit einem leichten Kopfnicken auf das elfenbeinfarbene Ziffernblatt vor uns.

»Ja, natürlich. Ich komme aus den USA. Da gibt es in keinem Casino Uhren. Man will ja, dass die Leute die Zeit vergessen. Wieso gibt es dann hier welche?«, frage ich verwirrt.

Chase richtet seine Fliege. »Na ja, das Casino wurde im Jahr 1863 gebaut. Um noch mehr Leute nach Monaco zu holen, errichtete man später auch den ersten Bahnhof, der sich genau hierunter befand. Damit diejenigen Gäste, die nachts ihren letzten Zug zurück nach Nizza nehmen mussten, sich die Zeit im Casino vertreiben konnten, erklärte man sich bereit, Uhren aufzustellen. Das sorgte dafür, dass viele bereitwilliger waren, ihre Zeit hier oben zu verbringen und mächtig Geld auszugeben. Denn wenn du weißt, dass du in zwanzig Minuten den Zug bekommen und vorher noch gewinnen willst, setzt du vielleicht eher alles ein, was du hast.«

»Verstehe.«

Ich beobachte das Treiben an den mahagonifarbenen Roulettetischen, an denen wir uns zwischen etlichen Gästen vorbeischlängeln. Die Plätze sind bereits jetzt voll besetzt, und ich erkenne eine junge Frau mit dunkelblonden, glatten Haaren, die ihr gerade bis zum Kinn reichen.

»Ich setze tausend Euro auf die schwarze 24«, ruft sie laut, sobald sich die Kugel am Tisch in Bewegung setzt. Als wir bereits am Tisch vorbei sind, recke ich meinen Kopf, um zu schauen, ob sie tatsächlich gewinnt. Erkennen kann ich über die vielen gut frisierten Köpfe hinweg nichts mehr, allerdings höre ich etliche Seufzer. Vermutlich war das ein Schuss in den Ofen.

Chase führt mich durch einige Menschentrauben hindurch zu einem der Blackjack-Tische, an dem bereits ein etwas älteres Ehepaar Platz genommen hat. Ein jüngerer Mann steht dort und scheint eine Art Schiedsrichter zu sein, der Karten austeilt und die Spieler genau beobachtet.

»Hast du schon mal gespielt?«, fragt Chase mich mit einem breiten Grinsen im Gesicht.

»Nein, ich war zwar als Kind mal mit Mom und Dad in Las Vegas, aber gespielt habe ich da natürlich noch nicht. Ich bin auch heute das erste Mal in einem Casino. Was ist mit dir, spielst du öfter hier?«

Chase schüttelt den Kopf. »Nein, nein. Ich bin in Monaco geboren, ich darf nicht. Mein Dad dürfte es, denn er ist gebürtiger Amerikaner. Er hat zwar die monegassische Staatsbürgerschaft, aber die amerikanische eben auch noch. Du bist ebenfalls keine gebürtige Monegassin und kannst dich hier austoben. Ich darf hier heute auch nur rein, weil wir höchstpersönlich eingeladen wurden. Jedes Jahr veranstaltet das Fürstenpaar diese Charity-Gala, die sich *Lucky Chances* nennt. Eingeladen werden viele bekannte Leute aus Monaco, aber nur wenige davon, wie meine verstorbene Mutter und ich zum Beispiel, sind wirkliche Monegassen.«

»Aber ich verstehe nicht, warum Monegassen nicht spielen dürfen und ich als Amerikanerin schon?«, hake ich nach.

»Das ist rechtlich so festgelegt, junge Dame«, erklärt mir der Mann, der mit seiner Begleitung am Blackjack-Tisch sitzt. Seine Stimme klingt tief und zuvorkommend. Mit seiner Halbglatze, den geröteten Pausbäckchen und dem leichten Wohlstandsbauch sieht er in seinem schwarzen Anzug aus wie ein verkleideter, knuffiger Teddybär. Seine Frau hingegen ist schlank, groß und etwas jünger als er. Er könnte, mit seinen tief gefurchten Falten um Mund und Augen, um die fünfzig oder sechzig sein. Sie hingegen ist höchstens Mitte vierzig. Die Frau trägt ein goldenes Kleid, das sich eng an ihren schlanken Körper schmiegt. Sie nickt uns freundlich zu, und Chase tut es ihr gleich.

»Ich bin Martin Varnier, und das ist meine Ehefrau Claire. Wir sind extra aus Paris hergeflogen, um heute hier dabei zu sein«, erklärt uns der Mann, und wir reichen einander die Hände. Auch Chase und ich stellen uns vor.

»Dass die Bürger Monacos nicht spielen dürfen, legte man früher mal fest, als das Casino immer beliebter und die Monegassen immer reicher wurden. Man hatte Angst, dass sie Haus und Hof direkt wieder verzocken. Deshalb dürfen wir nicht.«

Chase schlägt zweimal leicht auf den Stuhl neben dem Ehepaar. »Na los, setz dich. Du bist in Monaco – wenigstens einmal solltest du im hiesigen Casino gespielt haben. Außerdem geht es um den guten Zweck. Wenn also nicht heute, wann dann?«

Ein wenig unsicher nehme ich Platz und lasse mir von Chase die Regeln erklären.

»Also, dein Gegner ist in dem Fall dieser Herr hinter dem Tisch«, beginnt Chase und deutet auf den nett lächelnden Mann in weißem Hemd, den ich für einen Schiedsrichter gehalten habe. Seine kurzen braunen Locken stehen in viele Richtungen vom Kopf ab und wackeln jedes Mal hin und her, wenn er sich zu den Spielern umdreht. »Sie nennen sich Croupiers, also Dealer. Du, die Dame hier und auch ihr Mann, spielt einzeln gegen ihn.« Chase deutet erst auf mich, dann auf das Ehepaar, das mir ein freundliches Lächeln schenkt. »Da du ganz rechts sitzt, bekommst du zuerst ausgeteilt.«

Mein Blick fällt auf einen Stapel Karten, der auf dem grünen Tisch vor mir liegt. Auch der Croupier hält welche in den Händen.

»Den Wert erkennst du an der Zahl«, fährt Chase fort und zeigt mit dem Finger auf eine der Karten, die offen auf dem Tisch liegt. »Die drei bedeutet drei Punkte, und zehn bedeutet zehn Punkte. Bube, Dame und König zählen auch jeweils zehn Punkte.«

Der Croupier mischt die Karten, dabei wandern sie so schnell von seiner einen zur anderen Hand, dass ich kaum hinterherkomme.

»Und was ist mit dem Ass?«, frage ich, als ich mich daran erinnere, dass jedes Blatt auch immer vier Asse hat.

Claire Varnier dreht sich zu mir um, wobei die riesigen goldenen Creolen an ihren Ohren von einer Seite zur anderen baumeln. Sie hebt mahnend den Finger, wobei ich den riesigen goldenen Diamantring an ihrer Hand erkennen kann. Ob das wohl ihr Ehering ist? »Die Asse sind ganz besonders wichtig, Liebes! Ein Ass kann die Punktzahl haben, die dein Blatt am meisten gebrauchen kann.«

Das klingt schon mal nicht schlecht. »Also quasi wie ein Joker?«.

»Sozusagen.«

Ich schaue hoch, und ganz von allein schleicht sich ein Lächeln auf meine Lippen. »Na, gut. Dann wollen wir mal. Das Glück ist mit den Mutigen.«

»Ich glaub es nicht! Zweihundert Euro! Kannst du dir das vorstellen? Zweihundert Euro! Das ist ja der Wahnsinn!« Ich bin dermaßen begeistert, dass ich ganz vergesse, wie viele Leute um uns herum stehen und nun zu uns rüberschauen. Aber ich habe noch nie im Leben irgendwas gewonnen, und das Gefühl ist atemberaubend. Ein Schwall Selbstbewusstsein durchflutet meinen Körper, und es fühlt sich an, als hätte ich etwas Großartiges geschafft. Doch obwohl ich vermutlich nur Glück hatte, kann ich verstehen, weshalb die Menschen im Glücksspiel ihr Vergnügen finden.

Voller Übermut falle ich Chase in die Arme, und er drückt mich fest an sich. Ich spüre, wie er mir lachend einen Kuss auf die Stirn drückt. Seine großen Hände umfassen meinen Rücken und geben mir ein wunderbares Gefühl von Geborgenheit.

»Das haben Sie toll gemacht, junge Dame«, murmelt Martin Varnier und kratzt sich an der im Licht schimmernden Stirn. Er und seine Frau erheben sich von ihren Stühlen und reichen uns noch einmal die Hände.

»Das Mädchen ist ein Glückspilz. Behalten Sie sie immer gut bei sich«, murmelt die Frau mit einem Zwinkern zu Chase. Er nickt ihr lachend zu und schaut mich an. Sein Blick trifft meinen, und mit einem Mal sind seine Lippen alles, was ich sehen kann.

Ein amüsiertes Räuspern reißt mich wieder aus meiner Trance. Ohne es bemerkt zu haben, haben wir uns zueinander hingeneigt, sodass unsere Gesichter nur noch Millimeter voneinander entfernt sind. Wir lösen uns voneinander, Chase ein wenig rot im Gesicht, ich ein wenig kurzatmig.

Das Ehepaar Varnier betrachtet uns amüsiert, und ehe sie gehen, höre ich ihn zu seiner Frau sagen: »Weißt du noch, Schatz, als wir mal so frisch verliebt waren wie die beiden Turteltauben?« Er drückt ihr einen zarten Kuss auf die Wange, und sie greift nach seiner Hand. Gemeinsam schlendern sie davon und verschwinden zwischen all den Menschen.

»Die Gewinnsumme wird unserem Spendenkonto gutgeschrieben«, erklärt der junge Dealer, und erst jetzt erkenne ich an seiner Weste ein kleines Namensschild. Victor, wie er heißt, lächelt uns zu und gibt etwas in eine Kasse ein.

Eine halbe Stunde später betreten Chase und ich eine Art Theatersaal im Casino. Weinroter, samtig weicher Teppich ist auf dem Boden ausgerollt, während die hohen Wände mit weiß-golden tapezierten Wänden verziert sind. Goldene Lampen hängen daran und tauchen den gesamten Saal in ein leicht orangefarbenes Licht. Eine große Bühne befindet sich am hinteren Ende des Saals, die jedoch noch von einem roten Vorhang verdeckt wird. Unzählige kreisrunde, mit weißen Decken überzogene Tische sind im Saal aufgestellt, und an jedem von ihnen befinden sich Stühle, die mit goldenen Schleifen an der Lehne ausgestattet wurden.

»Das ist ja wirklich wahnsinnig schön«, murmele ich und betrachte die fein säuberlich gedeckten Tafeln. Wein- und Wassergläser stehen neben goldenen Tellern. Rote Servietten sind kunstvoll zu Herzen gefaltet und unter goldenem Besteck platziert. In der Mitte eines jeden Tisches sind rote Vasen aufgestellt, aus denen rote Rosen, weißer Hibiskus und lilafarbener Flieder herausschauen. Beim Anblick dieser wunderschönen Aufmachungen schlägt mein dekoliebendes Herz direkt höher.

»Wo sollen wir uns hinsetzen?«

»Hier ist freie Platzwahl«, ertönt neben mir die freundliche Stimme einer jungen Frau mit kurzen grauen Haaren. Sie hält eine Art Gästeliste in den Händen, und an ihrem bodenlangen, blauen Kleid prangt eine Art Namensschild. »Sydney Ellington – Organisation« steht darauf geschrieben.

»Danke schön«, entgegnet Chase an sie gewandt, ehe er sich wieder zu mir dreht. »Dann lass uns dort vorne hingehen«, murmelt er gegen den immer lauter werdenden Geräuschpegel im Saal an. Die Gäste strömen hinein und suchen sich ihre Plätze, führen Gespräche und lachen laut. Als wir die rechte Seite des Raumes erreichen, steuern wir auf den letzten Tisch in der ersten Reihe zu.

Ich lege meine silberne Handtasche auf den freien Stuhl neben mir, und Chase nimmt links neben mir Platz.

»Entschuldigen Sie, Madame, könnten Sie Ihre Tasche dort wegnehmen, bitte?«, fragt eine weibliche Stimme hinter mir. Als ich aufschaue, blickt mir eine Frau ungefähr Ende vierzig entgegen. Ihre blonden Haare trägt sie als kinnlangen, glatten Bob, der ihre Kinnpartie umschmeichelt und den Blick auf ihre dunkelroten Lippen lenkt.

Ich beeile mich, den Sitz neben mir frei zu machen. »Oh, Entschuldigung, natürlich!«

»Vielen Dank.« Sie nimmt Platz und streckt mir ihre Hand entgegen. »Rita Rivièr, freut mich.«

Ich erwidere die Geste, vergesse jedoch, sie zu schütteln. »Moment, entschuldigen Sie bitte, Sie sind nicht zufällig Dekanin der Cannes Cinema Academy?« Auch Chase wendet sich uns zu.

»Äh ja, die bin ich. Kennen wir uns?«, fragt sie höflich und schaut mich interessiert an.

»Nein, nicht persönlich. Mein Name ist Eloise Stanson, und ich habe mich bei Ihnen an der Academy beworben.«

»Ah, verstehe.« Mrs. Rivièr nickt, sagt jedoch nichts weiter.

»Leider kam die Zusage erst, nachdem ich mich schon an der Bradwood Academy eingeschrieben hatte.«

Meine Sitznachbarin betrachtet mich einen Moment nachdenklich, ehe ihre Augen groß werden. »Ach ja, natürlich! Meine Tochter schaut sich regelmäßig die Filmkritiken auf Ihrem Account an. Wusste ich doch, dass Sie mir bekannt vorkommen. Sehr bedauerlich für uns, aber ich bin sicher, dass Sie ein wunderbarer Dazugewinn für die Bradwood Studios sind. Wir waren in diesem Semester leider sehr spät dran, weshalb uns einige vielversprechende Bewerber und Bewerberinnen abgesagt haben.«

Augenblicklich beginnt es in meinem Kopf zu rattern. Die Cinema Academy bietet auch Animation als Studiengang an. Chase braucht einen Ausweg, um endlich von seinem Vater wegzukommen. *Das* könnte die Gelegenheit sein und ist zudem eine deutlich sicherere Variante, als nach wie vor auf sein Wort zu vertrauen. Aus einem Impuls heraus deute ich auf Chase neben mir.

»Darf ich Ihnen meinen Freund vorstellen? Das ist Chase Edwards. Er plant zufälligerweise, im kommenden Semester zu wechseln, um Animation zu studieren.«

Die beiden schütteln einander freundlich die Hand, während Chase mir einen ungläubigen Blick zuwirft.

»Sind Sie nicht zufällig der Sohn von Michael Edwards?«, fragt unsere Tischnachbarin interessiert nach.

Chase hält einen Augenblick inne und nickt. »Ja, der bin ich.« Obwohl er noch immer nicht zu wissen scheint, wie er mit der unerwarteten Situation umgehen soll, bemüht er sich der Dekanin gegenüber um ein möglichst herzliches Gespräch und schenkt ihr ein Lächeln.

»Aber bietet die Bradwood Academy nicht auch Animation als Studiengang an?«

Chase schaut hilflos, als wüsste er nicht, was er darauf antworten soll. Auch sein Bein beginnt wieder vor Nervosität auf und ab zu wippen. Ich sehe, wie er den Mund öffnen will, doch es kommt kein Ton heraus.

»Das ist vollkommen richtig«, werfe ich schnell ein. »Doch das Problem ist, dass seine Zeichnungen und Skizzen wirklich atemberaubend sind. Nur, wenn der Sohn quasi an derselben Einrichtung studiert, an der der Vater arbeitet, fällt das immer auf beide Parteien zurück. Sie verstehen sicherlich, dass jeder von uns sich irgendwann aus dem Schatten seiner Vorbilder lösen muss, um selbst eines zu werden.«

Mrs. Rivièr lächelt wissend. »So ein Jammer, dass Sie nicht bei uns studieren.« Dann wendet sie sich Chase zu. »Na, wenn das so ist, Mr. Edwards, wäre es verwerflich von mir, kein Interesse zu zeigen. Wenn Sie mögen, schicken Sie mir doch gern Ihre Bewerbungsunterlagen zu. Ein Portfolio mit Ihren Zeichnungen, schwarz-weiß und koloriert, sowohl Einzelstücke als auch Serien. Dazu ein Motivationsschreiben. Wenn Ms. Stanson so große Stücke auf Sie hält, würde ich mir Ihre Einsendung direkt anschauen. Aktuell sind wir ohnehin noch auf der Suche nach zwei Stipendiaten, wenn Sie also interessiert sind …?« Rita Rivièr zückt aus ihrer roten Clutch eine Visitenkarte und reicht sie an Chase weiter, der energisch nickt.

»Unbedingt. Das ist sehr großzügig von Ihnen, ich danke Ihnen. Sie bekommen die Unterlagen noch diese Woche.«

»Perfekt«, erwidert sie mit einem zufriedenen Lächeln, das die kleinen Lachfältchen um ihre Augen noch tiefer wirken lässt. Dann erhebt sie sich. »So, und jetzt müssen Sie mich bitte entschuldigen. Mit dem Alter wird die Blase immer kleiner«, sagt sie und lacht.

Sobald sie außer Hörweite ist, drehe ich mich zu Chase um, der mich verblüfft anschaut. »Was ist?«

»Du bist unglaublich, Eloise Stanson«, murmelt er, doch mehr bringt er nicht hervor. Chase starrt mich einen Augenblick mit einer Mischung aus Fassungslosigkeit und Dankbarkeit an, dann zieht er mich energisch an sich und drückt mir einen Kuss auf die Schläfe. »Danke. Danke«, flüstert er dazu.

Seine Worte bescheren mir eine Gänsehaut, die sich überall auf meinem Körper breitmacht. Das Gefühl von Glück und Zuversicht, das Chase gerade ausstrahlt, wärmt mich von innen heraus wie ein kleiner Ofen. Mit einem Lächeln, das sich gegen seine Halsbeuge drückt, flüstere ich: »Gerne. Du wirst sie umhauen. Das weiß ich.«

Als die Veranstaltung eine Stunde später vorbei ist, sind satte 1,7 Millionen Euro an Spendengeldern zusammengekommen, die zu gleichen Teilen in den Umwelt- wie in den Tierschutz investiert werden. Ich lasse meinen Blick noch einmal über den Saal des Casinos streifen, ehe ich mich zu Chase umdrehe.

»Das war ein schöner Abend«, murmele ich und greife nach meinem Handy, das ich während der Veranstaltung in meiner Tasche verstaut hatte. Ich blicke auf den Bildschirm und erkenne gleich sechs verpasste Anrufe. Als ich den Namen sehe, der auf dem Bildschirm aufleuchtet, jagt mir ein eisiger Schauer über den Rücken, gefolgt von aufsteigender Hitze. Es ist dieses Heißkalt-Gefühl, wie wenn einem einfällt, dass man den Herd angelassen hat. Genauso fühle ich mich, während ich den Namen meiner Mutter anstarre.

Völlig irritiert blicke ich zu Chase, der mich interessiert mustert. »Ist alles in Ordnung?«, fragt er, doch es fällt mir schwer, einen klaren Gedanken zu fassen.

»Entschuldigst du mich kurz? Ich muss was klären«, sage ich und drehe mich um.

Im Getümmel all der Menschen, die den Saal verlassen, versuche ich, einen Ort zu finden, an dem ich kurz meine Ruhe habe. Zwischen einzelnen Gesprächsfetzen bahne ich mir meinen Weg durch die Halle, bis ich eine dunkle Holztür erreiche, über der das grün und weiß leuchtende Zeichen für einen Notausgang angebracht ist. Hastig stoße ich die Tür auf und gelange in einen kleinen Innenhof des Casinos. Die Nacht ist nun vollends über Monaco hereingebrochen, und ich kann kaum einen einzigen Stern am Himmel erkennen. Genauso finster wie der Himmel ist meine Sorge, was meine Mom wohl von mir will … nach all den Monaten.

Gerade als ich sie zurückrufen will, vibriert mein Handy ein weiteres Mal. Ich lasse meinen Blick über den Bildschirm gleiten, und obwohl ich den Anruf annehmen will, scheinen meine Finger dem Befehl kaum Folge leisten zu wollen. Wie versteinert stehe ich da, ehe ich es doch noch über mich bringe, den grünen Hörer zu drücken.

»Mom, was gibt's? Wie geht's dir? Ist alles in Ordnung?«, frage ich nervös, während ich auf der anderen Seite nur ein hektisches Atmen höre.

»Eloise, gut, dass du endlich rangehst. Hör zu, ich habe ein Anliegen«, antwortet sie, ohne auf eine meiner Fragen einzugehen. *Sie braucht Geld. Sie ruft des Geldes wegen an.*

»Es ist gerade aber ungünstig, ich bin nicht im Wohnheim«, entgegne ich, in der Hoffnung, dass sie es sich noch mal überlegt.

»Nun, ich habe dich zur Welt gebracht und dich gehegt und gepflegt, bis du sechzehn warst. Da darf ich doch wohl mal fünf Minuten deiner Zeit verlangen, oder?«

Genauer gesagt hat sie schon immer die meisten Aufgaben an meinen Dad abgegeben, und als der sich getrennt hat, war sie so überfordert, dass ich vieles allein machen musste. *Gehegt und gepflegt* ist da schon sehr weit hergeholt. Aber einen Streit will ich darüber mit ihr jetzt nicht führen. Ich finde es schön, mal ihre Stimme zu hören, nur wünschte ich, sie würde es umgekehrt genauso sehen.

»Was gibt's, Mom?«

»Hör zu, ich bin gerade in einem tollen Hotel in Kanada, das weißt du ja. Der Masseur dort hat mir ein anderes Resort auf den Malediven empfohlen, um mich mal wirklich so richtig zu entspannen. Es gibt da etliche Angebote, von Massagen über Tauchen bis hin zu Gesprächstherapien und Yogasessions.« Ihre Stimme klingt hellauf begeistert, wird dann aber wieder ernst. »Jedenfalls habe ich gerade nach den Flügen geschaut, aber die sind doch alle recht teuer. Und mein Arbeitgeber zahlt mir keinen Vorschuss mehr, weil ich den schon für Kanada genommen habe und erst nächstes Jahr wieder anfange zu arbeiten. Deswegen brauche ich dringend Geld.«

Wusste ich's doch.

»Mom, ich hab ein Stipendium. Was denkst du, wie ich mir sonst mein Studium leisten kann?«, antworte ich und bemühe mich um Fassung.

»Eloise, lüg mich nicht an. Ich bin deine Mutter. Stipendium hin oder her, ich sehe doch im Internet, mit wem du da unterwegs bist. Dieser reiche Bengel. Wie ist sein Name? Edwards? Soll er dir halt Geld geben. Ihr seid schließlich zusammen. Ihm wird das sicherlich nicht wehtun, und ich zahle es dir zurück, sobald ich kann.«

Ich kann kaum fassen, was sie da von mir erwartet. Ich soll Chase um Geld anpumpen, damit sie sich in irgendeinem Luxustempel weiter in Selbstmitleid suhlen kann? Diese Frau ist unglaublich. »Ich werde Chase garantiert nicht um Geld anbetteln, damit du weiter Urlaub machen kannst, Mutter«, sage ich ernst und überschlage im Kopf meine bisherigen Ausgaben. Ich habe noch immer knapp dreitausend Dollar auf dem Konto. Die sind von der letzten Kooperation, die ich machen konnte. Doch das Geld ist dafür, um hier leben zu können. Klar, Essen gibt es umsonst, aber es fallen ja auch andere Sachen an. Hier und da mal ein Taxi, falls ich in die Stadt muss, und Lehrmaterialien sowieso, darüber hinaus auch Aktivitäten mit den Mädels. Ich kann ihr niemals alles geben, denn ich weiß ja nicht, wann ich wieder die Möglichkeit haben werde, etwas zu verdienen.

»Wie viel brauchst du, Mom?« Ich frage, obwohl ich mir ihre Antwort schon denken kann.

»Wie viel kannst du mir denn geben?« Sie spielt das *»Ich-nenne-keine-genaue-Summe-Spiel«*, damit sie am Ende mehr bekommt, als sie braucht. Eine ihrer Spezialitäten.

»Sag mir, was du brauchst, und ich schaue, ob ich es dir geben kann. Aber findest du nicht, dass du mich auch mal fragen könntest, wie die Uni so läuft oder ob es mir gut geht?«

Auf der anderen Seite der Leitung wird es plötzlich still. Dann: »Ich brauche tausendfünfhundert Dollar für die Flüge und die erste Woche im Hotel. Und dir scheint es doch gut zu gehen. Du bist mit einem Millionärssohn zusammen. Wäre ich das, dann müsste ich dich jetzt nicht um Geld bitten.«

Wow. Diese Frau ist der Inbegriff von Desinteresse.

»Ich kann dir tausend geben, Mom. Mehr nicht. Ich hab nicht so viel.« Diese Lüge wird sie mir nicht abkaufen. Sie weiß, dass ich schon immer mein Geld für wichtige Anschaffungen zurückgelegt habe.

»Eloise, tausend Dollar sind viel zu wenig. Du hast doch dein Sparkonto. Da muss doch mehr drauf sein.«

»Mom, ich gebe dir garantiert kein Geld von meinem Sparkonto. Das ist für Notfälle. Du kannst nicht einfach nach Monaten anrufen und so viel Geld von mir verlangen. Tu das, was jeder normale Mensch auch tut. Wenn du arbeitest, dann spare dein Geld zusammen, und wenn du dann genug übrig hast, dann kannst du in ein teures Erholungsresort auf den Malediven.«

»Jetzt hör mir mal gut zu, mein Kind. Ich habe dein Leben lang für dich gesorgt, und jetzt bin ich es dir nicht wert, dass du mir Geld schickst? Wie undankbar du bist!«

Undankbar? Ich bin undankbar? Als ich damals mit Instagram begonnen habe, waren ihre ersten Worte dazu: »Das ist doch lächerlich. Wer interessiert sich denn für Filmkritiken?« Jetzt, da ich darüber etwas Geld verdiene, bin ich ihr wichtig genug, um Geld zu schicken. Die anderen Male hat sie wenigstens Interesse geheuchelt. Aber dafür ist sie sich mittlerweile wohl auch zu schade.

»Hör zu, du bist eine erwachsene Frau und hast dein Kind zu Hause gelassen, um dich von einer Trennung zu erholen, die längst erledigt ist. Du hast mich bei Alex und ihrer Mutter geparkt, weil du wusstest, dass sie auf mich achten würden, und reist seitdem durch die Gegend, triffst neue Männer und meldest dich nur, wenn du Geld brauchst. Ich gebe dir tausend Dollar, mehr nicht. Und dann war es das letzte Mal, dass du dich bei mir deswegen erkundigst. Du kannst mich gern mal anrufen und fragen, wie es mir geht. Alles andere kannst du ab heute lassen.« Meine Antwort klingt härter als beabsichtigt, doch ich habe die Schnauze voll, ihr Goldesel zu sein. Nachdem ich monatelang allein zu Hause gesessen habe und mir mit meinen paar Euro von Instagram und YouTube Essen gekauft habe, weil sie nicht da war, glaube ich nicht, dass ich dieser Frau etwas schuldig bin. Heute will ich zum ersten Mal nur noch eines: dass sie mich in Ruhe lässt.

»Tausendfünfhundert Dollar, Eloise. Schick mir tausendfünfhundert Dollar. Ansonsten sollte ich vielleicht einmal mit der Presse reden.«

Verarscht die mich?

»Bitte?« Ich ringe hörbar nach Luft.

»Na ja, mir scheint, dein Schatz ist da in Monaco, oder wo du auch bist, ein hohes Tier in der High Society. Und ich bin mir sicher, dass die sich brennend dafür interessieren, wer seine kleine Freundin ist. Erinnerst du dich, als ich dich mal von der Polizeiwache abholen musste, weil du etwas geklaut hast? Das war, kurz nachdem dein Vater verschwunden war.«

Ich fasse es nicht. Es war ein Ratgeber aus der Buchhandlung, den ich damals mitgehen lassen wollte. Weil ich ein Kind war und der Ratgeber für Eltern war, die plötzlich alleinerziehend sind. Ich wollte es für Mom mitnehmen, damit sie darin Hilfe findet. Es gab nie eine Anzeige, und was sie dabei vergisst, ist, dass die Polizei sie beinahe selbst noch dortbehalten hätte, weil sie angetrunken gefahren ist, um mich abzuholen.

»Du kennst die Geschichte und weißt, was passiert ist.«

»Sicherlich. Aber die Presse nicht.«

Tränen schießen mir in die Augen. So was nennt sich Mutter.

»Also, ich nehme an, tausendfünfhundert Dollar sind in Ordnung?«, fragt sie, als ich ihr eine Antwort schuldig bleibe.

»Danach lässt du mich in Ruhe und meldest dich nie wieder bei mir. Hast du verstanden?«

»Okay.«

Meine eigene Mutter sagt einfach *Okay*.

Wenige Minuten später hocke ich noch immer im Innenhof des Casinos. Allmählich ist mir kalt, ich habe Gänsehaut am ganzen Körper. Tränen laufen mir über die Wangen, doch ich habe keine Kraft, um sie noch wegzuwischen. Überforderung macht sich in mir breit, und ich schaue mich um, ob mich jemand sieht. Doch der Notausgang, hinter dem ich mich befinde, ist der einzige Zugang zu dem kleinen, abgesperrten Bereich, der von der Außenmauer des Casinos umzäunt wird. Nicht ein Fenster gibt es hier. Nur eine schmale und hohe Laterne, die mir in dieser Dunkelheit ein wenig Licht spendet.

Neben mir steht ein Mülleimer, in dem eine noch qualmende Zigarette liegt. Anscheinend wird dieser Innenhof auch als Raucherhof genutzt. Ich lasse meinen Blick gen Himmel gleiten und frage mich, was all das überhaupt soll. Ich bin weit weg von meinem Zuhause, so weit, wie es eben nur ging, und trotzdem schafft es meine Vergangenheit, die Arme auszustrecken und mich fast zu erdrücken.

Ich höre ein leichtes Poltern auf der anderen Seite der Tür und wische mir hastig über die Wangen. Ich bin müde von all den

Erwartungen, die ich an mich selbst gestellt habe, nur um einer Frau zu gefallen, die sich trotz allem einen Dreck um mich schert.

Als die Tür mit einem Mal öffnet, erkenne ich das sorgenvolle Gesicht von Chase. »Mein Gott, hier bist du. Ich hab dich überall gesucht.« Er klingt völlig aus der Puste. »Was ist denn passiert?«, fragt er und kommt auf mich zu, setzt sich zu mir und streichelt mir sanft über den Rücken.

Doch alles, was ich sagen kann, ist »Meine Mom«, ehe neue Tränen fließen.

Chase drückt mich fest an sich und presst mir einen Kuss auf den Scheitel. »Ist ihr etwas zugestoßen? Was ist los?«

»Nein, sie hat nur angerufen, weil sie wieder Geld braucht. Ich bin ihr völlig egal.«

Kurz ist er still, fährt dann aber mit ebenso ruhiger Stimme fort: »Diese Frau hat dich nicht verdient.«

Ich nicke an seiner Brust und spüre, wie sich in diesem Moment etwas in mir für immer verschließt. Ich habe meine Mom geliebt, und vielleicht liebt ein kleiner Teil von mir sie noch immer. Aber jetzt weiß ich, dass sie mich verloren hat. Von heute an hat sie keine Tochter mehr.

Nach einigen Minuten löse ich mich aus Chase' Umarmung, und er schaut mich traurig an. Müde und noch immer tief verletzt streiche ich sanft über seine Wange. Dann erzähle ich ihm, was passiert ist.

»Ich möchte dich nie wieder so sehen. Nein, ich kann dich nie wieder so sehen. Es bricht mir das Herz, wenn dir jemand wehtut«, flüstert er schließlich. Er schaut mir tief in die Augen und streicht sanft mit der Hand über meine Stirn. »Ich liebe dich, Eloise Stanson. Und ich werde nicht zulassen, dass diese Frau noch einmal in dein Leben tritt.«

Der sorgenvolle Blick in seinen Augen weicht einer Unruhe, die ich bisher noch nie bei ihm gesehen habe. Chase liebt mich.

Das hat er gesagt. Er war mir bisher eine meiner größten Stützen und ist der Mensch, den ich mehr als jeden anderen um mich haben möchte. Vielleicht ist es nun mal so, dass nicht jede Familie immer Liebe bedeutet. Familie sind die Menschen, die dich großziehen und dir im besten und wunderschönsten Fall ihre Liebe schenken. Wenn aber nicht, dann heißt das nicht, dass man Liebe generell nicht verdient. Sie wird einem vermutlich nur von anderen Menschen geschenkt, und einer davon ist Chase für mich.

Mit dieser Gewissheit werde ich auf einmal ganz ruhig. Dann umfasse ich sein Gesicht mit meinen Händen.

»Und ich liebe dich, Chase Edwards.«

Und auf einmal erscheint alles ganz einfach.

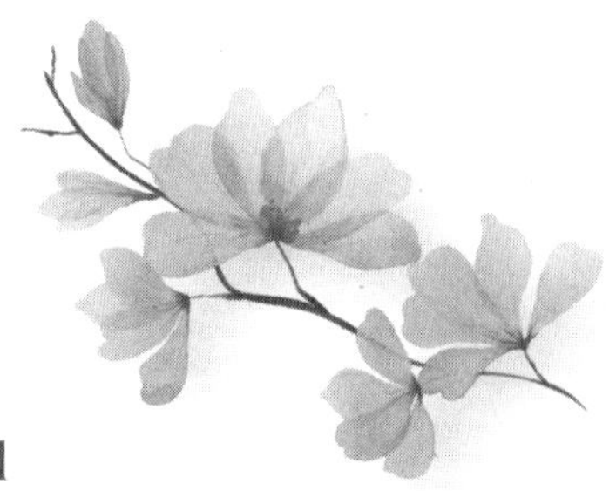

21. Kapitel

Freud und Leid

Chase

Als ich am nächsten Morgen aufwache, bin ich voller Tatendrang und einer der glücklichsten Menschen überhaupt. Ich betrachte Eloise, die nur in Unterwäsche bekleidet in meinem Bett liegt und schläft. Ihr rechtes Bein liegt ausgebreitet auf der blauen Bettdecke, und ihr Gesicht ist von ihren braunen Locken halb bedeckt.

Ich hingegen sitze an meinem Schreibtisch und starre auf die Visitenkarte der Dekanin von der Cinema Academy in Cannes. Noch immer bin ich in meinem grauen Schlafanzug unterwegs, doch ich schreibe es der Aufregung zu, die mich gänzlich vereinnahmt hat. Schließlich könnte heute der Start in mein neues Leben beginnen. Schon kurz nachdem wir gestern nach Hause gekommen sind, habe ich deshalb Zeichnungen von mir herausgesucht und gemeinsam mit Eloise geschaut, welche ich heute am besten einreiche. Nachdem ich jetzt weiß, dass sie mich liebt, vertraue ich ihr wie niemandem sonst. Deshalb durfte sie *alle* meine Entwürfe sehen, die ich im Laufe der Jahre erstellt habe. Darunter nicht nur die Bilder für mein eigenes Projekt irgendwann, sondern auch Skizzen von meiner Mutter oder Landschaftsporträts, an denen ich mich mal versucht habe.

»Weißt du, ich glaube, dass es völlig egal ist, was du ihnen schickst, weil es so großartig ist, was du machst. Die Linien sind so hauchdünn und fein, und alles ist so echt und real, dass es keine Zeichnung gibt, die ich wirklich als ungeeignet für deine Bewerbung sehen würde«, hat sie gesagt. »Aber wenn ich entscheiden dürfte, würde ich diese hier nehmen.«

Ich erinnere mich, wie sie fünf Bilder rausgesucht hat, die ihr am besten gefallen haben und die ich jetzt noch einmal einzeln betrachte, ehe ich sie einscanne. Eloise' Wahl fiel auf ein Porträt, das meine Mutter zeigt, wie sie nachdenklich aus dem Fenster schaut. Das Bild ist aus einer Erinnerung heraus an sie entstanden. Ihre schwarzen Haare fallen sanft an ihren Schultern herab, während ihre Arme verschränkt auf der Lehne des Sofas liegen und sie darauf ihren Kopf abstützt.

Zwei weitere Bilder sind Zeichnungen für mein Filmprojekt, das ich hoffentlich irgendwann angehen werde. Ein Fliegenpilz, der sich mit seinen kleinen Händen an einem Baum festhält, und eine rote Rose, die sich, die Arme hinter dem Kopf liegend, gemütlich auf einem Laubblatt auf einem See treiben lässt.

Und wiederum zwei andere Bilder sind Zeichnungen von Superhelden. Ich wollte meiner Bewerbung auch etwas Leichtes beifügen. Etwas, das nicht so schwer wiegt wie die Erinnerungen an meine Mutter und der Plan, einen eigenen Animationsfilm zu drehen. Deshalb habe ich eine Schwarz-Weiß-Skizze von Spiderman genommen, die Eloise besonders gut gefunden hat, und eine farbige Zeichnung von Black Widow.

Ich schaue wieder zu ihr, wie sie schläft, und erinnere mich, wie sie gestern noch lächelnd auf die Skizze der Agentin gedeutet hat und meinte: »Ich finde ja, ein bisschen Frauenpower sollte bei deiner Sammlung auch dabei sein.«

Entschieden lege ich die Zeichnungen auf meinen Schreibtisch zusammen. Wie ein ausgebreiteter Fächer liegt meine Zukunft vor mir.

Ich lasse mich gegen die Lehne meines Bürostuhls fallen. Nachdenklich wandert mein Blick durch mein Zimmer im Obergeschoss. Sollte ich bald nach Cannes wechseln, könnte es sein, dass ich mir eine eigene Wohnung suchen muss. Schließlich müsste ich sonst jeden Tag hin- und herfahren. Das wäre eine ganze Stunde pro Fahrt.

Nachdenklich klappe ich meinen Laptop auf und beginne damit, die Zeichnungen auf meinem Tisch mit dem Scanner auf meinen Laptop zu überspielen. Dabei versuche ich, möglichst leise zu sein, um Eloise nicht zu wecken.

Sobald ich die Zeichnungen übertragen habe, starte ich mein E-Mail-Programm, und nur ein Passwort später habe ich den ersten Entwurf für meine Mail an die Dekanin geöffnet. Doch immer wieder lösche ich einige Passagen heraus, füge neue hinzu oder ändere einige Sätze ab. Es fällt mir schwer, die richtigen Worte zu finden. Immerhin könnte diese E-Mail bedeuten, dass ich meinem Vater und auch den Bradwood Studios den Rücken kehre.

Mit einem Mal wird mir schwerer ums Herz, als mein Blick wie von selbst hinüber zu meiner seelenruhig schlafenden Freundin wandert. Wenn ich die Bradwood Studios verlasse, dann lasse ich sie hier allein. Ich hab ihr gesagt, dass ich an ihrer Seite bleibe, komme, was wolle. Und ich hatte nicht vor, dieses Versprechen zu brechen. Doch mit jedem Wort, das ich in die Mail an die Dekanin in Cannes schreibe, rücke ich von diesem Versprechen ab.

Ein Wechsel nach Cannes könnte für mich die Rettung sein. Gleichzeitig würde es auch bedeuten, dass ich Eloise der Gnade meines Vaters überlasse.

Als würde jemand das Licht in einem dunklen Raum anknipsen, kommt mir plötzlich eine Idee. Wieso sollte Eloise nicht einfach mit mir kommen können? Vielleicht geht das ja, schließlich haben sie zwei Stipendien zu vergeben, wie Mrs. Rivièr sagte. Und Eloise ist nicht umsonst mit einem Stipendium an die Bradwood Studios gelangt.

Ich lasse meinen Blick über den Mail-Entwurf gleiten und überarbeite den Text noch ein letztes Mal.

Sehr geehrte Mrs. Rivièr,

es hat mich sehr gefreut, Sie gestern Abend während der Charity-Gala kennenzulernen. Mindestens ebenso sehr freut es mich nun, Ihnen anbei mein Motivationsschreiben sowie mein Portfolio zuschicken zu dürfen – für diese Chance kann ich mich nur wiederholt bedanken. Der Studiengang Animation & Design war schon immer meine erste Wahl, und ich hoffe sehr, im kommenden Semester auch Ihre erste Wahl sein zu dürfen.
Die beigefügten Zeichnungen sind für einen Film, den ich zu gegebener Zeit gerne in einer eigenen Produktion umsetzen möchte.

Einen Augenblick halte ich inne und schaue noch einmal hinter mich zu Eloise. Ich frage mich, ob ich es wirklich tun soll. Andererseits kostet es nichts, einfach nachzufragen, und so tippe ich noch einen weiteren Absatz ein.

Zudem habe ich noch ein weiteres Anliegen. Gestern konnten Sie ja bereits meine Freundin Eloise Stanson kennenlernen, die gemeinsam mit mir an der Bradwood Academy studiert. Wie Sie sich vermutlich erinnern, hatte Eloise auch eine Zusage von Ihrer Universität erhalten, weswegen ich mich frage, ob ein gemeinsamer Wechsel mit ihr möglich wäre. Sie hat Bestnoten und ist dank eines Stipendiums hier in Monaco und wäre eine absolute Bereicherung für die Cinema Academy. Es wäre großartig, wenn Sie auch einen Platz für Eloise an Ihrer Universität zu vergeben hätten.

Ich würde mich unglaublich freuen, durch mein Studium an Ihrer Academy farbenfrohe Geschichten erschaffen zu können, die andere durch ihr Leben begleiten und es positiv färben.

Mit freundlichen Grüßen

Chase Edwards

Ich schaue mir die Mail bestimmt fünfmal von oben bis unten an, bevor ich all meinen Mut zusammennehme und sie mitsamt aller Anhänge abzuschicken. Wie ein Blitzlichtgewitter durchzieht mich ein Schauer voller Aufregung, und mein Herz rast bei dem Gedanken, womöglich schon bald eine Rückmeldung zu bekommen.

Ich schaue auf die Armbanduhr, die ich gestern auf meinem Schreibtisch abgelegt habe. Mittlerweile ist es fast neun Uhr morgens, und ich stelle mir vor, wie die Dekanin jeden Moment die Mail öffnet und sie liest. Als ich einige Minuten später von meinem Platz aufstehe und mich noch einmal neben Eloise legen möchte, überfällt mich die Angst, dass sie womöglich doch nur mich an der Uni annehmen könnten. Ich riskiere einen Blick hinüber zu meiner Freundin, die sich gerade mit einem leichten Murren auf die andere Seite dreht.

Ein Schmunzeln überzieht meine Lippen. Nein. Sie müssen sie nehmen. Sie ist talentiert und einfach unglaublich. Und mit dem Gedanken daran, dass wir beide bald ein neues Kapitel in Cannes aufschlagen, schlafe ich noch einmal ein.

Es vergehen einige Tage, in denen ich das Gefühl habe, die Zeit würde stillstehen. Eloise und ich genießen gemeinsam unsere Zeit an der Bradwood, doch ich warte auf die Rückmeldung bezüglich meiner Bewerbung … und auch der für meine Freundin. Von meiner Nachfrage zu einem weiteren Studienplatz habe ich ihr noch nichts erzählt. Ich möchte sie überraschen, wenn es so weit ist, und keine trügerischen Hoffnungen schüren, falls sie doch nur einen Platz zu vergeben haben.

Ich werfe einen Blick auf mein Handy und erhöhe mein Schritttempo, als ich durch das Schulgebäude 1 des Campus streife. Heute Morgen findet der Kurs zum Filmschnitt statt, den ich gemeinsam mit Stuart belege, und ich bin spät dran, weil ich gestern so lange mit Eloise telefoniert habe, dass ich heute verschlafen habe.

Als ich gerade die großen Treppen im Schulgebäude hinaufstürme und die Gemälde an den Wänden wie ein kleines Daumenkino an mir vorbeiziehen, spüre ich in meiner Hosentasche eine leichte Vibration, die ich nur dann merke, wenn ich eine E-Mail bekomme. Um mich herum ist es still im Schulgebäude, schließlich beginnt der Unterricht schon in einer Minute, und die meisten Studierenden sind bereits in ihren Hörsälen. Ich stehe allein auf weiter Flur und hole mitten auf dem Treppenabsatz mein Handy heraus. Dann stockt mir der Atem, denn eine Mail von Mrs. Rivièr prangt am oberen Bildschirmrand.

Augenblicklich wird mir heiß und kalt zugleich, und ich atme tief durch, um Ruhe zu bewahren. Jetzt ist es so weit. Jetzt erfahre ich, ob ich hierbleiben muss oder ob ich die Chance bekomme, woanders, gemeinsam mit Eloise, meinen Weg zu gehen. Meinen *eigenen* Weg zu gehen. Mit fast schon zittrigen und schwitzigen Händen öffne ich die Mail.

»Bewerbung Edwards«, steht im Betreff. Mein Herz schlägt schneller, während ich die Zeilen lese, die mir die Dekanin geschickt hat.

Sehr geehrter Mr. Edwards,

ich danke Ihnen für die nette Mail. Es hat mich auch sehr gefreut. Ihre Zeichnungen habe ich mir schon kurz angeschaut und bin begeistert! Es überrascht Sie vielleicht, doch wir waren uns im Aufsichtsrat sehr schnell einig, dass wir Ihnen gerne das Stipendium im Bereich Animation & Design anbieten möchten. Alles, was wir für Ihre Immatrikulation nur noch benötigen, wären Nachweise über die bisher von Ihnen erbrachten Kursleistungen.

Was Ihr anderes Anliegen betrifft: Ich benötige für eine finale Entscheidung noch einmal eine Bewerbung Ihrer Freundin und ebenfalls ein Motivationsschreiben. Aber da ich weiß, was Ms. Stanson für ein Instagram-Profil betreibt, bin ich optimistisch, dass wir auch das hinbekommen. Wir benötigen nur von ihr noch mal alle erforderlichen Unterlagen.

Ich freue mich, wenn ich Sie bald bei uns als Student begrüßen darf.

Beste Grüße

Für einen Augenblick rast die Zeit an mir vorbei wie in einer Zeitmaschine. Ich stelle mir vor, wie Eloise und ich in ein paar Monaten Hand in Hand durch Cannes schlendern, gemeinsam für unsere Kurse lernen und irgendwann dort unsere Abschlüsse machen – frei von dem zu engen Gürtel der Regeln meines Vaters.

Ich wähle Eloise' Nummer und lasse es mehrfach klingeln. Immer und immer wieder höre ich das Geräusch auf ihrer Seite der Leitung, doch sie nimmt nicht ab.

Völlig eingehüllt von all der Euphorie schmeiße ich den Plan über den Haufen, jetzt zu meinem Kurs zu gehen, und ignoriere es, als mich kurz nach Unterrichtsbeginn eine Nachricht von Stuart erreicht.

Chase, wo bist du? Ohne dich pack ich dieses Continuity-Ding nicht.

Ich verstaue mein Handy wieder in der Hosentasche und stürme aus dem Schulgebäude hinaus bis ins Hauptgebäude, wo sich das Büro meines Vaters befindet. Ich marschiere selbstbewusst und voller Stolz den Gang entlang und bleibe schließlich vor der dunklen Holztür stehen, auf der sein Name in ein goldenes Schild eingraviert worden ist. Außer dem Klicken einer Tastatur höre ich nichts. Er ist allein.

Ich klopfe an die Tür und spüre mit einem Mal, wie mein Puls beschleunigt.

»Ja?«

»Hallo, Vater«, sage ich ernst, als ich erhobenen Hauptes sein Büro betrete. Mein Vater sitzt inmitten von zahlreichen Unterlagen an seinem gläsernen Tisch und tippt auf der Tastatur seines Laptops herum. Als er mich eintreten sieht, wirft er verwirrt einen Blick auf die schwarz umrahmte Uhr an der linken Wand seines Büros.

»Was soll das, müsstest du jetzt nicht im Unterricht sein?«, fragt er und runzelt die Stirn. Seine buschigen Augenbrauen ziehen sich zusammen, als er sich nach hinten lehnt und mich von oben bis unten mustert.

Langsam schlendere ich zu den riesigen Vitrinen auf der linken Seite, in denen er einige Urkunden und noch weitere Trophäen seiner Arbeit als Regisseur zur Schau stellt, die in unserem Haus keinen Platz mehr gefunden haben. Ich bleibe vor einer der Glasscheiben stehen, in der auf einem goldumrahmten Bild ein Foto von meiner Mutter, meinem Vater und mir zu sehen ist, als wir gemeinsam im Strandurlaub auf Mykonos waren.

Meine Mutter lächelt fröhlich in die Kamera, während mein Vater ernst dreinschaut. Ich erinnere mich an die Aufnahme, als wäre es gestern gewesen. Mein Vater hatte damals die Absage für ein geplantes Filmprojekt erhalten und den ganzen Urlaub über nur schlechte Laune gehabt. Ich bin nicht sicher, ob er das heute bereut, denn es war der letzte Urlaub, den wir gemeinsam mit meiner Mutter unternommen haben, ehe sie starb.

»Chase, was machst du hier?«, fragt er, nun in einem ernsteren Ton.

»Weißt du, die ganze Zeit über habe ich mich gefragt, weshalb du mir diesen Deal angeboten hast, doch noch zu Animation zu wechseln. Du warst immer schon dagegen, dass ich diesen Studiengang wähle, sonst hättest du mich schließlich auch nicht einfach für Regie angemeldet.«

Mein Vater schweigt und beobachtet mich, während ich in einem der beiden schwarzen Ledersessel vor seinem Tisch Platz nehme. »Es hat mich gewundert, dass du auf einmal der Meinung warst, ich könnte doch Animation studieren, wenn ich nur diesen einen Kurs bestehe. Aber dann hatte ich ein aufschlussreiches Gespräch mit Angela, die in ihrem Unwissen darüber, was du mir vorgeschlagen hattest, freudig mitgeteilt hat, dass ich als Regisseur im Gespräch bin, und zwar für einen Film, der aktuell noch mit dir und einer großen Produktionsfirma im Gespräch ist. Und dann ist es mir wie Schuppen von den Augen gefallen.« Ich mustere meinen Vater, dessen Kiefer so angespannt ist, als würde er ein ganzes Auto hinter sich her ziehen.

»Du hattest nie vor, mich wechseln zu lassen. Stattdessen ging es dir nur darum, dass ich diesen Kurs bestehe und dementsprechend in meinem Regiestudium weiterkomme. Denn nur so hättest du die Gewissheit, dass ich irgendwann meinen Abschluss mache und dich als Regisseur ersetze. Damit würde ich in deine riesig großen Fußstapfen treten und den Namen der Familie Edwards in der Filmbranche noch weiter voranbringen. Ist es nicht so, Vater?« Das letzte Wort spucke ich ihm beinahe auf seinen gläsernen Schreibtisch.

Ein anerkennendes Lächeln umspielt seine Lippen. »Nicht schlecht, mein Sohn. Nicht schlecht. Aber da wir gerade davon sprechen, wie deine Leistungen in dem Kurs aussehen«, mein

Vater greift nach einem Blatt Papier auf seinem Tisch, und ich erkenne es sofort.

»Wenn ich dir nun sage, dass du diesen Test bei Mr. Rodriguez erstaunlicherweise bestanden hast, ändert das deine Meinung über deine Leistungen in deinem Regiestudium nicht vielleicht doch? Wieso sträubst du dich gegen etwas, in dem du offenbar doch nicht völlig fehl am Platz bist?«

Die Frage liegt über mir wie eine zentnerschwere Decke.

»Ich bin nur deshalb in dem Test nicht durchgefallen, weil Eloise mir geholfen hat, und das weißt du auch. Versuche nicht, es so hinzudrehen, wie du es gerade brauchst. Aber andererseits spielt das eh keine Rolle mehr, denn ich werde Animation studieren.«

»Und das sagt wer? « Das Lächeln in seinem Gesicht verzieht sich zu einer gehässigen Grimasse.

»Ich. Ich weiß, dass du nicht vorhattest, mich wechseln zu lassen. Stattdessen werde ich an eine andere Universität gehen. Ich habe soeben die Zusage erhalten.«

In diesem Augenblick könnte man eine Feder fallen hören. Mein Vater starrt mit ausdrucksloser Miene zu mir herüber und ballt seine Finger zu einer Faust. Und zwar so stark, dass die Fingerknöchel weiß hervortreten.

»Welche Uni sollte dich nehmen, mein Sohn?«

Dieses Mal bin ich es, der lächelt. »Die Universität von Cannes«, antworte ich, und mein Vater nickt kaum merklich.

»Tja, dann scheinst du wohl auf den Reichtum unserer Familie keinen großen Wert mehr zu legen. Denn dir ist hoffentlich klar, dass ich dir dann all deine finanziellen Zuwendungen entziehe, und deine Studiengebühren werde ich ebenfalls nicht mehr bezahlen.«

Ich zucke mit den Schultern und schaue ihm weiterhin in seine eiskalten blauen Augen. »Das stört mich nicht. Ich hab ein Stipendium bekommen. Ich weiß, dass du das nie von deinem Sohn gedacht hättest, doch ich bin so talentiert im Zeichnen, dass mir das direkt ein ganzes Studium finanzieren kann.«

Die linke Augenbraue meines Vaters zuckt kurz, was immer dann passiert, wenn etwas geschieht, mit dem er nicht gerechnet hat. »Was ist mit deiner tollen Freundin?«, fragt er nach einigen schweigsamen Sekunden.

»Mit Eloise?«

»Ganz recht. Ihr seid doch so ein wundervolles Paar, wie ihr neuerdings überall zeigt. Mit Sicherheit gefällt ihr der Gedanke gar nicht, dass du bald in eine andere Stadt ziehst.«

»Ach, was macht dich da so sicher, dass sie nicht mit mir mitkommt?«, frage ich.

Plötzlich lacht er einmal kurz auf. Es ist ein harter, zorniger Laut. »Du wirst in wenigen Wochen sowieso wieder angekrochen kommen, schließlich bist du einen gewissen Standard gewöhnt, den du definitiv einschränken müsstest.«

Ich lächele und stehe auf. »Du meinst den Porsche und mein Zimmer in der für uns beide viel zu großen und sterilen Villa? Ich glaube, ich werde ohne all das ganz gut klarkommen.« Ich mache auf dem Absatz kehrt und verlasse sein Büro, ohne ihn noch eines einzigen Blickes zu würdigen.

Wenig später stehe ich auf dem Parkplatz vor dem Uni-Gelände und muss einfach mal durchatmen. Das Gefühl der Wut und Hilflosigkeit schnürt mir beinahe den Brustkorb ab, obwohl sich heute so viel Gutes für mich entwickelt hat. Doch die Tatsache, dass mein Vater mit einer solchen Sturheit daran festhält, dass ich in seine Fußstapfen trete, lässt mich beinahe durchdrehen. Ich kann nicht verstehen, wieso alles so gekommen ist. Wieso ist er so? Wieso behandelt er die Menschen um sich herum, als wären sie unwichtig? Ich stelle mir einen kurzen Augenblick lang die Frage, ob mein Vater vielleicht schon immer so war und ich es viele Jahre lang nur nicht mitbekommen habe. Als meine

Mutter noch lebte, war ich klein und habe viel mehr Zeit in ihrer Nähe verbracht als in seiner. Doch nach ihrem Tod haben sich die Dinge geändert, und irgendwann wurde ich erwachsen. Vielleicht war er also schon immer so selbstherrlich und ignorant, wie er es heute ist.

»Meine Güte, warum siehst du aus, als würdest du gleich Kleinholz aus mir machen?«, fragt Stuart, während er mir auf dem Parkplatz entgegenkommt. Kurz nach dem Gespräch mit meinem Vater habe ich noch etliche Male versucht, Eloise anzurufen. Doch sie ist nicht ans Telefon gegangen. Dann habe ich Stuart eine Nachricht geschrieben, der sich meinetwegen allein durch den Kurs zum Filmschnitt gequält hat und jetzt entsprechend genervt aussieht. Ich muss hier raus, und mit meinem besten Freund zu reden, hat schon immer geholfen.

»Es ist wegen meinem Vater«, antworte ich bissig und gebe mir Mühe, meine schlechte Laune nicht allzu sehr an ihm auszulassen. Er kann schließlich am allerwenigsten etwas dafür. Ich vergrabe die Hände in meinen Hosentaschen und schaue missmutig auf das Lehrgebäude vor mir.

Sobald er direkt vor mir steht, legt Stuart mir brüderlich die Hand auf die Schulter und deutet mit dem Kopf Richtung Meer. »Okay, das schreit nach einem Cocktail bei Susi. Also gib mir dein Handy und setz dich ins Auto. Jetzt hast du erst mal ein oder zwei Stunden deine Ruhe.«

Zwar ist der Himmel ein wenig bewölkt, und passend zu meiner Stimmung sieht es jetzt sogar nach Regen aus, doch ein Besuch an unserer Lieblingsstrandbar sollte trotzdem möglich sein. Ich nicke ihm zu und reiche ihm meinen Autoschlüssel. »Fahr du. Ich bin dafür gerade viel zu wütend.«

»Dann hat er dir das nur angeboten, damit du dich im Kurs verbesserst und du das Semester bestehst?«, fragt Stuart, als wir eine halbe Stunde später beide einen Gin Tonic trinken.

Nickend lasse ich meinen Blick durch die Bar streifen. Das »Susi's« ist eine neue Bar in Monaco. Sie liegt direkt am Strand und ist einer dieser neuen Geheimtipps der Stadt, zumindest wenn es nach Stu und mir geht. Denn der kreisrunde, weiß angestrichene Betonbau mit Strohdach hat nur ganze fünfzehn Sitzplätze im Inneren. Hier hat man seine Ruhe ... und Glück, wenn man wie wir bei diesem Wetter noch einen Platz bekommt. Denn kurz nach unserer Ankunft hier fing es wie in Strömen an zu schütten. Ich schaue hinaus auf das Meer, dass dank des trüben und grauen Himmels deutlich weniger kristallklar wirkt als sonst. Dicke Regentropfen prasseln gegen die Fensterscheibe und kreieren damit ihre ganz eigene Melodie, die die Gespräche der wenigen Leute um uns herum übertönt.

»Kann man so sagen«, entgegne ich.

»Du musst dringend von ihm loskommen«, murmelt Stu schließlich und stützt den Kopf missmutig auf seinem rechten Arm ab. Wie recht er hat.

»Ich weiß. Deshalb werde ich auch in Cannes studieren«, eröffne ich meinem besten Freund, der mich aus seinen dunklen Augen mustert. »Dann steht deine Entscheidung fest? Du gehst?«

Einen Augenblick lang halte ich inne. Monaco ist mein Zuhause, und die Bradwood Studios hätten es ebenfalls werden können, wenn ich hier nur meinen eigenen Weg hätte ansteuern dürfen. »Ja«, antworte ich knapp und fahre mit dem Finger über den Rand meines Gin-Tonic-Glases.

»Na, dann trinken wir darauf«, sagt Stuart etwas lauter und hält mir sein Glas hin. Wir stoßen an und nehmen einen großen Schluck. Ich bin so froh, dass Stu kein großes Fass draus macht, dass ich wechseln werde. Eine Stunde Entfernung ist schließlich nicht die Welt, ich bin mir sicher, dass wir uns immer noch regelmäßig werden sehen können.

»Cannes find ich cool. Da gibt es sicherlich einiges für uns zu erkunden. Auch wenn ich mir ehrlich gesagt noch gar nicht vorstellen kann, dich nicht mehr in meinen Kursen zu sehen. Das wird echt hart.«

»Du schaffst das schon. Und wenn was ist, bin ich nur eine Stunde von hier entfernt«, gebe ich zurück und tätschele ihm ruhig die Schulter.

Er erwidert kurz meinen Blick, dann winkt er die Kellnerin zu uns. Sie trägt einen kurzen braunen Bob, ihre Augenbrauen hat sie mit einem viel dunkleren Stift nachgezeichnet. Sie lächelt Stuart an und kramt einen kleinen dünnen Schreibblock aus ihrer dunkelblauen Schürze. »Was kann ich euch bringen, Jungs?«, fragt sie und kräuselt ihre spitze Nase ein wenig.

»Ich hätte gern noch einen und mein Kumpel bitte auch«, erklärt ihr Stuart und hält sein halb ausgetrunkenes Glas ein Stück nach oben. Sie nickt ihm zu, mich würdigt sie kaum eines Blickes. Mit einem Schmunzeln schaue ich zwischen ihm und ihr hin und her.

»Da hat jemand Interesse an dir«, sage ich, doch er winkt ab. »Ist mir gar nicht aufgefallen. Außerdem – da heute der Tag der großen Bekenntnisse ist … Ich date jetzt Nadia.« Meine Augen weiten sich, und ich schüttele erfreut den Kopf. »Na, wurde ja auch Zeit«, sage ich und erinnere mich zurück an unser Tennisspiel im Country Club, wo ich die beiden allein gelassen habe.

»Da du mich quasi gezwungen hast, mit Nadia zu sprechen, habe ich mir gedacht, dass ich vielleicht den ersten Schritt machen muss. Gestern waren wir zusammen aus, und ich glaube, das könnte was werden.«

Ich klopfe Stu anerkennend auf die Schulter. »Endlich! Ich wusste, dass da was ist.«

Stu quittiert es mit einem Augenrollen. »Aber wo wir gerade davon sprechen: Was sagt Eloise eigentlich zu deinem Wechsel?« Viel heftiger hätte man meine Freude kaum wegwischen können.

Stu schaut mich an, und ich blicke wieder nach draußen. Von Weitem erkenne ich einige Leute auf der Promenade, die sich ihre Jacken über die Köpfe halten und eilig durch den Regen hasten. »Sie weiß es noch nicht.«

»Und denkst du, sie wird auch wechseln?«

Das gilt es zu klären.

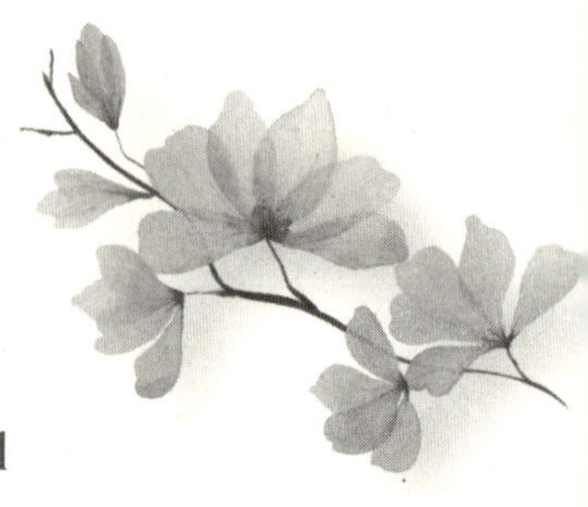

22. Kapitel

Vollendete Tatsachen

Eloise

»Es freut mich, Sie endlich einmal wiederzusehen«, sagt Mr. Edwards, nachdem er mich in sein Büro hat rufen lassen. Ich war gerade auf dem Weg in die Bibliothek, um zu lernen, als eine Durchsage ertönte und mein Name ausgerufen wurde.

»Eloise Stanson wird gebeten, sich im Büro von Aufsichtsrat Mr. Edwards zu melden«, hallt es noch immer in meinen Ohren, während ich in dem dunklen Büro von Chase' Vater stehe.

»Obwohl, eigentlich sollten wir uns langsam duzen, schließlich bist du ja meine Schwiegertochter in spe, wenn man diesen vielen Klatschmagazinen Glauben schenken darf«, fügt er hinzu und kramt einige Magazine auf seinem unaufgeräumten Schreibtisch hervor. Seine Haare wirken heute nicht ganz so penibel gekämmt wie sonst, und auch sonst macht Mr. Edwards den Eindruck, als sei er etwas erschöpft. Leichte Augenringe, die seine eisblauen Augen noch mehr betonen, und eine nicht ganz so erhabene Haltung wie sonst machen auf mich den Eindruck, als sei er ziemlich gestresst.

»Mr. Edwards, ich habe keine Ahnung, was ich wieder verbrochen habe, dass Sie mich in Ihr Büro haben rufen lassen.«

Michael Edwards würdigt mich keines weiteren Blickes, sondern dreht sich stattdessen zu der Fensterfront hinter ihm. »Nun, ich war gerade dabei, mich an Sie als Studentin bei uns zu gewöhnen. Und wie ich von Mr. Rodriguez erfahren habe, haben Sie den Test in Medienrecht mit voller Punktzahl bestanden. Und wie mir scheint, sind Sie auch der Grund, weswegen mein Sohn ihn ebenfalls geschafft hat.«

Wenn es nur nach seinen Worten ginge, würde mich jetzt wahrscheinlich eine riesige Freudenwelle überschwemmen. Doch aus irgendeinem Grund habe ich das Gefühl, dass hier etwas ganz und gar nicht in Ordnung ist.

Ich schaue ihn an und warte darauf, dass er fortfährt. »Nun ja, jedenfalls finde ich es schade, dass Sie sich dazu entschieden haben, uns zu verlassen.«

Ich verstehe die Welt nicht mehr. »Wieso sollte ich?«, frage ich trocken und trotzdem mit einem Gefühl der Panik in meiner Brust, das mich hektischer atmen lässt.

Mr. Edwards dreht sich zu mir um. Dann schlendert er von links nach rechts entlang der Glasscheibe wie ein Tiger, der darauf wartet, sich seine Beute zu schnappen.

»Das ist merkwürdig, da mein Sohn mir vor wenigen Minuten das Gegenteil erzählt hat. Laut seinem Bericht werden Sie beide ab dem kommenden Semester an der Cinema Academy in Cannes studieren. Ich schätze, da sind jetzt wohl Glückwünsche angebracht.« Sein Lächeln ist dermaßen falsch, dass man es ihm wahrscheinlich wie eine Maske abziehen könnte. Es passt nicht zum Rest seines Gesichts, es wirkt starr und gemein.

Ich bin fassungslos und bekomme nicht ein einziges Wort über meine Lippen. Ein riesiger Kloß scheint mir im Halse festzustecken, und kurz glaube ich, daran ersticken zu müssen. Wie kommt Chase dazu, so etwas zu sagen? Niemals würde ich die Bradwood Studios verlassen. Das hier ist mein Traum. Hier ist Alex, hier ist meine Zukunft.

»Ich bin mir ziemlich sicher, dass das ein riesiges Missverständnis ist«, antworte ich betont ruhig.

Mr. Edwards streicht sich nachdenklich übers Kinn.

»Mein Sohn hat zwar einige Schwächen, doch seine Worte waren eindeutig. Sie beide wechseln an die Universität in Cannes. Ich finde es zwar schade, dass jemand wie Sie sich dazu entscheidet, an eine zweitklassige Uni zu wechseln, wo Sie doch hier Ihr Stipendium haben. Und außerdem macht sich so ein Wechsel im Lebenslauf meistens gar nicht gut. Aber Sie werden das sicherlich alles genau bedacht haben, nicht wahr?«

Was für ein Spiel wird hier zur Hölle noch mal gespielt? Der Ton in seiner Stimme klingt viel zu nett und unehrlich. Die Worte von Michael Edwards treffen mich mitten ins Herz. Ich würde niemals riskieren, meinen ohnehin schon so wackeligen Platz hier zu verlieren. Geschweige denn, dass ich überhaupt wechseln will. Mein Deal mit Chase, die Nachhilfe und unser gemeinsames Projekt bei Ms. LaCroix – all das war doch nur dafür, damit ich hierbleiben kann.

»Wissen Sie, ich würde mich natürlich freuen, wenn Sie beide«, das letzte Wort betont er ungewöhnlich stark, »hier bleiben würden. Vielleicht möchten Sie noch einmal, als seine *Freundin*, mit meinem Sohn sprechen. Sollten Sie doch bleiben, würde ich mich sogar dafür verbürgen, dass Sie eine sichere Zukunft bei uns haben.« Chase' Vater mustert mich abwartend, doch ich hüte mich davor, auf irgendwas von diesem Mann einzugehen. Vorher muss ich mit Chase reden. Sicherlich gibt es für all das eine Erklärung. »Ich … brauche einen Moment Bedenkzeit.«

Mr. Edwards macht eine wegwerfende Handbewegung, als wäre dieses Gespräch das Normalste der Welt. Als würde er meine nicht gerade aus den Angeln heben. »Natürlich, meine Liebe. Beraten Sie sich mit meinem Sohn, dann sehen wir weiter. Ich bin mir sicher, wir finden einen Weg, mit dem alle glücklich und zufrieden sind.«

Mit einem Murmeln verabschiede ich mich von ihm, und noch ehe ich das Büro von Mr. Edwards verlassen habe, zücke ich mein Handy. Mehrere Anrufe in Abwesenheit von Chase. Das gibt's doch nicht! Ich wähle sofort seine Nummer und stürme durch den Flur des Hauptgebäudes. Es klingelt und klingelt, doch ich kann ihn nicht erreichen.

Stattdessen erkenne ich auf meinem Handy-Display den Eingang einer Mail.

»Bewerbung von Eloise Stanson Cinema Academy« steht im Betreff. Augenblicklich zieht sich mein Magen zu einem riesigen Knoten zusammen, der mich innerlich aufzufressen droht. Ich traue mich kaum, die Mail zu öffnen. Zu groß ist die Angst, dass Chase wirklich so etwas hinter meinem Rücken geplant haben könnte. Doch mein Kopf hat bereits verstanden, was mein Herz nicht wahrhaben will. Als ich die Mail öffne, habe ich die Gewissheit.

Sehr geehrte Ms. Stanson,

wie Sie sicherlich bereits erfahren haben, hat Mr. Edwards ein Stipendium an unserer Academy erhalten. Da er uns mitgeteilt hat, dass Sie ebenfalls die Universität zum nächsten Semester wechseln möchten, benötigen wir dafür noch die Liste Ihrer bereits absolvierten Kurse an den Bradwood Studios sowie ein erneutes Motivationsschreiben. Da wir Sie möglicherweise ebenfalls für ein Stipendium in Betracht ziehen können, benötigen wir dafür noch den Link zu Ihrem Instagram-Profil.

Mit freundlichen Grüßen

Rita Rivièr

Eloise

Es ist später Nachmittag, als ich in meinem Zimmer auf dem Bett sitze und mir am Laptop *Der Herr der Ringe* anschaue. Nachdem ich den halben Tag versucht habe, Chase zu erreichen, und er sich nicht zurückgemeldet hat, fühle ich mich schrecklich. Einsam, allein und verraten. Natürlich habe ich darüber nachgedacht, wie es sein würde, wenn Chase tatsächlich die Uni wechseln würde. Und es hat mir Sorgen bereitet, ihn dann nicht mehr jeden Tag sehen zu können. Mir zieht es sogar brutal das Herz zusammen, wenn ich mir vorstelle, wie er dort drüben in Cannes ist, während ich hier studiere – ohne ihn. Doch die Bradwood Studios waren mein Traum, und nicht nur in den letzten Monaten, sondern auch in den vergangenen Wochen habe ich so hart dafür gekämpft, hierbleiben zu dürfen. Nie könnte ich all das aufs Spiel setzen, auch wenn ich keine Ahnung habe, wie das meine Beziehung zu Chase beeinflussen wird. Falls man es noch so nennen kann, nachdem er mir offensichtlich verschwiegen hat, dass er mich in Cannes empfohlen hat. Und da sein Vater jetzt davon weiß, bin ich nicht sicher, ob ich wirklich noch einen sicheren Platz hier habe.

Müde und enttäuscht schlage ich die Bettdecke über meinen Körper. Mir frösteln die Füße, und ich spüre mit jeder Faser meines frierenden Körpers, dass es so langsam immer herbstlicher wird. Ich schaue dabei zu, wie die Orks im zweiten Film Richtung Rohan marschieren, und versuche mit aller Macht, mich abzulenken.

Es funktioniert nicht wirklich, denn ich schaue beinahe minütlich auf mein Handy. Noch immer keine Nachricht von Chase. Alex und Sophie sind gemeinsam in der Stadt, um noch etwas Make-up zu kaufen. Schließlich ist bald Alex' erste Aufführung.

Als ich gerade kurz davor bin, zum gefühlt tausendsten Mal Chase' Nummer zu wählen, klopft es an der Tür.

»Hallo?«, frage ich und springe auf.

»Ich bin es«, höre ich dahinter die Stimme von Chase. *Na endlich!*

Mit wenigen großen Schritten bin ich an der Tür und reiße sie auf. Chase steht vor mir mit klatschnassen Haaren, die ihm am Kopf herabhängen. Sein grünes T-Shirt und die Sweatjacke darüber sind ebenfalls völlig durchnässt. Mit der Zunge leckt er sich einen Regentropfen von der Lippe, und an seinen Wimpern erkenne ich noch winzig kleine Tropfen. Er sieht aus, als wäre er längere Zeit durch den Sturm da draußen gerannt.

Ich öffne die Tür und bedeute ihm, dass er eintreten kann. Hastig gehe ich Richtung Kleiderschrank und krame daraus ein rotes Handtuch hervor. Dazu auch noch das Darth-Vader-T-Shirt, dass er mir nach seiner Hausparty mitgegeben hat. Beides werfe ich ihm auf mein Bett.

»Trockne dich ab und zieh dir etwas Trockenes an. Und dann erklärst du mir, was das hier soll«, sage ich und öffne auf meinem Handy die E-Mail der Dekanin aus Cannes.

Chase wischt sich das Wasser aus dem Gesicht und überfliegt die Nachricht. Binnen weniger Sekunden verwandelt sich sein müder Gesichtsausdruck in einen schuldbewussten.

»Also?«, frage ich und baue mich vor ihm auf, damit er mir nicht ausweichen kann.

Chase vergräbt die Hände in dem roten Handtuch und stößt dann ein Seufzen aus. »Ich hab das doch nur für uns getan«, murmelt er.

»Für uns? Chase, wie kommst du auf die Idee, dass ich die Uni wechseln werde? Es ist mein Traum, hier zu sein. Ich hab so hart darauf hingearbeitet. Das kann ich jetzt nicht über den Haufen werfen.«

Er schüttelt den Kopf. »Aber wieso denn über den Haufen

werfen? Du würdest doch trotzdem Filmjournalismus studieren! Für dich würde sich nichts ändern, außer dein Wohnort und der Tatsache, dass wir beide weiterhin jeden Tag zusammen wären.«

»Chase, darum geht es nicht. Alex ist hier! Mein Leben ist hier in Monaco. Es hat mich viel Kraft gekostet, mein ganzes Leben aus den USA hier rüberzuschaffen. Kraft, Energie und eine Menge Ausdauer. Und du hast mich nicht einmal gefragt. Du hast für mich eine Entscheidung getroffen, die ich gar nicht bereit war zu treffen. Das ist viel zu übergriffig.«

Chase' Augen weiten sich merklich. »Übergriffig?«, wiederholt er. »Und was hast du dann bei der Charity-Gala gemacht, als wir mit der Dekanin gesprochen haben?« In seiner Stimme klingt ein lauter Vorwurf mit.

»Wie bitte? Ich hab das für dich getan! Damit du von deinem Vater wegkommst, dem deine Träume völlig egal sind. Ich hab sie für dich auf das Studium angesprochen, damit du deinen Traum leben kannst.«

»Ja, und ich hab das da nur für uns getan!« Seine Stimme wird etwas lauter, und er betont das Wort »uns« extra stark, während er auf das Telefon in meiner Hand deutet.

Die plötzliche Wut in seiner Stimme geht mir durch Mark und Bein. Was tun wir hier eigentlich? »Gibt es überhaupt ein *uns*?«, frage ich leise.

Chase kommt auf mich zu und schaut mich aus seinen eisblauen Augen an. »Was sagst du denn da?«

»Du hättest das nicht anfragen dürfen. Ganz einfach.«

»Aber es ist doch noch nicht einmal etwas passiert. Was ist so schlimm daran, dass ich mit dir nach Cannes gehen will?« Ich fasse es nicht, dass er es einfach nicht kapiert. Es wäre gar nicht so schlimm, dass er mit mir nach Cannes gehen will. Es zeigt mir, wie sehr er mich mag. Aber in meinem Leben haben immer andere die Entscheidungen für mich getroffen. Mein Dad ist gegangen und hat sich nie mehr gemeldet. Meine Mutter hat mich allein gelassen und legt keinen Wert mehr auf meine Nähe, obwohl ich ihr Kind bin. Und das erste Mal im Leben, dass ich aus eigener Kraft etwas nur für mich geschafft habe, soll ich das auch nun über den Haufen schmeißen?

Chase fährt sich mit einer Hand durch die immer noch nassen Haare und atmet einmal tief durch, ehe er einen deutlich versöhnlicheren Ton anschlägt. »Hör zu, ich verstehe, dass du sauer bist, aber denk doch darüber nach. Wir könnten uns dort zusammen eine Wohnung suchen, du und ich. Das klappt schon alles.«

Verzweifelt schlage ich die Hände über dem Kopf zusammen. »Chase, von welchem Geld denn? Meine Mom hat sich die Hälfte meines Ersparten unter den Nagel gerissen. Dein Vater wird dir vermutlich – wobei, was sage ich da –, sogar ziemlich sicher den Geldhahn zudrehen. Denkst du, wir können von Luft und Liebe leben? Cannes ist nicht weniger teuer als Monaco. Du stellst dir das alles viel zu einfach vor.« Ich wünschte, es wäre einfacher. Die Sachen packen und gehen, wohin man will. Das geht nicht, wenn man wie ich als normaler Mensch ohne dickes Bankkonto zurechtkommen muss. »Es mag sein, dass das in deiner Welt immer schon alles sehr einfach war. Das ist es, was ich gemeint habe, als wir uns das erste Mal begegnet sind. Du schnippst mit den Fingern und findest vielleicht direkt Lösungen für deine Probleme. Oder du lässt andere welche finden. Aber in meiner Welt geht das nicht so einfach.«

Chase schaut mich mit ausdrucksloser Miene an. »Deine Welt und meine Welt, ja? Ich dachte, wir wären zusammen. Ich dachte, es gäbe ein Uns.« Die Traurigkeit in seiner Stimme zerreißt mir das Herz.

»Und ich dachte, ich bin endlich kein Teil mehr von euren Machtspielen«, antworte ich. »Dein Vater hat mir angeboten, einen absolut sicheren Studienplatz hier zu haben, wenn ich dich dazu bewegen könnte, hierzubleiben.« Jetzt ist es raus. Chase, der gerade das nasse Oberteil gegen das Darth-Vader-T-Shirt wechseln wollte, hält in der Bewegung inne und steht nun da wie eine nackte Statue, der irgendjemand Kleidung überstülpen will. »Was sagst du da?«

»Verstehst du es jetzt? Wir beide, Chase, das wird nie funktionieren. Er wird uns immer irgendwie in der Hand haben und versuchen, uns beide zu manipulieren. Geh nach Cannes und studiere und lebe deinen Traum. So wie ich es mir für dich wünsche. Aber triff keine Entscheidungen mehr für mich. Ich werde hierbleiben, und wenn ich fliegen sollte, dann nur durch die Entscheidungen, die ich für mich selbst getroffen habe. Seit du in meiner Nähe bist, stehe ich bei ihm unter ständiger Beobachtung, genau wie du. Er würde das mit uns niemals akzeptieren. Und ich kann nicht mit jemandem zusammen sein, der meine Entscheidungen für mich mit trifft.«

Chase kommt zu mir und greift nach meinem Arm. »Aber, Eloise, das meinst du doch nicht so. Nur wegen dieser kleinen E-Mail? Das ist doch nichts.« Er winkt ab und schüttelt wieder den Kopf. Ein paar winzig kleine Regentropfen lösen sich von seinen Haaren und spritzen mir direkt ins Gesicht. Ich spüre die leichte Kälte, als sie mich treffen. Außen und innen.

»Genau das ist das Problem. Für dich ist es nichts. Aber für mich bedeutet es alles, dass ich endlich allein meine Entscheidungen treffen kann. Jahrelang war ich an diesen Käfig gebunden, der sich mein Zuhause nannte, weil meine Mutter es mir so aufgebürdet hatte. Ich will mein Leben leben. Das bin ich mir schuldig.«

Chase lässt mich los und dreht sich von mir weg, geht zur Balkontür und schaut aufs Wasser. Einen Augenblick lang erfüllt nur das Prasseln der Regentropfen den Raum.

»Dann war es das?«, fragt er und starrt stumm aus dem Fenster.

Ich bekomme kein Wort heraus. Ich kann einfach nicht. Ich liebe ihn und alles, was wir zusammen erlebt haben. Aber er muss seinen Weg gehen und ich meinen. Anders wird keiner von uns beiden Frieden finden.

»Diese Stille ist Antwort genug«, sagt er und verlässt dann wortlos den Raum. Er lässt die Tür hinter sich zufallen, und ich breche in Tränen aus.

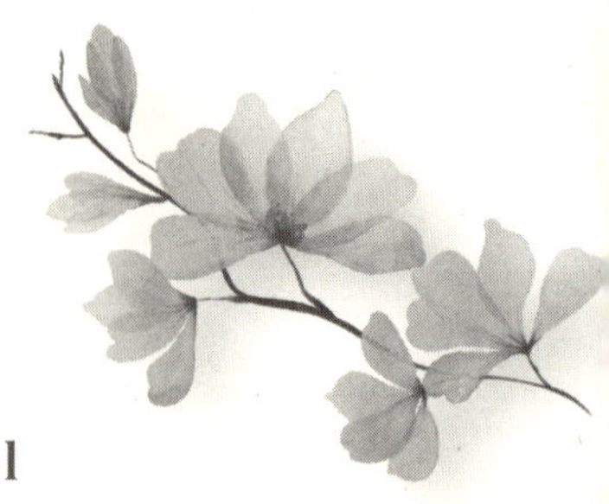

23. Kapitel

Einsamkeit

Eloise

Als der Regen am Abend endlich aufgehört hat, Monaco in ein zweites Atlantis zu verwandeln, habe ich mir eine dicke Übergangsjacke angezogen und von meinen luftigen Ballerinas, die ich sonst trage, zu etwas solideren Sneakern gewechselt. Die Stille in unserem Apartment hat mich beinahe um den Verstand gebracht, denn Alex und Sophie sind noch immer nicht vom Shopping zurückgekehrt, und ich brauche dringend frische Luft. Jedes Kleid in meinem Schrank, jede Faser meiner Bettwäsche, ja sogar das Fensterglas der Scheiben in unserem Apartment erinnern mich nun daran, dass Chase' und meine Geschichte vorüber ist. Wäre das hier ein Hollywoodfilm, hätte er kein Happy End. Kein glückliches Paar, das sich am Ende in den Armen liegt. Kein Kuss, der die beiden Verliebten für immer aneinanderbindet. Keine großen Worte und Versprechungen. Nichts. Der Deal zwischen Chase und mir ist erfüllt. Er hat, was er wollte, und ich bin noch hier an den Bradwood Studios. Noch. Denn was jetzt geschieht, hat nur sein Vater in der Hand. Ob ich ihm nun noch so sehr ein Dorn im Auge bin, dass ich diese Uni verlassen muss, weiß ich nicht. Doch gerade fühle ich mich nicht danach, zu kämpfen. Das Schicksal wird zeigen, was auf mich zukommt.

Ich ziehe den Reißverschluss meiner dunkelbraunen Jacke bis oben zu, weil die kalte und nasse Luft mich frösteln lässt. Jeder Atemzug fühlt sich kalt und nass in meinen Lungen an. Die Hände vergrabe ich in meinen Jackentaschen und laufe ein Stück bis zu dem einzigen Ort, an dem ich mich kurz sammeln kann. Ich folge dem kleinen Trampelpfad bis hin zu der Stelle, an der, versteckt zwischen einigem Gestrüpp, noch immer die schmale weiße Metallbank steht. An sonnigen Tagen leuchtete sie strahlend hell. Doch jetzt, da der Weg kalt, nass und verregnet ist, das Meer peitschend und die Wellen hoch und eisig, sieht die Bank aus wie ein Überbleibsel aus besseren Tagen. Wassertropfen perlen daran ab wie kleine Tränen, und erneut fühlt sich mein Herz an, als hätte man es in einen Schraubstock geklemmt. Jemand schraubt und schraubt und presst es immer mehr zusammen, bis ich das Gefühl habe, dass es bricht.

Ich erreiche die klitschnasse Bank und komme daneben zum Stehen. Über Monaco liegt heute kein strahlender Sonnenschein mehr, sondern ein trüber Dunst aus Trauer, Wut und Enttäuschung. Wer weiß, vielleicht fühlt das Wetter ja mit, und deshalb ist gerade heute alles so anders als sonst. Selbst die Jachten unten im Hafen, die ich von hier so gut erkennen konnte, wirken nur noch wie verschwommene kleine Bojen in der unbändigen See.

Ich bleibe eine Weile neben der Bank stehen, die hier mein Lieblingsplatz gewesen ist. Ich verschränke die Arme vor meinem Körper und atme noch einmal die salzige Meeresluft ein, die ich so sehr an Monaco mochte. Doch heute kann sie mich nicht auf andere Gedanken bringen. Ein kalter Windzug streift mein Gesicht und schneidet meine Haut wie ein scharfkantiges Schwert. Ich lege meine Hände an die Wangen und versuche, die Wärme in mein Gesicht zurückzuholen, doch es funktioniert nicht, denn Träne um Träne rinnt mir die Wangen hinunter.

Ich nehme einen weiteren zitternden Atemzug und starre auf den Platz neben mir. Langsam fahre ich mit dem Finger über das weiß lackierte Metall. In einer einfacheren Welt würde Chase jetzt neben mir sitzen, und wir könnten darüber fachsimpeln, welche Uni wohl den besseren Unterricht anbietet. Ich stelle mir vor, wie er ganz begeistert von Cannes ist, während ich die Bradwood Studios eisern verteidige. In einer besseren Welt würde sein Vater uns endlich akzeptieren. Er würde Chase sein Leben leben lassen und mich als gut genug für seinen Sohn erachten. In einer besseren Welt … ach, verdammt. Die gibt es einfach nicht.

Meine Glieder schmerzen bei dem Gedanken daran, dass Chase vielleicht eine Miniaturausgabe seines Vaters ist. Er wollte sich in mein Leben einmischen, so wie sein Vater es bei ihm tat. Ein eiskalter Schauer läuft mir über den Rücken, als ich begreife, dass ich zwar Menschen wie Alex und Sophie um mich habe, aber was meine Zukunft angeht, doch wieder allein dastehe. Und vielleicht ist das die bittere Erkenntnis meines Lebens: Ich kann mich nur auf mich selbst verlassen. Bin dazu verdammt, den Rest meines Lebens durch die Welt zu stapfen ohne einen richtigen Ankerpunkt. Möglicherweise sollte mich Moms egoistische Art nur auf das wahre Leben vorbereiten. Das wahre Leben, in dem jeder von uns sich am Ende doch nur selbst der Nächste ist. Bei der Vorstellung, verschwimmt mein Blick nur noch mehr.

Eine halbe Stunde später erreiche ich wieder unser Apartment, und vor mir steht eine hibbelige Alex und eine finster dreinblickende Sophie. Als ich die Tür hinter mir schließe, sitzen beide auf Sophies Bett und sortieren einige Fotos.

»Was macht ihr da?«, frage ich und bemühe mich, nicht allzu traurig zu klingen. Ich kann nicht riskieren, dass sie mich fragen, wie es mir geht. Ich würde es ihnen zwar nur zu gerne sagen, doch wenn ich einmal den Mund öffnen und es aussprechen würde – mein Herz könnte all das nicht ertragen. Nicht heute zumindest. Nicht jetzt.

»Wir sortieren einige der Fotos, die Sophie in letzter Zeit gemacht hat«, sagt Alex und hält mir ein Bild hoch, auf dem ich von Weitem die Umrisse dreier Personen erkenne.

Als ich näher komme, kann ich uns drei darauf ausmachen und erinnere mich sofort. »Das Bild haben wir gemacht, als wir auf Chase gewartet haben. Vor dem Japanischen Garten.« Seinen Namen zu sagen, schmerzt. Ich lasse mich auf mein Bett fallen und entledige mich meiner Jacke und meiner Schuhe.

»Das ist ein schönes Bild von uns dreien. Ich finde, wir sollten das einrahmen«, sagt Alex, als ich ein Schniefen höre. Ich blicke auf und erkenne, dass Sophie ein leichtes Schluchzen von sich gibt. Alex schaut zu mir rüber, dann zu unserer Freundin.

»Hey, Sophie, was ist los?«, frage ich und rücke meine Sorgen für einen Moment in den Hintergrund. Sie ist die Tougheste von uns dreien, und wenn sie weint, muss irgendwas Ernstes passiert sein.

»Ach, es ist nichts. Wirklich«, murmelt sie und wischt sich eine Träne von der Wange.

»Sag schon«, fordere ich sie auf und lege behutsam meinen Arm auf ihre Schulter. Sophie sieht zu Alex, die nickt. Anscheinend weiß sie mehr als ich.

»Als wir vorhin unterwegs waren, kam die Absage von dem Fotowettbewerb. Sophie kam nicht weiter«, sagt meine beste Freundin mit bedauerndem Blick.

Verdammt. Mein Herz wird mir schwer. Auch wenn wir wussten, dass es nicht einfach werden würde, den Preis zu gewinnen – ich hatte es Sophie so sehr gegönnt.

»Das tut mir leid. Aber ich bin mir sicher, das nächste Mal wird es das Richtige sein«, flüstere ich ihr zu und streiche ihr die roten Strähnen aus dem verweinten Gesicht.

»Ich weiß. Ich weiß auch, dass es bescheuert ist, wegen so was zu weinen. Ich weine nie. Aber ich hatte so gehofft, dass das meine Chance sein könnte. Wisst ihr, Alex spielt demnächst eine der zwei Hauptrollen im Theaterstück, und du bist mit Chase zusammen und hast deinen Platz an der Uni endlich gefunden. Es lief für uns alle so gut, und irgendwie hatte ich da die trügerische Hoffnung, es könnte klappen.« Bei dem, was Sophie über Chase und mich sagt, möchte ich mich am liebsten übergeben. Nicht, weil ich ihre Worte so verabscheue, sondern vielmehr mich selbst, weil ich ihnen nicht sage, was heute passiert ist. Doch ich könnte es nicht ertragen, jetzt mit ihnen darüber zu sprechen. Schon gar nicht, wenn es um Sophie geht. Ich drücke ihr einen Kuss auf den Haaransatz und lehne meinen Kopf gegen ihre Schulter.

Alex legt die Fotos weg und umarmt uns beide ebenfalls. In diesem Moment halte ich in Gedanken die Zeit an und verharre in dem Augenblick. Ich will nicht, dass er endet. Ich will einfach nur hier bei meinen Freundinnen sein und vergessen, dass ich das hier bald vielleicht nicht mehr haben könnte.

»Was war denn bei dir heute so los?«, fragt Alex mich, als wir uns voneinander lösen. Plötzlich runzelt sie die Stirn, als würde sie ahnen, dass etwas passiert ist. »Ach, ich wollte eine Filmkritik drehen. Aber wegen des miesen Wetters habe ich keinen geraden Satz herausbekommen, und jetzt habe ich Sorge, dass ich mich wegen so was draußen auch noch erkältet habe. Ich will mich einfach nur hinlegen und schlafen.« Ich winke ab und gehe hinüber zu meinem Bett, doch ich spüre noch immer ihren Blick in meinem Rücken.

»Du würdest uns doch aber sagen, wenn irgendwas wäre, oder?«, hakt Alex noch mal nach.

Ich schließe die Augen und atme tief durch. »Aber klar doch«, entgegne ich und schenke ihr ein unverbindliches Lächeln, ehe ich mich hinlege und die Augen schließe.

Chase

»Du willst wirklich einfach schon gehen? Das Semester ist doch noch gar nicht vorbei«, murmelt Stuart und klopft gegen die offene Tür meines Zimmers.

Angela, verdammt. Ich habe ihr gesagt, ich möchte niemanden sehen. Seufzend schnappe ich mir ein Langarmshirt von dem Kleiderstapel auf meinem Bett und lege es sorgsam in den dunkelblauen Koffer auf dem Boden. Dann nicke ich. »Ja, es ist besser so. So habe ich die letzten Semesterwochen und die Ferien, um in Cannes richtig Fuß zu fassen. Ich werde mir da einige Wohnungen anschauen und vorübergehend erst mal im Hotel wohnen«, entgegne ich, ohne ihn anzusehen.

Plötzlich lässt er sich neben die Klamotten auf das Bett fallen. »Du weißt, dass das großer Bullshit ist, was du da gerade veranstaltest? Das mit dir und Eloise so aufzugeben, nachdem ihr im Streit beide einfach nur sture Idioten wart, ja?«

Mein Magen zieht sich schmerzhaft zusammen, und jede Pore meines Körpers bäumt sich krampfartig gegen dieses dumpfe Gefühl in meinem Herzen auf, das mich Eloise vermissen lässt. Ich will mich weigern, es zuzugeben, doch sie fehlt mir unendlich. Seit unserem Streit habe ich sie nicht mehr gesehen, bin zu keinem Kurs mehr gegangen und habe den Campus gemieden wie der Teufel das Weihwasser. »Mag sein. Aber sie will nicht mit mir weggehen«, sage ich und falte eine meiner dunkelblauen Anzughosen zusammen. »Sie hat ihre Entscheidung getroffen, Stu.«

Stuart steht auf und klatscht resigniert in die Hände, wobei seine silbernen Ringe leise klirren. Aus dem Augenwinkel heraus betrachte ich, wie er durch mein Zimmer läuft. Das rote Hemd an seinem Körper leuchtet dabei wie eine Ampel.

»Super, dann tun wir einfach weiter so, als wäre es das Ende der Welt, dass sie hierbleiben möchte. Verdammt noch mal, Chase. Ich dachte, von uns beiden bist du immer der Vernünftigere gewesen. Willst du dir nicht einfach mal für einen Moment vorstellen, wie es ihr geht? Sie ist zu einem richtigen Spielball in dem Machtkampf zwischen dir und deinem Vater geworden. Hast du schon mal daran gedacht, dass sie einfach nur entspannt ihr Studium meistern will? Und ist dir in den Sinn gekommen, dass es auch so was wie Fernbeziehungen gibt? Du kannst mit ihr zusammen sein, auch ohne dass ihr euch jeden Tag sehen müsst. So was geht, stell dir mal vor. Eure Beziehung muss nicht vorbei sein, nur weil sie ihren Traum nicht für deinen aufgeben will.«

Noch nie, seit ich Stuart kenne, hat er mir so ins Gewissen geredet. Mag sein, dass unsere Unterhaltungen auch noch nie derart ernster Natur waren.

»Auf welcher Seite bist du eigentlich?«, hake ich nach, obwohl ich jedes Wort, das aus seinem Mund kommt, absolut verstehen kann.

»Jetzt gerade zumindest nicht auf deiner. Kannst du dir nicht vorstellen, dass alles einfacher wäre, wenn du noch mal mit deinem Vater sprichst? Bitte ihn, Eloise außen vor zu lassen. Sag ihm, er soll sie hier studieren lassen, ganz in Ruhe und ohne irgendeinen Druck von außen. Finde deinen Frieden mit ihm, und dann geh meinetwegen jetzt schon nach Cannes. Aber lass hier nicht alles so ungeklärt stehen und liegen.«

Ich werfe einen weiteren Pulli in den Koffer und drehe mich schließlich zu Stuart um. Ich balle die Hand zur Faust, wieso, weiß ich nicht genau. Vielleicht, um mir selbst eine reinzuhauen. Verdient hätte ich es offenbar.

»Sie fehlt mir so, Stu.« Die Worte verhallen, kurz nachdem sie meine Lippen verlassen haben.

Stuart kommt auf mich zu, und zum ersten Mal in unserem Leben umarmen wir einander. Es ist ungewohnt und komisch und peinlich und irgendwie genau das, was ich gerade brauche. »Ich weiß. Und deshalb musst du das klären.«

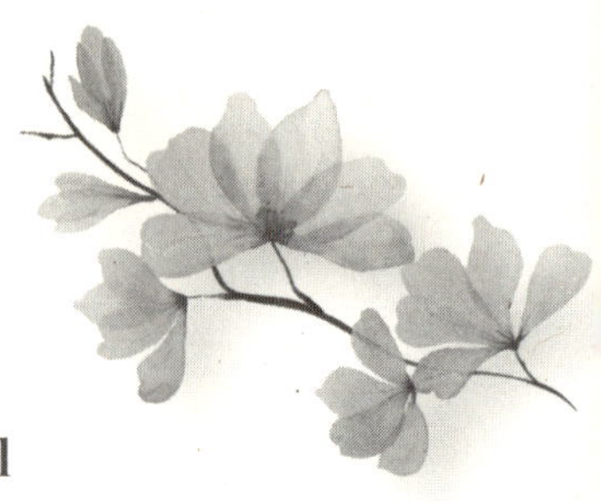

24. Kapitel

Konfrontationen

Eloise

Die nächsten zwei Wochen verbringe ich damit, meinen beiden Freundinnen nur noch aus dem Weg zu gehen. Ich stehe früher auf als sie, komme spätabends erst in das Apartment zurück und weigere mich auch sonst, auch nur die kleinsten Dinge mit ihnen zu unternehmen. Zu groß ist die Angst davor, wie sie reagieren, wenn sie erfahren, was zwischen Chase und mir vorgefallen ist. Und vor allem, wenn ich ihnen erzähle, dass ich nicht sicher bin, wie lange ich noch hier in Monaco bleiben kann.

Ich stelle mir vor, wie Alex ein »Ich hab's doch gesagt« entweicht, während Sophie versucht, seine Partei zu ergreifen. Beides kann ich gerade einfach nicht ertragen. Zudem will ich erst selbst schauen, ob ich meinen Studienplatz irgendwie retten kann. Bisher fällt mir nur nichts ein, was ich tun könnte, außer Mr. Edwards auf Knien anzubetteln, dass er von mir ablässt. Lediglich der kleine Rest Stolz hindert mich daran, hinzugehen, doch auch der bröckelt langsam, aber sicher.

Zwei Wochen lang kämpfe ich bereits mit mir selbst und erledige nur noch das Nötigste. Ich gehe zu meinen Kursen, doch auch das bedeutet für mich die Hölle. Zwar habe ich Chase seit unserem Streit nicht mehr gesehen, doch das ist es nicht. Viel schlimmer sind die Erinnerungen an all unsere gemeinsamen Momente, die zwischen den Mauern der Bradwood Studios umherwandern. Wie fiese kleine Geister sind sie immer dort, wo ich gerade bin, und erinnern mich daran, was nicht mehr da ist. Ob ich nun kurz in der Cafeteria sitze und an unser erstes Treffen denke oder ob ich am Springbrunnen vorbeilaufe, dessen Delfinfigur mir die Wassertropfen ebenso entgegenspritzt wie die Erinnerung an unser erstes tiefgründiges Gespräch. Chase ist überall.

Die letzten zwei Wochen habe ich es trotzdem irgendwie geschafft, weiterzumachen. Bis heute. Denn heute wäre der Tag, an dem Chase und ich unsere Präsentation hätten halten müssen. Unser Video bei Ms. LaCroix. Doch wie es der Zufall will, hat er die Aufnahmen von mir und ich nur eine Einzige von ihm. Zwar habe ich vorgehabt, unsere Dozentin auf sein Fehlen im Kurs anzusprechen, habe es dann aber doch aus irgendeinem Grund nicht gemacht. Stattdessen habe ich geschwiegen. Doch heute plagen mich deshalb so starke Bauchschmerzen, dass ich nicht anders kann, als mich im Bett zu winden. Ich bemühe mich, den stechenden Schmerz in der Magengegend zu ignorieren, damit ich Alex und Sophie nicht wecke, und als es mir endlich gelingt, das fiese Gefühl zu verdrängen, schlage ich die Bettdecke über meinen Kopf und lasse den Tränen freien Lauf. Ich wusste, dass mein Projekt mit Chase bedeuten könnte, dass ich damit auf die Nase falle. Ich wusste es. Doch nach all den Dingen, die zwischen uns passiert sind, hätte ich nie gedacht, dass am Ende nicht er durchfällt, sondern ich. Denn wenn ich das Projekt heute nicht abgebe, gibt es für mich keine Note und somit auch keine Abschlussprüfung. Wobei das nach diesem Semester vielleicht ohnehin keine Rolle mehr spielt.

Ich ignoriere die Kopfschmerzen, die mir diese Gedanken bereiten, und schnappe mir mein Handy vom Nachttisch, um den Wecker auszuschalten. Mein Herz fühlt sich bleischwer an in meiner Brust, als ob es sich schwerer machen würde, damit ich nicht aufstehen muss.

Müde und kaputt bleibe ich im Bett liegen und akzeptiere, dass heute der Tag ist, an dem ich grandios an mir selbst gescheitert bin.

»Eloise?«, ertönt die Stimme von Alex. Ich schlage die Bettdecke zurück und werfe meiner besten Freundin einen verschlafenen Blick zu. Sie steht neben dem Kopfende meines Bettes und hat sich zu mir heruntergebeugt.

»Geh weg«, murmele ich leise.

Alex beugt sich so weit nach vorn, dass ihre Nasenspitze beinahe die meine berührt. »Vergiss es. Irgendwas ist doch los. Sophie und ich haben heute frei. Aber du nicht. Du hättest heute deine Präsentation. Aber wenn ich auf die Uhr schaue, fällt mir auf, dass der Termin längst vorbei ist. Warst du denn gar nicht da?« Der Unterton in ihrer Stimme klingt sorgenvoll, aber auch bevormundend. »Alex, lass mich in Ruhe. Ich kann allein entscheiden«, antworte ich ihr trotzig und ziehe die Decke wieder über meinen Kopf. Die Bauchschmerzen von vorhin machen sich wieder bemerkbar, wie ein stetiges Boxen in meine Magengrube pulsieren sie mit dem in meinem Kopf um die Wette.

»Sophie, Krisensitzung«, ruft Alex. Durch die Decke auf meinem Kopf erkenne ich nicht, wo Sophie gerade in unserem Zimmer ist. Doch dann spüre ich, wie sie sich auf meine linke Bettseite setzt.

»Hör zu, ich akzeptiere, wenn du mal schlecht drauf bist und dich etwas von uns abkapselst. Das ist verständlich, schließlich leben wir zusammen, und jeder braucht irgendwann mal seine Ruhe. Aber was du machst, ist nicht mehr normal. Seit zwei Wochen verkrümelst du dich morgens als Erste, obwohl wir manche Kurse zusammen haben. Du isst nicht mehr gemeinsam mit uns, und abends schläfst du schon ganz früh oder kommst spät nach

Hause. Du erzählst nicht, wo du herkommst, und die einzige Sache, der du dich mehr oder weniger widmest, ist Instagram. Ich sehe die Beiträge, die du postest, auch wenn es immer nur kurze Infos darüber sind, welchen Film du als Letztes geschaut hast und wie er dir gefiel. Ich habe mich zusammengerissen, weil ich dachte, dass du nur etwas Abstand brauchst. Aber bisher bist du wenigstens zu deinen Kursen gegangen. Und das ist es, was mich irritiert. Du wolltest dieses Studium so sehr, und jetzt kommst du nicht mal aus dem Bett? Was. Ist. Los?« Ihre Frage pocht in meinem Ohr wie das gewaltige Hämmern an einer hölzernen Tür. Immer und immer wieder habe ich versucht, diesem Gespräch aus dem Weg zu gehen. Doch jetzt, da sie hier sitzen und mich mit zusammengekniffenen Augen anstarren, habe ich kaum eine andere Wahl, als ihnen zu sagen, was los ist.

»Du liebst doch dein Studium. Und schau, dieses Projekt mit Chase war dir so wichtig, dass du ihm sogar Nachhilfe gegeben hast. Du hast all das auf dich genommen, und jetzt, da du das Projekt vorstellen musst, gehst du nicht hin? Was sagt denn Chase dazu, dass er das allein machen muss?«, fragt Sophie, die gerade dabei ist, ihre schwarzen Haare zu einem Zopf zu flechten.

»Er kann nichts sagen, weil er hier nicht mehr studiert.« Alex und Sophie werfen einander fragende Blicke zu. Sie können es ja gar nicht wissen. Sie haben keinen Kurs mit Chase und mir zusammen.

»Wie jetzt?«, fragt Alex und schaut mich mit einem Stirnrunzeln an.

»Er war seit zwei Wochen in keinem Kurs mehr. Er hat sogar die Ausgabe des Tests in Medienrecht verpasst, obwohl er bestanden hat.«

»Okay, müssen wir dir alles aus der Nase ziehen, oder erzählst du uns jetzt langsam mal, was wirklich passiert ist?« In Alex' Stimme liegt ein lauter Vorwurf.

Seufzend gebe ich auf und erzähle ihnen alles. Alles über das Studienangebot aus Cannes und wie Chase mich ebenfalls vorgeschlagen hat. Ich erzähle ihnen von meinem Treffen mit Mr. Edwards und meinem Streit mit Chase. Ich erzähle ihnen, wieso ich mit niemandem darüber sprechen wollte: weil ich ihre bedauernden Blicke nicht ertragen hätte. Meine Stimme hört sich monoton an, während ich erzähle. Sie hört sich an, als hätte ich längst aufgegeben.

Als Alex aufschaut, sehe ich Tränen in ihren blauen Augen schimmern. »Das war es die ganze Zeit? Er hat dich hinter deinem Rücken der anderen Uni vorgeschlagen, dich zu nehmen?« Ich nicke, und sie drückt meine Hand. »Ach, Elli.« Zu meiner Überraschung liegt in ihrem Ton oder ihrem Blick keinerlei Wertung.

Schließlich ist es Sophie, die die Stille zwischen uns dreien unterbricht. »Okay, ich lasse es jetzt mal so stehen, dass du Angst hattest, wir würden so was sagen wie ›War ja klar‹. Aber können wir kurz darüber sprechen, wovor du genau Angst hast? Ich meine, du könntest doch einfach mit ihm nach Cannes gehen.«

Ich frage mich, warum gerade sie es ist, die mich nicht etwas besser versteht. Immerhin weiß sie, dass ohne Geld nicht alles so einfach läuft. »Weil die Bradwood Studios mein Traum sind. Es ist die beste Academy für alle möglichen Filmstudiengänge. Wieso sollte ich wechseln, wenn ich nicht zwingend muss? Wie sieht das außerdem auf meinem Lebenslauf aus, wenn ich nach einem Semester an eine Uni wechsele, die weniger angesehen ist. Ich habe mir das Stipendium erarbeitet, ich habe so vieles auf mich genommen dafür. Und dank meiner Mom habe ich kaum noch Geld, und es reicht definitiv nicht mehr für einen Umzug. Darum geht es auch nicht. Ich könnte mir durchaus vorstellen, mit Chase irgendwann zusammenzuziehen. Aber es ist sein Traum dort drüben in Cannes. Nicht meiner. Das funktioniert nicht.«

»Elli, am Geld wird es bestimmt nicht scheitern, falls du nach Cannes gehen würdest. Ich kann dir was geben. Du bist wie eine

Schwester für mich, und in einer Familie ist das kein Thema. Wenn du aber hierbleiben willst, dann führt doch einfach eine Fernbeziehung«, schlägt Alex vor.

Resigniert schüttele ich den Kopf. »So was funktioniert doch in den seltensten Fällen«, antworte ich und setze mich endlich auf. »Zudem wird das von Atlanta aus noch deutlich schwieriger als von hier.«

»Das letzte Wort ist da noch nicht gesprochen, das versprech ich dir. Und wenn ich persönlich zum Aufsichtsrat muss.« Alex klingt entschlossen, und ich habe keine Zweifel, dass sie ihre Worte tatsächlich in die Tat umsetzen würde. »Aber das mit Chase und dir, das ist einfach. Warum denkst du, dass es nicht funktionieren könnte? Wenn ihr es beide wollt, ist es einen Versuch wert. Das ist besser, als sich gegenseitig etwas vorzuwerfen, obwohl es jeder von euch nur gut meint. Ihr seid einfach zwei riesige Sturköpfe.« Alex zuckt mit den Schultern und wirft Sophie einen fragenden Blick zu, als wollte sie ihre Meinung dazu hören.

»Ich sehe es genauso. Ja, er hat Mist gebaut und hätte dich definitiv fragen müssen. Aber selbst wenn ihr es besprochen hättet und du dennoch hiergeblieben wärst – hättest du dann auch Schluss gemacht? Du wirst nie herausfinden, ob es geklappt hätte, wenn ihr es nicht probiert.« Alex stemmt die Hände in die Hüften und schaut mich entschlossen an. »Ich rufe Mom an. Vielleicht kennt sie irgendwen in der Anwaltsbranche, der auf Hochschulrecht spezialisiert ist. Vielleicht können die uns sagen, ob dich dieser Mr. Edwards wirklich einfach so aus dem Studium kicken kann. Wir geben nicht kampflos auf!« In ihrer Stimme liegt eine Entschlossenheit, die mich beinahe ansteckt. Doch noch fühle ich mich leer und müde.

Bis Alex mit ihrer Mom gesprochen hat, kann ich auch erst mal im Bett bleiben. Meine Kopfschmerzen bringen mich noch um. Ich rolle mit den Augen und lege mich wieder hin, doch Alex zieht förmlich an meinen Füßen.

»Kommt gar nicht in die Tüte, Eloise! Du stehst auf, ziehst dich an und gehst zu Ms. LaCroix.«

»Was soll der Unsinn? Der Kurs ist seit anderthalb Stunden vorbei«, murmele ich, stehe jedoch genervt auf.

»Jetzt hör mir mal zu. In wenigen Wochen, kurz vor dem Abschluss des Semesters, führt meine Theatergruppe *Ödipus* auf. Und bis dahin wirst du zu jedem Kurs gehen, in den du eingetragen bist. Ich will, dass du noch an dieser Academy bist, wenn ich die Mutter des Ödipus spiele, hast du mich verstanden, Elli? Ich habe keine Lust drauf, dass meine beste Freundin suspendiert wird. Nicht, weil sie ihre Leistungen nicht erbringt. Das wärst nämlich nicht du.« Der Ton in ihrer Stimme ist eindeutig. *Tu, was ich sage, oder du wirst es bereuen.*

»Okay, ich stehe ja schon auf. Aber der Kurs ist ja trotzdem für heute vorbei.«

Sophie schüttelt den Kopf, während sie zum Kleiderschrank geht und mir ein paar Sachen heraussucht, die ich anziehen kann. Als sie wiederkommt, legt sie mir einen grünen Pulli, eine enge Jeans und meine weißen Sneaker raus. »Geh zu LaCroix und erkläre ihr, was mit Chase ist und dass du das Projekt alleine fertig machst. Haben wir uns verstanden?«

Chase

Seit zwei Wochen habe ich Eloise nun schon nicht mehr gesehen. Ich war in keinem meiner Kurse mehr, und auch sonst gehe ich nur noch für die notwendigsten Sachen vor die Tür, da inzwischen auch Angela sich weigert, mir jede Kleinigkeit zu holen. Zwar geht sie noch für mich einkaufen, aber da ich in der Zwischenzeit so viel gemalt habe und neue Stifte brauchte, wollte sie sich meine Mitleidsnummer nicht mitansehen, weshalb ich vor ein paar Tagen in die Stadt musste. Doch bis auf diesen kleinen Exkurs war ich fast nur zu Hause und habe gepackt. Fluch und Segen zugleich. Denn nicht nur in Monaco selbst erinnert mich alles an meine Beziehung mit Eloise, sondern auch hier in meinem Haus.

Ich fahre mit den Fingern über den blauen Bezug meines Bettes und spüre den weichen Stoff auf meiner Haut. Sofort flammen in mir die Erinnerungen an unsere gemeinsamen Nächte auf, und das Herz wird mir schwer. Zerwühlte Bettlaken, heiße Küsse, Berührungen an all den empfindlichen Stellen unserer Körper und ihr Gesicht immer ganz nah an meinem. Hastig schüttele ich den Kopf und versuche, die Erinnerungen zu verdrängen. Heute werde ich abreisen, nach Cannes. Es ist bereits Oktober, und das Semester endet in wenigen Wochen. Zu verlieren habe ich nichts mehr, und meine fehlenden Dokumente sind alle eingereicht. Es gibt kein Zurück. Auch wenn heute der schlimmste Tag im Jahr ist.

Ich lasse meinen Blick noch ein letztes Mal durch mein Zimmer gleiten, dann stehe ich auf und rolle beide Koffer zur Zimmertür.

Ich kann Eloise nicht verdenken, dass sie nicht mit mir nach Cannes gehen will. Und trotzdem schmerzt es, dass sie hierbleiben wird. Sie hat ihre Entscheidung getroffen und ich meine.

Als ich mit dem Gepäck unten ankomme, mache ich mich noch ein letztes Mal auf ins Atelier. Hier, wo ich in den vergangenen zwei Wochen mehr Zeit verbracht habe als in den gesamten fast drei Semestern an den Bradwood Studios. Ständig fehlte mir die Inspiration. Doch in den vergangenen Tagen habe ich gezeichnet wie verrückt. Ich öffne die Tür zu meinem Kreativraum, und sofort fällt mein Blick auf die vielen Blätter, die lose auf dem Schreibpult herumliegen. Ich habe sie noch nicht geordnet, weil ich nicht wusste, welches mir am besten gefällt. Langsam stapfe ich hinüber zum Pult und nehme die einzelnen Bilder in die Hand. Ich betrachte die Porträts von Mom, die ganz oben liegen. Sie habe ich schon vor etlichen Tagen gezeichnet. Ich wollte sie vor dem heutigen Tag fertig haben. Auch nach all den Jahren ist es mir fast unmöglich, ihr Gesicht zu vergessen. Ihre langen Haare, die ihr über die Schulter hängen und fast bis zu ihrer Taille reichen, ihre großen Knopfaugen, die sie zweifelsohne nicht an mich weitergegeben hat. Und ihre schlanke, sportliche Figur. Das war meine Mutter. Bis sie starb. Heute vor neun Jahren. Ich lege die Bilder beiseite und blicke auf die ganzen anderen, die ich in der letzten Zeit gemalt habe. Definitiv meine besten Werke. Selbst die ganzen Zeichnungen von meinen Filmfiguren können da nicht mithalten. Niemals könnte irgendwas damit mithalten, mit den feinen Linien, die ihre Gesichtszüge umschmeichelten, dem Grün ihrer Augen. Doch diese Bilder sind jetzt Teil der Vergangenheit. Soll Angela sie irgendwo einheften. Obwohl ich weiß, dass ich mich in Bewegung setzen sollte, kann ich es nicht. Aber es muss sein. Denn ein Gespräch muss ich noch führen.

Ich trete wieder in den Flur im Erdgeschoss und bahne mir den Weg vorbei an all den Türen, die zu Vaters Arbeitszimmer führen. Nur in einen Raum muss ich jetzt noch, dann holt mich Simon ab.

Schließlich stehe ich vor einer schweren, doppelflügeligen weißen Holztür. Als ich die goldenen Klinken mit den rosenförmigen Verzierungen darauf herunterdrücke, betrete ich unseren Kinosaal. Unser kleines Heimkino. Der Ort, den ich nur für Filmabende aufsuche. Und den mein Vater nur ein einziges Mal im Jahr betritt. Einmal im Jahr, an ihrem Todestag. Um all die alten Videos von ihr zu schauen.

Ich lasse meinen Blick durch den Saal schweifen, der eigentlich kein richtiger Saal ist. Nur fünfzehn Leute haben hier Platz und können auf drei Reihen verteilt in bequemen dunkelroten Ledersitzen Platz nehmen.

Ich gehe hinunter zu dem Platz, auf dem mein Vater sitzt. Vorbei an den ersten beiden Sitzreihen, die sich perfekt in die weinroten, schalldichten Wände und den rauen schwarzen Teppich einfügen. An der Wand links neben mir sind kleine Lichtspots angebracht, die demjenigen folgen, der die kurze Treppe in dem Raum hinabsteigt. Mein Vater schaut hinauf zu der großen Leinwand an der Wand vor uns. Darauf zu sehen ist meine Mutter, wie sie mit mir das Fahrradfahren übt. »Chase, pass auf, da vorne ist eine Laterne«, ruft sie und läuft mir hinterher, als ich mit fünf Jahren endlich ohne Stützräder fahren wollte. Der Wind saust dabei durch ihre pechschwarzen Haare.

»Hör auf deine Mutter«, hört man im Video meinen Vater sagen, der die Kamera hält. Während ich auf einem Fußweg vor unserem alten Haus fahre, läuft meine Mutter mir hinterher, sodass ihr rot-weiß geblümtes Kleid hinter ihr herweht.

Ich nehme die letzte Stufe und setze mich links neben meinen Vater. Ich schaue ihn an, doch er starrt nur hinauf zur Leinwand. Seine grauschwarzen Haare stehen ein wenig zerzaust vom Kopf ab, und die ohnehin schon etwas tieferen Falten in seinem Gesicht zeichnen sich im gedämpften Licht des Kinos noch mehr ab.

»Sie war wunderschön«, sagt er, den Blick auf die Leinwand gerichtet.

»Ich hab gepackt«, flüstere ich, sobald das Video langsam verblasst und mein jüngeres Ich eifrig in die Pedale tritt.

»Dann ist es also so weit.«

»Ich hab's dir gesagt.«

Mein Vater würdigt mich keines Blickes, doch ich erkenne, dass sich in seinen Augen Tränen sammeln. Meinetwegen? Oder wegen meiner Mutter? »Weißt du, ich hab immer gehofft, dass du den Namen Edwards in die Welt hinaustragen kannst, und zwar mit Stolz. Ich wollte dich in meinen Fußstapfen sehen, weil ich dann wenigstens eine Sache richtig gemacht hätte.«

»Du redest von Moms Tod.«

Mein Vater nickt. »Es gibt keinen Tag, an dem ich nicht bereue, was passiert ist.« Seine Unterlippe beginnt leicht zu beben. Ihn so zu sehen, ist wie ein glühend heißer Nadelstich in meinem Herzen.

»Aber es war nie deine Schuld.«

»Vielleicht nicht. Aber ich habe gehofft, dass ich dir meinen Weg in der Filmbranche ebnen kann, damit du mir eines Tages verzeihen kannst, dass sie nicht mehr hier ist.«

Es ist das ehrlichste Gespräch, das wir seit Langem führen. Keine gehässigen Kommentare, keine herablassenden Blicke. Nur ein Mann, der kurz davor steht, alles zu verlieren. Es lässt mich nicht kalt, ihn so zu sehen. Doch ich bleibe erstaunlich ruhig. Viel zu lange habe ich mir Einsicht von ihm gewünscht. Ich bin nicht sicher, ob es nicht zu spät ist.

»Und deshalb warst du all die Jahre so harsch zu mir? Du hast es eben selbst gesagt, es war dein Weg, den du mir ebnen wolltest. Jetzt gehe ich meinen eigenen und zahle einen hohen Preis dafür.«

Mein Vater nickt kaum merklich, ehe auf der Leinwand ein Video startet, das ihn und meine Mutter auf ihrer Hochzeit zeigt. Sie trägt ein ausladendes, elfenbeinfarbenes Kleid mit herzförmigem Ausschnitt und langer Schleppe. Er einen einfachen schwarzen Anzug mit weißem Revers und schwarzer Fliege. Damals sah mein Vater noch so jung aus. Keine Geheimratsecken, muskulös und etwas schlanker. Und ich komme nicht umhin, mich zu fragen, wie meine Mutter heute wohl aussehen würde, hätte sie den Unfall damals überlebt.

»Dann kommt sie nicht mit dir mit?«

»Nein. Ihr Traum ist es, an den Bradwood Studios zu studieren. Wenn du sie lässt.«

Er runzelt die Stirn. »Es tut mir leid, dass du so von mir denkst. Natürlich darf sie bleiben, sie ist eine exzellente Studentin.«

»Das hast du dir selbst zuzuschreiben, Vater.« Ich wende mich ab, bleibe dann aber doch noch einmal stehen und schaue ihn an. »Und danke.«

»Wieso hast du sie nicht überreden können, mitzukommen?«, fragt er und schaut jetzt zum ersten Mal in meine Richtung.

»Ich sagte es doch. Monaco und die Bradwood Studios sind ihr Traum. Selbst nachdem du sie so schlecht behandelt hast, würde sie offenbar eher Sand kauen, als ihren Traum aufzugeben. Und ich kann es ihr nicht übel nehmen. Ich hab sie enttäuscht, genau wie ihre Eltern.«

Kurz schaut er mich nachdenklich an. »Eltern machen Fehler. Aber mir scheint, dieses Mädchen hat seinen eigenen Weg gefunden. Ich hoffe, du tust es auch.«

»Versprichst du mir, dass du sie in Ruhe lässt, wenn ich weg bin? Sie hat nie etwas falsch gemacht, und ich will nicht, dass du sie bestrafst, weil ich weggehe.«

Wieder dreht er sich zur Leinwand. Dieses Mal rinnt eine Träne seine Wange hinab, als auf dem Video zu sehen ist, wie meine Mutter und er sich auf der Hochzeit die Ringe anstecken. »Ich hoffe, deine Mutter wird mir verzeihen, dass ich nicht so für dich da war, wie du es gebraucht hast. Aber wenn dieses Mädchen es für dich war …«

»Eloise war die ganze Zeit über für mich da. Obwohl sie jeden Grund gehabt hätte, sich von mir fernzuhalten. Sie hat mir Nachhilfe gegeben, hat mich zur Premiere begleitet als meine Freundin.«

»Dann solltest du nicht gehen, ohne die Dinge mit ihr zu klären. Ich habe Fehler gemacht. Das sehe ich ein. Aber ich werde auch noch hier sein, wenn du deinen Abschluss gemacht hast. Vielleicht wenn du deinen Weg gehen kannst, wirst du mir irgendwann verzeihen. Aber sie wird irgendwann vielleicht wegziehen, und wenn du die Dinge vorher nicht mit ihr klärst, ist es womöglich zu spät.«

Seine Worte sind wie der Schlüssel zu einem Tresor. Sie öffnen etwas in mir, das mich endlich verstehen lässt, dass ich kämpfen muss.

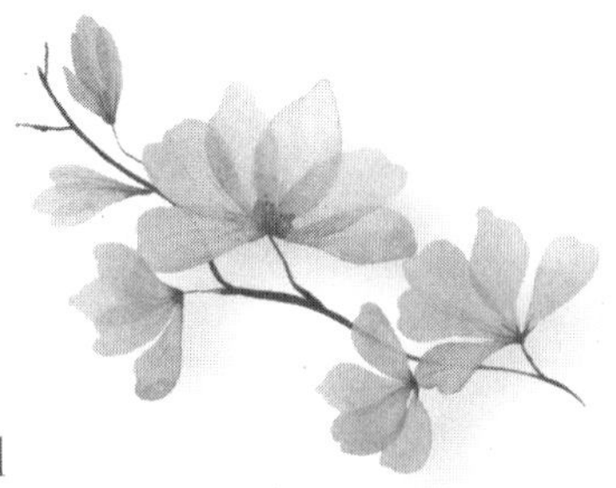

25. Kapitel

#Cheloise

Eloise

Es ist schon fast 14 Uhr, als ich es irgendwann geschafft habe, mich endlich aus dem Wohnhaus zu quälen. Ich muss mich bei Ms. LaCroix erklären, denn so wenig Lust ich auch habe, die Mädels haben recht. Wenn ich jetzt anfange, meine Kurse schleifen zu lassen, dann konnte ich auch gleich abreisen.

Es ist ein kühler, regnerischer Herbsttag in Monaco. Der Oktober zeigt sich von seiner tristen Seite. Das Gras ist längst nicht mehr so leuchtend grün, die Sonne strahlt nur noch zart hinter den Wolken hervor, und die Bäume zeigen immer mehr ihre bunten Laubkleider. Ich bahne mir einen Weg durch das dennoch sehr geschäftige Treiben auf dem Campus. Vorbei an vielen Studierenden mit ihren Rucksäcken auf den Schultern, Büchern unter den Armen und sich darüber unterhaltend, welche Prüfung sie besonders fürchten. Ich laufe hinter einem jungen Paar her, das Händchen haltend nebeneinanderher läuft.

»Ich denke, Filmschnitt wird dieses Jahr mein Problem werden«, höre ich sie sagen. »Andererseits ist Marketing auch eine Herausforderung. Mr. Saltman wirkt auf mich so streng, dass ich mir gut vorstellen kann, direkt durchzufallen.«

Ihr Freund drückt ihre Hand etwas fester, und ich zucke innerlich zusammen. Auch ich spüre noch Chase' Berührungen an meinem Körper. Und es schmerzt, zugeben zu müssen, dass ich gerade nichts anderes möchte, als in seinen Armen zu spüren und zu hören, wie sich seine Brust hebt und senkt.

Ich laufe an den beiden vorbei ins Lehrgebäude 1, und wie gewohnt ist auch hier das Getümmel groß. Dicht an dicht drängen die Studierenden aneinander vorbei, die Treppen hinauf, hinunter oder zum Theatersaal im Erdgeschoss oder wie ich einen der breiten Flure entlang zum Kursraum für Kameraführung. Ich erkenne zwei Studenten, die gerade eine der Kameras wieder zwischen Requisiten, zusammengerollten Kulissenbildern und Stativen verstauen. Als ich einen Blick in den Raum werfe, fällt mir auf, dass Ms. LaCroix noch an ihrem Schreibtisch sitzt. Sie blättert durch einige Papiere und notiert sich mit einem Stift daneben etwas. Ich atme tief durch und spüre, wie Unruhe meinen Körper vereinnahmt. Das Blut pumpt schneller durch meinen Kreislauf, und ein unangenehmes Ziehen in der Magengegend weist mich darauf hin, wie viel hier auf dem Spiel steht. Und dass ich nur hoffen kann, das Projekt auch ohne Chase weitermachen zu können.

Als auch die beiden Typen aus dem Technikraum verschwunden sind, klopfe ich an die offen stehende Tür zum Raum, um mich anzukündigen. Ms. LaCroix blickt auf und schaut mich durch ihre dicken Brillengläser hinweg an. Heute ist sie nicht ganz so bunt gekleidet wie in den vergangenen Monaten. Sie trägt einen dunkelblauen Turban und dazu ein lilafarbenes Kleid mit schwarzen Sternen darauf.

»Ah, Ms. Stanson«, murmelt sie und rückt sich mit der Hand die Brille zurecht. »Kommen Sie herein. Ich habe Sie heute in meinem Kurs vermisst.«

Ich spüre, wie eine Schweißperle meinen Nacken runterrinnt. »Ms. LaCroix, es tut mir leid, dass ich heute nicht da war. Es geht mir momentan nicht so gut und, na ja«, ich komme ins Stottern, und meine Stimme wird brüchig, »jedenfalls wird es Ihnen aufgefallen sein, dass Chase in den vergangenen Wochen nicht hier war. Er wird die Uni wechseln und geht nach Cannes. Und dementsprechend konnten wir das Projekt nicht fertigstellen. Ich wollte mich entschuldigen, dass ich heute kein Video abgeliefert habe, und Sie bitten, mir vielleicht noch eine Woche Zeit zu geben, damit ich das Projekt allein fertigstellen kann.« Nachdem alles raus ist, atme ich wieder ein.

Meine Dozentin legt die Papiere beiseite und kneift die Augenbrauen zusammen. »Ms. Stanson, ich bin ehrlich, ich weiß nicht, wovon Sie sprechen. Das Einzige, was mir aufgefallen ist, ist, dass Sie heute nicht im Kurs waren und Mr. Edwards ebenso wenig. Doch er war vor einer guten Stunde hier und hat das Projekt abgegeben. Er hat mich netterweise darauf hingewiesen, dass ich an meiner Wortwahl arbeiten muss. Zwar meinte ich, dass jeder sein Video heute abgeben muss, aber ich habe nie gesagt, dass er dafür heute im Kurs anwesend sein muss.«

Mir verschlägt es die Sprache, und kurz schießen mir Tränen in die Augen. Chase hatte nur Aufnahmen von mir. Er wird sie als seine Arbeit eingereicht haben, denn mehr konnte er nicht gedreht haben. Es sei denn, Stuart hat ihm beim Filmen geholfen.

»Ich verstehe, dann hat er allein am Projekt gearbeitet. Darf ich Sie dann trotzdem um Aufschub für mein Projekt bitten?«

Wieder runzelt sie die Stirn. »Ich glaube, Sie verstehen nicht. Chase Edwards hat Ihr gemeinsames Projekt eingereicht, und zwar vor einer Stunde.«

Augenblicklich bleibt mein Herz stehen, und ich ringe nach Luft. »Aber, ich verstehe das nicht«, murmele ich, und Ms. LaCroix öffnet ihre Tasche. Dann holt sie einen hellgrauen USB-Stick heraus und reicht ihn mir.

»Im Übrigen habe ich selten so eine schöne studentische Arbeit gesehen. Das können Sie Chase auch mitteilen. Da alle anderen ihre Arbeiten im Kurs vorgestellt haben, musste ich den Zusammenschnitt von Ihnen beiden nach dem Kurs ansehen. Sie beide haben ein grandioses Projekt abgegeben, und das gibt natürlich die Bestnote für Sie.«

Meine Augen sind weit aufgerissen, und ich starre auf das kleine Speichermedium in meiner Hand. Die Stelle, an der es meine Handfläche berührt, glüht, als läge ein heißes Kohlenstück in meiner Hand.

»Sie sollten es sich einmal ansehen«, murmelt sie und verstaut den Stapel Papiere in ihrer hellbraunen Ledertasche. Sie klappt sie zu und hängt sie sich über die Schulter. Dann steht sie auf und geht Richtung Tür.

»Ms. Stanson«, sagt sie dann noch und dreht sich zu mir um, kurz bevor sie den Raum verlässt.

Ich blicke auf, und sie wirft mir etwas zu. Rasch reagiere ich und etwas Klirrendes landet in meinen Händen. Der Schlüssel zum Raum.

»Einfach den Stick in den Projektor hier hinten einstöpseln, das Medium auswählen und dann das Video abspielen. Und schließen Sie mir ja den Raum richtig ab, wenn Sie fertig sind.« Sie betrachtet mich einen Moment, ehe sie hinzufügt: »Ach so, und Sie haben recht, dass Mr. Edwards uns verlässt. Allerdings geht er bereits heute. Sofern ich mich erinnere, wollte er noch einmal eine schöne Aussicht genießen, bevor er geht. Also warten Sie nicht so lange, sonst verpassen Sie ihn.« Die Dozentin zwinkert mir zu, dann verlässt sie schnellen Schrittes den Raum, schließt die Tür hinter sich und lässt mich völlig verwirrt zurück.

Wenige Minuten später habe ich den Stick von Ms. LaCroix in den Projektor am hinteren Ende des Raumes angebracht. Tatsächlich wird auf der Leinwand sofort der Datenträger angezeigt, den ich mithilfe eines Touchpads am Projektor auswähle.

Als ich auf »Stick 1« klicke, erscheint lediglich eine einzige Datei auf dem Gerät.

Mein Atem stockt, als ich erkenne, wie Chase das Video genannt hat: #Cheloise. Tränen schießen mir in die Augen, und ich muss blinzeln, um sie zu vertreiben. Ich betätige den Play-Knopf auf dem Projektor und lasse mich in den Stuhl daneben sinken. Noch ein letztes Mal atme ich tief durch, als auf der Leinwand der Titel des Films erscheint.

Die vielen Perspektiven der Eloise Stanson

Schon jetzt spüre ich etwas Nasses an meiner Wange hinabgleiten, und als ich mit der Hand darüberstreife, bleibt ein winziger Tropfen an meiner Fingerkuppe haften.

Auf der Leinwand ist unsere erste Aufnahme zu sehen, die wir auf dem Berggipfel aufgenommen haben. Dazu spielt das Lied *Someone to You* der Band BANNERS. Das Video zeigt, wie ich am Rande der Klippe stehe, mich im Sonnenschein über den Dächern der Stadt vor Freude drehe und der Wind mir durch die Haare bläst. Ich lache, bin glücklich und vor allem dankbar, dass Chase mir den Ort gezeigt hat. Dann erhebt sich die Kamera und filmt uns in der Vogelperspektive, so wie Chase es vorgeschlagen hatte. Ein grandioser und gut gesetzter Schnitt folgt und zeigt mich auf der Terrasse des Princess Grace Theatre am Abend der Premiere. Chase hat mich aus der Froschperspektive gefilmt, doch erst jetzt sehe ich, wie das Bild danach in eine Normalaufnahme übergeht. Es zeigt mich, wie ich inmitten all der Lichter des Theaters auf das dunkle Meer hinausschaue. Über mir der von Sternen bedeckte Himmel, die mich anstrahlen wie Tausende Lichterketten.

Träne über Träne rinnt mir über die Wangen. Erinnerungen daran übermannen mich, wie nah Chase und ich uns an dem Abend gekommen sind und wie sehr ich diese Zeit mit ihm geliebt und genossen habe. Mir wird heiß und kalt zugleich, genauso wie damals, als wir uns in der Limousine näher gekommen sind. Doch in meinem Kopf beginnt es zu rattern, schließlich benötigten wir für das Projekt vier Aufnahmen. Jedoch haben wir keine weiteren Aufnahmen von mir gemacht. Nur eine von ihm im Japanischen Garten. Doch die ist auf meinem Handy. Er kann sie nicht haben.

Meine Frage beantwortet sich, sobald ein weiterer Schnitt folgt und im Takt zur Musik eine gewaltige Panorama-Aufnahme erscheint. Ich erkenne sofort, wo er das gedreht hat. Die Sequenz zeigt sein Zimmer, wo eine ganze Fensterfront den Blick in den leuchtend grünen Garten der Villa freigibt. Zu sehen ist eine riesige Rasenfläche, dazwischen ein Pool. Ich erinnere mich, wie wir gemeinsam auf seiner Terrasse und in seinem Atelier geredet und am nächsten Morgen zusammen gefrühstückt haben.

Ich wische mir die Tränen aus dem Gesicht, und mein Herz hämmert nur noch kräftiger. Es schreit mich an, dieses Video abzuschalten, da ich nicht weiß, wie viel ich noch ertragen kann.

Die Kamera fährt an der Fensterscheibe entlang und zeigt schließlich Chase' Bett. Ein zerwühltes Bettlaken und eine blau-weiß gestreifte Bettdecke ist darauf zu erkennen. Die Kamera fährt weiter und weiter, und schließlich zeigt die Aufnahme … mich. Wie ich schlafe. Die Haare halb im Gesicht, trage ich das grüne Hulk-T-Shirt von Chase. Als stünde er neben mir, schleicht sich sofort der Duft seines Eau de Toilette in meine Nase.

Auf einmal wird die Leinwand dunkel, und ein feiner Schriftzug erscheint. Während die Band singt: »I wanna be somebody to someone«, erscheint auf der Leinwand: »Die Perspektiven, an die ich mich am liebsten erinnere«, und in einer schnellen Schnittfolge erkenne ich etwas, das ich zuvor noch nie gesehen habe: Chase hat etliche Aufnahmen verschiedenster Porträts aneinandergefügt. Porträts mit Kohlestiften, die mich zeigen, aber mit verschiedenen Gesichtsausdrücken. Eine Zeichnung zeigt, wie ich herzhaft lache, so wie an jenem Abend auf der Charity-Gala. Eine andere Zeichnung zeigt, wie meine Lippen sich ein wenig zusammenpressen, fast schon kräuseln. Wie an dem Tag, als ich verzweifelt auf eine Zusage für meine Presseakkreditierung für die Premiere gehofft habe. Und noch ein weiteres Bild zeigt mich, wie ich auf dem roten Teppich in Chase' Arm stehe. Es zeigt mich aus seiner Perspektive, wie ich in die Kameras schaue, die uns von allen Seiten fotografieren. Chase hat Porträts aus seiner Sicht gezeichnet. So, wie er mich wahrnimmt.

Die Leinwand wird dunkel, und das Lied steuert auf sein Ende zu. In seiner Schrift erscheint nur noch ein: »Jetzt siehst du, wie ich dich sehe«, und wenige Sekunden später darunter ein: »Es tut mir leid«.

Und als die Leinwand schließlich dunkel bleibt, lasse ich meinen Tränen freien Lauf. Ich habe ihm längst verziehen. Das weiß ich. Am liebsten möchte ich ihn sofort umarmen, ihn küssen, ihm nahe sein. Doch Chase geht. Er geht heute nach Cannes. Und dann ist er weg.

Hastig stöpsele ich den Stick wieder aus, wische mir meine Tränen aus dem Gesicht und schalte den Projektor aus.

Was hatte Ms. LaCroix noch gleich gesagt? »Er wollte noch einmal die schöne Aussicht genießen.« Augenblicklich weiß ich, wo Chase jetzt ist, und mache mich auf den Weg.

Chase

Ich beobachte die Wolken, die über dem La Tête de chien vorbeiziehen. Hier oben, auf dem kleinen Berg nahe Monaco, ist man dem Himmel viel näher.

Ich lasse meine Gedanken schweifen und überlege, was meine Mutter sagen würde, wenn sie wüsste, dass ich heute nach

Cannes gehe. Vielleicht weiß sie es ja sogar? Die Wolken rauschen in dem starken Meereswind nur so an mir vorbei, und nur noch die zarten Sonnenstrahlen, die hin und wieder durchbrechen, erinnern mich an meinen letzten Besuch hier mit Eloise. Die letzten zwei Wochen habe ich beinahe nur an sie gedacht. Zwischendurch habe ich mir Hotels in Cannes herausgesucht und mögliche Wohnungen, die ich mir jetzt anschauen kann. Doch die meiste Zeit habe ich mit voller Sehnsucht nach ihr verbracht. Und auch jetzt schlägt mein Herz nur dann schneller, wenn ich an sie denke, und es ist ein Jammer, dass wir so auseinandergehen.

Die Zeit an den Bradwood Studios war für uns beide nicht leicht, für sie vermutlich noch viel weniger als für mich. Doch gemeinsam haben wir uns geholfen, unsere jeweiligen Tiefpunkte zu überstehen. Ich erinnere mich an ihre rosigen Wangen, wann immer ihr etwas unangenehm war, oder an ihren Duft nach Flieder und Vanille, je nachdem welches Shampoo sie gerade benutzt hat. Ich denke zurück an die Momente, in denen ich sie geküsst habe und wir uns so nahe waren, dass ich niemals gedacht hätte, dass ich am Ende allein hier stehen würde.

Ein rauer Luftzug reißt mich aus meinen Gedanken und bringt das Blatt Papier in meinen Händen so zum Wehen, dass es einknickt. Verdammt, ich hätte es eben nicht mit herbringen dürfen.

»Ist da noch ein Platz für mich frei?«, höre ich auf einmal eine mir bekannte Stimme sagen. Hastig drehe ich mich um. Und sehe sie. Eloise steht vor mir, so hübsch wie eh und je. Lediglich die blassblauen Augenringe deuten an, dass die letzten zwei Wochen nicht spurlos an ihr vorübergegangen sind. Ihre grünen Augen schimmern im sanften Sonnenlicht, und ich erkenne Tränen darin. Sofort schmerzt es mich in der Herzgegend. Ich kann es nie ertragen, wenn sie weint. Schon an dem Abend, als ihre Mutter angerufen hat, fiel es mir unendlich schwer, sie so zu sehen. Doch jetzt, nachdem ich sie endlich wiedersehe, möchte ich nur noch, dass sie lacht.

Sobald ich mich von dem kleinen Felsvorsprung erhebe, stürmt sie in meine Arme. Ich spüre ihr Gesicht ganz nah an meiner Brust, kann ihr Schluchzen hören und spüre eine so unendliche Erleichterung, dass ich abheben könnte.

Ich schlinge meine Arme um sie, halte sie fest und lasse sie nicht los. Der Wind weht so stark, umgibt uns, als wollte er uns aneinanderdrücken. Ihre braunen Haare wehen im Wind, und ihre Finger pressen sich eng an meinen Rücken.

»Es tut mir leid«, flüstere ich, doch mit einem lauten »Pst!« bedeutet sie mir, dass ich nichts sagen muss. Keiner von uns beiden muss das. Alles, was jetzt zählt, sind sie und ich. Wir beide hier oben. Arm in Arm.

Es vergehen einige Sekunden, in denen wir einander festhalten und uns stützen.

Das Blatt Papier in meiner Hand lasse ich los. Es weht im Wind und fliegt davon. Ich brauche das Porträt von Eloise nicht mehr. Ich habe jetzt meine echte Eloise wieder. Sanft drücke ich ihr einen Kuss auf den Haaransatz, dann löst sie sich von mir. Ich greife nach ihren Wangen, auf denen wieder diese zarte Röte liegt. Eine Träne rinnt an ihrem Kinn herab. Ich wische sie weg, dann schaue ich sie an. Eisblaue Augen treffen auf grüne. Himmel trifft auf Erde. Verständnis trifft auf Hoffnung.

»Es tut mir wirklich leid«, murmele ich, doch sie schüttelt den Kopf. Dennoch muss ich es sagen. »Ich hätte dich fragen sollen, ob du mit mir nach Cannes willst.«

Sie schaut mich mit ihren großen Augen an und lehnt sich wieder an meine Brust. Ein Sonnenstrahl bricht durch die sich lichtende Wolkendecke hindurch und scheint direkt auf uns. Ich lasse einen Blick gen Himmel schweifen und denke an meine Mutter.

Mein Herz schlägt außerhalb seines gewöhnlichen Taktes. Alles nur, weil Eloise da ist. »Es gibt da noch etwas, das ich dich hätte fragen sollen. Zumindest, ehe ich dich damit überfalle, ob du irgendwann mit mir zusammenziehen möchtest«, setze ich an, und sie schaut zu mir auf. Zwischen ihren Augen zieht sich eine Falte hinauf zu ihrer Stirn.

»Was meinst du?«

»Ich hätte dich schon eher, viel eher, fragen sollen, ob du meine Freundin sein möchtest, Eloise Stanson aus Atlanta. Denn die Art, wie ich aus dir meine Freundin gemacht habe, war nicht die, wie ich es eigentlich hätte tun sollen.« Ich schaue sie an und hoffe, dass sie Ja sagt. Dass sie mir noch eine Chance gibt. »Also, was ist? Möchtest du meine Freundin sein?« Ich muss lachen, und sie stimmt mit ein. Dann schaut sie mich an und kommt näher. Sie ist mir auf einmal so nah, dass ich die Wärme ihres Atems auf meiner Haut prickeln spüre. Gänsehaut zieht sich von meinem Kopf bis in die Fußspitzen, bis sie mir schließlich etwas ins Ohr flüstert.

»Ich wäre sehr gern deine Freundin, Chase Edwards. Gemeinsam schaukeln wir das alles schon. Irgendwie.« Ihre Stimme kitzelt in meinem Ohr, und ein riesiges Freudestrahlen breitet sich auf meinem Gesicht aus. Sie will es. Sie will meine Freundin sein. Und sie will mich.

»Und danke für das schönste Partnerprojekt, das ich jemals gesehen habe.« Sie stupst mit ihrer Nase gegen meine, und wir lachen. So laut, dass uns hoffentlich ganz Monaco hören kann.

Noch ein letztes Mal, bevor ich nach Cannes gehe, schaue ich sie an.

Ein Knistern liegt in der Luft, während meine Freundin und ich einander angrinsen. Dann küsse ich sie sanft. Der salzige Geschmack der Meeresbrise liegt auf ihren Lippen, genauso wie das Versprechen, dass alles gut wird.

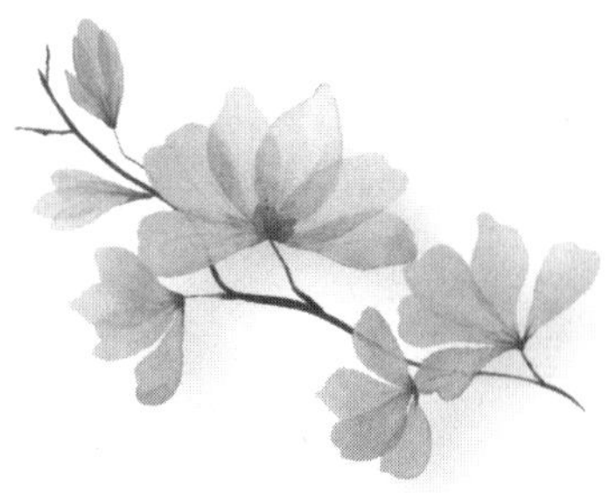

Epilog

Eloise

Zwei Monate später, kurz vor Weihnachten, liegen die Prüfungen endlich hinter uns. Medienrecht, Marketing, Kameraführung und Filmgeschichte – alles geschafft. Mag sein, dass mein Start an der Bradwood recht beschwerlich war, doch ich hatte einiges an Hilfe dabei, alles wieder ins Lot zu bringen.

Völlig aufgeregt trete ich von einem Bein aufs andere und fächere mir mit dem Prospekt der Aufführung ein wenig Luft zu. Ich schaue mich in dem riesigen Theatersaal der Bradwood Studios um. Braunes Parkett ist auf dem Boden verlegt und über zwanzig Sitzreihen mit rot gepolsterten Sesseln darauf aufgebaut. Eine riesige Bühne befindet sich im vorderen Teil des Saals, doch was dahinter ist, wird durch einen langen weinroten Vorhang verdeckt. Große Lichtspots an der Decke erhellen die Sitzreihen, und ein glamouröser goldener Kronleuchter tut sein Übriges, um dem ganzen Raum einen edlen Touch zu verleihen. Links, rechts und in der Mitte des Saals verlaufen Stufen zwischen den einzelnen Sitzreihen, und ähnlich wie im Theater von Monaco gibt es auch hier eine kleine, schmale Empore. Die ist meist für VIP-Gäste wie Stars und Sternchen aus der Filmbranche, gedacht.

Ich fächere mir weiter Luft zu, und Sophie beobachtet mich mit einem belustigten Lächeln. »Bist du sicher, dass es nicht eher die Nähe deines Freundes ist, die dich so ins Schwitzen bringt? Denn hier drinnen ist es gar nicht so warm«, entgegnet sie. Doch sie hat leicht reden. Während ich mich bei diesen eisigen Temperaturen für ein dickes Baumwollkleid in Dunkelblau, eine schwarze Strumpfhose und Winterstiefel entschieden habe, steht Sophie vor mir mit ihren roten Netzstrümpfen, einem engen schwarzen Lederrock und einem dünnen Langarmshirt in der gleichen Farbe. An ihrer Stelle würde ich auch nicht so schwitzen.

»Da gebe ich dir recht. Ich bin sicher, dass es nur meine Anwesenheit ist, die sie so um den Verstand bringt«, murmelt Chase neben mir, und ich verdrehe die Augen.

»Du bist immer noch ganz schön arrogant, mein Lieber. Ich dachte, die Beziehung zu mir hätte aus dir einen netten, bodenständigen und freundlichen Kerl gemacht.«

Doch Chase zuckt die Schultern. »Puh, damit kann ich nicht dienen. Außerdem hast du dich so doch in mich verliebt.«

Dieses Mal zucke ich mit den Schultern und betrachte meinen Freund ausgiebig. Weißes Hemd, eine schwarze enge Jeans und dazu ein paar schimmernde schwarze Anzugschuhe – Chase sieht einfach aus wie ein junger Gott. Seine Haare hat er lässig hochgestylt, und der Dreitagebart, den er sich hat stehen lassen, gefällt mir an ihm unglaublich gut.

Mittlerweile sind Chase und ich bereits zwei Monate so richtig, richtig zusammen, und ich hätte es nicht gedacht, aber unsere Fernbeziehung funktioniert bisher beachtlich gut. Jedes Wochenende sehen wir uns, und einmal in der Woche fährt jeder von uns beiden einmal nach Cannes oder Monaco. Ich an den Donnerstagen, wenn ich frei habe, und er an den Dienstagen.

So können wir uns öfter sehen als gedacht, und das ist auch gut so, denn noch immer möchte ich am liebsten jeden Tag bei ihm sein. Was vielleicht auch der Grund dafür ist, dass wir ständig telefonieren, wenn wir uns nicht gerade gegenseitig besuchen. Normalerweise hasse ich es, andere Menschen anzurufen. Doch bei ihm ist es anders.

Ich ignoriere die Schmetterlinge, die schon wieder durch meinen Bauch flattern, und sehe mich um. Wir suchen uns unsere Plätze in dem riesigen Theatersaal und warten gebannt darauf, dass Alex' große Aufführung beginnt.

Aufgeregt betrachte ich noch einmal den Prospekt in meinen Händen, den die Theatergruppe hat drucken lassen. Darauf ist der junge Student zu sehen, der den Ödipus spielt. Er ist groß, muskulös und hat kurze, gelockte braune Haare. Gekleidet ist er in einen dunkelbraunen Umhang, als würde er damit durch die Wüste streifen. Hinter ihm ist Alex zu sehen mit ihren langen blonden Haaren und einer silbernen Krone auf dem Kopf. Mit ihren feinen Gesichtszügen, den vollen Lippen und der grazilen Haltung könnte sie wirklich als Königin durchgehen.

»Sag mal, Chase«, fragt Sophie und streicht sich eine rote Strähne hinters Ohr, die sich aus ihrem großen Dutt gelöst hat. »Wie ist die neue Wohnung eigentlich so? Kommst du gut zurecht in Cannes?«

Ich sitze zwischen den beiden und blicke von links nach rechts zu Chase. Er beugt sich vor, um Sophie anzuschauen.

»Es ist ziemlich cool. Es ist ein kleines Loft, nichts Großes, aber dafür mit genügend Platz, wenn Eloise mich besuchen kommt. Ich habe auch eine Gästecouch, falls Alex und du mal vorbeikommen möchtet«, bietet er ihr an.

»Hey, das klingt fantastisch!«, erwidert sie.

Nächstes Semester beginnt Chase an der neuen Uni, und bis dahin hat er sich einen Nebenjob gesucht. Niemals hätte ich das gedacht, doch er arbeitet im Country Club von Cannes und unterrichtet die Leute im Tennis.

»Hallo in die Runde. Wie ich sehe, ist die Aufregung groß«,

höre ich plötzlich die tiefe Stimme von Michael Edwards. Gemeinsam mit Rektorin Sinclair steht er in der Sitzreihe hinter uns und deutet auf mich, die noch immer mit dem Prospekt wedelt.

»Ja, und wie wir das sind. Alex wird das großartig machen«, erklärt Sophie mit ernster Miene, und ich schenke ihm ein höfliches Lächeln.

Nachdem Chase nach Cannes gegangen ist, hat sich das Verhältnis der beiden stark verbessert. Ich vermute, sein Vater hat erkannt, dass er Chase wie einen Vogel in einen Käfig gesperrt hat. Und sobald die Uni in Cannes für ihn beginnt, wird er auch an Chase' Leistungen bemerken, dass es so genau richtig war.

Was mich betrifft, so habe ich kurz nach meiner Aussprache mit Chase einen Brief von seinem Vater bekommen. Er hat mir darin versichert, dass ich mein Stipendium natürlich behalten kann. Zudem hat er sich dafür bedankt, dass ich stets für seinen Sohn da war. Eine Entschuldigung gab es auch, und zwar in den letzten Zeilen. Diese Worte haben mich so bewegt, dass ich sie mir sogar wortwörtlich einprägen konnte wie Alex den Text für ihre Stücke.

»Viel Spaß gleich«, ruft uns Ms. Sinclair zu, ehe sie sich gemeinsam mit Michael Edwards in die vorletzte Reihe setzt.

»Liebe Damen und Herren«, ertönt die Stimme von Alex, die nun vor den Vorhang tritt. Sie trägt eine beigefarbene Robe mit einer silbernen Krone auf dem Kopf. Einige Strähnen ihrer blonden Haare sind geflochten, andere hängen glatt an ihrem Kopf hinab. Sie trägt keine Schuhe, dafür jedoch viel Schmuck. Ein silberner Reif ist um ihren Oberarm geschlungen, und ich meine von hier hinten eine kleine Fußkette an ihrem linken Knöchel funkeln zu sehen.

»Heute spielen wir für Sie alle unser Abschlussstück *Ödipus.*«

Und während meine beste Freundin die Eröffnungsrede vor dem großen Stück hält, blicke ich voller Stolz zu ihr hinauf, ehe ich nach links und rechts schaue. Ich bin umgeben von Liebe und Wärme und merke zum ersten Mal, dass ich nicht allein bin.

Ende

Danksagung

Danke.

Ein Wort, das für mich nach dem Schreiben dieses Buches eine noch viel größere Bedeutung hat als zuvor. Denn es gibt einige Menschen, ohne die ich diese Geschichte niemals hätte schreiben, geschweige denn beenden können.

Der wichtigste Dank geht an meinen Mann und meine kleine Tochter. Das Jahr, in dem ich diesen Band hier geschrieben habe, war mit Abstand das härteste in unser dreier Leben. Aber wir haben es geschafft, und dafür liebe ich euch unendlich. Danke an meinen Mann, der mir zwischen Arbeit, Schlaf und Alltag noch Zeit zum Schreiben freigeschaufelt hat. Danke an meine kleine Tochter dafür, dass sie einfach alles für mich ist. Ich liebe euch!

Danke auch an den Rest der Familie und unsere Freunde, die uns im vergangenen Jahr durch alle Höhen und Tiefen begleitet haben. Ich wüsste nicht, wo wir ohne euch alle wären.

Aber wie ihr alle wisst, bedarf es auch einer Menge Glück und Schicksal, wenn man ein Buch in einem großen Verlag veröffentlichen möchte. Neben einem guten Timing und den richtigen Ideen kann es auch nicht schaden, wenn man wie ich eine unglaublich tolle Agentin hat. Deshalb geht auch ein riesiges Dankeschön an meine Agentin Ebru, die eigentlich eine eigene Geschichte dafür verdient hätte, wie hart sie jeden Tag arbeitet, um unzähligen Autor*innen ihre Träume zu erfüllen. Meinen Traum hast du wahr werden lassen, und das werde ich dir nie vergessen.

Und ein weiteres Danke geht an die Frau, ohne die diese Geschichte nicht das wäre, was sie jetzt ist. Meine Lektorin Sara ist meine ganz persönliche Heldin in dieser Geschichte, denn mit ihren aufbauenden Worten hat sie es auch an meinen schweren Tagen geschafft, mir zu zeigen, dass dieses Buch etwas Wunderbares werden kann. Du hast mir geholfen, Eloise und Chase zu dem zu machen, was sie jetzt sind.

Und zu guter Letzt möchte ich allen danken, die diese Geschichte gelesen haben. Eloise und Chase auf ihrer Reise durch Monaco zu begleiten, war für mich aufregend und herzzerreißend und am Ende einfach nur wunderbar. Und ich hoffe, dass es das auch für euch war. Ich wünsche mir, dass euch die Geschichte genauso im Herzen bleibt wie sie mir.

Ich freue mich auf Band 2 mit euch!

Eure Laura